Remerciements

Cet ouvrage est une version remaniée d'une thèse de doctorat en droit public intitulée « **le juge, la doctrine et le contrôle juridictionnel des lois de révision de la Constitution** », soutenue à l'université Paris 13 le 21 mai 2019 (321 pages), sous la direction du Professeur Éric Desmons. Le jury était composé de Madame la Professeure Wanda Mastor, Monsieur le Professeur Franck Laffaille, et Monsieur le Professeur Tanguy Pasquiet-Briand.

L'aboutissement de ce travail été rendu possible grâce au soutien de plusieurs personnes. Qu'il me soit d'abord permis de remercier ici très chaleureusement monsieur le Professeur Éric Desmons. Il a été un directeur exceptionnel au cours de ces longues années.

Je saisis cette occasion pour adresser mes remerciements aux Professeurs Franck Laffaille, Abdoulaye Soma, El Hadj Mbodj, Saidou Nourou Tall, Éric Naim-Gesbert pour leurs conseils précieux.

J'exprime également ma gratitude à Moustafa Traoré, Nicolas Clinchamps, Yarga Larba, Léon Koungou, Pape Fodé Dramé, Boubacar Diamé, Boubou Keïta, Claudine Moutardier, Sandrine Caron, Pascaline Adonaï, Ali El Hamine, Marine Lorin, Souleymane Diallo, Sabi[illegible]ah Difallah, Aboubekrine Diallo, Prescilla Araminthe, Emmanuel Guy Sitouok Fotso, Beyouon Magloire Somda, Modou Kamara, Abdou Fleur, et Marc Villa pour les longs moments de débat et leurs encouragements.

Première préface

Lorsque je proposai à monsieur Balla Cissé d'écrire une thèse sur la doctrine publiciste et la justiciabilité des lois parlementaires de révision de la constitution en France, dans la suite d'un mémoire de master 2 de droit public qu'il avait brillamment réussi, j'avais bien conscience de l'engager sur un terrain certes balisé, mais qui reste un champ de bataille doctrinal agité - opposant, en dernière analyse, l'idée de souveraineté populaire issue de la vulgate rousseauiste et la logique de ce que Sieyès nommait « le gouvernement représentatif » propre au constitutionnalisme libéral -, que le Conseil constitutionnel n'est jamais vraiment parvenu à pacifier.

Certes, dans sa décision équivoque du 2 septembre 1992, il semblait ne pas avoir définitivement condamné la possibilité d'exercer un contrôle des lois de révision de la constitution, et la doctrine, à l'époque, s'était livrée à une dispute restée mémorable dans la communauté des juristes de droit public, et même au-delà. Mais une décennie plus tard, le Conseil constitutionnel est sorti de l'ambiguïté à ses dépens : par une décision du 26 mars 2003, il a finalement refusé, clairement, toute extension de son contrôle aux lois de révision de la constitution, rappelant que « sa compétence est strictement délimitée par la Constitution » et qu'il ne tient « ni de l'article 61, ni de l'article 89, ni d'aucune autre disposition de la Constitution le pouvoir de statuer sur une révision constitutionnelle ». N'en déplaise à une partie de la doctrine, le deuxième coup d'État de droit de la Ve République n'eut donc pas lieu.

Cette mise au point du juge n'a cependant pas éteint les ardeurs doctrinales contrariées par tant de pusillanimité : décidément le Conseil constitutionnel ne tirait aucun enseignement du droit comparé (et des « démocraties représentatives » les plus avancées) pas plus qu'il ne prêtait l'oreille aux auteurs favorables à l'approfondissement de l'État de droit. Mais cette doctrine n'a jamais désespéré qu'un revirement de jurisprudence vienne un jour en consacrer le présupposé théorique à tout contrôle des lois de révision - qui va au-delà de la distinction faite par Sieyès entre pouvoir constituant et pouvoirs constitués -, que l'on pourrait nommer de manière peu orthodoxe « la thèse de la séparation des pouvoirs constituants » (entendue comme une séparation- hiérarchisation des organes constituants et une distribution, entre eux, de la fonction constituante). Par où l'on voit que la sainte trinité du constitutionnalisme libéral - et partant la possibilité de l'extension de la logique de l'État de droit aux lois de révision de la constitution - tiendrait dans la distinction entre constituant originaire et constituant dérivé, à laquelle s'ajoute, en prenant en compte la question déterminante de l'interprétation, le constituant actualisé (ou « continu ») incarné par le juge constitutionnel, venant unifier les deux autres. La conception rousseauiste du pouvoir constituant, dans son unicité, serait, si l'on veut continuer de filer la métaphore théologique, un arianisme (au mieux un modalisme), autant dire une hérésie pour la doctrine de l'État de droit, qui se veut l'expression la plus aboutie du système représentatif et de ses jeux multiples.

Monsieur Cissé devait donc évaluer l'état des forces en présence, rendre compte de la solidité des arguments de ceux qui estiment que le pouvoir constituant, même dit « dérivé », doit rester en raison de sa nature hors de portée de tout contrôle juridictionnel (thèse de l'unicité du pouvoir constituant), comme de ceux qui considèrent que la logique de l'Etat de droit doit l'emporter dès lors qu'interviennent les représentants (sans toujours comprendre que le juge constitutionnel en est un lui aussi), même lorsqu'ils exercent la compétence de législateur constitutionnel (thèse de la distinction entre pouvoir constituant originaire et pouvoir constituant dérivé). Il s'agissait, finalement, de tracer la ligne de front entre ceux qui attribuent la préséance à l'organe législatif exerçant une fonction constituante même « dérivée », et ceux qui la donnent en toute hypothèse à la norme constitutionnelle originaire telle que gardée par le juge constitutionnel. Si cette dernière position doctrinale était en mesure de devenir un jour la plus convaincante - ce que l'importance de l'idéologie de l'État de droit peut laisser imaginer -, alors il serait possible d'envisager une extension du contentieux constitutionnel aux lois de révision, justifiée par l'objectif politique d'une complétude de l'État de droit dans lequel, idéalement, aucune norme émanant des pouvoirs constitués ne saurait échapper à un juge, sauf à déplorer que la politique ne soit pas totalement saisie par le droit. Une telle thèse part bien entendu du principe selon lequel il n'y a jamais « trop » d'État de droit, donc trop d'interventionnisme du juge. Une opinion contraire conclurait au constat que le Conseil constitutionnel, s'il allait dans le sens d'un contrôle des lois parlementaires de révision, continuerait ainsi à s'emparer, de manière de moins en moins équivoque, du pouvoir constituant sur un mode oligarchique : car si le législateur constitutionnel peut usurper le pouvoir constituant originaire (et donc commettre un « abus de pouvoir de révision »), faire du juge l'arbitre du bon usage du pouvoir de révision revient à lui transférer, via l'interprétation authentique de la constitution dont il dispose, la mainmise sur l'intégralité du pouvoir constituant, autorisée par un discours de Vérité du droit... Le débat est toujours le même, qui ramène à une question de légitimité non de la fonction bien sûr, mais de l'organe qui l'exerce.

Rappelant ces importants enjeux juridiques et politiques, monsieur Cissé invite ainsi le lecteur à marcher dans les pas de Marie - Joëlle Redor dans sa thèse *De l'État légal à l'État de droit - L'évolution des conceptions de la doctrine publiciste française (1879-1914),* (Economica, 1992), et à réfléchir à la signification d'un « État de droit constitutionnel », stade suprême de l'État de droit, où au vieux légicentrisme aurait succédé ce que l'on pourrait nommer, d'un terme un peu barbare, le « constitutionalocentrisme ». C'est d'ailleurs ce que monsieur Cissé appelle de ses vœux : aussi, le lecteur pourra juger de ses propres arguments en faveur du contrôle des lois parlementaires de révision de la constitution, passant notamment par une conception renouvelée de la légitimité de la justice constitutionnelle.

Éric Desmons, professeur à l'université Paris 13.
Directeur de la *Revue Française d'Histoire des idées politiques*

Seconde préface

Des analyses profondes et fécondes sur un sujet d'intérêt et d'actualité. Le contrôle de constitutionnalité des lois constitutionnelles est une des questions les plus discutées du droit constitutionnel contemporain, en l'occurrence dans les espaces constitutionnels francophones. La controverse est autant juridique que philosophique. C'est un mérite de s'y attacher et de s'en préoccuper, comme Monsieur Balla CISSÉ dans cet ouvrage sur « Le juge, la doctrine et le contrôle des lois de révision de la Constitution ».

Africain, originaire de la République du Mali, Monsieur Balla CISSÉ a certainement voulu apporter sa contribution à la discussion d'un des plus grands problèmes du constitutionnalisme sur le continent. Ayant préludé ses études en Afrique et les ayant terminés en France, il se trouve dans le profil des juristes les mieux placés pour discuter cette question, sur laquelle le droit constitutionnel français n'a pas fini d'influencer le droit constitutionnel de plusieurs États africains. Récemment, le mercure des intelligences croisées sur le sujet est monté en droit constitutionnel en Afrique, chauffé qu'il soit entre l'existence de divergences doctrinales et corrélativement l'absence d'une concordance jurisprudentielle sur le sujet. C'est bien avisé alors que Monsieur Balla CISSÉ a pointé le curseur sur « le juge, la doctrine » dans la conduite de ses analyses et thèses sur le propos de sa réflexion La lucidité sémantique, la pureté orthographique, la clarté syntaxique manifestées dans l'ouvrage contribuent à en asseoir la qualité scientifique.

Cet ouvrage de Monsieur Balla CISSÉ, tiré de sa thèse de doctorat soutenue le 21 mai 2019 à l'Université Paris 13, est subdivisé en deux parties, comme pour respecter et perpétuer une certaine orthodoxie de la conduite des réflexions en sciences juridiques dans nos traditions universitaires. La première partie porte sur « L'affirmation de l intégrité de la souveraineté constituante ». Elle pose cette souveraineté du pouvoir constituant comme le fondement et la justification du refus du contrôle des lois de révision constitutionnelle. La doctrine et la jurisprudence en font suffisamment et constamment écho dans plusieurs systèmes constitutionnels. Dès lors, Monsieur Balla CISSÉ investit une œuvre hautement pédagogique et didactique, largement réussie, de présentation des représentations et argumentations jurisprudentielles et intellectuelles qui excluent juridiquement et philosophiquement l'opération d'un contrôle juridictionnel, de type sanctionnateur, de l'acte du pouvoir constituant dérivé. La synthèse et la restitution de ces positions sont d'une qualité incontestable. La seconde partie de la thèse porte sur « la souveraineté du pouvoir constituant dérivé à l'épreuve de l'État de droit ». C'est le lieu pour Monsieur Balla CISSÉ de s'exprimer, de s'affirmer, de dispenser sa thèse. Il pense que le pouvoir constituant dérivé, à la différence du pouvoir constituant originaire, est limité par certains principes mêmes du « droit de la Constitution » au sens de Favoreu. Il estime dès lors qu'un contrôle des lois de révision constitutionnelle est nécessaire pour instituer et sauvegarder ce qu'il appelle « l'État de droit constitutionnel ». On se trouve là au cœur d'une prise de position claire et audacieuse, surtout au su d'une culture constitutionnelle française dont on connaît l'attachement à une conception puriste, voire absolutiste, de la souveraineté, partagée aussi par certains milieux constitutionnels africains.

Malgré quelques angles d'analyse laissés en réserve par l'auteur et malgré quelques réserves laissées par certains de ses angles d'analyse, j'apprécie profondément cet ouvrage de Monsieur Balla CISSE, pour plusieurs raisons. La première réside dans l'équilibre scientifique de l'étude. Cet équilibre tient au fait que l'auteur, loin de les oblitérer ou négliger, consacre de larges analyses aux thèses défavorables ou contraires à la sienne. C'est le début de l'objectivité intellectuelle, c'est aussi l'admission de la relativité de la pensée en droit ; des ingrédients d'une bonne posture scientifique. La seconde est que dans son ensemble, l'ouvrage fait dénotation et démonstration d'une grande maitrise du droit constitutionnel par l'auteur, notamment la doctrine et la jurisprudence qui irriguent la problématique du contrôle juridictionnel des révisions constitutionnelles. Sa richesse en données de droit constitutionnel comparé contribue à son assise dans le patrimoine commun du constitutionnalisme mondial. La troisième est que l'auteur diffuse une véritable doctrine sur le sujet. Il tient une véritable thèse sur la question de sa réflexion, pensant qu'il est nécessaire d'opérer un contrôle des révisions constitutionnelles. Il s'inscrit dès lors dans la tradition kelsénienne de la « garantie juridictionnelle de la constitution », ainsi que dans la nécessaire préservation d'une démocratie libérale que défendent notamment Hobbes, Locke, Rousseau, Paine ou Madison. Enfin, il s'affirme comme le continuateur d'une philosophie juridique et d'une posture constitutionnelle en Afrique d'auteurs concevant le contrôle juridictionnel des lois constitutionnelles, et peut-être plus largement le contrôle de constitutionnalité, comme un instrument de préservation du constitutionnalisme, de la démocratie, de la République, des droits fondamentaux et de l'État de droit face aux propensions totalitaires de certains dirigeants sur le continent. Cette mouvance intellectuelle constitutionnaliste que je partage avec l'auteur est de plus en plus massive et dominante en Afrique.

Loin d'ajouter à la controverse ou de réitérer des positions déjà affirmées, ce problème du contrôle, ou du refus du contrôle, juridictionnel des révisions constitutionnelles revêt une dimension à la fois philosophique et technique. Philosophiquement, on se demande si le problème aurait existé si à la base les choses étaient considérées dans le bon ordre. La Constitution est une norme en vigueur. En tant que norme suprême, elle est la règle fondamentale dont le respect autorise la validité d'une quelconque règle juridique dans l'ordre normatif qu'elle institue. La révision constitutionnelle est un projet de norme, qui ne devient norme du droit constitutionnel positif qu'à l'issue de l'opération ou du délai de promulgation. Le contrôle juridictionnel de la loi de révision constitutionnelle sollicité et exercé avant l'entrée en vigueur de celle-ci ne met donc pas au prise deux normes juridiques. Elle met en jeu une norme avérée et une projetée. Elle confronte une norme à statut constitutionnel avec une norme qui aspire à un statut constitutionnel, la condition et l'enjeu de l'admission à ce statut étant la conformité à la norme de ce statut. Le contrôle juridictionnel des lois constitutionnelles devient plus un exercice positif d'admission au statut constitutionnel qu'un exercice négatif de blocage d'accès au bloc constitutionnel. Il me semble que le problème serait moins houleux s'il était ainsi perçu, et il n'y aurait pas d'obstacle épistémologique au contrôle des lois de révisions constitutionnelles, même référendaires. Techniquement, le contrôle étant quelque part refusé, ailleurs accepté, le problème est moins la vérité ou la fausseté d'une option constitutionnelle par rapport à une autre, que la compréhension des fondements de l'une et de l'autre. On finit par injecter la controverse à cet égard dans la diversité et la relativité constitutionnelles. Les États sont souverains et égaux, leur ordre constitutionnel respectif aussi, les convergences, les différences et les divergences constitutionnelles ne sont que l'expression d'une richesse à préserver au pris d'une uniformisation qui n'est ni possible, ni souhaitable. Ainsi vit et se vit le droit constitutionnel pluriel.

Pr. Abdoulaye SOMA
Agrégé des Facultés de droit
Professeur de droit public à l'Université Ouaga II
Président de la Société Burkinabè de Droit Constitutionnel
Officier de l'Ordre international des Palmes Académiques

Principales abréviations

AIJC	Annuaire international de justice constitutionnelle
AJDA	*Actualité juridique — droit administratif*
al.	Alinéa
APD	*Archives de philosophie du droit*
C	Constitution
CC	Conseil Constitutionnel
CCC	*Cahiers du Conseil constitutionnel*
CEDH	Convention européenne des Droits de l'Homme
Dal.	Dalloz
DC	Décision du Conseil constitutionnel rendue sur examen de la conformité à la Constitution
D	Recueil Dalloz
DDHC	Déclaration des droits de l'homme et du citoyen
dir.	Sous la direction de
Dr. adm	*Revue de Droit administratif*
GDCC	Grandes Décisions du Conseil Constitutionnel,
JCP	Juris-classeur Périodique (La Semaine juridique)
JORF	Journal officiel de la République française
L	Loi

LGDJ	Librairie générale de droit et de jurisprudence
LO	Loi organique
LPA	*Les Petites affiches*
NCCC	*Nouveaux Cahiers du Conseil constitutionnel*
POUV	*Revue Pouvoirs*
Mél.	Mélanges
PUAM	Presses universitaires d'Aix-Marseille
PUF	Presses universitaires de France
QPC	Question prioritaire de constitutionnalité
RA	*Revue administrative*
RDP	*Revue du droit public et de la Science politique en France et à l'étranger*
Rec.	Recueil des décisions du Conseil constitutionnel
RFDA	*Revue française de droit administratif*
RFDC	*Revue française de droit constitutionnel*
RFSP	*Revue française de Science politique*
RGDIP	*Revue générale de droit international public*
RPP	*Revue politique et parlementaire*
RRJ	*Revue de la recherche juridique Droit prospectif*

On peut soutenir que « le pouvoir de révision peut sans aucun problème abroger la Constitution, changer légalement la forme du gouvernement. [Par conséquent,] au lieu d'être le bouclier de la Constitution, la révision devient une arme qui se retourne contre la Constitution. La seule façon de redonner quelque signification à la notion de révision consiste au contraire à lui assigner des limites matérielles dont l'objet est de conjurer le danger que fait peser le législateur constitutionnel (le pouvoir de révision) sur la Constitution. »[1]

« Malgré l'existence d'une Constitution formelle, le juge constitutionnel connaît des limitations à son pouvoir de contrôler la constitutionnalité des lois ordinaires, sous l'effet d'une certaine dimension du principe de la souveraineté du constituant qui érode le système de contrôle de constitutionnalité des normes. Ce même principe fonde parfois l'interdiction plus ou moins directe faite au pouvoir juridictionnel de connaître de la constitutionnalité des lois constitutionnelles. »[2]

« Si l'on entend affirmer que le contrôle de constitutionnalité des lois est compatible, voire nécessaire à la démocratie, il faut soutenir que les décisions de l'organe de contrôle sont l'expression de la volonté au moins implicite du peuple. »[3]

---

[1] BEAUD (Olivier), *La Puissance de l'État*, Paris, PUF, coll. « Léviathan », 1994, pp. 342-343. (C'est nous qui soulignons.)

[2] SOMA (Abdoulaye), « La souveraineté du pouvoir constituant et le contrôle de constitutionnalité des lois constitutionnelles », in *Annales de l'université de Ouagadougou*, Série B, vol. 004, décembre 2012, p. 443.

[3] TROPER (Michel), « La souveraineté nationale appartient aux peuples français », *in À droit ouvert : Mélanges en l'honneur d'Antoine Lyon-Caen*, Paris, Dalloz, 2018, p. 948.

INTRODUCTION GÉNÉRALE

> « Si le pouvoir de révision exerçait la fonction constituante, il usurperait la souveraineté constituante. Soit il réussit dans son entreprise, et il se métamorphose en pouvoir constituant, soit il échoue et alors il sera sanctionné. »[4]

Par ces mots, Olivier Beaud résume la problématique soulevée par le contrôle juridictionnel du pouvoir de révision de la Constitution et qui « constitue l'une des questions les plus contemporaines de la théorie constitutionnelle actuelle »[5]. Si le pouvoir constituant populaire est souverain, doit-on tout de même admettre que le Parlement constituant soit souverain de sorte qu'« il lui soit loisible d'abroger, de modifier ou de compléter des dispositions de valeur constitutionnelle dans la forme qu'il estime appropriée »[6], sans l'intervention du juge constitutionnel pour vérifier le bien-fondé des limites assignées au pouvoir de révision de la Constitution ?[7] Voilà une question sujette à bien des polémiques[8]. Il n'existe sans doute pas de réponse absolue[9]. Quoique de façon très indirecte, cette

---

[4] BEAUD (Olivier), *La Puissance de l'Etat*, *op. cit.* p. 327.

[5] KLEIN (Claude), « Le contrôle des lois constitutionnelles-Introduction à une problématique moderne », *in Les Cahiers du Conseil constitutionnel*, n° 27, 2009, p. 9.

[6] Voir le considérant n°19 de la décision n° 92-312-DC du 2 septembre 1992 du Conseil constitutionnel, Traité sur l'union européenne, JORF, 3 septembre 1992, p.12095 cité par KPEDU (Yawovi-Amedzofe), « Le Parlement constituant en Afrique francophone : contribution à la limitation du pouvoir de révision constitutionnelle en Afrique », in *R. D. P*, n°1 (2016), p. 275.

[7] Pour en savoir plus sur cette question, lire la constatation faite par Kpedu Yawovi-Amedzofe sur la limitation du pouvoir de révision constitutionnelle parlementaire. Pour lui, « la subordination du parlement constituant relève d'une simple logique des choses. Ceci aurait pu justifier un contrôle plénier du juge constitutionnel sur l'exercice du pouvoir de révision » ; KPEDU (Yawovi-Amedzofe), « Le Parlement constituant en Afrique francophone : contribution à la limitation du pouvoir de révision constitutionnelle en Afrique », *op.cit.* p. 275.

[8] Voir une étude plus récente sur les fondements avancés du contrôle du pouvoir de révision par le juge, dans les propos retenus par ROZNAI (Yaniv), *Unconstiutional Constitutional amendments. The Limits of Amendments* Powers, Oxford Constitutional Theory, 2017, 334 p.

[9] La question du contrôle des lois de révision de la Constitution n'est pas aussi simple, car tout dépend de la conception que l'on se fait « du pouvoir constituant dérivé » et du rôle du juge constitutionnel. Voir sur ce point LE PILLOUER (Arnaud), « Le pouvoir de revision », in TROPER (Michel), et alii, *Traité international de droit constitutionnel-Tome 3 : La suprématie de la Constitution*, Paris, Dalloz, 2012, pp. 34-65.

question a en partie été déjà abordée dans *La Puissance de l'État,* par Olivier Beaud, en 1994. Ce dernier s'intéresse à l'origine de la controverse sur le statut du pouvoir de révision constitutionnelle[10].

Il apparaît que la question de la compétence du Conseil constitutionnel à réviser la Constitution s'est posée dès le début de la Ve République, lorsque celui-ci fut saisi par le président du Sénat sur la loi relative à l'élection du chef de l'État au suffrage universel direct, laquelle fut adoptée par référendum[11]. Dans sa décision du 6 novembre 1962, le Conseil constitutionnel a jugé que la procédure de contrôle de constitutionnalité ne concernait que les lois votées par le Parlement et « non celles adoptées par le peuple à la suite d'un référendum »[12], car ces dernières constituent « l'expression directe de la souveraineté nationale »[13]. Néanmoins, motivée par le caractère référendaire de la loi critiquée et ne précisant pas ce que recouvrait une loi votée par le Parlement, cette décision ne permettait pas de savoir s'il convenait d'opérer une distinction selon que la réforme était approuvée par le peuple ou par le Congrès[14]. Le débat doctrinal a donc continué entre les tenants d'une « définition formelle du pouvoir

---

10 BEAUD (Olivier), *La Puissance de l'Etat, op.cit.,* pp. 455- 491.Voir aussi YAMAMOTO (Hajimé), « Les trois temps pour la liberté du pouvoir constituant », *in* VIALA (Alexandre), *La Constitution et le temps*, Lyon, L'Hermès, 2003, pp. 13-25 ; FEKL (Matthias), « Les révisions de la Constitution : Stabilité et réformes de la norme fondamentale », *in L. P. A,*10 juillet 2008, n°138. pp.43-52 ; GESLOT (Christophe), « Stabilité et révisions constitutionnelles sous la Ve République », in *R.D.P,* 2013 n°3, pp .641-661 ; WALINE (Jean), « Les révisions de la Constitution de 1958 », *in Mélanges Philippe Ardant. Droit et politique à la croisée des cultures*, LGDJ, Paris, 1999, p. 235 ; DOLLAT (Patrick), « Le principe d'indivisibilité et la loi constitutionnelle relative à l'organisation décentralisée de la République française : de l'État unitaire à l'État uni », in *R.F.D.A*, 2003, pp. 670-677. Voir aussi les arguments avancés sur « de la légende du pouvoir constituant (originaire) à la limitation du pouvoir de révision », par KLEIN (Claude), *Théorie et pratique du pouvoir constituant.* Paris, PUF, coll. « Les voies du droit », 1996, pp. 187-205 ; GÖZLER (Kémal), *Le pouvoir de révision constitutionnelle*, Villeneuve d'Ascq, Presses universitaires du Septentrion, 1997, pp. 1-112.

11 Voir sur ce point les analyses avancés par CHAMUSSY (Damien), « Actualité des réformes constitutionnelles et jurisprudence constitutionnelle », *in* Conseil/ reformestdc.pdf (consulté le 20 juin 2017, p. 20.

12 Voir BONNEFOY (Olivier), *Les relations entre Parlement et Conseil constitutionnel : les incidences de la question prioritaire de constitutionnalité sur l'activité normative du Parlement*, thèse Université de Bordeaux, 2015, pp. 399-494.

13 Cons. Const., déc. n°- 62 -20 DC du 6 novembre 1962, *Loi relative à l'élection du président de la République au suffrage universel direct*, adoptée par le référendum du 28 octobre, *JORF* du 7 novembre 1962, p. 10778 ; Décision n°92-131 DC du 23 septembre 1992, *Loi autorisant la ratification du traité sur l'Union européenne, JORF* du 25 septembre 1992.

14 Voir en ce sens BEAUD (Olivier), « Un plaidoyer modéré en faveur d'un tel contrôle », *in Les Cahiers du Conseil constitutionnel,* n° 27, 2009, pp. 43- 45.

constituant »[15], qui considéraient que ce qui valait pour les lois référendaires valait nécessairement pour les lois votées par le Congrès[16], et les partisans d'une définition matérielle du pouvoir constituant qui étaient convaincus que le pouvoir constituant [17] pouvait être contrôlé lorsqu'il s'exerçait de façon dérivée[18].

En 1992, la question est relancée dans le cadre du processus de ratification du traité sur l'Union européenne[19]. Dans sa décision du 2 septembre 1992, le Conseil constitutionnel a déclaré explicitement qu'il était loisible « au pouvoir constituant d'abroger, de modifier ou de compléter des dispositions de valeur constitutionnelle dans la forme qu'il estime appropriée »[20]. Dans la même décision, le Conseil constitutionnel indique que « le pouvoir constituant est souverain, sous réserve de certaines limitations »[21]. Cette autonomie dont use le pouvoir constituant est en effet à l'origine d'importantes discussions juridiques au sein de la doctrine[22] dont les termes peuvent être posés de deux manières : d'une part, « la nature et l'existence des limites au pouvoir de révision »[23] ; d'autre part, la compétence du Conseil constitutionnel pour contrôler le respect de ces limites. Ce courant formaliste, dont Georges Vedel fut le chantre, soutient que « la décision Maastricht II est parfaitement cohérente et ne mérite pas

[15] Voir la constatation de la théorie formaliste du pouvoir constituant faite par Cécile Isidoro dans : ISIDORO (Cécile), « Le pouvoir constituant peut-il tout faire ? », *in Mélanges Pierre Pactet, L'esprit des institutions, l'équilibre des pouvoirs*, Paris, Dalloz, 2003, pp. 237-252.

[16] Pour une analyse sur la doctrine favorable au caractère unitaire du pouvoir constituant, voir VEDEL (Georges), « Souveraineté et supra-constitutionnalité », in *Pouvoirs*, n° 67, 1993, pp. 79-97 ; GENEVOIS (Bruno), « Les limites d'ordre juridique à l'intervention du pouvoir constituant », in *R. F.D. A*, 1998, n° 5, pp. 909-921.

[17] DEBARD (Thierry), *Dictionnaire de droit constitutionnel*, Ellipses édition Martketing, Paris, 2002, p. 221.

[18] Voir les arguments avancés sur la distinction entre les deux pouvoirs constituants par MEINDL (Thomas), « Le Conseil constitutionnel aurait pu se reconnaître compétent », *in R. D. P*, 2003, pp. 741-765.

[19] Voir sur ce point la constatation faite par Olivier Beaud sur le Traité de Maastricht et le pouvoir constituant dans : BEAUD (Olivier), *La Puissance de l'Etat*, *op.cit.*, pp. 457- 491.

[20] CHAMUSSY (Damien), « Actualité des réformes constitutionnelles et jurisprudence constitutionnelle », *op.cit.* p. 20, en citant le considérant n°19 de la décision n° 92-312-DC du 2 septembre 1992 du Conseil constitutionnel, Traité sur l'union européenne, JORF, 3 septembre 1992, *op.cit.*, p.12095.

[21] Dans sa décision n° 92-313 DC du 23 septembre 1992, le Conseil constitutionnel, saisi cette fois de la loi référendaire autorisant la ratification du traité : ce dernier décline sa compétence au nom du caractère souverain du pouvoir constituant populaire comme en 1962.

[22] HAQUET (Arnaud), *Le concept de souveraineté en droit constitutionnel français*, PUF,2004, 333 p. Voir plus ensemble des contributions *in La souveraineté dans tous ses États.* Actes du colloque organisé les 7 et 8 Avril 2010 par le Centre de Recherche Hannah Arendt. Institut Catholique d'études supérieures, Paris, 2011, Éditions Cujas, 264 p.

[23] Voir ISIDORO (Cécile), « Le pouvoir constituant peut-il tout faire ? », *op.cit.* pp. 237-252.

les critiques qui lui ont été adressées »[24], car le Conseil constitutionnel a clairement décliné sa compétence qui repose sur des arguments de texte et de jurisprudence[25]. Pour autant, certains tenants du courant matérialiste, sous l'autorité d'Olivier Beaud[26], estiment que le Conseil constitutionnel, dans sa décision du 2 septembre 1992, ne semble pas avoir totalement fermé la porte à « la thèse du contrôle possible des lois de révision votées en Congrès »[27]. Sur un autre terrain, une partie de la doctrine normativiste, comme Georges Vedel, soulignait l'importance de l'enjeu : si les limites précitées sont essentiellement formelles, la référence à la « forme républicaine du gouvernement »[28] pouvait aussi permettre au Conseil constitutionnel de s'engager sur le terrain de la « supra-constitutionnalité »[29].

En 2003, le Conseil constitutionnel met un terme à « un mythe, celui du pouvoir d'établir en droit positif des normes situées au-dessus de la Constitution »[30]. Plus précisément, pour justifier son refus, il rappelle que « sa compétence est strictement délimitée par la Constitution »[31] et de conclure qu'il ne tient « ni de l'article 61, ni de l'article 89, ni d'aucune autre disposition de la Constitution le pouvoir de statuer sur une révision constitutionnelle »[32]. Cette justification montre que le Conseil

---

24 Voir VEDEL (Georges), « Excès de pouvoir législatif et excès de pouvoir administratif », *in Les Cahiers du Conseil constitutionnel* n°2, 1997, p. 2.

25 *Ibid.*, p. 2.

26 BEAUD (Olivier), « Maastricht et théorie constitutionnelle. La nécessaire et l'inévitable distinction entre le pouvoir constituant et le pouvoir de révision constitutionnelle », *in L. P. A*, 31 mars 1994, pp. 14-17.

27 MEINDL (Thomas), *La notion de droit fondamental dans les jurisprudences et doctrines constitutionnelles françaises et allemandes,* thèse LGDJ, 2003, p. 397.

28 Voir BEDARRIDES (Edouard), *Réviser la Constitution : une histoire constitutionnelle française*, *op.cit.* 647 p.

29 Sur la controverse doctrinale autour de la théorie de la supra-constitutionnalité, voir RIALS (Stéphane), « Supra-constitutionnalité et systématicité du droit », *A. P. D*, Tome 31, 1986, pp. 57-76 ; BEAUD (Olivier), « Maastricht et théorie constitutionnelle. La nécessaire et l'inévitable distinction entre le pouvoir constituant et le pouvoir de révision constitutionnelle », *op.cit.*, pp.14-17; MATHIEU (Bertrand), « La supra-constitutionnalité existe-t-elle ? », in *L. P. A*, 8 mars 1995, pp.12-17 ;VEDEL (Georges), « Souveraineté et supra-constitutionnalité », *op.cit.* pp.79-97 ; JOUANJAN (Olivier), « La forme républicaine du gouvernement, norme supra-constitutionnelle ? », *in* MATHIEU (Bertrand) et alii, *La République en droit français*, Paris, Economica, 1996, pp. 267-287 ; TROPER (Michel), « La notion de principes supra-constitutionnels », in *R.I.D.C*, Vol.15, pp.339-345; FAVOREU (Louis), « Souveraineté et supra-constitutionnalité », in *Pouvoirs n°* 67,1993, pp.73-78; CAMBY (Jean-Pierre), « Supra-constitutionnalité : la fin d'un mythe », *op.cit.*, pp. 671-688; DRAGO (Guillaume), « La supra-constitutionnalité. Présentation et la Problématique générales », in *R. I. D.C,* vol.15, 1993, pp.313-321.

30 CAMBY (Jean-Pierre), « Supra-constitutionnalité : la fin d'un mythe », *op.cit.*, p. 672.

31 C.C., n°2003-469 DC, 26 mars 2003, *Loi constitutionnelle relative à l'organisation décentralisée de la République*, *J.O.R.F.*, 26 mars 2003, p.5570. (Cons, n°2).

32 *Ibid.*, p.5570. (Cons, n°2).

constitutionnel a opté pour l'interprétation stricte des textes constitutionnels, se mettant ainsi à « l'abri des critiques relatives au gouvernement des juges »[33]. La reconnaissance de son incompétence illimitée, au nom du caractère intangible du pouvoir constituant, a été approuvée par la doctrine[34]. En revanche, « accepter l'incompétence illimitée du Conseil constitutionnel au nom de l'État de droit conduirait au paradoxe de confier au juge constitutionnel l'examen des révisions qui régissent sa propre compétence »[35]. Ainsi, le refus du Conseil constitutionnel s'inscrit dans une perspective diamétralement opposée à celle de la plupart des Cours constitutionnelles[36] qui non seulement acceptent le principe d'un tel contrôle, mais aussi œuvrent à son extension pour l'émergence d'une nouvelle dimension de l'État de droit[37]. Or, il apparaît que ce contrôle peut s'exercer sans texte[38]. Cela s'est vérifié pour les juges constitutionnels allemands, autrichiens, italiens[39] et pour d'autres qui ont interprété leurs

---

[33] Voir sur ce point par exemple SCHOETTL (Jean-Éric), « Le Conseil constitutionnel peut-il contrôler une loi constitutionnelle ? », in *L. P. A*, 8 Avril 2003, n°70, p. 19.

[34] Voir BEDARRIDES (Edouard), *Réviser la Constitution : une histoire constitutionnelle française*, *op.cit.* pp. 15-18 ; CAMBY (Jean-Pierre), « Supra-constitutionnalité : la fin d'un mythe », *op.cit.*, pp. 671-688 ; CHALTIEL (Florence), « La souveraineté du pouvoir constituant dérivé », *op.cit.*, pp. 7-9.

[35] Voir dans ce sens NEFRAMI (Eleftheria), « Quelques réflexions sur les limites à l'exercice du pouvoir de révision constitutionnelle en France », in *R.B.D.C*, 2003, p. 357.

[36] Voir BLACHER (Philippe), *Contrôle de constitutionnalité et volonté générale*, FUF, Paris, Coll. « Les grandes thèses du droit français », 2001, p.115 ; SALAMI (Ibrahim David), « Le pouvoir constituant dérivé à l'épreuve de la justice constitutionnelle au Bénin ». in *Revue Togolaise des Sciences Juridiques*, janv-juin 2011,pp.44-64 ; pp.631-648; AÏDARA (Mouhamadou Moustapha), « Le juge constitutionnel africain et le contrôle des lois portant révision de la Constitution : contribution à un débat », *Revue d'étude et recherche sur le droit et l'administration dans les pays de l'Afrique*, publié le 26 décembre 2011 sur http:// afrilex.u-bordeaux4.fr/le –juge –constitutionnel –africain. html ; BOLLE (Stéphane), « Le contrôle prétorien de la révision au Mali et au Tchad : un mirage ? », *in R. B. S. J. A.* n°17, p.3.

[36] Voir les analyses avancées par LUCIANI (Massimo), « Le contrôle de constitutionnalité des lois constitutionnelles en Italie », *op.cit.*, pp. 27-31.

[37] Voir en ce sens KREAÏEM-DRIDI (Mouna), « Les limites du pouvoir du juge constitutionnel », in Rafaâ Ben Achour, *Le droit constitutionnel normatif développement récents*, Bruxelles, Bruylant, 2009, p. 42.

[38] Voir sur ce point BLÉOU (Martin), « Le juge constitutionnel et les révisions constitutionnelles », in AHADZI-NONOU (Koffi) *et alii, Démocratie en questions : Mélanges en l'honneur du professeur Théodore HOLO,* Presses de l'Université Toulouse 1 Capitole, 2017, pp. 229-237. Voir notamment ROZNAI (Yaniv), *Unconstiutional Constitutional amendments. The Limits of Amendments* Powers, Oxford Constitutional Theory, *op.cit.* 334 p ; BOLLE (Stéphane), « Le contrôle prétorien de la révision au Mali et au Tchad : un mirage ? », *op.cit.* p. 5.

[39] Pour une étude comparative sur les limites explicites et implicites conduisant le contrôle du pouvoir de révision par le juge constitutionnel, voir la première partie de la thèse ROZNAI (Yaniv), *Unconstiutional Constitutional amendments. The Limits of Amendments* Powers, Oxford Constitutional Theory, *op.cit.* pp. 21-79.

compétences d'une façon extensive[40]. Sans plus insister sur la controverse doctrinale, la décision du 26 mars 2003 ne fait que constater « l'absence de fondements constitutionnels d'un contrôle juridictionnel des lois de révision de la Constitution »[41]. En effet, la décision qu'a prise le Conseil constitutionnel en 2003 était attendue depuis 1992. À cette époque, il avait traité la question des limites à l'exercice du pouvoir constituant, mais n'en avait pas donné de réponses claires. Une série d'interrogations se posent alors au sein de la doctrine. S'agit-il d'un abandon de la distinction entre révisions parlementaire et référendaire ? Peut-on déduire de la décision du 26 mars 2003 que le Conseil constitutionnel affirme la souveraineté du pouvoir de révision tout en refusant l'existence de limites à son action ? Le Conseil constitutionnel refuse-t-il définitivement l'existence des normes supra-constitutionnelles en droit positif français ? La controverse autour de la compétence du Conseil constitutionnel pour un contrôle des lois de révision de la Constitution est-elle vraiment terminée[42] ?

Toutes ces interrogations sont déterminantes pour savoir si l'on peut adapter le respect de l'État de droit au caractère intangible de la souveraineté constituante »[43]. Leurs complexités conduisent la doctrine à se partager en deux écoles : celle des partisans du maintien du caractère intangible de la souveraineté constituante[44] et celle des tenants du caractère relatif du pouvoir de révision au nom de l'État de droit[45]. Pour essayer de sortir de ce blocage, se ranger dans l'un ou l'autre de ces groupes ne sert à rien. Il nous semble préférable de chercher à « penser » l'adaptation, c'est-à-dire de

---

[40] Voir l'ensemble des contributions dans « Le contrôle de constitutionnalité des lois constitutionnelles », *op.cit.*, pp. 3-58.

[41] Voir en ce sens NEFRAMI (Eleftheria), « Quelques réflexions sur les limites à l'exercice du pouvoir de révision constitutionnelle » en France », *op.cit.,* p. 357. C'est nous qui soulignons.

[42] Au regard de l'influence du droit européen sur la Constitution, l'immunité contentieuse des lois de révision de la Constitution est loin d'être un débat clos. Ainsi selon Dominique Rousseau, « dans une perspective de droit constitutionnel européen ou à partir d'une ouverture que l'on peut déceler dans la décision relative au traité de Maastricht, ce contrôle est parfois envisagé en doctrine » ; ROUSSEAU (Dominique), *et alii*, *Droit du contentieux constitutionnel*, Paris, LGDJ, coll. Domat droit public, 2016, 11e éd., p.164.Voir aussi, CAHIN (Gérard), « Limitation du pouvoir constituant : point de vue de l'internationaliste », *Civitas Europa* 2014/1 (N° 32), pp.55-79.

[43] CHAMUSSY (Damien), « Actualité des réformes constitutionnelles et jurisprudence constitutionnelle », *op.cit.* p.21.

[44] Voir sur ce point GENEVOIS (Bruno), « Les limites d'ordre juridique à l'intervention du pouvoir constituant », *op.cit.* pp. 909-921.

[45] Voir par exemple BEAUD (Olivier), « Maastricht et théorie constitutionnelle. La nécessaire et l'inévitable distinction entre le pouvoir constituant et le pouvoir de révision constitutionnelle », *op.cit.,* pp.14-17 ; BLANC (Didier), « Des limites au pouvoir constitutionnel de révision ou "l'aiguilleur " aiguillonné –A propos de la décision du Conseil constitutionnel n°2003-469 DC du 26 mars 2003 », in *R.R.J.* 2003-4, p. 2801.

construire des outils permettant de savoir si le principe du caractère intangible du pouvoir constituant a changé ou s'il est nécessaire de le changer. Il n'est pas de notre propos de résoudre directement les problèmes insolubles précités, mais plutôt d'exposer les instruments permettant de les comprendre. Pour atteindre ce but, nous devons revenir sur le concept de pouvoir constituant, afin d'éclairer aussi son adaptation au respect de l'État de droit[46]. Il est en effet impossible de se prononcer sur « l'adéquation du principe de la souveraineté constituante au respect de l'État de droit »[47] sans préciser d'abord les éléments de la controverse doctrinale autour de la justiciabilité des lois de révision de la Constitution[48]. Pour mieux appréhender cette situation, il est opportun de circonscrire de manière conceptuelle les termes du débat (§ 1), puis de dégager une problématique générale de l'étude (§ 2).

§ 1— Les termes du débat autour de la justiciabilité des lois de révision de la Constitution

Le pouvoir de révision constitutionnelle est limité par le pouvoir constituant originaire[49]. L'affirmation de son contrôle par le juge constitutionnel résulte de l'accueil de la vision séparatiste entre pouvoir constituant originaire et pouvoir constituant dérivé[50]. À cet égard, le concept

---

[46] Voir CHAMUSSY (Damien), « Actualité des réformes constitutionnelles et jurisprudence constitutionnelle », *op.cit.* p.20. Voir notamment HEUSCHLING (Luc), *État de droit - Rechststaat -Rule of Law*, Coll. « Nouvelle Bibliothèque de Thèses », Dalloz, Paris 2002, p .739 ; CHEVALLIER (Jacques), « L'État de droit », in *R.D.P*,1988, n°1, p. 313 ; REDOR (Marie-Joëlle), *De l'État légal à l'État de droit. L'évolution des conceptions de la doctrine publiciste française 1879-1914,* Paris, Economica, P.U.A.M, 1992. 330 p ; TROPER (Michel), « Le concept de l'État de droit », *in Droits*, n°15 ,1992, pp. 51-63 ; CARRE DE MALBERG (Raymond), *Contribution à la théorie générale de l'État* Préface, d'Éric Maulin, Paris, édition Dalloz, rééd. 2004, pp.488-489.

[47] C'est nous qui soulignons.

[48] Comme le souligne Claude Klein, la thèse de Yaniv Roznai peut apparaître comme celle qui « combler un vide dans la littérature spécialisée » dans la doctrine autour de la question des limites et du contrôle des lois de révision par le juge ; KLEIN (Claude), « Recension de Yaniv ROZNAI, Unconstiutional Constitutional amendments. The Limits of Amendments Powers, Oxford Constitutional Theory, 2017 », *in Jus Politicum* n° 18 juillet 2017 (consulté le 20 août 2017), format PDF, p. 40. Voir notamment ROZNAI (Yaniv), *Unconstiutional Constitutional amendments. The Limits of Amendments* Powers, Oxford Constitutional Theory, *op.cit.* pp.171- 234.

[49] Lire à ce sujet les propos retenus par Jean-Philippe Derosier pour qui « "un pouvoir illimité" ne saurait exister en droit positif et ce "pouvoir constituant" juridiquement considéré n'est autre que le pouvoir de révision constitutionnelle, juridiquement encadré » ; DEROSIER (Jean-Philippe), *Les limites constitutionnelles à l'intégration européenne. Étude comparée : Allemagne, France, Italie*, *op.cit.*, p.86.

[50] Voir en ce sens LE PILLOUER (Arnaud), « Pouvoir constituant originaire et pouvoir constituant dérivé : à propos de l'émergence d'une distinction conceptuelle », in *Revue*

de pouvoir constituant soulève le problème de la qualification du statut du pouvoir qui serait habilité à réviser la Constitution[51]. La controverse qu'il engendre est à la source du débat entre les partisans et les opposants de la souveraineté limitée ou non du pouvoir de révision constitutionnelle (A). Si la dispute perdure, c'est parce qu'il existe un problème général sur la conception du rôle du juge constitutionnel[52]. En réalité, la possibilité de contrôler les lois de révision de la Constitution lui est déniée lorsque le juge constitutionnel est considéré comme « une simple autorité »[53]. En revanche, dans une conception maximaliste, l'admission du contrôle de lois de révision de la Constitution « ne semble pas poser de problèmes »[54] (B).

A) L'impossible consensus autour de la limitation de la souveraineté du pouvoir de révision

La question de la limitation de la souveraineté du pouvoir de révision constitutionnelle paraît « une hérésie au regard des théories dominantes »[55]. En effet, la doctrine publiciste française est très partagée sur les fondements de la souveraineté attachée au pouvoir de révision constitutionnelle[56]. Dans

---

d'histoire des facultés de droit et de la science juridique, n° 25-26, 2005-2006, pp. 123-141 ; BLANC (Didier), « La justiciabilité des limites au pouvoir constituant sous la Cinquième République », in Association française de droit constitutionnel, *VIIe Congrès de droit constitutionnel, Congrès de Paris*, 2008 (consulté le 14 avril 2017).

[51] Il est communément admis depuis Emmanuel Sieyès que le pouvoir constituant appartient au peuple qui peut l'exercer selon des modalités différentes soit directement ou soit par ses représentants. On trouve une preuve de cette « conception du pouvoir constituant à l'article 89 de la Constitution française de 1958 » qui prévoit deux modalités de révision, soit par le peuple directement par la voie du référendum, soit par les représentants du peuple, réunis en Congrès.

[52] Voir les analyses avancées par KPODAR (Adama), « Contribution sur la fausse vraie idée du contrôle de constitutionnalité. Quand l'interprétation constitutionnelle menace la lisibilité du bloc référentiel », *in NAREY (Oumarou), La justice constitutionnelle, Actes du colloque international de l'ANDC*, Paris, 2016, L'Harmattan, pp.213- 232 ; GENEVOIS (Bruno), « Les limites d'ordre juridique à l'intervention du pouvoir constituant », *op.cit.* pp. 909-921 ; LUCHAIRE (François), « Le Conseil constitutionnel est-il une juridiction ? », in *R.D.P*, 1979, p. 27 ; DESMONS (Éric), « Justice constitutionnelle, gouvernement représentatif et " bon régime" ? », *in* MOUTON (Stéphane), *Le régime représentatif à l'épreuve de la justice constitutionnelle,* Actes du colloque organisé les 9 et 10 octobre 2014 par l'Institut Maurice Hauriou-Université Toulouse 1-Capitole sous la direction de Collection « Grands Colloques », L.G.D.J, pp.53-61.

[53] Voir en ce sens BEDARRIDES (Edouard), *Réviser la Constitution : une histoire constitutionnelle française*, *op.cit.* pp.15-18.

[54] *Ibid.*, p.18.

[55] Voir BLANC (Didier), « Des limites au pouvoir constitutionnel de révision ou " l'aiguilleur " aiguillonné – A propos de la décision du Conseil constitutionnel n°2003-469 DC du 26 mars 2003, Loi constitutionnelle relative à l'organisation décentralisée de la République », in *R.R. J.*, 2003-4, p. 2804. (C'est nous qui soulignons).

[56] Voir les arguments doctrinaux avancés par VIALA (Alexandre), « Limitation du pouvoir

sa décision du 2 septembre 1992, le Conseil constitutionnel affirmait que « le pouvoir constituant est souverain sous réserve de certaines limitations »[57]. Pour reprendre l'argumentation d'Olivier Beaud, cette déclaration souffre d'une grave contradiction entre les limitations et l'exercice du pouvoir de révision constitutionnelle et l'affirmation de sa souveraineté[58]. Tout d'abord, la souveraineté du pouvoir de révision constitutionnelle implique qu'elle puisse modifier l'article 89 alinéa 5 de la Constitution et, « par le jeu des révisions successives, dépasser la limitation matérielle relative à la forme républicaine du gouvernement »[59]. Or, le Conseil constitutionnel remarque une souveraineté du pouvoir constituant « sous réserve des limitations temporelles issues des articles 7, 16 et 89 alinéa 4 et de la limitation matérielle issue de l'article 89 alinéa 5 de la Constitution »[60]. La formule concise du Conseil constitutionnel, « le pouvoir constituant est souverain », comporte bien deux conséquences : d'une part, en l'absence de précisions du Conseil constitutionnel sur le rang occupé par le « pouvoir constituant », la souveraineté qui lui est reconnue vaut autant pour le pouvoir constituant originaire que pour le pouvoir de révision de la Constitution[61] ; d'autre part, cette égale souveraineté des pouvoirs constituants originaire et dérivé implique qu'aucune disposition constitutionnelle n'échappe au pouvoir de révision de la Constitution[62]. Cette conception d'égale souveraineté a été défendue par des auteurs comme Georges Vedel, Jean-Pierre Camby et Dmitri-Georges Lavroff[63]. Pour sa part, Georges Vedel estime que « le constituant d'aujourd'hui ne peut lier la nation de demain »[64]. Cette affirmation trouve un écho favorable dans la formule selon laquelle « le pouvoir constituant qui s'exerce à un moment donné n'est pas supérieur au pouvoir constituant qui s'exercera à l'avenir et

---

constituant, la vision du constitutionnaliste », *in Civitas Europa 2014* /1 (N°32), pp.81-91 ; DROIN (Nathalie), « Retour sur la loi constitutionnelle de 1884 : contribution à une histoire de la limitation du pouvoir constituant dérivé », *op.cit.* pp. 725-747.

[57] CHAMUSSY (Damien), « Actualité des réformes constitutionnelles et jurisprudence constitutionnelle », *op.cit.* p. 20, en citant le considérant n°19 de la décision n° 92-312-DC du 2 septembre 1992 du Conseil constitutionnel, Traité sur l'union européenne, JORF, 3 septembre 1992, *op.cit.*, p.12095.

[58] BEAUD (Olivier), *La Puissance de l'État*, *op.cit.*, p.473.

[59] NEFRAMI (Eleftheria), « Quelques réflexions sur les limites à l'exercice du pouvoir de révision constitutionnelle en France », *op.cit.*, pp. 349-366.

[60] *Ibid.*, p.349.

[61] Voir en ce sens BLANC (Didier), « Des limites au pouvoir constitutionnel de révision ou " l'aiguilleur " aiguillonné-A propos de la décision du Conseil constitutionnel n°2003-469 DC du 26 mars 2003, Loi constitutionnelle relative à l'organisation décentralisée de la République », *op.cit.*, p.2805.

[62] *Ibid.*, p.2805.

[63] Voir sur ce point la doctrine en faveur de la souveraineté constituante dans les propos retenus par CAMBY (Jean-Pierre), « Supra-constitutionnalité : la fin d'un mythe », *op.cit.*, pp.671-688.

[64] VEDEL (Georges), *Manuel élémentaire de droit constitutionnel*, Sirey,1949, p.117.

ne peut prétendre le restreindre, fut-ce sur ce point déterminé »[65]. En effet, la doctrine soutenant cette conception formelle du pouvoir constituant ne considère pas le Conseil constitutionnel compétent pour « un contrôle des lois de révision de la Constitution »[66], mais cela est discutable dans la mesure où elle assimile le titulaire de la souveraineté à son « délégataire »[67]. À ce sujet, Olivier Beaud considère qu'« on ne peut pas à la fois soutenir le caractère juridiquement inconditionné du pouvoir constituant originaire, celui juridiquement habilité du pouvoir dérivé, et les qualifier tous deux de pouvoir constituant comme s'ils étaient de nature identique. L'erreur de la doctrine — une faute de logique en fait — est donc de ranger ces deux pouvoirs dans un genre unique, d'adopter une différenciation relative (différence de degré) alors qu'elle devrait être absolue »[68]. On déduit que « seul le pouvoir constituant originaire sur le plan interne serait souverain, le pouvoir de révision de la Constitution étant discrétionnaire et non souverain »[69]. Autrement dit, l'acte de révision aurait une valeur infra-constituante. Par conséquent, « le pouvoir constituant dérivé n'est pas un acte constituant, puisqu'il n'est pas un acte de souveraineté. Il est subordonné à l'acte constituant »[70]. Cette différenciation « de nature entre un pouvoir habilité et un pouvoir originaire inconditionné implique que le pouvoir de révision de la Constitution est le seul qui pourrait être soumis au contrôle du Conseil constitutionnel »[71].

Néanmoins, la subordination du pouvoir de révision aux limites constitutionnelles « n'implique pas forcément sa soumission à la compétence du Conseil constitutionnel »[72], car l'autolimitation du pouvoir constituant originaire ne signifie pas « l'épuisement de sa souveraineté »[73]. Cette

---

65 LAFERRIÉRE (Julien), *Manuel de droit constitutionnel*, Montchrestien, 2e éd., 1947, p. 289.

66 Voir les arguments avancés par CAMBY (Jean-Pierre), « Supra-constitutionnalité : la fin d'un mythe », *op.cit.*, pp. 671-688.

67 Voir les analyses avancées par L'HÔTE (Vincent), « La "forme républicaine du gouvernement" à l'épreuve de la révision constitutionnelle de mars 2003 », *op.cit.*, pp. 111-138.

68 BEAUD (Olivier), *La Puissance de l'État*, *op.cit.*, pp.315-316.

69 *Ibid.*, p.473.

70 Voir en ce sens BEAUD (Olivier), « Maastricht et théorie constitutionnelle. La nécessaire et l'inévitable distinction entre le pouvoir constituant et le pouvoir de révision constitutionnelle », *op.cit.*, pp.14-17. C'est nous qui soulignons.

71 Voir BEAUD (Olivier), *La Puissance de l'État*, *op.cit.*, pp.315-364.

72 NEFRAMI (Eleftheria), « Quelques réflexions sur les limites à l'exercice du pouvoir de révision constitutionnelle en France », *op.cit.*, p.359.

73 Un respect scrupuleux de la « souveraineté du pouvoir de révision constitutionnelle » est à tout fait compatible avec un contrôle de constitutionnalité des lois de révision de la Constitution. D'ailleurs, les solutions du droit comparé montrent que l'admission d'un contrôle juridictionnel des lois de révision de la Constitution est envisageable au nom de l'affermissement de l'État de droit. Voir par exemple les analyses avancées par FROMONT

autolimitation a été vigoureusement critiquée par la doctrine formaliste du pouvoir constituant[74]. Ainsi, prenant appui sur le fait que « le pouvoir constituant est souverain », Dmitri-Georges Lavroff précise que même s'il y a des mesures autolimitatives du pouvoir constituant, elles ne « peuvent pas contraindre le titulaire du pouvoir qui a toujours la possibilité de s'en affranchir, en les supprimant ou en les modifiant »[75]. Cette conception absolutiste de la souveraineté constituante a été nuancée par certains partisans de la doctrine formaliste du pouvoir constituant qui estiment que la seule limite au pouvoir constituant réside dans le respect de la procédure de révision déterminée par la Constitution[76].

En tout état de cause, pour la doctrine formaliste du pouvoir constituant, une fois que le pouvoir de révision de la Constitution aura respecté les règles de forme prescrites par la Constitution, « le législateur constitutionnel, qu'il soit originaire ou dérivé, pourra modifier la Constitution à sa guise. La révision ne saurait être enfermée dans des limites matérielles »[77]. Il résulte de cette doctrine formaliste et de sa réception par le juge constitutionnel que le pouvoir constituant français peut tout faire[78], mais voilà qui paraît discutable pour plusieurs raisons[79]. Ainsi, selon Olivier Beaud, « la distinction doctrinale entre l'acte constituant et l'acte de révision démontre que la loi constitutionnelle de révision (l'acte de révision) est juridiquement contestable parce qu'elle n'émane pas d'un pouvoir souverain »[80]. Pour faire écho à l'idée d'une limitation de la souveraineté du pouvoir de révision

(Michel), « La révision de la Constitution et les règles constitutionnelles intangibles en droit allemand », in *R.D.P*, 2007, *op.cit.*, p.89. Voir dans le même sens JOUANJAN (Olivier), « Révision de la Constitution et justice constitutionnelle-République Fédérale d'Allemagne », *op.cit.*, pp.229-244.

[74] Voir BADINTER (Robert), « Le Conseil constitutionnel et le pouvoir constituant », *op.cit.*, p. 221.

[75] LAVROFF (Dmitri-Georges), « De l'abus des réformes : réflexions sur le révisionnisme constitutionnel », *op.cit.*, p.63.

[76] Voir sur ce point Robert Badinter pour qui « Le Pouvoir constituant, lorsqu'il s'exercice sous la forme dérivée d'une révision, est souverain. Mais il n'est pas pour autant discrétionnaire » ; BADINTER (Robert), « Le Conseil constitutionnel et le pouvoir constituant », *op.cit.*, p. 221.

[77] ISIDORO (Cécile), « Le pouvoir constituant peut-il tout faire ? », *op.cit.*, p.243.

[78] Voir BADINTER (Robert), « Le Conseil constitutionnel et le pouvoir constituant », *op.cit.*, p. 221.

[79] D'une part, parce qu'elle opère une confusion terminologique juridiquement discutable entre les pouvoirs constituants originaire et dérivé. D'autre part, parce qu'elle est problématique dans un État qui adhère au principe de l'Etat de droit. D'ailleurs, la conception formaliste du pouvoir constituant est problématique « en démocratie car elle tend à oublier que légalité n'est pas synonyme de légitimité.

[80] BEAUD (Olivier), *La Puissance de l'État*, *op.cit.*, p.386.

constitutionnelle[81], faut-il aller jusqu'à soutenir la thèse selon laquelle « le contrôle des lois de révision doit porter sur les conditions non seulement de forme, mais aussi de fond de la révision » ?[82] Cette réflexion est d'ailleurs conforme à la tradition de l'État de droit qui considère que l'extension du contrôle d'un acte législatif est un progrès juridique dans la mesure où il renforce la protection des droits fondamentaux[83]. Dans cette même logique, on peut admettre que si l'État de droit se réalise par l'accroissement des contrôles juridictionnels, c'est parce que les contrôles politiques sont parfois inefficaces ou dangereux[84]. En conséquence, la pièce maîtresse de l'État de droit, c'est le juge constitutionnel, car ce dernier « se voit assigner un rôle qui dépasse largement celui de la simple application de la loi. C'est à lui qu'il incombe de défendre la cohérence de l'ordre juridique tout entier, voire de développer cet ordre par une jurisprudence constructive »[85].

La coexistence entre l'affirmation de la souveraineté du pouvoir de révision de la Constitution et la non-révision du caractère républicain du régime soulève la question de savoir si le pouvoir de révision peut réviser l'article 89 alinéa 5 afin de se soustraire à cette limitation matérielle[86]. Toutefois, analyser la disposition en ces termes serait inutile : l'article 89 alinéa 5 de la Constitution est-il une norme à valeur constitutionnelle ou supra-constitutionnelle à la souveraineté du pouvoir de révision de la Constitution ? Afin d'éviter le débat sur la hiérarchisation des dispositions constitutionnelles ou supra-constitutionnelles, nous pourrions fonder la non-révision de l'article 89 alinéa 5 de la Constitution sur la distinction entre les pouvoirs constituants originaire et dérivé en combinaison avec le caractère

---

[81] Voir en ce sens DEROSIER (Jean-Philippe), *Les limites constitutionnelles à l'intégration européenne. Étude comparée : Allemagne, France, Italie*, *op.cit.* pp.233 -299.

[82] BEAUD (Olivier), *La Puissance de l'État*, *op.cit.*, p. 387.

[83] Depuis, le traité de Maastricht, les prises de position favorable à l'admission d'un contrôle des lois de révision de la Constitution se multiplient au sein de la doctrine. L'injusticiabilité des lois de révision de la Constitution semble difficilement acceptable dans un État adhérant au principe de l'État de droit. Elle constitue une menace véritable pesant sur l'État de droit. Cette menace s'analyse comme une remise en question de l'État de droit. En tant que juge, le juge constitutionnel doit, dans un État de droit, se déclarer compétent et contrôler le Parlement constituant au nom du principe de la suprématie de la Constitution. Si l'on considère le Parlement constituant comme un pouvoir toujours « souverain », on peut soutenir l'idée d'un retour au légicentrisme.

[84] Voir en ce sens REDOR (Marie-Joëlle), *De l'État légal à l'État de droit. L'évolution des conceptions de la doctrine publiciste française* 1879-1914, *op. cit.*, p. 291.

[85] *Ibid.*, p.18.

[86] Voir sur ce point les arguments avancés en faveur de la possibilité de réviser l'article 89 alinéa 5, de la Constitution par VEDEL (Georges), « Schengen et Maastricht », *op.cit.*, p.178 ; MATHIEU (Bertrand), « La supra-constitutionnalité existe-t-elle ? », *op.cit.* pp.12-17 ; CAMBY (Jean-Pierre), « Supra-constitutionnalité : la fin d'un mythe », *op.cit.* pp. 671-688.

de la disposition en question[87]. Dans une telle hypothèse, nous pouvons considérer que seul le pouvoir constituant originaire est habilité à réviser l'article 89 alinéa 5, ce qui impliquerait l'institution d'un pouvoir de révision de nature différente[88]. Cela veut dire que le pouvoir de révision constitutionnelle ne pourrait pas toucher à une disposition attributive de compétence, car il ne dispose pas de la compétence de sa compétence.

En dernier lieu, afin d'éviter la juste objection selon laquelle le Conseil constitutionnel n'aurait pas reçu du pouvoir constituant sa compétence, admettons qu'il ne crée pas forcément le droit lorsqu'il consacre la valeur constitutionnelle de l'article 89 qu'il place dans un cadre constitutionnel[89] et non pas supra-constitutionnel[90]. Ainsi, selon Olivier Beaud, « le pouvoir de révision est limité non par des normes supra-constitutionnelles, mais par le droit positif de la Constitution »[91]. Dès lors, on peut avancer l'idée que le Conseil constitutionnel pourrait décider d'après l'article 89 alinéa 5 de faire une interprétation extensive de sa fonction naturelle qui « est de dire le droit »[92]. En conséquence, il se reconnaîtrait compétent pour effectuer un contrôle des actes « du pouvoir de révision de la Constitution »[93]. Dans l'hypothèse où le Conseil constitutionnel sanctionnerait une loi de révision de la Constitution au nom du respect des principes républicains, il perdrait toute légitimité « faute de pouvoir renvoyer à un pouvoir susceptible d'adopter la disposition censurée, il ne serait plus répartiteur de compétences, mais, de fait, autorité souveraine »[94].

B) L'éternelle remise en cause de la légitimité du juge constitutionnel face à la représentation démocratique

L'interrogation relative à la légitimité du juge constitutionnel face aux représentants du peuple est récurrente dans nos démocraties contemporaines au gré de l'évolution des contentieux constitutionnels. Il n'est pas aisé

---

[87] NEFRAMI (Eleftheria), « Quelques réflexions sur les limites à l'exercice du pouvoir de révision constitutionnelle en France », *op.cit.* p. 356.
[88] *Ibid.*, p. 356.
[89] Voir en ce sens DROIN (Nathalie), « Retour sur la loi constitutionnelle de 1884 : contribution à une histoire de la limitation du pouvoir constituant dérivé », *op.cit.*, pp. 725-747.
[90] Voir sur ce point JOUANJAN (Olivier), « La forme républicaine du gouvernement, norme supra-constitutionnelle ? », *op.cit.*, pp. 267-287.
[91] BEAUD (Olivier), *La Puissance de l'État*, *op.cit.*, p.349.
[92] DESMONS (Éric), « Juger les lois (commentaires sur le chapitre VI du livre I de De la démocratie en Amérique), *in L'office du juge*, dir. Darcy, Labrot, Doat, Les colloques du Sénat, 2009, p.483.
[93] BEAUD (Olivier), *La Puissance de l'État*, *op.cit.*, p.350.
[94] MATHIEU (Bertrand), « La supra-constitutionnalité existe-t-elle ? », *op.cit.*, p.12.

d'apporter une réponse convaincante dans la mesure où la question est susceptible à des points de vue doctrinaux divers. En effet, l'instauration des juridictions constitutionnelles dans le paysage des démocraties « européennes a nécessité la construction d'une légitimation théorique justifiant l'étendue »[95] des pouvoirs conférés à un organe non élu et, par conséquent, dépourvu de légitimité démocratique[96]. Cette légitimité a été théorisée par Hans Kelsen, puis reprise notamment par Charles Eisenmann et également par l'ensemble de la doctrine constitutionnelle française[97]. À ce point du raisonnement, on relève deux grandes théories souvent utilisées pour concilier « le contrôle de constitutionnalité des lois et le régime des démocraties »[98] représentatives[99]. Tout d'abord, la première présente l'action du juge constitutionnel comme celle d'un « législateur négatif parce que le pouvoir d'annulation d'une loi revient à exercer une fonction législative négative »[100]. Avec la deuxième, la « théorie de l'aiguilleur »[101], l'action du juge constitutionnel peut être considérée comme destinée à indiquer la procédure à suivre pour adopter la norme contrôlée[102].

Cependant, dans le cadre de la justice constitutionnelle, la recherche d'une légitimation démocratique reste toujours un sujet de discussion au sein de la doctrine[103]. À cet égard, il a fallu construire une légitimité du juge

---

95 BEDARRIDES (Edouard), *Réviser la Constitution : une histoire constitutionnelle française, op.cit.* p. 15.

96 Voir les analyses avancées DESMONS (Éric), « Justice constitutionnelle, gouvernement représentatif et " bon régime" ? », in MOUTON (Stéphane), *Le régime représentatif à l'épreuve de la justice constitutionnelle,* Collection « Grands Colloques », LGDJ, 2016, pp. 53-61.

97 KELSEN (Hans), « La garantie juridictionnelle de la Constitution : la justice constitutionnelle », in *R.D.P*, Tome 45, 1928, p. 198 ; CAPPELLETTI (Mauro), « Nécessité et légitimité de la justice constitutionnelle », in *R.I.D.C,* 1981, n°2, p.463.

98 BEDARRIDES (Edouard), *Réviser la Constitution : une histoire constitutionnelle française op.cit.* p. 15.

99 Voir en ce sens DRAGO (Guillaume), *Contentieux constitutionnel français,* PUF, Thémis, 4e éd. 2016, pp. 99-138.

100 Voir BEDARRIDES (Edouard), *Réviser la Constitution : une histoire constitutionnelle française, op.cit.* p. 18. Voir notamment la présentation de la théorie du législateur négatif dans : KELSEN (Hans), « La garantie juridictionnelle de la Constitution : la justice constitutionnelle », *op.cit.* p. 224.

101 On expression a été utilisé par BLANC (Didier), « Des limites au pouvoir constitutionnel de révision ou " l'aiguilleur " aiguillonné-A propos de la décision du Conseil constitutionnel n°2003-469 DC du 26 mars 2003, Loi constitutionnelle relative à l'organisation décentralisée de la République », *op.cit.,* p. 2805.

102 Voir sur ce point le prolongement de la pensée de Charles Eisenmann par Michel Troper dans : TROPER (Michel), *La théorie du droit, le droit,* l'Etat, PUF, Léviathan, Paris, 2001, p. 183.

103 Voir sur ce point l'ensemble des contributions sur « Le régime représentatif à l'épreuve de la justice constitutionnelle », in MOUTON (Stéphane), Actes du colloque organisé les 9 et 10

constitutionnel en s'appuyant sur des théories qui permettaient de concilier sa fonction juridictionnelle et les modèles traditionnels de légitimation[104]. Dans « le système français de justice constitutionnelle », cette légitimation théorique a dû être fortement soutenue par la doctrine pour être adaptée à la « conception de la séparation des pouvoirs »[105]. Toutefois, l'accroissement du contentieux constitutionnel des lois a mis en lumière ses limites, ce qui a provoqué le débat sur l'actualisation du rôle du juge constitutionnel, au regard des principes fondamentaux dégagés par « la pratique juridictionnelle »[106]. En effet, la légitimation théorique du juge constitutionnel ne peut être fondée sur des théories invalidées par la pratique juridictionnelle.

Au surplus, le prétendu antagonisme entre « démocratie et État de droit » repose d'une part sur une conception révolutionnaire de la loi et, d'autre part, sur une « conception maximaliste du rôle du juge constitutionnel »[107]. Nous pouvons d'ailleurs remarquer que les refus répétés du Conseil constitutionnel de « contrôler les lois de révision de la Constitution » conduisent à s'interroger sur sa légitimité face à la représentation démocratique[108]. À ce titre, notre démarche ne peut ignorer l'importance « du pouvoir créatif d'interprétation du juge constitutionnel »[109]. Par conséquent, il est nécessaire de voir brièvement la conception du rôle du juge constitutionnel telle que la doctrine la perçoit[110]. Pour cela, on peut se demander si la controverse doctrinale sur la nature du Conseil

---

octobre 2014 par l'Institut Maurice Hauriou-Université Toulouse -1- Capitole, Collection « Grands Colloques », L.G.D.J. 2016. pp. 1-314.

104 Voir la constatation faite par Mauro Cappelletti dans : CAPPELLETTI (Mauro), « Nécessité et légitimité de la justice constitutionnelle », *op.cit.* p.463.

105 BEDARRIDES (Edouard), *Réviser la Constitution : une histoire constitutionnelle française, op.cit.* p. 16.

106 Voir en ce sens COHEN-TANUGI (Laurent), « Qui a peur du Conseil Constitutionnel ? », in *Le Débat,* 1987, n° 43, pp.53-68.

107 Voir sur ce point la question de la déférence du juge présentée par Marthe FATIN-ROUGE STÉFANINI dans : FATIN-ROUGE STÉFANINI (Marthe), *Le contrôle du référendum par la justice constitutionnelle, op.cit.*, pp. 39-78.

108 Voir en ce sens HAMON (Léo), THIBAUD (Paul), « Le Conseil constitutionnel et la démocratie. Léo Hamon, Paul Thibaud : Un échange », in *Le Débat,* n° 3, 1987, p.69. Voir notamment, DESMONS (Éric), « Justice constitutionnelle, gouvernement représentatif et " bon régime" ? », *op.cit.,* pp.53-61.

109 Voir sur ce question FAVOREU (Louis), « La légitimité du juge constitutionnel », *in R.I.D.C.,* Vol.n°2, Avril-juin 1994. p. 578.

110 Voir sur ce point LUCHAIRE (François), « Le Conseil constitutionnel est-il une juridiction ? », in *R.D.P,* 1979, p. 27 ; GONDOUIN (Geneviève), « Le Conseil constitutionnel et la révision de la Constitution », in *R.D.P,* n°2, 2001, p. 501 ; HOLO (Théodore), « Émergence de la justice constitutionnelle », *in Pouvoirs*, n°129, 2009, p.101; EISENMANN (Charles), *La justice constitutionnelle et la Haute Cour constitutionnelle d'Autriche, préface Kelsen,* 1928, rééd. Economica –P.U.A.M, 1986, avant-propos G. Vedel, p. 20.

constitutionnel ne se résume pas à deux points de vue[111] : sa perception comme « autorité politique »[112] ou sa destination à être un organe juridictionnel, voire « un contre-pouvoir »[113]. Si le Conseil constitutionnel a répondu aux critiques dénonçant sa légitimité[114], sa nature juridictionnelle suscite toujours des discussions au sein de la doctrine[115]. Le débat porte, pour l'essentiel, sur l'exercice de ses « pouvoirs juridictionnels »[116]. En la qualifiant de « stérile », Dominique Rousseau considère que « la question de la légitimité du juge ne se pose que s'il fait un travail du texte en devenir »[117]. Selon lui, « aujourd'hui, cette controverse est dépassée. Que ce soit dans le cadre du contrôle a priori ou a posteriori, le Conseil constitutionnel est une juridiction constitutionnelle, peut-être encore imparfaite, mais qui, comme toutes les autres cours constitutionnelles, participent au régime complexe et concurrentiel d'énonciation des normes »[118]. Cette affirmation correspond à la théorie réaliste d'interprétation de Michel Troper[119]. Ainsi, la norme n'exprime « rien en elle-même puisque la détermination de son contenu passe nécessairement

---

111 Voir sur ce point les analyses avancées par DESMONS (Éric), « Révision constitutionnelle, justice constitutionnelle et État de droit », *op.cit.*, p.22.

112 Voir par exemple DUPIN (Éric), « Le Conseil constitutionnel est-il au-delà du suffrage universel ? », in Libération, 25.05.1993, p.15 ; BOURETZ (Pierre), « Du danger des révisions constitutionnelles », in *Libération*, 29.09.1993, p. 2.

113 Voir sur ce point BEAUD (Olivier), « Malaise dans la Constitution », in *Libération*, 2 décembre 1993. Voir aussi, BADINTER (Robert), « Le pouvoir et le contre-pouvoir », in *Le Monde*, 23 novembre 1993 ; HOURQUEBIE (Fabrice), Sur *l'émergence du contre -pouvoir juridictionnel sous la Ve République*, Bruxelles, 2004, p. 25.

114 Voir sur ce point, Décision n° 74-54 DC du 15 janvier 1975, *Loi relative à l'interruption volontaire de grossesse* (considérant n°1), *JORF* du 16 janvier 1975, p.671; Voir aussi, VIDAL-NAQUET (Ariane), « les cas d'ouverture dans le contrôle de constitutionnalité des lois », in *R.F. D. A*, 2008, p. 899 ; BARANGER (Denis), « Sur la manière française de rendre la justice constitutionnelle », in *Jus Politique*, n°7 mars 2002, (consulté le 2 juin 2017).

115 Voir les débats doctrinaux sur ce point dans les contributions dans « La légitimité des juges » in Jacques Krynen et alii, Presses de l'université des Sciences sociales de Toulouse, 2004, p.19; ROUSSEAU (Dominique), « La question de la légitimité du juge constitutionnel, acteur du droit », *in Droit et légitimité*, Bruylant, Bruxelles, 2011, p.106 ; VERDUSSEN (Marc), *Justice constitutionnelle*, Bruxelles, Larcier, 2012, pp.386-406.

116 Voir BLACHER (Philippe), « Le Conseil constitutionnel en fait-il trop ? », in *Pouvoirs*, n° 105, 2003 p. 17.

117 ROUSSEAU (Dominique), et *alii*, *Droit du contentieux constitutionnel*, *op.cit.*, p.71.

118 *Ibid.*, p.72.

119 Voir en ce sens TROPER (Michel), « Le problème de l'interprétation et la théorie de la supra-légalité constitutionnelle », in *Mélanges Charles Eisenmann*, Cujas, 1975, p. 143 ; CHAMPEIL-DESPLATS (Véronique,) et alii, « Proposition pour une théorie des contraintes juridiques *», in Théorie des contraintes juridiques,* Bruylant LGDJ, La pensée juridique, 2005, p. 11. Voir *a contrario* PICARD (Etienne), « Contre la théorie réaliste de l'interprétation », *Colloque sur l'office du juge, Paris,* Palais du Luxembourg les 29 et 30 septembre 2006.

par une opération d'interprétation »[120]. En effet, le véritable auteur n'est pas celui qui édicte la norme, mais celui qui interprète son contenu[121]. C'est ainsi que pour Dominique Turpin « le rôle de législateur assumé par le Conseil constitutionnel »[122] devrait conduire à abandonner le terme « de gouvernement des juges » pour celui de « législation des juges »[123] Quant à Louis Favoreu, il affirme qu'en interprétant la Constitution, la « légitimité du juge constitutionnel tient à ce qu'il n'a pas le dernier mot »[124]. Cette contestation trouve un écho dans la formule selon laquelle « le Conseil constitutionnel ne tire sa légitimité que du fait que lui-même pouvoir constitué, il est le serviteur du pouvoir constituant. Aucun des pouvoirs constitués n'est souverain. Le souverain, c'est le pouvoir constituant »[125].

Enfin, il nous semble que la question de la légitimité « du contrôle juridictionnel des lois de révision de la Constitution » peut d'abord se « dissoudre dans la théorie de l'aiguilleur »[126] ; car le risque « du gouvernement des juges » n'existe pas, le dernier mot appartient toujours au peuple ou à ses représentants. Par conséquent, on ne peut pas remettre en cause la légitimité du Conseil constitutionnel institué par le constituant de 1958. Chaque discours doctrinal de « légitimation de la justice constitutionnelle » postule un présupposé de légitimité, autrement dit, une définition *a priori* de légitimité qui varie en fonction des temps et des individus. En relisant les contributions bien connues de la théorie de la justice constitutionnelle, nous pouvons constater que la doctrine en faveur d'une conception minimaliste du rôle du juge constitutionnel s'oppose à l'extension de sa compétence sur « les lois de révision de la Constitution »[127]. En revanche, la doctrine favorable au contrôle des lois de révision de la Constitution milite pour une conception maximaliste du rôle

---

120 BEDARRIDES (Edouard), *Réviser la Constitution : une histoire constitutionnelle française*, *op.cit.* p. 16.

121 TROPER (Michel), « Justice constitutionnelle et démocratie », *in R.F.D.C*, n° 1, 1990, p. 31.

122 CHAMUSSY (Damien), « Actualité des réformes constitutionnelles et jurisprudence constitutionnelle », *op.cit.* p. 20.

123 TURPIN (Dominique), *Le Conseil constitutionnel. Son rôle, sa jurisprudence*, Paris, Hachette,1995, p.160.

124 FAVOREU (Louis), « La légitimité du juge constitutionnel », *in R.I.D.C*, n°2, Avril-juin 1994. *op.cit.* p. 578. Voir notamment FAVOREU (Louis), « Les décisions du Conseil constitutionnel dans l'affaire des nationalisations », *in R.D.P*, 1982, pp. 419 -420.

125 VEDEL (Georges), « La parité mérite mieux qu'un marivaudage législatif !», in *Le Monde*, 8 décembre 1998, p.16.

126 Voir en ce sens DESMONS (Éric), « La planète des sages. Le Conseil constitutionnel, la doctrine et la démocratie », in *Liber amicorum Darcy-Détours juridiques : le praticien, le théoricien et le rêveur*, Bruxelles, Bruylant, 2012, pp. 231-251.

127 LEVADE (Anne) et *alii*, « Le contrôle de constitutionnalité des lois constitutionnelles-Avant-propos », *op.cit.* pp. 4-8.

du juge constitutionnel[128]. Elle constitue de notre point de vue l'élément déterminant de l'extension « d'un contrôle juridictionnel aux lois votées par le pouvoir de révision constitutionnelle »[129]. D'où l'intérêt scientifique de cette étude de tenter de chercher les indices doctrinaux et jurisprudentiels permettant de renforcer la légitimité du Conseil constitutionnel sur le fondement de la revalorisation de la théorie de l'aiguilleur dans la pratique juridictionnelle[130].

§ 2 – La problématique de l'étude

Le choix a été fait de se limiter, dans la présente étude, au cadre juridique français, même si la question de « la justiciabilité des lois de révision de la Constitution »[131] se pose ailleurs aussi. Si notre choix porte sur les enjeux du contrôle des lois de révision de la Constitution dans « le système français de justice constitutionnelle »[132], c'est pour deux raisons. Premièrement, l'affirmation du caractère intangible de la souveraineté constituante en France ne semble pas être acceptable dans d'autres États, notamment en Allemagne, en Italie, en Inde[133]. Deuxièmement, la question du contrôle de cette catégorie de lois est l'un des sujets les plus complexes qui passionnent en particulier la doctrine publiciste française « dans la mesure où elle s'appuie sur une série de débats dont chacun présente ses caractéristiques propres et dont aucun ne peut être tranché de manière claire »[134]. Il s'agit encore de préciser l'objet de notre recherche et, surtout, les cadres de notre réflexion[135]. Elle risque en effet de se perdre dans les méandres de ces deux

---

128 Voir sur ce point les analyses avancées par Marc Verdussen pour qui, « la question de la légitimité de la justice constitutionnelle se révèle à la fois prégnante, complexe, contingente et plurielle », VERDUSSEN (Marc), *Justice constitutionnelle*, *op.cit.* pp.386-406.

129 Voir par exemple LEVADE (Anne) et *alii,* « Le contrôle de constitutionnalité des lois constitutionnelles-Avant-propos », *op.cit.* pp. 4- 8.

130 Voir *infra* Partie 2, Titre 2, chapitre 2 : L'élaboration d'une nouvelle théorie normative de la légitimité du juge constitutionnel.

131 BEDARRIDES (Edouard), *Réviser la Constitution : une histoire constitutionnelle française*, *op.cit.* p. 18

132 *Ibid.*, p.18.

133 Voir en ce sens FROMONT (Michel), « La révision de la Constitution et les règles constitutionnelles intangibles en droit allemand », in *R.D.P,* 2007, p. 89 ; JOUANJAN (Olivier), « Révision de la Constitution et justice constitutionnelle-République Fédérale d'Allemagne », *in A. I. J.C.* X, 1994, pp. 229-244 ; LUCIANI (Massimo), « Le contrôle de constitutionnalité des lois constitutionnelles en Italie », *op.cit.* pp. 27-31.

134 Voir par exemple KLEIN (Claude), « Le contrôle des lois constitutionnelles-Introduction à une problématique moderne », *op.cit.* pp.9-12.

135 Cette thèse conduit à appréhender la position du juge et de la doctrine quant au contrôle des lois de révision de la constitution. Autrement dit, les juges et la doctrine n'ont pas toujours partagé le même point de vue sur la question du contrôle. Notre thèse ne concerne pas directement le contrôle politique. C'est pourquoi, nous avons utilisé « l'expression » contrôle juridictionnel pour la bonne compréhension du sujet. L'intérêt est de démontrer que

conceptions : le pouvoir constituant de réviser la Constitution et le rôle du juge constitutionnel. Ainsi, l'ambition de ce travail de recherche est de saisir des fondements jurisprudentiels et doctrinaux d'un contrôle juridictionnel possible des lois de révision de la Constitution. Autrement dit, il s'agit de s'interroger sur la nécessité d'un contrôle des lois de révision de la Constitution par la justice constitutionnelle en France. Toutefois, ce qui « a suscité la controverse doctrinale autour de la justiciabilité des lois de révision de la Constitution »[136], c'est l'interrogation de la légitimité du juge constitutionnel pour effectuer un tel contrôle[137]. Pour l'essentiel, on peut résumer le débat de la manière suivante : « le juge constitutionnel peut-il contrôler les lois de révision de la Constitution ? »[138] Le cas échéant, est-il légitime pour le faire ? Cette interrogation n'a pas suffisamment suscité de recherches s'inscrivant dans une théorie médiane en droit constitutionnel. Pour ce faire, nous exposerons la problématique de l'étude (A) avant de fixer l'hypothèse retenue (B).

A) L'exposé de la problématique

La conception classique de la démocratie semblerait être incompatible avec l'existence d'un contrôle des lois de révision de la Constitution par un organe non élu[139]. Dès lors, la possibilité d'un contrôle juridictionnel du pouvoir de révision de la Constitution impliquerait une redéfinition de la démocratie[140]. Le problème qu'il s'agit de résoudre dans cette étude est en

---

le juge et la doctrine sont soumis à l'épreuve des rapports entre la souveraineté constituante et le respect de l'État de droit.

136 BEDARRIDES (Edouard), *Réviser la Constitution : une histoire constitutionnelle française*, *op.cit.* p. 18.

137 L'objection principale du contrôle des lois de révision repose sur la compatibilité refusée entre le juge constitutionnel et le principe démocratique. D'où l'affirmation la plus reconnue selon laquelle le pouvoir constituant, qu'il soit originaire ou bien dérivé, est souverain, illimité, et possède une compétence absolue. Ces formules si chères à la doctrine du contrôle impossible des lois de révision constitutionnelle se heurtent pourtant à la réalité des exigences du respect de l'État de droit. Par conséquent, le principe de la souveraineté du pouvoir de révision constitutionnelle ne signifie pas l'absence d'intérêt pour la question du respect des droits fondamentaux.

138 BEDARRIDES (Edouard), *Réviser la Constitution : une histoire constitutionnelle française*, *op.cit.* p. 18.

139 « À l'encontre de la compétence du Conseil constitutionnel pour statuer sur les lois de révision de la Constitution, une partie de la doctrine oppose le principe de démocratie ; autrement dit, admettre un tel contrôle serait antidémocratique dans la mesure où neuf juges, de surcroît nommés et non élus, pourraient s'opposer définitivement à la volonté de la majorité des parlementaires élus par le peuple souverain » ; MEINDL (Thomas), « Le Conseil constitutionnel aurait pu se reconnaître compétent », *op.cit.* pp.753-754.

140 La conception classique de la démocratie retenue ici est l'idée selon laquelle la seule légitimité admissible pour l'exercice du pouvoir en démocratie est celle donnée par l'élection. Or, les membres du Conseil constitutionnel français actuel ne sont pas élus mais ils sont

effet aussi ancien que « la question de la justiciabilité des lois constitutionnelles » elle-même : le principe du caractère intangible de la souveraineté constituante doit-il être concilié avec la nécessité de soumettre toute forme de pouvoir constituant au respect de l'État de droit ? Cette question reste toujours discutée au sein de la doctrine normativiste française. En effet, il existe des divergences entre les auteurs qui soutiennent la subordination « du pouvoir de révision de la Constitution à la Constitution »[141] et ceux qui refusent sa limitation au nom de la démocratie[142]. Pour eux l'ouverture d'un tel contrôle porte atteinte au « principe démocratique »[143]. Cette hostilité doctrinale est forte et « vise à opposer la décision des juges à la décision du pouvoir de révision, en érigeant la dernière au rang d'ultime expression démocratique devant laquelle tout pouvoir doit, par principe, s'incliner »[144]. *A contrario*, pour les partisans de la distinction des pouvoirs constituants, le juge constitutionnel est un « défenseur de la démocratie » puisqu'il s'agit tout simplement de protéger le peuple auteur de la Constitution « par un acte démocratique actif, la ratification de la Constitution, ou passif, l'acceptation de la Constitution, fondateur de l'État constitutionnel, contre une éventuelle usurpation par le pouvoir institué des représentants »[145]. On déduit que « l'instauration du contrôle des lois de révision de la Constitution » est à la fois une protection de la démocratie et des droits fondamentaux[146].

La divergence n'est cependant qu'apparente, car les deux courants ne parlent pas de la même expression démocratique. L'un vise « l'expression démocratique originelle » issue du pouvoir constituant originaire et l'autre vise « l'expression démocratique constituée » issue du pouvoir de révision de la Constitution[147]. Pour les opposants « au contrôle des lois de révision de la Constitution, le principe de démocratie originelle doit primer sur le

---

nommés. Donc, la légitimation de compétence du Conseil constitutionnel doit être cherchée soit dans son action ou soit dans le droit positif.

[141] Voir sur ce point les justifications avancées par BEAUD (Olivier), *La Puissance de l'État*, *op.cit.*, p.386. Voir aussi KLEIN (Claude), *Théorie et pratique du pouvoir constituant*, *op.cit.*, pp. 187-205.

[142] Voir par exemple les arguments avancés par MATHIEU (Bertrand), « La supra-constitutionnalité existe-t-elle ? », *op.cit.*, pp. 12-17.

[143] Voir en ce sens DRAGO (Guillaume), *Contentieux constitutionnel français*, PUF, Thémis, 4e éd., 2016, *op.cit.*, pp.99-138 ; VEDEL (Georges), « Souveraineté et supra-constitutionnalité », *op.cit.*, pp.79-97.

[144] MEINDL (Thomas), *La notion de droit fondamental dans les jurisprudences et doctrines constitutionnelles françaises et allemandes*, *op.cit.*, p.443.

[145] *Ibid.*, p.443.

[146] Voir en ce sens ROZNAI (Yaniv), *Unconstiutional Constitutional amendments. The Limits of Amendments* Powers, Oxford Constitutional Theory, *op.cit.* pp.171 235.

[147] Voir sur ce point VEDEL (Georges), « Souveraineté et supra-constitutionnalité », *op.cit.*, pp.79-97.

principe de l'État de droit »[148]. Ces derniers pensent que l'ouverture d'un tel contrôle aurait pour conséquence de transférer « la souveraineté du pouvoir de révision de la Constitution au juge constitutionnel »[149]. Autrement dit, le pouvoir de révision de la Constitution est un pouvoir souverain, il ne peut être soumis « au contrôle du juge constitutionnel »[150]. Pour l'école favorable au contrôle, « la justiciabilité des lois constitutionnelles ne signifie pas nécessairement que le principe de l'État de droit l'emporte sur le principe de démocratie »[151]. Car l'incomplétude de l'État de droit s'articule désormais autour de deux problèmes : l'un tenant à l'impossibilité d'un contrôle juridictionnel des actes de gouvernement et l'autre tenant à l'impossibilité d'un contrôle de constitutionnalité des lois constitutionnelles[152]. De surcroît, la complétude de l'État de droit doit être réalisée, car « le refus du contrôle » des lois de révision de la Constitution constitue « la menace véritable pesant sur l'État de droit »[153].

Quoi qu'il en soit, il faut se réinterroger sur la nécessité de concilier « le principe du caractère absolu du pouvoir constituant », qu'il soit originaire et dérivé, et la légitimation de la compétence du Conseil constitutionnel à la lumière « des exigences nouvelles de l'État de droit contemporain ». En effet, le concept d'État de droit constitutionnel invite à reconsidérer la question du contrôle des lois de révision de la Constitution sous un autre angle[154]. De ce fait, l'État de droit constitutionnel peut apparaître comme un concept opérationnel pour une remise en cause de la légende du caractère intangible de la souveraineté constituante au regard du respect de l'État de droit. On pourrait ainsi énoncer une théorie simple : « l'instauration du contrôle de constitutionnalité des lois de révision de la Constitution est

---

[148] BEDARRIDES (Edouard), *Réviser la Constitution : une histoire constitutionnelle française, op.cit.* p. 15.

[149] Voir dans ce sens LAVROFF (Dmitri-Georges), « De l'abus des réformes : réflexions sur le révisionnisme constitutionnel *», in R. F. D. C*, hors- série, 2008, *op.cit.*, p.61. (C'est nous qui soulignons).

[150] Voir en ce sens VEDEL (Georges), « Souveraineté et supra-constitutionnalité », *op.cit.*, pp.79-97.

[151] Voir en ce sens MAGNON (Xavier), « Quelques maux encore à propos des lois de révision constitutionnelle : limites, contrôle, efficacité, caractère opératoire et existence. En hommage à Louis Favoreu. », *op.cit.*, pp. 595-617. (C'est nous qui soulignons).

[152] Voir en ce sens DESMONS (Éric), « Révision constitutionnelle, justice constitutionnelle et État de droit », *op.cit.*, p. 21.

[153] *Ibid.*, p.21.

[154] On peut entendre par « État de droit constitutionnel » l'idée selon laquelle la Constitution doit être intégralement garantie et ne comprend pas seulement le contrôle des lois ordinaires qui peuvent violer la Constitution, mais aussi le contrôle de constitutionnalité des lois constitutionnelles qui peuvent, elles aussi, mettre en échec l'édifice constitutionnel. Autrement dit, la protection de la Constitution doit être une garantie globale répondant à l'impératif du fonctionnement régulier de toutes les fonctions étatiques, vue, que la Constitution peut être menacée par les autorités chargées de la réviser.

légitime parce qu'elle produira une redéfinition de la démocratie qui la légitime »[155]. Précisément, « la justiciabilité des lois de révision de la Constitution » apparaîtrait, selon l'expression de Dominique Rousseau, comme « l'émergence de la figure du juge »[156].

Par ailleurs, la logique de « l'État de droit constitutionnel » impose que toutes les autorités normatives étatiques soient soumises à un contrôle du juge, « afin de vérifier que les réformes soient bien adoptées conformément aux exigences de la Constitution »[157]. On peut déduire que le contrôle de constitutionnalité n'est pas un barrage dressé contre l'initiative du Congrès. D'ailleurs, « ce qui échappe au contrôle du Conseil constitutionnel, c'est la loi référendaire en tant qu'une expression directe de la souveraineté nationale »[158]. Néanmoins, la révision constitutionnelle parlementaire ne semble pas bénéficier d'une telle immunité contentieuse, car « contrôler le Congrès ne serait plus autre chose que contrôler le Parlement »[159]. C'est ainsi qu'il serait de bon droit dans cette étude de tenter de résoudre la problématique relative aux normes de références éventuelles pour opérer un tel contrôle. À ce point du raisonnement, nous affirmons que, pour un contrôle éventuel des lois parlementaires de révision, plusieurs questions techniques devraient être résolues[160]. La première concerne l'étendue des normes de références et notamment celles relatives à l'interdiction de modifier la forme républicaine du régime qui est inscrite à « l'alinéa 5 de l'article 89 de la Constitution »[161]. La seconde concerne les conséquences

---

155 Afin de mieux cerner les enjeux du contrôle des lois de révision de la Constitution, c'est le juge constitutionnel qui définit le concept de démocratie quand il décidera de contrôler la constitutionnalité d'une loi constitutionnelle. Autrement dit, la démocratie n'est pas seulement le règne de la majorité, mais aussi le règne du respect de certaines valeurs essentielles de la Constitution.

156 ROUSSEAU (Dominique), *et alii*, *Droit du contentieux constitutionnel*, *op cit.*, p.805. Voir notamment DESMONS (Éric), « Juger les lois (commentaires sur le chapitre VI du livre I *de De la démocratie en Amérique*), *op.cit.*, pp.482-488.

157 Voir sur ce pont : HEUSCHLING (Luc), *État de droit -Rechststaat -Rule of Law*, *op.cit.*, p. 609 ; GOHIN (Olivier), « La réforme constitutionnelle de la décentralisation : épilogue et retour à la décision du Conseil constitutionnel du 26 mars 2003 », *op.cit.*, pp.7-11.

158 BEDARRIDES (Edouard), *Réviser la Constitution : une histoire constitutionnelle française*, *op.cit.* p. 15.

159 BLANC (Didier), « Des limites au pouvoir constitutionnel de révision ou " l'aiguilleur " aiguillonné – A propos de la décision du Conseil constitutionnel n°2003-469 DC du 26 mars 2003, Loi constitutionnelle relative à l'organisation décentralisée de la République », *op.cit.*, p. 2814.

160 Voir sur ce point VERPEAUX (Michel), *Contentieux constitutionnel*, *op.cit.*, p.40.

161 *Ibid.*, p. 40.

éventuelles du contrôle sur le concept de droit constitutionnel et sur la légitimité du juge constitutionnel[162].

Du reste, l'impossibilité de contrôler « les lois de révision de la Constitution » repose sur le passage de la souveraineté populaire, par définition inconditionnelle et incontestable, vers la représentation démocratique[163]. À l'inverse, d'autres pensent que l'instauration d'un tel contrôle est « une étape supplémentaire de la réalisation de l'État de droit »[164]. D'où la problématique de cette étude : admettre le contrôle des lois de révision de la Constitution, est-ce se détacher de la démocratie ou, au contraire, s'ancrer en elle ? Il convient d'affirmer que « la question de la justiciabilité des lois de révision de la Constitution » par le juge constitutionnel en France est dérangeante, car elle révèle le paradoxe qui découle d'une part « du maintien du caractère intangible de la souveraineté constituante et, d'autre part, du respect de l'État de droit »[165].

B) L'hypothèse retenue

Après avoir fait l'état des lieux de l'évolution des termes du débat, la recherche devrait présenter un intérêt critique qui est d'offrir un savoir permettant de discuter sur des fondements doctrinaux et jurisprudentiels nécessaires à l'émergence « d'un contrôle éventuel des lois de révision de la Constitution ». Compte tenu des difficultés méthodologiques au regard des multiples éléments de la controverse[166], la recherche des fondements

---

162 Voir KLEIN (Claude), « Recension de Yaniv ROZNAI, Unconstiutional Constitutional amendments. The Limits of Amendments Powers, Oxford Constitutional Theory, 2017 », *op.cit.* pp. 39- 43.

163 Voir sur ce point MEINDL (Thomas), *La notion de droit fondamental dans les jurisprudences et doctrines constitutionnelles françaises et allemandes*, *op.cit.*, p.44.

164 Voir les analyses avancées par KLEIN (Claude), « Le contrôle des lois constitutionnelles- Introduction à une problématique moderne », *op.cit.* pp.9-12 ; BLANC (Didier), « Des limites au pouvoir constitutionnel de révision ou " l'aiguilleur " aiguillonné – A propos de la décision du Conseil constitutionnel n° 2003-469 DC du 26 mars 2003, Loi constitutionnelle relative à l'organisation décentralisée de la République », *op.cit.*, p. 2814.

165 Voir sur ce point HEUSCHLING (Luc), *État de droit -Rechststaat -Rule of Law*, *op.cit.* p. 609.

166 La première difficulté relève de l'indétermination de l'expression de réviser la Constitution dans la doctrine. À ce sujet, Franck Moderne estime que l'expression de réviser la Constitution « *est un concept indéterminé* » ; MODERNE (Franck), *Réviser la Constitution. Analyse comparative d'un concept indéterminé*, Paris, Dalloz, 2006, p. 106. Voir dans le même sens BOSHAHB (Evariste), *Entre la révision de la Constitution et l'inanition de la nation*, Bruxelles, éditions Larcier, 2013, p.15. Voir notamment LE PILLOUER (Arnaud), « De la révision à l'abrogation : les termes du débats », *op.cit.* p.82.
La seconde difficulté résulte de l'idée selon laquelle la révision ne serait pas uniquement partielle par définition partielle. Se pose alors la question de ses origines : faut-il remonte pour comprendre cet état de choses, à l'élaboration « des premières procédures de révision

doctrinaux et jurisprudentiels pour l'émergence « d'un contrôle des lois de révision de la Constitution » devient une nécessité logique et scientifique. Il y a en effet une querelle, voire une contestation violente sur « la reconnaissance d'un contrôle de constitutionnalité des lois de révision de la Constitution ». À cette fin, il est indispensable que la démonstration scientifique soit fondée sur un regard critique des éléments du débat actuel et sur une lecture de toutes les données « du droit constitutionnel en France et à l'étranger »[167]. Ainsi, cette recherche nous conduit nécessairement à une démonstration qui touche à la fois plusieurs disciplines : la philosophie du droit et la théorie du droit constitutionnel, et enfin les normes du droit positif.

En ce qui concerne les données du débat doctrinal, depuis 1985, des travaux de recherche révèlent que « le pouvoir de révision est titulaire d'une

---

constitutionnelle en France ? » ; BEDARRIDES (Edouard), *Réviser la Constitution : une histoire constitutionnelle française, op.cit.* p. 15.
En relisant la Constitution française de 1791 on aperçoit qu'elle n'organise très ouvertement de révision que partielle. Par conséquent, elle rejette hors de la Constitution l'idée de son éventuelle abrogation. Les Constitutions françaises suivantes, à l'exception des Constitutions de 1848 et 1875, n'ont pas été toutes si affirmatives à cet égard, restant le plus souvent silencieuses sur le point de savoir si la procédure de révision constitutionnelle pouvait ou non être utilisée pour son abrogation. Voir LE PILLOUER (Arnaud), « De la révision à l'abrogation : les termes du débats », *op.cit.,* p. 86. Voir sur ce point : BEDARRIDES (Edouard), *Réviser la Constitution : une histoire constitutionnelle française, op.cit.* 647 p.
En tout état de cause, réviser la Constitution n'est pas changer de Constitution. On peut en déduire que réviser la Constitution est la fonction d'un pouvoir constitué qui a reçu cette compétence du pouvoir constituant originaire. Le cas de la Constitution française du 4 octobre 1958 paraît éclairant à ce sujet. Ainsi, les rédacteurs ont prévu des procédures spéciales et contraignantes pour réviser ce texte, permettant de le qualifier de rigide. Cependant, cet encadrement n'a pas empêché ni l'adoption de voies parallèles pour procéder à la révision ni la multiplication des révisions. D'ailleurs, le titre XVI de la Constitution, « De la révision », composé d'un article unique, prévoit deux procédures différentes pour réviser la Constitution (Voir dans ce sens l'article 89 de la Constitution du 4 octobre 1958). C'est ainsi que pour Carolina Cerda- Guzman, « dans l'esprit des rédacteurs, l'une avait vocation à être la voie principale de révision (pour les réformes d'importances) et l'autre avait vocation à être une voie d'exception (pour les révisions mineures) » ; CERDA–GUZMAN (Carolina), *Cours de droit constitutionnel et des institutions de la Ve République*, 2e édition 2016-2017, Guialino « AMPHI », LMD, pp. 96-97. Hormis les voies principales et secondaires prévues par l'article 89 de la Constitution, il n'existe pas d'autres procédures pour réviser la Constitution. Toutefois, un autre article a été utilisé pour procéder à la révision alors que sa rédaction ne le prévoyait pas. Il s'agit de l'utilisation de l'article 11 de la Constitution en 1962 par le général de Gaulle. Cette utilisation a été jugée inconstitutionnelle par certains juristes. Voir les analyses avancées par BRANCHET (Bernard), *La révision de la Constitution sous la Ve République*, Paris, LGDJ., 1994, pp.103-114.
[167] BEDARRIDES (Edouard), *Réviser la Constitution : une histoire constitutionnelle française, op.cit.* p. 15.

compétence déléguée et limitée par le pouvoir constituant originaire »[168]. Cependant, il ne s'agit pas de repenser les solutions qui ont déjà été apportées par les travaux sur les rapports entre le pouvoir de révision et le juge constitutionnel. Bien au contraire, la thèse que nous défendons revient à démontrer qu'il n'existe pas en droit positif de solutions juridiques pour un contrôle juridictionnel des lois de révision de la Constitution.

En ce qui concerne le volet du droit positif, notre démarche se réfère à la théorie générale du droit constitutionnel à l'exclusion de la science politique[169]. Si cette délimitation matérielle s'imposait en raison de l'étendue du sujet, elle serait appliquée avec prudence compte tenu des fondements doctrinaux et jurisprudentiels pour l'émergence d'« un contrôle juridictionnel possible des lois de révision de la Constitution »[170]. De ce fait, des incursions en droit international et européen s'imposeront en raison de l'influence parfois décisive sur l'exercice de la fonction constituante[171].

Somme toute, l'instauration du contrôle des lois de révision de la Constitution revendiquée par une partie de la doctrine est une remise en cause du principe démocratique. Dès lors, en assimilant le pouvoir de révision au pouvoir constituant originaire, les juristes n'oublient-ils pas que la Constitution encadre la révision ? D'ailleurs, comment justifier, du point de vue de la théorie démocratique, le contrôle opéré par le juge constitutionnel sur les actes du pouvoir constituant dérivé ? En d'autres termes, est-il légitime de soumettre les actes du pouvoir constituant dérivé à

---

168 Voir les analyses de travaux avancés sur la révision constitutionnelle et le juge constitutionnel par BEDARRIDES (Édouard), *Réviser la Constitution : une histoire constitutionnelle française*, *op.cit.*, 647 p.

169 Sur ce point, il s'agit d'une détermination des droits et libertés. C'est la raison pour laquelle le champ de notre recherche s'oriente vers les pays qui possèdent des Constitutions rigides, particulièrement la France, dont la procédure de révision de la Constitution est relativement complexe. Cette rigidité vise à protéger les acquis des droits et libertés constitutionnellement garantis contre les éventuels abus du pouvoir de révision de la Constitution. Dans notre recherche, la question est de savoir si le Conseil constitutionnel peut les protéger contre le pouvoir de révision. En effet, ces droits sont protégés par le Conseil constitutionnel. Quelle que soit la mise en cause de sa légitimité, le contrôle exercé par ce dernier renforce la garantie effective des droits fondamentaux dans la mesure où il peut être aussi un mécanisme d'harmonisation des normes internes avec le droit supranational. C'est ainsi que cette étude saisit les enjeux du contrôle éventuel des lois de révision de la Constitution et ouvre des brèches sur la réflexion doctrinale. Précisément, elle a pour objet d'appréhender les contours des implications éventuelles du contrôle de révision de la Constitution par le Conseil constitutionnel sur les concepts du droit constitutionnel et également sur sa légitimité.

170 BEDARRIDES (Edouard), *Réviser la Constitution : une histoire constitutionnelle française*, *op.cit.* p. 16.

171 Voir en ce sens LEVADE (Anne) et *alii*, « Le contrôle de constitutionnalité des lois constitutionnelles-Avant-propos », *op.cit.* pp. 4-8.

la censure du juge constitutionnel ? Ce faisant, ce dernier ne deviendrait-il pas le véritable titulaire du pouvoir constituant ? De plus, peut-on limiter la souveraineté du pouvoir de révision dans un régime démocratique sans recourir au droit naturel ? Sinon, au nom de quoi doit-on la limiter ? Quels sont les enjeux du contrôle des lois de révision de la Constitution par la justice constitutionnelle ? Ce sont là autant de questions qui constituent notre problématique et qui balisent la voie d'un champ d'investigations scientifiques intéressantes. La réponse à ce questionnement dépend avant tout de la conception du pouvoir de révision de la Constitution et du rôle du Conseil constitutionnel[172]. À cet égard, il convient d'exposer les différents arguments avancés pour justifier le refus du contrôle des lois de révision de la Constitution au nom de l'intégrité de la souveraineté constituante (**Partie 1**). Dans cette logique s'imposera la mise en évidence, d'une part, des raisons pour lesquelles le Conseil constitutionnel a délaissé sa fonction naturelle au nom de l'intégrité de la souveraineté constituante et, d'autre part, de l'hostilité de la doctrine au contrôle des lois de révision de la Constitution au nom du principe démocratique[173]. Nous présenterons aussi l'explication doctrinale du caractère limité du pouvoir de révision constitutionnelle. Dans cette partie, nous traiterons de ce que le contrôle des lois de révision de la Constitution a été admis, au nom de l'affermissement de l'État de droit[174]. Autrement dit, il s'agira d'apporter une précision sur les enjeux éventuels du contrôle des lois de révision de la Constitution en France. Pour tenter d'être le plus complet possible sur ce sujet, force est de constater que le travail ne serait pas exhaustif si nous ne proposions pas une contribution médiane au problème de la légitimité du juge constitutionnel face à la catégorie de lois précitées. En relisant les contributions doctrinales sur la légitimité d'un contrôle juridictionnel des lois de révision de la Constitution, nous avons montré qu'il existait deux conceptions irréconciliables du rôle du juge constitutionnel[175]. Les uns défendent la théorie absolutiste de la démocratie, en optant pour une conception minimaliste du rôle du Conseil constitutionnel ; ces juristes limitent son contrôle au respect des conditions procédurales à l'action du pouvoir de révision constitutionnelle. En d'autres termes, il ne dispose pas d'une légitimité démocratique pour effectuer un contrôle matériel sur la volonté du

---

172 Voir sur ce point la controverse doctrinale sur le rôle du juge constitutionnel et le pouvoir de révision dans les propos retenus par BEDARRIDES (Edouard), *Réviser la Constitution : une histoire constitutionnelle française*, *op.cit.* pp. 2-18.

173 Voir infra Partie 1 : L'affirmation de la souveraineté constituante.

174 Voir les avancés par GOHIN (Olivier), « La réforme constitutionnelle de la décentralisation : épilogue et retour à la décision du Conseil constitutionnel du 26 mars 2003 », *op.cit.*, pp. 7-11.

175 Voir les analyses avancées par ROUSSEAU (Dominique), « La question de la légitimité du juge constitutionnel, acteur du droit », *op.cit.*, p.106.

souverain du pouvoir constituant, qu'il soit originaire ou bien dérivé[176]. D'autres auteurs, en revanche, militent en faveur d'une conception moderne de la démocratie, en interprétant de manière extensive les dispositions des articles 3, 61 alinéa 2 et 89, alinéa 5 de la Constitution comme fondements de la légitimation de la compétence du Conseil constitutionnel[177]. Aux termes des arguments précités, il est apparu qu'il n'existait aucune théorie convaincante pour mettre un terme au débat sur la question de la légitimité du Conseil constitutionnel pour un contrôle des actes du Parlement constituant. C'est la raison pour laquelle nous proposerons une étude sur un renouvellement des fondements pour concilier d'une part, la légitimité du pouvoir normatif du juge constitutionnel et la représentation démocratique et, d'autre part, les rapports entre la souveraineté constituante et le respect de l'État de droit (**Partie 2**).

---

[176] Voir DUPIN (Éric), « Le Conseil constitutionnel est-il au-delà du suffrage universel ? », *op. cit.* p. 15 ; BOURETZ (Pierre), « Du danger des révisions constitutionnelles », *Libération*, 29.09.1993, p. 2 ; BADINTER (Robert), « Le pouvoir et le contre-pouvoir », in *Le Monde*, 23 novembre 1993 ; TURPIN (Dominique), *Le Conseil constitutionnel. Son rôle, sa jurisprudence*, *op.cit.* p.160.

[177] Voir en ce sens HOLO (Théodore), « Émergence de la justice constitutionnelle », *in Pouvoirs*, n°129, 2009, p.101.

PREMIÈRE PARTIE
L'AFFIRMATION DE L'INTÉGRITÉ DE LA SOUVERAINETÉ CONSTITUANTE

« L'existence même d'une juridiction constitutionnelle dans le système politique français n'est jamais allée de soi, du fait du caractère sacré longtemps attribué à la loi. » [178]

L'émergence du Conseil constitutionnel traduit la victoire du constitutionnalisme[179] sur le légicentrisme[180]. Cette doctrine, qui repose sur le fait que la loi votée se présente comme une règle de droit échappant à tout contrôle de constitutionnalité, est toujours d'actualité en France[181]. Elle fait ainsi obstacle au constitutionnalisme, notamment sur « la question du contrôle de révision de la Constitution »[182]. La justiciabilité des lois révisant la Constitution par le Conseil constitutionnel repose sur un paradoxe apparent, car on ne peut se contenter d'affirmer que « le pouvoir constituant est souverain »[183]. Si cette

---

[178] TURPIN (Dominique), *Le Conseil constitutionnel. Son rôle, sa jurisprudence*, *op. cit*, p. 9.

[179] Voir la définition du constitutionnalisme donne par CONSTANTINESCO (Vlad) et alii, *Droit constitutionnel*, Paris, PUF, coll. « Thémis », 7e éd., 2016, p. 8. Voir notamment MÉNY (YVES), « Constitutionnalisme », in DUHAMEL (Olivier) & MÉNY (YVES), *Dictionnaire constitutionnel*, Paris, PUF, 1992, pp. 212-213.

[180] Le légicentrisme est le système dans lequel « la loi est la seule expression de la souveraineté », disposant d'une autorité suprême dans l'ordre juridique interne. Il convient de souligner que, sous la Troisième République, l'État français ne peut être qualifié d'État de droit, car il exclut tout mécanisme de limitation du législateur. Seules l'administration et la justice sont soumises au droit, non le législateur. C'est ainsi que nous pensons que la qualification d'État légal est plus adaptée.

[181] Il existe désormais un nouveau "légicentrisme du parlement constitutionnel" différent de celui avant la Ve République. Sur la coexistence « du légicentrisme et l'Etat de droit » de 1958 à 2008, voir en particulier BLACHER (Philippe), *Contrôle de constitutionnalité et volonté générale*, *op. cit.*, p. 14.Voir notamment KLEIN (Claude), « Recension de Yaniv ROZNAI, Unconstiutional Constitutional amendments. The Limits of Amendments Powers, Oxford Constitutional Theory, 2017 », *op., cit.* pp. 39- 43.

[182] Pour un éclairage précis sur ce point, voir l'ensemble des contributions rassemblées dans « *Le contrôle de constitutionnalité des lois constitutionnelles* », *op.cit.* pp. 3-58.

[183] DE GUILLENCHMIDT (Jacqueline), « Le contrôle des révisions constitutionnelles par les juridictions constitutionnelles », *in Les changements anticonstitutionnels de gouvernement : approches de droit constitutionnel et de droit international* ; Colloque international organisé les 4 et 5 avril 2013 à Tunis, sous la direction de Rafâa Ben Achour, Presses universitaires d'Aix-Marseille, 2014, p. 67.

justiciabilité peut paraître raisonnable et souhaitable dans certains États européens, elle est parfois contestée en France[184]. En effet, la doctrine formaliste du pouvoir constituant voit en elle un contrôle de supra-constitutionnalité conduisant à un « gouvernement des juges »[185]. À ce problème s'ajoute le silence du constituant de 1958 sur la compétence du Conseil constitutionnel s'agissant des lois révisant la Constitution[186]. Sur cette question, et selon certains constitutionnalistes français fidèles à la conception classique du pouvoir constituant, le Conseil constitutionnel n'est pas « un super-constituant »[187], car « il serait juridiquement absurde qu'un pouvoir constitué puisse contrôler le pouvoir constituant »[188]. Pour mieux cerner « la doctrine de la souveraineté constituante »[189], il convient d'analyser les justifications et les fondements du renoncement du juge constitutionnel à sa fonction de connaître des révisions constitutionnelles (Titre 1). Parallèlement, cette attitude est approuvée par les tenants de « la doctrine du scepticisme constitutionnel »[190] (Titre 2).

---

[184] Le contrôle de constitutionnalité « de lois de révision de la Constitution » est souvent considéré comme illégitime : parce qu'un tel contrôle est contraire aux fondements de la démocratie représentative. Pour un éclairage précis sur ce point, voir en particulier les travaux de BLACHER (Philippe), *Contrôle de constitutionnalité et volonté générale.* Paris, *op. cit.,* p.105. Voir notamment BONNET (Julien), « Le cadre du contrôle de constitutionnalité », *in R. A,* 2006, n° 354, p. 599.

[185] Cette doctrine formaliste du pouvoir constituant s'interdisait d'envisager l'idée d'un contrôle juridictionnel des actes du pouvoir de révision au motif qu'un pouvoir contrôlé n'est pas un pouvoir souverain. On fait ici allusion aux arguments avancés en faveur du caractère souverain du pouvoir de révision constitutionnelle dans les propos retenus par VERPEAUX (Michel), « La loi constitutionnelle du 28 mars 2003 relative à l'organisation décentralisée de la République : libres propos », *in R. F. D.A*, 2003, pp. 661-669 ; VEDEL (Georges), « Souveraineté et supra-constitutionnalité », *op. cit*., pp.79-97 ; JAN (Pascal), « L'immunité juridictionnelle des lois de révision constitutionnelle », *op. cit.,* pp.4-11 ; BADINTER (Robert), « Le Conseil constitutionnel et le pouvoir constituant », *op. cit*., pp. 217-225.

[186] VONSY (Moea), « Le "Parlement constituant" n'est pas souverain », *op. cit.,* pp. 793-815.

[187] BLANC (Didier), « La justiciabilité des limites au pouvoir constituant sous la cinquième République : Propositions pour un contrôle du pouvoir de révision détenu par le Congrès », *in VIIe Congrès AFDC, Cinquantième anniversaire de la Constitution de 1958,* (consulté en ligne le 14 avril 2017) .

[188] Il apparaît que « la légende du pouvoir constituant » constitue toujours l'opinion majoritaire de la doctrine publiciste française ; KLEIN (Claude), *Théorie et pratique du pouvoir constituant, op. cit*., pp. 187-199.

[189] Dans cette étude, la souveraineté constituante consiste à dire que l'organe de révision constitutionnelle est souverain, car ce dernier « dispose d'une plénitude de compétence », BEDARRIDES (Edouard), *Réviser la Constitution : une histoire constitutionnelle française, op.cit.* p. 16. Pour un aperçu clair et concis sur la notion de « souveraineté constituante » ; BEAUD (Olivier), *État et souveraineté : Eléments pour une théorie de l'Etat*, Thèse, Paris 2, 1989, pp. 273-591.

[190] On emprunte ici cette expression de Denis Baranger dans : BARANGER (Denis), « Un chantier qui ne prend jamais fin : Le juge, les révisions et les autres formes de changement constitutionnel dans la France contemporaine », *in Jus Politicum* n° 18, juillet 2017 (consulté le 15 août 2017) format PDF, p. 56.

TITRE 1
LES JUSTIFICATIONS DU REFUS DU CONTRÔLE DES LOIS DE RÉVISION DE LA CONSTITUTION PAR LE JUGE

> « Il ne faut pas fonder sur [la justice constitutionnelle] des espoirs insensés et la concevoir comme un moyen d'assurer le règne de la justice ; la mission de la justice constitutionnelle est heureusement beaucoup plus modeste, moins périlleuse (...) ; elle doit assurer purement et simplement le règne du droit positif. »[191]

La légitimité contestée du contrôle des lois de révision tient plus du champ de compétences du Conseil constitutionnel que des règles de procédure de révision dégagées par les articles 11 et 89 de la Constitution de 1958[192]. Aussi est-il nécessaire de rappeler qu'aux termes de l'article 61 de la Constitution le Conseil constitutionnel est compétent pour « contrôler les lois organiques, les lois ordinaires et les règlements des assemblées »[193]. La compétence ne pose aucune difficulté lorsque « le contrôle de constitutionnalité porte sur une des normes visées à l'article 61 »[194]. En revanche, toutes les fois que ce contrôle porte sur des normes non prévues par cet article, la position prise par le Conseil constitutionnel n'a pas manqué de susciter de vives réactions doctrinales[195]. Les premières critiques se sont

---

[191] EISENMANN (Charles), *La justice constitutionnelle et la Haute Cour constitutionnelle d'Autriche*, *op. cit.*, pp. 294- 295. (C'est nous qui soulignons).

[192] Voir dans le même sens BEDARRIDES (Édouard), *Réviser la Constitution : une histoire constitutionnelle française*, *op.cit.*, pp. 15-18.

[193] Voir sur ce point les arguments avancés par DOKHAN (David), *Les limites du contrôle de constitutionnalité des actes législatifs*, *op. cit.*, p. 11. Voir notamment BEDARRIDES (Édouard), *Réviser la Constitution : une histoire constitutionnelle française*, *op.cit.*, 647 p. Voir notamment KLEIN (Claude), « Recension de Yaniv ROZNAI, Unconstiutional Constitutional amendments. The Limits of Amendments Powers, Oxford Constitutional Theory, 2017 », *op.cit.* pp. 39- 43.

[194] Voir en ce sens BONNEFOY (Olivier), *Les relations entre Parlement et Conseil constitutionnel : les incidences de la question prioritaire de constitutionnalité sur l'activité normative du Parlement*, *op. cit.* pp. 399-494.

[195] Voir les analyses avancées par FAVOREU (Louis), « L'injusticiabilité des lois constitutionnelles », *op. cit.*, pp. 792-798.

élevées au lendemain de la décision dite « Loi référendaire » par laquelle le Conseil constitutionnel, pour la première fois, s'était déclaré incompétent quant au contrôle de la loi constitutionnelle adoptée par le référendum du 28 octobre 1962[196]. Dans cette optique, dans une décision du 2 septembre 1992, il a franchi « un cap supplémentaire en posant le principe de son incompétence pour contrôler la loi autorisant la ratification du traité de Maastricht »[197]. Depuis, dans une décision du 26 mars 2003, il a posé le principe général de son incompétence[198]. La thèse du refus juridictionnel du contrôle des lois constitutionnelles repose sur deux arguments. D'une part, celui de l'impossible substitution du Conseil constitutionnel au pouvoir constituant populaire (Chapitre 1) et, d'autre part, celui du refus de contrôler la constitutionnalité des lois constitutionnelles parlementaires (Chapitre 2).

[196] Voir BEDARRIDES (Édouard), *Réviser la Constitution : une histoire constitutionnelle française, op.cit., op.cit.* p. 18.
[197] *Ibid.*, p.16.
[198] Voir CANEDO (Marguerite), « L'histoire d'une double occasion manquée », *op. cit.*, pp. 767-792.

CHAPITRE 1
LE REFUS DU CONTRÔLE DES LOIS RÉFÉRENDAIRES DE RÉVISION PAR LE CONSEIL CONSTITUTIONNEL

> « Si en France les [juges constitutionnels] pouvaient désobéir aux lois [révisant la Constitution en raison de leur inconstitutionnalité, le pouvoir constituant dérivé] serait réellement dans leurs mains [car] ils auraient le droit d'interpréter [la Constitution] dont nul ne pourrait changer les termes. »[199]

Depuis 1958, le Conseil constitutionnel n'a certainement jamais connu un problème aussi complexe que celui du contrôle de constitutionnalité « des lois référendaires de révision »[200]. Toutes les fois qu'il est saisi, le juge constitutionnel tente de dégager une position ferme au nom d'une harmonie de la jurisprudence constitutionnelle[201]. De même, la doctrine constitutionnelle n'a pas été en mesure d'apporter de solutions satisfaisantes aux problèmes posés par ces lois[202]. En réalité, la controverse entre « les

[199] Voir en ce sens DE TOCQUEVILLE (Alexis), *De la Démocratie en Amérique*, Paris, Garnier-Flammarion, 1981, Vol. 1, partie 1, chap.VI, p. 170. (C'est nous qui soulignons).

[200] Notre analyse dans ce chapitre porte sur la question suivante : le Conseil constitutionnel peut - il, au bout de compte, empêcher le peuple agissant en qualité de pouvoir de révision de remettre en cause les droits fondamentaux ? En tout état de cause, le peuple est le souverain dans l'État. Le dernier mot lui appartient. Voir dans le même sens les propos retenus par TAILLON (Patrick), *Le référendum expression directe de la souveraineté du peuple ? : Essai critique sur la rationalisation de l'expression référendaire en droit comparé*, thèse, 2012, Dalloz, coll. « Bibliothèque parlementaire & constitutionnelle », p. 12. Voir notamment le refus du contrôle du Conseil constitutionnel sur les lois constitutionnelles dans les propos retenus par VERPEAUX (Michel), *Le Conseil constitutionnel,* Les études de la documentation française, 2e éd. 2014, pp. 94-95.

[201] En fait, le Conseil constitutionnel a toujours refusé de se considérer comme une institution ayant la compétence pour régler tous les problèmes d'ordre constitutionnel en France.

[202] Voir en ce sens les analyses avancées sur « la justification de l'immunité des lois de référendaires sous la Ve République », par TROPER (Michel), « La souveraineté nationale appartient aux peuples français », *op.cit.* pp. 950-953. Voir aussi FAVOREU (Louis), « L'injusticiabilité des lois constitutionnelles », *op. cit.*, pp. 792-798 ; BARANGER (Denis), « Un chantier qui ne prend jamais fin : Le juge, les révisions et les autres formes de changement constitutionnel dans la France contemporaine », *op. cit.*, p. 46

partisans du contrôle de ces lois et ceux qui le contestent a, semble-t-il, fait plus »[203] de mal que de bien. En effet, en l'absence de critiques doctrinales unanimes, « le juge constitutionnel a pu croire que le principe de son incompétence était légitime »[204]. Dans ces conditions, le débat ne pouvait que s'étendre tant le terrain était productif, même si « l'année 1992 fut celle de tous les espoirs parce qu'il était permis de penser grâce à la jurisprudence dite « Maastricht II »[205] qu'une porte vers le contrôle allait s'ouvrir[206]. Partant de ce constat, il y a lieu d'indiquer que la logique de l'argumentation du Conseil constitutionnel dans « les décisions du 6 novembre 1962 et du 23 septembre 1992 contribue à l'affirmation de la thèse selon laquelle »[207] les lois référendaires échapperaient à tout contrôle de constitutionnalité[208] (Section 1). Par ailleurs, il convient d'observer que le droit comparé démontre qu'un contrôle des actes du pouvoir de révision constitutionnelle n'est pas inconcevable[209]. Cependant, il est important d'étudier, à titre comparatif, la position de juges constitutionnels étrangers, car elle rejoint celle du juge français : ce dernier ne se trouve pas dans une situation singulière[210] (Section 2).

---

[203] Voir en ce sens BEDARRIDES (Édouard), *Réviser la Constitution : une histoire constitutionnelle française, op.cit.*, pp. 2-18. C'est nous qui soulignons.

[204] Voir en ce sens les propos retenus par CHALTIEL (Florence), « La souveraineté du pouvoir constituant dérivé », *op. cit.*, pp. 7-9.

[205] Voir sur ce point BEDARRIDES (Édouard), *Réviser la Constitution : une histoire constitutionnelle française, op.cit.*, pp.15-18.

[206] Cons. Const., déc. n°- 62-20 DC du 6 novembre 1962, *Loi relative à l'élection du président de la République au suffrage universel direct,* adoptée par le référendum du 28 octobre, JORF du 7 novembre 1962, *op.cit.* p.10778 ; décision n° 2003-469 du 26 mars 2003, *Loi constitutionnelle relative à l'organisation décentralisée de la République*, JORF, 29 mars 2003, *op. cit.*, p. 5570 .

[207] BEDARRIDES (Édouard), *Réviser la Constitution : une histoire constitutionnelle française, op.cit.*, p.18.

[208] Voir en ce sens les propos retenus par BLÉOU (Martin), « Le juge constitutionnel et les révisions constitutionnelles », *op.cit.* pp. 229-237.

[209] Que ce soit, par exemple, en Italie, en Allemagne ou en Bosnie-Herzégovine, un contrôle des lois révisant la Constitution est prévu selon des modalités diverses. Voir en ce sens les propos retenus par ROUSSEAU (Dominique), et *alii, L'essentiel des grandes décisions du Conseil constitutionnel*, Gualino, 2017-2018, pp. 32-33.

[210] Pour appréhender la problématique du contrôle des lois portant révisant de la Constitution en France et à l'étranger, voir sur ce point l'ensemble des contributions rassemblées dans « Le contrôle de constitutionnalité des lois constitutionnelles », *in Les Cahiers du Conseil constitutionnel*, n° 27, 2009, *op. cit.*, pp. 3-58. Voir notamment SOMA (Abdoulaye), « Le contrôle de constitutionnalité des lois constitutionnelles en Afrique noire francophone », *in Revue Suisse Pratique Juridique Actuelle*, n° 5, 2011, pp. 622-626.

Section 1 : L'impossible substitution du Conseil constitutionnel au pouvoir constituant populaire

> « Les lois de révision constitutionnelle étant forcément soumises à l'approbation du peuple souverain par voie référendaire, le juge constitutionnel est considéré comme mal venu de s'opposer à leur validité et à leur application. »[211]

Avec la jurisprudence dite « Loi référendaire », la question du contrôle de constitutionnalité des lois adoptées par la voie référendaire acquiert peu à peu « le statut de problème doctrinal classique »[212]. En effet, dans la décision du 6 novembre 1962, le Conseil constitutionnel estime que le référendum constitue « l'expression directe de la souveraineté nationale » ; par nature, il échappe donc à tout contrôle[213]. À cet égard, la motivation retenue par le Conseil constitutionnel repose d'une part sur « une interprétation stricte de la Constitution »[214] (§ 1) et, d'autre part, sur la conception rousseauiste de la souveraineté (§ 2).

§ 1— Une incompétence fondée sur l'interprétation stricte de la Constitution

La mission du Conseil constitutionnel est formellement limitée par les dispositions de la Constitution[215]. Cependant, il est concurrencé par le président de la République qui exerce également une mission de gardien de la Constitution[216]. Sur ce point, la Constitution française de 1958 apparaît faire une synthèse de la controverse qui opposa dans les années 1930 Hans

---

[211] SOMA (Abdoulaye), « La souveraineté du pouvoir constituant et le contrôle de constitutionnalité des lois constitutionnelles », *op.cit.* p.445.

[212] Voir en ce sens BONNEFOY (Olivier), *Les relations entre Parlement et Conseil constitutionnel : les incidences de la question prioritaire de constitutionnalité sur l'activité normative du Parlement, op. cit.* pp. 399-494.

[213] Voir les analyses avancées par L'HÔTE (Vincent), « La "forme républicaine du gouvernement" à l'épreuve de la révision constitutionnelle de mars 2003 », *op. cit.*, p. 127.

[214] VERPEAUX (Michel) et *alii, Droit constitutionnel : les grandes décisions de la jurisprudence*, éd. Coll. Thémis droit PUF, 2011, p. 33.

[215] Pour un éclairage précis sur les différentes typologies des compétences formelles du Conseil constitutionnel, voir en particulier les analyses avancées par DRAGO (Guillaume), *Contentieux constitutionnel français, op.cit.* pp. 209-287.Voir notamment l'attribution limitée par les Constitutions de pouvoirs habilitant le juge constitutionnel à contrôler les révisions constitutionnelles dans les analyses avancées par MARCOVICI (Émilie), *Le juge constitutionnel et les révisions constitutionnelles, op. cit.*, pp. 383-385 .

[216] Voir en ce sens l'article 5 de la Constitution du 4 octobre 1958. Cet article 5 assigne au président de la République la mission de veiller au respect de la Constitution.

Kelsen à Carl Schmitt[217]. Selon ce dernier, le gardien de la Constitution devrait être le chef de l'État, car « "la justice constitutionnelle" n'est pas compétente face aux actes de gouvernement politiques »[218]. En revanche, Hans Kelsen entendait confier la garantie de la Constitution à une Cour constitutionnelle, car il faut un tiers impartial pour assurer une telle mission[219]. Néanmoins, il résulte des dispositions de la Constitution que le président de la République en est le gardien de droit commun, tandis que le Conseil constitutionnel n'intervient que dans le cadre « des attributions qui lui sont strictement conférées par la Constitution »[220]. Bien que la répartition de compétences soit bien établie dans la Constitution, elle n'empêche pas une confusion des pouvoirs[221]. C'est là un facteur déterminant de « l'impuissance du Conseil constitutionnel à contrôler les lois référendaires de révision »[222].

En 1962, le général Charles de Gaulle, conscient que la réforme qu'il souhaitait entreprendre ne serait pas votée par les parlementaires et notamment par les sénateurs, interpréta la Constitution en utilisant non pas l'article 89, mais l'article 11 pour soumettre au peuple une révision constitutionnelle d'envergure[223]. L'usage de cet article repose sur l'idée que le peuple est souverain en démocratie, celui-ci pouvant à tout moment réviser sa Constitution. Le juge constitutionnel fut interrogé par le président du Sénat, Gaston Monnerville : le recours à l'article 11 est-il conforme à la

---

217 Voir les propos retenus par FATIN-ROUGE STÉFANINI (Marthe), *Le contrôle du référendum par la justice constitutionnelle*, *op. cit.*, pp. 55-55 ; DOKHAN (David), *Les limites du contrôle de constitutionnalité des actes législatifs, op.cit.*, pp 9-181 ; BENETTI (Julie), « Existe-t-il deux gardiens de la Constitution ? : Les fonctions d'arbitre du président de la République et du juge constitutionnel » ; *in* MOUTON (Stéphane), *Le régime représentatif à l'épreuve de la justice constitutionnelle,* Collection « Grands Colloques », LGDJ, 2016, pp. 137-149.

218 BEAUD (Olivier), *La Puissance de l'Etat, op. cit.*, p. 388 .

219 Voir BEAUD (Olivier), « Kelsen contre Schmitt : un dialogue de sourds », in BEAUD (Olivier) et alii, *La controverse sur le « gardien de la Constitution » et la justice constitutionnelle. Kelsen contre Schmitt,* Paris, Panthéon-Assas éditions, 2007, pp. 197-206.

220 Voir les analyses avancées sur le partage du rôle de gardien de la Constitution entre le président de la République et le Conseil constitutionnel par le constituant français de 1958 dans les propos retenus par : FATIN-ROUGE STÉFANINI (Marthe), *Le contrôle du référendum par la justice constitutionnelle*, *op. cit.*, pp.55-55.

221 Voir sur ce point TROPER (Michel), « La souveraineté nationale appartient aux peuples français », *op.cit.* pp. 947-958.

222 BEAUD (Olivier), *La Puissance de l'Etat*, *op. cit.*, p.413.

223 La volontaire unilatérale du général Charles de Gaule de modifier les articles 6 et 7 de la Constitution du 4 octobre 1958, afin d'instaurer l'élection au suffrage universel direct du Président de la République, provoqua une querelle politico-juridique en France au cours de l'automne 1962. Voir les analyses avancées par DOKHAN (David), *Les limites du contrôle de constitutionnalité des actes législatifs, op. cit.*, p. 59.

Constitution ? [224]. Le Conseil constitutionnel déclara alors qu'il n'était pas compétent pour répondre : dans sa décision du 6 novembre 1962, il a rappelé qu'« il ne disposait que d'une compétence d'attribution strictement délimitée par la Constitution ainsi que par les dispositions de la loi organique du 7 novembre 1958 sur le Conseil constitutionnel »[225]. Il admit ensuite que la lettre de l'article 61 alinéa 2 ne tranche pas le problème de sa compétence à l'égard « des lois référendaires de révision constitutionnelle »[226]. Il apparaît que le Conseil constitutionnel fait une interprétation stricte de cet article, estimant que ce dernier ne concerne que des lois adoptées par le Parlement et non celles qui constituent « l'expression directe de la souveraineté nationale »[227]. L'incompétence se trouve enfin justifiée par l'esprit de la Constitution, duquel il résulte que le Conseil constitutionnel est « un organe régulateur de l'activité des pouvoirs publics »[228]. C'est donc sur le fondement d'une analyse entière de la Constitution que le Conseil constitutionnel tire son incompétence à contrôler « les lois référendaires »[229].

Par ailleurs, le Conseil constitutionnel justifie son incompétence en se rapportant d'une part aux articles 11 et 60 de la Constitution, et d'autre part

---

[224] Voir par exemple *Le Monde*, 8 novembre 1962 les propos tenus par Gaston Monnerville à l'encontre de la décision d'incompétence du Conseil constitutionnel du 6 novembre 1962.

[225] BONNEFOY (Olivier), *Les relations entre Parlement et Conseil constitutionnel : les incidences de la question prioritaire de constitutionnalité sur l'activité normative du Parlement*, *op. cit.* pp. 399-494.Toutefois, un enseignement majeur peut être tiré de la décision du 6 novembre 1962 : le peuple étant souverain peut violer à son gré la Charte fondamentale. Cette violation manifeste ne pouvant être sanctionnée par le Conseil constitutionnel. En avalisant l'irrégularité de la procédure utilisée, le peuple constitué se faisait *ipso facto* complice de la violation de la Charte fondamentale. Pourtant, le Conseil constitutionnel de l'époque n'en tira aucune conséquence de droit, estimant que la légitimité de l'intervention directe du peuple justifiait que ce dernier puisse s'affranchir de l'obligation d'observer la procédure de révision de la Charte fondamentale normalement applicable. Comme le souligne Bertrand Mathieu, la seule façon de prévenir l'impuissance du Conseil constitutionnel face à une loi référendaire qui violerait la Constitution « consisterait à réviser la Constitution de 1958 afin de permettre le contrôle de constitutionnalité du projet de référendum avant qu'il ne soit soumis au peuple » ; MATHIEU (Bertrand), « La supra-constitutionnalité existe-t-elle ? », *op.cit.*, p. 12.

[226] FLAUS (Jean-François), « Le contrôle de constitutionnalité des lois référendaires », *op. cit.*, p. 8.

[227] Disons que dans ses deux décisions (1962 et 1992), « Le Conseil constitutionnel avait refusé de contrôler les lois adoptées par référendum au motif que si l'article 61 de la Constitution lui confiait le contrôle des lois, organiques et ordinaires, » voir l'article de JAN (Pascal), « L'immunité juridictionnelle des lois de révision constitutionnelle », *op. cit.*, pp.4-11.

[228] Voir Cons. Const., déc. n°- 62 -20 DC du 6 novembre 1962, *Loi relative à l'élection du président de la République au suffrage universel direct,* adoptée par le référendum du 28 octobre, JORF du 7 novembre 1962, *op. cit*., p. 10778.

[229] Lire à ce sujet les propos retenus par FATIN-ROUGE STÉFANINI (Marthe), *Le contrôle du référendum par la justice constitutionnelle*, *op.cit*., p. 55. Voir notamment TROPER (Michel), « La souveraineté nationale appartient aux peuples français », *op.cit.* pp. 947-958.

à la loi organique relative à ses compétences[230]. En se référant à ces deux articles, le Conseil constitutionnel a jugé que ni l'article 60 de la Constitution, qui détermine son rôle en matière de référendum, ni l'article 11 ne prévoient un principe de contrôle de constitutionnalité, « entre l'adoption d'un projet de loi par le peuple et sa promulgation par le président de la République »[231]. De même, le Conseil constitutionnel justifie son incompétence en s'appuyant sur les articles 17 et 23 de la loi organique pour démontrer que ces « dispositions ne valaient que pour les lois d'origine parlementaire »[232]. Par conséquent, le Conseil constitutionnel s'est déclaré incompétent pour « apprécier la conformité à la Constitution d'une loi adoptée par référendum »[233]. Cette position dégagée dans la décision du 6 novembre 1962, a été qualifiée de « respectueuse d'un équilibre voulu par les constituants »[234] de 1958. Elle rejoint l'argument selon lequel « l'inaptitude du Conseil constitutionnel à juger de la validité d'une loi référendaire est beaucoup plus radicale qu'une simple incompétence (...) [car] la loi votée par le peuple est un acte incontestable, et accessoirement parce qu'il n'avait pas reçu compétence d'un texte »[235]. Cela étant, la posture du Conseil constitutionnel dans sa décision précitée n'est pas constitutive d'un déni de justice, car « l'immunité juridictionnelle des actes du peuple ne découle pas de l'absence de juridiction compétente, mais correspond à une règle de fond qui donne à ces actes le caractère d'actes incontestables, parce qu'initiaux et inconditionnés »[236]. De cette constatation on déduit que la déférence supposée du Conseil constitutionnel vient de ce que le peuple étant toujours souverain, toute manifestation de sa compétence revêt un caractère absolu, quel que soit le rang de la norme sur laquelle il se prononce[237] .

En 1992, après l'approbation du traité de Maastricht par référendum, une nouvelle saisine conduisit le Conseil constitutionnel à se prononcer sur la

---

[230] Voir en ce sens FATIN-ROUGE STÉFANINI (Marthe), *Le contrôle du référendum par la justice constitutionnelle*, *op. cit.*, pp. 55-58 .

[231] BONNEFOY (Olivier), *Les relations entre Parlement et Conseil constitutionnel : les incidences de la question prioritaire de constitutionnalité sur l'activité normative du Parlement*, *op. cit.* pp. 399-494 ; DOKHAN (David), *Les limites du contrôle de constitutionnalité des actes législatifs*, *op. cit.*, p. 361.

[232] Voir les arguments avancés par GÖZLER (Kémal), *Le pouvoir de révision constitutionnelle*, *op. cit.*, p. 530.

[233] Voir HAMON (Léo), Note C.C., décision n°62-20 DC du 6 novembre 1962, Recueil Dalloz, 1963, pp. 398-401.

[234] *Ibid.*, p. 61.

[235] Voir FAVOREU (Louis), *Du déni de justice en droit public français*, LGDJ, Bibliothèque de droit public, Tome 61, 1964, p. 157.

[236] *Ibid.*, pp. 157-161.

[237] HAMON (Léo), Note C.C., décision n° 62-20 DC du 6 novembre 1962, *op. cit.*, p. 399.

conformité à la Constitution de la loi référendaire ratifiant ledit traité[238]. Cependant, le Conseil constitutionnel confirma sa jurisprudence dite « Loi référendaire » selon laquelle « il n'est pas compétent pour contrôler la conformité à la Constitution des lois référendaires »[239]. Dans sa décision dite « Maastricht III » du 23 septembre 1992, le Conseil constitutionnel ne se fondait plus sur « l'esprit de la Constitution »[240], mais sur « l'équilibre des pouvoirs établi par la Constitution pour justifier son incompétence »[241]. Cette formule permet plusieurs interprétations[242]. Ainsi, si certains commentateurs ont soutenu que la référence à « l'équilibre des pouvoirs établi par la Constitution »[243] pouvait justifier l'incompétence du Conseil constitutionnel[244], d'autres ont contesté ce fondement[245]. Cet argument du Conseil constitutionnel est insatisfaisant[246]. En réalité, dans la mesure où une loi référendaire adoptée selon la procédure prévue à l'article 11 de la Constitution peut être modifiée par une loi parlementaire à la lumière de la jurisprudence dite « Nouvelle-Calédonie », la solution retenue est contestable[247]. En d'autres termes, les arguments du Conseil constitutionnel développés dans ces « décisions du 6 novembre 1962 et du 23 septembre 1992 »[248] souffrent d'une contradiction entre « la vision organique de l'acte de révision populaire et la hiérarchie des normes »[249]. Soulignons à cet égard que l'analyse du droit constitutionnel comparé enseigne la distinction en

---

[238] Il est important de souligner ici que la décision du 23 septembre 1992 ne porte pas sur une loi constitutionnelle, mais sur une loi adoptée par voie de référendum.

[239] GÖZLER (Kémal), *Le pouvoir de révision constitutionnelle, op. cit.*, p. 531 .

[240] SCHNAPPER (Dominique), *Une sociologue au Conseil constitutionnel*, éditions Gallimard, 2010, p. 75.

[241] Voir les analyses avancées par DOKHAN (David), *Les limites du contrôle de constitutionnalité des actes législatifs, op. cit.*, p. 360 ; FATIN-ROUGE STÉFANINI (Marthe), *Le contrôle du référendum par la justice constitutionnelle, op .cit.*, pp. 55-61 ; LAVROFF (Dmitri Georges), *Le droit constitutionnel de la Ve République, op .cit.*, p.177.

[242] Voir sur ce point les propos retenus par GOYARD (Claude), « Esprit des institutions et Équilibre des pouvoirs », *in L'esprit des institutions, l'équilibre des pouvoirs. Mélanges Pierre Pactet, Paris,* Dalloz, 2003, pp. 1-16. Voir aussi GÖZLER (Kémal), *Le pouvoir de révision constitutionnelle, op. cit.*, pp. 533-546.

[243] On emprunte cette expression à GÖZLER (Kémal), *Le pouvoir de révision constitutionnelle, op. cit.*, pp. 533-546

[244] LAVROFF (Dmitri- Georges), *Le droit constitutionnel de la Ve République, op. cit.,* p. 166 .

[245] Voir sur ce point TROPER (Michel), « La souveraineté nationale appartient aux peuples français », *op.cit.* p. 953.

[246] FAVOREU (Louis), Commentaire sous C.C., décision n° 92-313 DC du 23 septembre 1992, *R. F.D. C*, 1992, p. 746.

[247] Olivier Beaud souligne ainsi, la « jurisprudence du Conseil constitutionnel relative à la loi référendaire encourt des critiques du point de vue non seulement de ses implications politiques, mais aussi de la dogmatique juridique » ; BEAUD (Olivier), *La Puissance de l'Etat, op. cit.,* p. 424.

[248] GÖZLER (Kémal), *Le pouvoir de révision constitutionnelle, op. cit.*, pp. 532-346.

[249] BEAUD (Olivier), *La Puissance de l'Etat, op. cit.,* p. 425.

droit positif entre « les procédures référendaires législatives et constitutionnelles ». Le Conseil constitutionnel n'en a cependant pas tenu compte, car « dans sa décision du 14 juin 1976[250] il a jugé conforme à la Constitution le droit de modifier des dispositions organiques contenues dans la loi constitutionnelle référendaire de 1962 sur l'élection présidentielle »[251]. Cette position a été confirmée ultérieurement « dans une décision du 9 janvier 1990 »[252] : le Conseil constitutionnel a admis que la loi votée par le Parlement pouvait abroger les dispositions votées par le peuple par voie de référendum[253].

Essayons ici de transposer le raisonnement de la décision du 9 janvier 1990 en matière de révision constitutionnelle. Si l'on admet qu'une « loi constitutionnelle parlementaire » a la même valeur en droit qu'une « loi constitutionnelle référendaire », on déduit que « le peuple ne peut plus être considéré comme étant toujours souverain si sa norme peut être abrogée par un tiers, c'est-à-dire par le Parlement »[254]. Il ressort de cette argumentation qu'en reconnaissant qu'une loi votée par le Parlement puisse modifier une loi référendaire, le Conseil constitutionnel, dans sa décision du 9 janvier 1990, a explicitement admis que les deux types de lois avaient la même nature juridique. Or, une telle assimilation est contestable, car la jurisprudence dite « Loi référendaire » pouvait cependant remettre en cause cette confusion[255]. D'ailleurs, le refus du Conseil constitutionnel s'appuie principalement sur le fait que ni la Constitution ni la loi organique relative à

---

250 C. C., décision n° 76-65 DC du 14 juin 1976, Examen de la loi organique modifiant la loi n° 62-1292 du 6 novembre 1962 relative à l'élection du président de la République au suffrage universel direct, Rec., 1976, p. 28.

251 GÖZLER (Kémal), *Le pouvoir de révision constitutionnelle*, *op. cit.*, pp. 533-546.

252 Dans cette décision, les députes ayant saisi le Conseil constitutionnel prétendaient que la loi déférée relative aux projets d'amnistié était contraire à la loi du 9 novembre 1988 sur le statut de la Nouvelle-Calédonie. Rejetant l'argument selon lequel il existe une hiérarchie entre l'expression directe et indirecte de la souveraineté nationale, le Conseil constitutionnel dans sa décision du 9 janvier 1990 a considéré que « le principe de la souveraineté nationale ne fait nullement obstacle à ce que le législateur, statuant dans le domaine de compétence qui lui est réservé par l'article 34 de la Constitution, modifie, complète, ou abroge des dispositions législatives antérieures ; qu'il importe peu à cet égard que les dispositions modifiées, complétées ou abrogées résultent d'une loi votée par le Parlement ou d'une loi adoptée par voie de référendum ». Il ressort de cette formule du Conseil constitutionnel, d'une part, la modificabilité de la loi référendaire par la loi parlementaire, et d'autre part, un rejet d'application par ce dernier du principe de parallélisme des formes. Voir dans le même sens les analyses avancées par SUR (Emmanuel), « le pouvoir constituant n'existe pas ! Réflexions sur les voies de la souveraineté du peuple », *in La Constitution et les valeurs. Mélanges en l'honneur de Dmitri -Georges Lavroff*, Paris, Dalloz, 2005, p. 585.

253 C.C., décision n° 89-266 DC du 9 janvier 1990, Loi portant amnistie d'infractions commises à l'occasion d'événements survenus en Nouvelle-Calédonie, Rec., p. 14.

254 BEAUD (Olivier), *La Puissance de l'Etat, op. cit.*, p. 426 . Voir nommant GÖZLER (Kémal), *Le pouvoir de révision constitutionnelle*, *op. cit.*, pp. 533-546.

255 BEAUD (Olivier), *La Puissance de l'Etat, op. cit.*, p.427.

son fonctionnement ne mentionnent la loi référendaire dans le périmètre de son contrôle de constitutionnalité[256].

§ 2— Une incompétence fondée sur la conception rousseauiste de la souveraineté

La logique de la souveraineté constituante impose des limites au pouvoir du juge constitutionnel chargé d'interpréter la Constitution : il ne peut se substituer à l'auteur de l'acte de révision populaire. Autrement dit, le juge constitutionnel qui outrepasserait ses pouvoirs formels en contrôlant l'acte de révision populaire deviendrait, selon l'expression d'Olivier Beaud, un « infâme au droit commun »[257]. De plus, une relecture de la conception rousseauiste de la souveraineté permet de mieux fonder en droit « le refus du contrôle des lois référendaires »[258]. Comme le souligne Olivier Beaud, « le Contrat social contient une idée approximative du pouvoir constituant avec sa notion de "Législateur" »[259]. On déduit de cette formule que Jean-Jacques Rousseau n'avait pas élaboré de façon explicite « une théorie du pouvoir constituant et de la Constitution ». Cela étant, l'absence de tout « contrôle juridictionnel des lois référendaires de révision » est souvent justifiée par une bonne partie de la doctrine sous l'influence de la conception rousseauiste de la souveraineté[260]. D'après Jean-Pierre Camby, le refus du Conseil constitutionnel pour connaître du contrôle des lois référendaires pourrait être rattaché à l'idée selon laquelle « un peuple est toujours libre de changer sa Constitution, car nul n'a droit de l'en empêcher »[261]. Cette affirmation est sans doute confortée par les décisions du 6 novembre 1962 et du 23 septembre 1992, car suivant la logique de ces jurisprudences, « le caractère démocratique d'une révision référendaire l'emporte sur toute autre considération »[262].

D'une certaine façon, l'attitude du juge constitutionnel face aux lois référendaires est fondée sur le respect absolu du vote populaire. En effet, son refus pourrait trouver un fondement assez convaincant dans la conception

---

[256] Voir par exemple les lois au sens de l'article 61 de la Constitution dans les propos retenus par DOMINGO (Laurent), *Leçons de contentieux constitutionnel*, Paris, 2014, éditions Ellipses, pp. 97-99.
[257] BEAUD (Olivier), *La Puissance de l'Etat, op. cit.*, p. 194 .
[258] LAVROFF (Dmitri Georges), *Le droit constitutionnel de la Ve République*, *op. cit.*, p. 177.
[259] BEAUD (Olivier), *La Puissance de l'Etat, op. cit.*, p. 234.
[260] Voir en ce sens les analyses avancées par TROPER (Michel), « La souveraineté nationale appartient aux peuples français », *op.cit.* pp. 947-958.
[261] ROUSSEAU (Jean-Jacques), *Du contrat social*, GF Flammarion, Paris, 2001, cité par CAMBY (Jean-Pierre), « Supra-constitutionnalité : la fin d'un mythe », *op. cit.*, p. 671.
[262] *Ibid.*, p. 673.

rousseauiste de la souveraineté[263], car il n'est rien d'autre qu'une interprétation littérale de l'article 3 de la Constitution qui dispose que « la souveraineté nationale appartient au peuple qui l'exerce par ses représentants et par la voie du référendum »[264]. Voilà qui qualifie clairement le peuple de souverain. De surcroît, le Conseil constitutionnel a manifestement contribué à « la consolidation de la conception rousseauiste de la souveraineté »[265]. Cela étant, la question de l'autolimitation du peuple en matière de révision constitutionnelle n'a pas de sens, car « la souveraineté du peuple sert à démontrer que le peuple-toujours souverain-est investi d'un pouvoir de révision équivalent donc à un pouvoir constituant »[266]. Une telle référence à la mutabilité de l'acte constituant est un fondement solide du « caractère illimité de la révision constitutionnelle au nom de la souveraineté du peuple »[267]. C'est ce raisonnement qu'adopte le Conseil constitutionnel face au pouvoir constituant populaire sous la Ve République[268].

Cette conception rousseauiste de la souveraineté en matière de révision constitutionnelle repose sur l'idée que « l'acte de volonté du peuple, quel que soit son objet, est toujours absolu, incontestable »[269]. On en déduit que le constituant populaire n'est pas tenu de respecter la Constitution en sa qualité d'autorité de révision[270]. On peut donc emprunter les propos d'Olivier Beaud pour affirmer que « le refus du contrôle des lois référendaires » est fondé sur la conception de « la souveraineté formelle »[271]. D'ailleurs, la solution retenue par la jurisprudence dite « Loi référendaire » n'est rien d'autre

---

263 Pour un bon panorama doctrinal sur la conception roueauissité de la souveraineté voir, BOUDON (Julien), *Les jacobins. Une traduction des principes de Jean-Jacques Rousseau,* thèse LGDJ, 2006. pp. 186-2013.

264 Voir l'article 3 de la Constitution française du 4 octobre 1958.

265 En réalité, le juge constitutionnel français a déjà eu l'occasion à plusieurs reprises de se prononcer sur le problème particulier de la détention de la souveraineté dans l'Etat. Il réapparaît que le refus du Conseil constitutionnel pour un contrôle des normes directement approuvées par le peuple trouve son fondement théorique dans la conception absolutiste de la démocratie imaginée par Jean-Jacques Rousseau.

266 BEAUD (Olivier), *La Puissance de l'Etat, op. cit.*, p. 404 .

267 Notons que la thèse de la mutabilité de l'acte constituant a été sévèrement critiqué par la doctrine dualiste des pouvoirs constituants originaire et dérivé. Comme le relève Olivier Beaud, « le pouvoir constituant s'épuise une fois qu'il a été exercé et qu'il ne peut plus être mobilisé à tout moment. Non seulement au nom du principe démocratique, le peuple ne pourrait pas modifier à tout moment sa Constitution et comme il l'entend, mais juridiquement, il serait lié par son prédécesseur, le pouvoir constituant originaire » ; BEAUD (Olivier), *La Puissance de l'Etat, op. cit.*, p. 404.

268 Nous soulignons que le caractère injusticiable de l'acte populaire de révision par le Conseil constitutionnel est fondé sur la conception rousseauiste de la souveraineté.

269 BEAUD (Olivier), *La Puissance de l'Etat, op. cit.*, p.423.

270 Voir les analyses avancées par THOMAS (Julien), *L'indépendance du Conseil constitutionnel, op. cit.*, p. 237.

271 L'expression a été utilisée par BEAUD (Olivier), *La Puissance de l'Etat, op. cit.*, p. 429.

qu'une « consolidation de la conception rousseauiste de la souveraineté au détriment du principe de l'État de droit »[272]. En se référant à elle, on peut dire que le refus du Conseil constitutionnel est soutenable[273], car ce dernier « n'a pas vocation à être le Souverain »[274]. Cette résistance à l'égard du principe démocratique est un fondement peu convaincant de son incompétence à contrôler les actes du constituant populaire[275]. En effet, la motivation du refus du Conseil constitutionnel dans sa décision du 6 novembre 1962 constitue un ralliement volontaire à une « conception formelle de la démocratie »[276]. Elle repose aussi sur l'idée que le peuple, en matière de révision constitutionnelle, ne peut être considéré comme « un pouvoir public constitué »[277]. Cela étant dit, le Conseil constitutionnel doit nécessairement faire confiance à la majorité populaire pour éviter la confiscation de « la souveraineté constituante »[278].

En définitive, l'analyse de la jurisprudence dite « Loi référendaire » montre la contribution du Conseil constitutionnel à la modernisation de la conception rousseauiste de la souveraineté inscrite à « l'article 6 de la Déclaration des droits de l'homme et du citoyen du 26 août 1789 »[279]. C'est pourquoi ce dernier ne peut exercer « le contrôle de constitutionnalité des lois référendaires » sans s'interroger sur les conséquences de sa décision sur « la souveraineté constituante »[280]. Il contribue ainsi à « la consolidation du contrôle difficile des lois référendaires de révision de la Constitution ». On peut en effet penser que « le principe de la souveraineté constituante » dans la jurisprudence constitutionnelle puise sa source dans la conception rousseauiste de la souveraineté, car comme elle, il réserve la qualité de souverain à une entité abstraite, c'est-à-dire le peuple. Voilà pourquoi la souveraineté, telle que la définit Jean-Jacques Rousseau, expliquerait

272 Pour un bon panorama doctrinal sur les faits des décisions (1962, 1992 du Conseil constitutionnel) et leur contexte voir en ce sens les analyses avancées par BARANGER (Denis), « Un chantier qui ne prend jamais fin : Le juge, les révisions et les autres formes de changement constitutionnel dans la France contemporaine », *op. cit.*, pp. 48-52.
273 Les principales figures de la doctrine refusant le contrôle des lois constitutionnelles sur le terrain du titulaire de la souveraineté sont : VEDEL (Georges), « Souveraineté et supra-constitutionnalité », *op. cit.*, p.90 ; BADINTER (Robert), « Le Conseil constitutionnel et le pouvoir constituant », *op. cit.*, p. 223.
274 BEAUD (Olivier), *La Puissance de l'Etat*, *op. cit.*, p. 430.
275 Voir en ce sens TROPER (Michel), « La souveraineté nationale appartient aux peuples français », *op.cit.* p. 953.
276 L'expression a été utilisée par BEAUD (Olivier), *La Puissance de l'Etat*, *op. cit.*, p. 430.
277 *Ibid.*, p. 428.
278 *Ibid.*, p. 428.
279 Voir en ce sens GOESEL-LE BIHAN (Valérie), *Contentieux constitutionnel*, Paris, Ellipses, coll. « Cours magistral », 2010, pp. 254- 268.
280 Pour un éclairage précis sur ce point, voir les analyses avancées par VEDEL (Georges), « Souveraineté et supra-constitutionnalité », *op. cit.*, pp. 79-86 ; JAN (Pascal), « L'immunité juridictionnelle des lois de révision constitutionnelle », *op. cit.*, pp. 4-11 .

forcément la timidité du Conseil constitutionnel face aux lois adoptées par l'intervention du peuple[281]. Force est donc de constater que ce dernier peut tout faire au nom de sa souveraineté [constituante] y compris revenir sur le contrat social et *a fortiori* sur les lois [282]. De plus, c'est le caractère absolu de la souveraineté constituante populaire qui permet de contester la légitimité du contrôle des lois référendaires de révision[283]. Autrement dit, la force du concept de souveraineté constituante populaire constitue un argument solide de la délégitimation de l'hypothèse du contrôle de constitutionnalité des lois de révision, qu'elles soient référendaires ou bien parlementaires. C'est pourquoi le lien entre la conception de la souveraineté rousseauiste et le légicentrisme demeure un fondement justificatif du refus du Conseil constitutionnel pour connaître de la constitutionnalité des lois constitutionnelles. Son refus repose sur la qualité de l'auteur de l'acte, car il ne peut détrôner le pouvoir constituant exprimant la volonté populaire.

Section 2 : La doctrine du Conseil constitutionnel à la lumière du droit comparé

Le rôle du juge constitutionnel face aux lois de révision de la Constitution varie en fonction des États[284]. Nous observons que le Conseil constitutionnel fait partie de ces juridictions qui n'admettent pas leur compétence en matière de contrôle des lois constitutionnelles[285]. Cependant, le Conseil constitutionnel n'est pas seul à se déclarer incompétent : à l'étranger, les organes équivalents ont pris la même décision (§ 1). En

---

[281] Pour un éclairage précis sur ce point, voir les travaux de FATIN-ROUGE STÉFANINI (Marthe), *Le contrôle du référendum par la justice constitutionnelle*, *op.cit.*, pp.55-61.

[282] BOUDON (Julien), *Les jacobins : une traduction des principes de Jean-Jacques Rousseau, op. cit.*, p. 187.

[283] Voir les analyses avancées par LAVROFF (Dmitri Georges), *Le droit constitutionnel de la Ve République*, *op. cit.* p.177 ; THOMAS (Julien), *L'indépendance du Conseil constitutionnel*, *op. cit.*, pp. 237-238.

[284] Voir les contributions rassemblées dans « Le contrôle de constitutionnalité des lois constitutionnelles », *op. cit.*pp. 3-58. Voir notamment KLEIN (Claude), « Recension de Yaniv ROZNAI, Unconstiutional Constitutional amendments. The Limits of Amendments Powers, Oxford Constitutional Theory, 2017 », *op.cit.* pp. 39- 43. Voir aussi, une étude récente sur les justifications du contrôle des lois de révision par le juge dans les propos retenus par ROZNAI (Yaniv), *Unconstiutional Constitutional amendments. The Limits of Amendments* Powers, Oxford Constitutional Theory, *op.cit.*365 p.

[285] Il convient de noter que le refus de contrôler la constitutionnalité des lois constitutionnelles sous le motif du respect du caractère intangible de la souveraineté n'est pas propre au juge constitutionnel français. Dans des pays comme la Grande-Bretagne, la Suisse, la Grèce et Israël, le Sénégal, la Côte d'Ivoire, le principe de la souveraineté constituante a reçu une interprétation tellement stricte qu'il fait échec à la possibilité d'un contrôle juridictionnel des actes du pouvoir de révision constitutionnelle. Pour un éclairage précis sur ce point, voir l'article de SOMA (Abdoulaye), « Le contrôle de constitutionnalité des lois constitutionnelles en Afrique noire francophone », *op. cit.*, pp. 622-626.

revanche s'est développée parallèlement une autre tendance, favorable à un contrôle efficace des lois révisant la Constitution (§ 2).

§ 1— La convergence jurisprudentielle du refus du contrôle des actes du pouvoir de révision

Afin de trouver une justification plausible au refus du Conseil constitutionnel, il est intéressant d'observer la conduite de certains juges constitutionnels africains qui refusent catégoriquement l'idée d'un contrôle des actes « du pouvoir de révision de la Constitution »[286]. Au Sénégal, le Conseil constitutionnel adopte une position proche de la décision française du 2 septembre 1992, comme le souligne Mactar Kamara[287]. Le 18 janvier 2006, les juges constitutionnels sénégalais[288] affirment que le pouvoir constituant est souverain, « sous réserve d'une part, des limitations qui résultent des articles 39, 40 et 52 du texte constitutionnel touchant aux périodes au cours desquelles une révision de la Constitution ne peut être engagée ou poursuivie et, d'autre part, du respect des prescriptions de l'alinéa 7 de l'article 103 en vertu desquelles la forme républicaine de l'État ne peut faire l'objet d'une révision »[289]. Pour justifier son incompétence, il a considéré qu'il ne tient « ni des articles 74 et 103 de la Constitution, ni d'aucune disposition de la loi organique le pouvoir de statuer sur une révision constitutionnelle »[290]. Cette formule du juge constitutionnel sénégalais n'est rien d'autre qu'une reprise de l'argumentaire déjà utilisé par son homologue français en 2003, comme le remarque d'ailleurs Rodrigue-

---

[286] Sans prétendre à l'exhaustivité, on citera, à titre d'illustration, quelques-unes des études consacrées à la thématique du juge constitutionnel et la problématique du contrôle des lois de révision de la Constitution : KPEDU (Yawovi- Amedzofe), « Le Parlement constituant en Afrique francophone : contribution à la limitation du pouvoir de révision constitutionnelle en Afrique », *op. cit.*, p. 286. Voir notamment le refus du juge constitutionnel égyptien d'établir un contrôle sur les lois constitutionnelles dans les propos retenus par AYMAN FATHY MOHAMED (Mohamed), *Le contrôle de constitutionnalité des lois en France et en Egypte*, thèse, Bordeaux, 2015, pp. 32-44.

[287] Pour un éclairage précis sur le point de vue du Conseil constitutionnel en matière de contrôle de constitutionnalité des lois constitutionnelles, voir les analyses avancées par KAMARA (Mactar), « Supra-constitutionnalité et exercice du pouvoir constituant dérivé », *op. cit.*, pp. 1465-1470.

[288] Rappelons sommairement les faits : le juge constitutionnel sénégalais, appelé à statuer sur la loi constitutionnelle n° 29/ 2005, prorogeant le mandat des députés élus à l'issue des élections du 29 avril 2001, votées par l'Assemblée nationale le 16 décembre 2005.

[289] Voir le Considérant n° 3 de la décision 92/ 2009 du 18 janvier 2006, cité par SINDJOUN (Luc), *Les grandes décisions de la justice constitutionnelle africaine. Droit constitutionnel jurisprudentiel et Politiques constitutionnelles au prisme des systèmes politiques africains*, *op. cit.*, p. 311.

[290] Voir sur ce point le considérant n°12 de la décision du 18 janvier 2006 citée par KAMARA (Mactar), « Supra-constitutionnalité et exercice du pouvoir constituant dérivé », *op.cit.*, p. 1466.

Ngando Sandjé[291]. Cette jurisprudence d'immunité juridictionnelle de 2006 a été confirmée dans sa décision du 18 juin 2009 par le Conseil constitutionnel dans laquelle il estime que sa « compétence est strictement délimitée par la Constitution »[292]. Toutefois, on se rend compte qu'à la différence des juges constitutionnels français, le Conseil constitutionnel sénégalais qualifie « la loi contestée de constitutionnelle »[293]. Cette décision a des incidences sur le pouvoir de révision : d'une part, il est matériellement limité, d'autre part, il est formellement illimité [294].

En réalité, force est de constater qu'un système juridique n'est pas uniquement composé de règles écrites, mais de normes implicites, lesquelles pourraient être dégagées par les juges tant qu'elles expriment la doctrine éthique et politique contemporaine[295]. Cependant, ce point de vue n'est pas partagé par certains juges constitutionnels, comme en France, en Côte d'Ivoire et au Sénégal « en matière de contrôle des lois constitutionnelles »[296]. S'inscrivant dans la trajectoire du juge constitutionnel français, le Conseil constitutionnel ivoirien refuse d'admettre sa compétence pour contrôler la constitutionnalité de l'article 35 de la loi du 1er août 2000 portant Constitution du pays, en considérant que s'il « a le pouvoir de contrôler un texte législatif, il n'entre pas dans sa compétence de censurer une disposition constitutionnelle qui demeure intangible à son égard »[297]. Ainsi, le Conseil constitutionnel ivoirien a utilisé le même argument, à savoir qu'il ne dispose formellement que d'une compétence d'attribution

---

[291] SANDJÉ (Rodrigue-Ngando), « Le droit de la révision constitutionnelle dans le nouveau constitutionnalisme africain », in *R. D. P,* n° 4, 2016, p. 1219.

[292] Voir considérant n°2, Conseil constitutionnel du Sénégal, décision du 18 juin 2009. Voir notamment la réaffirmation du Conseil constitutionnel dans son incompétence pour connaître la constitutionnalité de la loi constitutionnelle dans sa décision du 9 mai 2018 portant la loi sur le parrainage.

[293] Voir en particulier les commentaires de SINDJOUN (Luc), *Les grandes décisions de la justice constitutionnelle africaine. Droit constitutionnel jurisprudentiel et Politiques constitutionnelles au prisme des systèmes politiques africains, op. cit.*, p. 311.

[294] Pour une analyse comparable voir, SANDJÉ (Rodrigue-Ngando), « Le droit de la révision constitutionnelle dans le nouveau constitutionnalisme africain », *op. cit.*, p. 1219.

[295] Voir en ce sens les propos retenus par LEBEN (Charles), « Introduction », *in le Principe de précaution Aspects de droit international et communautaire*, sous la direction de Charles Leben et Joe Verhoeven, éditions Panthéon Assas, 2002, p. 9.

[296] Voir sur ce point les analyses avancées par DIOP (El Hadji-Oumar), « Recherches sur un coupe inséparable : Justice constitutionnelle et démocratie en Afrique », *in Itinéraires du droit et terres des hommes : Mélanges en l'honneur de Jean-Marie Breton.* Etudes réunies par Alioune Badara FALL, Editions Mare & Martin,2017, pp. 141- 163.

[297] KPEDU (Yawovi- Amedzofe), « Le Parlement constituant en Afrique francophone : contribution à la limitation du pouvoir de révision constitutionnelle en Afrique », *op. cit.,* p. 286. Voir notamment Conseil constitutionnel de la République de Côte d'Ivoire, décision CC n°001/ SG/CC du 4 novembre 2003 (Voir considérant n°5).

strictement délimitée par la Constitution[298]. On observe donc une sorte de convergence des juges constitutionnels sur le continent africain tendant à refuser tout contrôle de constitutionnalité de lois révisant la Constitution, comme c'est « le cas en France »[299]. Ces juges ne s'opposent pas à la volonté du constituant dérivé, ils se contentent d'aiguiller l'organe révisionnel sur la voie adéquate pour opérer les réformes nécessaires à l'évolution de la société. Autrement dit, ces juges préfèrent en quelque sorte se limiter à « un rôle de spectateur dans le processus de révision constitutionnelle »[300].

Au surplus, l'incompétence de ces juges face aux lois constitutionnelles est liée dans un premier temps à leurs fonctions d'attribution, et dans un second lieu, au respect de la souveraineté constituante[301]. Nous observons une sorte de convergence chez ces juges constitutionnels qui restent fidèles à l'idée de Montesquieu selon laquelle le juge ne doit dire que « le droit constitutionnel positif »[302]. On en déduit que ces juges ne reconnaissent pas l'existence de principes supra-constitutionnels dans l'ordre interne de leurs pays, car ils renoncent manifestement à leur pouvoir d'interprétation[303]. Cette immunité contentieuse des lois constitutionnelles au Sénégal pourrait être relativisée au regard d'une évolution en la matière[304]. Ainsi, la Charte fondamentale consacre deux voies de révisions : celle de l'article 103 qui prévoit la procédure de droit commun de révision constitutionnelle ; et celle prévue à l'article 51 de la Constitution qui permet au chef de l'État de soumettre tout projet de loi constitutionnelle au référendum, après avoir recueilli l'avis du Conseil constitutionnel[305]. Cet appel du constituant fait du juge constitutionnel sénégalais un acteur « du processus constituant

---

298 Voir les arguments avancés par SANDJÉ (Rodrigue-Ngando), « Le droit de la révision constitutionnelle dans le nouveau constitutionnalisme africain », *op. cit.*, p. 1290.

299 Voir les analyses avancées par ANDZOKA-ATSIMOU (Séverin), « La participation des juridictions constitutionnelles au pouvoir constituant en Afrique », *op. cit.*, p. 290.

300 SINDJOUN (Luc), *Les grandes décisions de la justice constitutionnelle africaine. Droit constitutionnel jurisprudentiel et Politiques constitutionnelles au prisme des systèmes politiques africains, op. cit.*, p. 311.

301 ANDZOKA-ATSIMOU (Séverin), « La participation des juridictions constitutionnelles au pouvoir constituant en Afrique », *op. cit.*, pp. 290-293.

302 SINDJOUN (Luc), *Les grandes décisions de la justice constitutionnelle africaine. Droit constitutionnel jurisprudentiel et Politiques constitutionnelles au prisme des systèmes politiques africains, op. cit.*, p. 337.

303 Pour un éclairage précis sur ce point, voir les analyses avancées par KOKOROKO (Dodzi) « Réflexions sur la limitation jurisprudentielle du pouvoir de révision constitutionnelle au Bénin », *op. cit.*, p. 329 ; KPEDU (Yawovi- Amedzofe), « Le Parlement constituant en Afrique francophone : contribution à la limitation du pouvoir de révision constitutionnelle en Afrique », *op. cit.*, p. 286.

304 Voir les analyses avancées par ANDZOKA-ATSIMOU (Séverin), « La participation des juridictions constitutionnelles au pouvoir constituant en Afrique », *op. cit.*, pp. 292-293.

305 *Ibid.*, p. 292.

dérivé »[306]. Par conséquent, il peut se déclarer compétent sur la base de l'article 51 de la Constitution pour contrôler la constitutionnalité d'une loi constitutionnelle, contrairement à son homologue français qui ne bénéficie pas d'un tel fondement constitutionnel[307]. Dès lors, il convient de souligner la présence d'un style commun des techniques de rédaction des décisions d'incompétence émanant des juges constitutionnels[308].

§ 2— Le Conseil constitutionnel à l'épreuve du contrôle prétorien des lois de révision de la Constitution

Si, dans la tradition du système romano-germanique, certains juges, dans le silence des textes, refusent l'idée d'un contrôle des actes du pouvoir de révision de la Constitution, d'autres, notamment au Mali, au Bénin, au Burkina Faso et au Tchad, admettent un tel contrôle sans fondement constitutionnel[309]. Pourtant, ces pays ont en commun d'avoir hérité « une Constitution d'inspiration française »[310]. En pratique, « on voit mal comment une Cour africaine pourrait se démarquer de la solution française de l'immunité juridictionnelle des lois de révision »[311]. Dès lors, cette acceptation de l'ouverture d'un contrôle de type prétorien de la révision constitutionnelle par une Cour africaine francophone peut paraître « iconoclaste au regard du droit français »[312]. Cependant, cela se justifie

---

306 Voir les travaux de FALL (Ismaïla Madior), *Evolution constitutionnelle du Sénégal : de la veille des indépendances aux élections de 2007*, *op. cit.*, p. 186.

307 Il y a lieu de regretter la pusillanimité des cinq membres du Conseil constitutionnel sénégalais qui n'ont pas osé censurer une loi révisant la Constitution aux conséquences inédites. Leur motivation est la suivante : sur le plan juridique, il a été retenu que la loi en cause est une loi constitutionnelle ; la déclarer contraire à la Constitution du 22 janvier 2001 serait admettre que l'article 60, qui fixe le mandat des députés à cinq ans, a une valeur supra-constitutionnelle et qu'il échapperait à l'emprise du pouvoir de révision. Or, cet article a juste une valeur constitutionnelle. Et sur le terrain d'opportunité, le Conseil constitutionnel du Sénégal, dans sa décision du 18 juin 2006, n'a pas voulu heurter de front le pouvoir exécutif qui reste tout-puissant dans ce pays. Voir les propos retenus par KAMARA (Mactar), « Supra-constitutionnalité et exercice du pouvoir constituant dérivé », *op. cit.*, pp. 1466-1469.

308 SINDJOUN (Luc), *Les grandes décisions de la justice constitutionnelle africaine. Droit constitutionnel jurisprudentiel et Politiques constitutionnelles au prisme des systèmes politiques africains, op. cit.*, p. 337.

309 Pour un éclairage précis sur ce point, voir les analyses avancées par GNAMOU (Dandi), « La cour constitutionnelle du Bénin en fait-elle trop ? », *in La Constitution Béninoise du 11 décembre 1990 : un modèle pour l'Afrique ? Mélanges en l'honneur de Maurice Ahanhanzo-Glélé, Etudes africaines,* L'Harmattan, 2014, pp. 687 -715 ; SALAMI (Ibrahim David) et alii, *Droit constitutionnel et institutions du Bénin*, Editions CeDAT 2014, p. 81.

310 AÏDARA (Mouhamadou Moustapha), « Le juge constitutionnel africain et le contrôle des lois portant révision de la Constitution : contribution à un débat », *op.cit.* p. 3.

311 Voir BOLLE (Stéphane), « Le contrôle prétorien de la révision au Mali et au Tchad : un mirage ? », *op. cit.,* p. 4.

312 *Ibid*, p. 5.

parfaitement ailleurs : en Italie[313], aux États-Unis[314], en Allemagne[315], en Afrique du Sud[316], ou encore à Chypre, où « ce contrôle de constitutionnalité est aussi admis »[317].

Par ailleurs, si certains auteurs n'adhèrent pas à l'argument que le juge constitutionnel se présente comme juge de la constitutionnalité des lois constitutionnelles[318], d'autres l'approuvent[319]. Contrairement au Conseil constitutionnel qui continue d'observer la prudence sur la question par le biais d'une stricte interprétation de sa compétence, les juges constitutionnels maliens ont tranché en faveur d'un contrôle en matière de révision constitutionnelle dans une décision du 12 décembre 2001[320] : en l'absence d'une compétence expressément attribuée par le constituant originaire, ils ont considéré [321] que « la loi de révision est de même rang que les lois

---

313 Le contrôle des lois constitutionnelles a été assumé entre autres en Grèce, à Chypre, aux pays de l'océan indien, dans les Etats de l'Europe de l'Est, en Allemagne, en Italie, en Autriche, en Suisse, et aux Etats-Unis. Pour une bonne étude des cas du contrôle des lois constitutionnelles par les cours constitutionnelles voir à titre d'illustration, l'ensemble des contributions rassemblées dans « Le contrôle de constitutionnalité des lois constitutionnelles », *op. cit.,* pp. 3-58 ; GÖZLER (Kémal), *Le pouvoir de révision constitutionnelle, op. cit.*, pp. 453-467.

314 Voir sur ce point FASSASSI (Idris), *La légitimité du contrôle juridictionnel de la constitutionnalité des lois aux Etats-Unis. Etude critique de l'argument contre-majoritaire*, Dalloz, coll. « Nouvelle Bibliothèque des Thèses », 2017, 767 p.

315 Voir sur ce point les propos retenus par FROMONT (Michel), « La révision de la Constitution et les règles constitutionnelles intangibles en droit allemand », *op. cit.*, p. 89 ; JOUANJAN (Olivier), « Révision de la Constitution et justice constitutionnelle-République Fédérale d'Allemagne », *op. cit.*, pp. 229-244.

316 Voir sur ce point les analyses avancées sur « la jurisprudence de la Cour constitutionnelle Sud-Africaine sur la certification des actes du pouvoir de révision à la Constitution » dans les propos retenus par ANDZOKA-ATSIMOU (Séverin), *L'ingénierie constitutionnelle, solution de sortie de crise en Afrique ? : les exemples de l'Afrique du Sud, de la République démocratique du Congo, du Burundi et du Congo-Brazzaville*, L'Harmattan, Paris, 2015, « Etudes africaines », pp. 421- 428. Voir aussi ROCIO DEL (Pilar Trujillo Sosa), *Le pouvoir constituant et la jurisprudence constitutionnelle en Colombie de 1989 à 2012 in Jus Politicum (consulté le 20 juin 2016),* pp. 1- 85.

317 Voir SOMA (Abdoulaye), « Le contrôle de constitutionnalité des lois constitutionnelles en Afrique noire francophone », *op. cit.*, pp. 619-640 .

318 Pour une étudie descriptive des arguments justifiant et critiquant le contrôle prétorien des lois constitutionnelles en Afrique, voir par exemple les analyses avancées par SOMA (Abdoulaye), « Le contrôle de constitutionnalité des lois constitutionnelles en Afrique noire francophone », *op. cit.*, pp. 619-640 .

319 Voir les analyses avancées par GNAMOU (Dandi), « La cour constitutionnelle du Bénin en fait-elle trop ? », *op. cit.*, pp. 707-715.

320 Voir Arrêt n°01-128 de la Cour Constitutionnelle du Mali du 12 décembre 2001sur le site www.la- constitution-en-afrique.org/ (consulté le 20 août 2017).

321 Rappelons brièvement les faits : au cours du second mandat présidentiel d'Alpha Oumar Konaré, une loi portant révision de la Constitution, adoptée le 21 juillet 2001 par l'Assemblée nationale, a été déférée par un groupe de parlementaires contestant sa constitutionnalité par deux requêtes, voir l'exposé des motifs : Arrêt n°01-128 de la Cour Constitutionnelle du Mali

organiques et ordinaires »[322]. Or, « la loi portant révision de la Constitution qui est l'objet du référendum n'étant pas une loi organique »[323], elle fait donc partie des autres catégories de lois prévues à l'article 88 de la Constitution[324]. En conséquence, elle est susceptible de recours en « contrôle de constitutionnalité devant la Cour constitutionnelle »[325]. Ainsi, pour fonder son contrôle, le juge malien procède par une assimilation élémentaire de la loi constitutionnelle à une loi ordinaire [326]. Donc, selon lui, il n'existe pas formellement « d'immunité juridictionnelle des lois constitutionnelles »[327].

Il semble judicieux de mentionner que le contrôle exercé par la Cour constitutionnelle malienne n'est rien d'autre qu' « un contrôle de la constitutionnalité formelle d'une loi constitutionnelle »[328]. Car « l'un des arguments les plus sérieux invoqués par les requérants pour contester la révision est sans doute le moyen tiré de la violation flagrante par le gouvernement de la procédure de révision de la Constitution »[329]. En revanche, ce contrôle prétorien exercé par le juge constitutionnel malien est critiquable, car ce dernier a une vision étendue de sa mission de « régulateur du fonctionnement des institutions et de l'activité des pouvoirs publics »[330]. En invoquant son statut d'organe « régulateur des pouvoirs publics », le Conseil constitutionnel s'est donc déclaré incompétent pour statuer sur les

du 12 décembre 2001sur le site www.la- constitution-en-afrique.org/ (consulté le 20 août 2017).

322 Voir les analyses avancées par ANDZOKA-ATSIMOU (Séverin), « La participation des juridictions constitutionnelles au pouvoir constituant en Afrique », *op. cit,* p. 289.

323 AYMAN FATHY MOHAMED (Mohamed), *Le contrôle de constitutionnalité des lois en France et en Egypte*, *op.cit.* pp. 32-45. Voir notamment BONNEFOY (Olivier), *Les relations entre Parlement et Conseil constitutionnel : les incidences de la question prioritaire de constitutionnalité sur l'activité normative du Parlement*, *op.cit.* pp. 399-494

324 AÏDARA (Mouhamadou Moustapha), « Le juge constitutionnel africain et le contrôle des lois portant révision de la Constitution : contribution à un débat », *op.cit.* p. 4.

325 Voir en ce sens les analyses avancées par BOLLE (Stéphane), « Le contrôle prétorien de la révision au Mali et au Tchad : un mirage ? *», op. cit.*, p.7.

326 AÏDARA (Mouhamadou Moustapha), « Le juge constitutionnel africain et le contrôle des lois portant révision de la Constitution : contribution à un débat », *op.cit.* p. 6.

327 Pour un éclairage sur ce point, voir les analyses avancées par DIARRA (Abdoulaye), *Démocratie et droit constitutionnel dans les pays francophones d'Afrique noire : le cas du Mali depuis 1960,* Editions Karthala, Paris, 2010, pp. 261-267.

328 Voir en ce sens GÖZLER (Kémal), *Le pouvoir de révision constitutionnelle*, *op. cit.*, p.472.

329 Comme le souligne d'ailleurs Mouhamadou Moustapha AÏDARA, « le texte que le Gouvernement soumet à l'approbation du peuple est différent de celui voté par l'Assemblée nationale. Quatorze articles ont été corrigés " à la main " dans le sens favorable au Gouvernement en violation des règles les plus élémentaires applicables en matière de procédure de révision » ; voir AÏDARA (Mouhamadou Moustapha), « Le juge constitutionnel africain et le contrôle des lois portant révision de la Constitution : contribution à un débat », *op.cit.* p. 3.

330 Voir sur ce point l'article 85 de la Constitution du Mali du 25 février 1992.

lois révisant la Constitution[331]. Il a ainsi su convaincre certains auteurs[332]. D'autres, cependant, pensent que le terme « pouvoirs publics » pourrait s'étendre à l'organe chargé de la révision comme dans le cas malien[333].

Dans la même perspective, il est utile de souligner que la Cour constitutionnelle du Bénin, faisant face à une situation similaire à celle qui avait motivé la saisine du Conseil constitutionnel, a fait montre d'une conception extensive de sa mission[334]. C'est dans ce contexte que le juge constitutionnel béninois a su faire preuve d'audace, en annulant une loi de révision adoptée par les députés qui avaient décidé de proroger eux-mêmes leur propre mandat, « dans une volonté de maîtriser la dépense publique »[335]. Les juges constitutionnels français ne partageant pas le même point de vue quant à l'étendue de leurs devoirs, il convient d'examiner brièvement ladite décision de la Cour constitutionnelle du Bénin « en matière de contrôle de constitutionnalité des actes du pouvoir de révision »[336]. Cette dernière, saisie par des parlementaires et des membres de la société civile, admet sa compétence, en contrôlant la loi constitutionnelle n° 2006-13 du 23 juin 2006 concernant la prorogation du mandat des députés à l'Assemblée et sans énoncer de fondement légal[337]. À l'appui de sa décision du 8 juillet 2006, le juge constitutionnel béninois a adopté une méthode en deux temps débouchant sur une invalidation de la loi constitutionnelle qui lui était soumise en formalisant des principes [*implicites*] à valeur constitutionnelle[338]. La Cour constitutionnelle béninoise devait répondre aux questions suivantes : le Parlement béninois avait-il respecté le formalisme

---

[331] Lire à sujet les propos retenus par GNAMOU (Dandi), « La cour constitutionnelle du Bénin en fait-elle trop ? », *op. cit.*, p. 707.

[332] Voir en ce sens GÖZLER (Kémal), *Le pouvoir de révision constitutionnelle*, *op.cit.*, pp. 532–563

[333] Voir les analyses avancées par AÏDARA (Mouhamadou Moustapha), « Le juge constitutionnel africain et le contrôle des lois portant révision de la Constitution : contribution à un débat », *op.cit.* p. 6. Voir notamment TROPER (Michel), « La souveraineté nationale appartient aux peuples français », *op.cit.* pp. 947-958.

[334] Voir en ce sens SOMA (Abdoulaye), « Le contrôle de constitutionnalité des lois constitutionnelles en Afrique noire francophone », *op. cit.*, p. 629.

[335] KAMARA (Mactar), « Supra-constitutionnalité et exercice du pouvoir constituant dérivé », *op. cit.*, p. 1471.

[336] SALAMI (Ibrahim David) et alii, *Droit constitutionnel et institutions du Bénin*, *op.cit.* p. 81. C'est nous qui soulignons.

[337] Décision DCC 2006-06-074 du 8 juillet 2006, Loi constitutionnelle de prorogation du mandat des députes. Voir les commentaires de SOMA (Abdoulaye), « Le contrôle de constitutionnalité des normes supra-législatives », *in Annuaire béninois de justice constitutionnelle,* Presse universitaire du Bénin, I, 2013, spéc., pp.118-126 ; GNAMOU (Dandi), « La cour constitutionnelle du Bénin en fait-elle trop ? », *op. cit.*, p. 707.

[338] Voir les analyses avancées par AÏDARA (Mouhamadou Moustapha), « Le juge constitutionnel africain et le contrôle des lois portant révision de la Constitution : contribution à un débat », *op.cit.* p. 6.

prévu aux articles 144 à 146 de sa Constitution, permettant légalement de proroger le mandat de ses membres ? Suffit-il de respecter exclusivement ces dispositions ainsi que le règlement intérieur de l'Assemblée nationale pour qu'une révision constitutionnelle soit parfaite ?[339]

En répondant négativement et successivement à ces deux interrogations, non seulement le juge ne s'est pas contenté de déclarer la loi litigieuse du 23 juin 2006 contraire aux normes de référence (précitées), mais il a aussi entrepris subséquemment d'approfondir son contrôle d'inconstitutionnalité externe en l'étendant aux moyens d'inconstitutionnalité interne[340]. Il faut bien reconnaître qu'une telle interprétation progressiste des nombreux principes constitutionnels contenus dans les textes formels[341] permet au juge constitutionnel béninois d'exercer un contrôle des lois de révision de la Constitution, ce qui est contestable[342]. En effet, qu'en est-il de l'appréciation de la conception unitaire du pouvoir constituant ?

Que penser de ses incidences juridiques tirées de cette différenciation matérielle et organique entre les pouvoirs constituants originaire et dérivé ?

Aux termes de la décision précitée, le juge constitutionnel béninois distingue expressément entre ces deux pouvoirs ; il considère à cet effet que la fonction constituante se partage entre « l'acte constituant et l'acte de

---

339 Un tel questionnement a été souligné par COULIBALEY (Babakane-Djobo), « La neutralisation du parlement constituant (à propos de la décision n° DCC-2006-06 -074 du 08 juillet 2006 de la Cour constitutionnelle du Bénin) », *op.cit.*, pp. 1493-1508. Voir notamment, SINDJOUN (Luc), *Les grandes décisions de la justice constitutionnelle africaine. Droit constitutionnel jurisprudentiel et Politiques constitutionnelles au prisme des systèmes politiques africains, op. cit.*, pp. 333-337.

340 Voir les propos retenus par COULIBALEY (Babakane-Djobo), « La neutralisation du parlement constituant (à propos de la décision n °DCC 2006- 06 -074 du 08 juillet 2006 de la Cour constitutionnelle du Bénin) », *op. cit.*, p. 1499.

341 GNAMOU (Dandi), « La cour constitutionnelle du Bénin en fait-elle trop ? », *op.cit.*, p. 707.

342 Si on sait depuis longtemps en France sur la base de décisions du Conseil constitutionnel rendues respectivement en 1992 et 2003 qu'une large partie de la doctrine a rejeté toute idée de limitation du pouvoir de révision, au Bénin, la Cour constitutionnelle a opté pour sa compétence et la limitation des compétences du constituant dérivé, dans sa fameuse décision DCC-2006- 06-074 du 8 juillet 2008 dans laquelle elle a souligné en substance « (...) même si la Constitution a prévu les modalités de sa propre révision, la détermination du peuple béninois à créer un État de droit et de démocratie pluraliste, la sauvegarde de la sécurité juridique de la cohésion nationale commandent que toute révision de la Constitution tienne compte des idéaux qui ont présidé à l'adoption de la Constitution du 11 décembre 1990, notamment le consensus national, principe à valeur constitutionnelle »; SALAMI (Ibrahim David) et *alii, Droit constitutionnel et institutions du Bénin, op. cit.*, p. 85. Voir notamment par ANDZOKA-ATSIMOU (Séverin), *L'ingénierie constitutionnelle, solution de sortie de crise en Afrique ? : les exemples de l'Afrique du Sud, de la République démocratique du Congo, du Burundi et du Congo-Brazzaville, op.cit.* pp. 438-439.

révision ; l'un et l'autre n'étant pas de même nature »[343]. D'ailleurs, dans une récente décision du 20 novembre 2014, il confirme sa jurisprudence antérieure tout en estimant que « l'avènement d'une nouvelle république ne peut procéder que du pouvoir constituant originaire distinct du pouvoir constituant dérivé prévu et organisé directement par la Constitution elle-même »[344]. Par cette décision, la Cour constitutionnelle du Bénin a soigneusement clarifié « la distinction entre les pouvoirs constituants originaire et dérivé », en rappelant les exigences auxquelles sont soumis les actes du pouvoir de révision sous peine de sanctions[345]. C'est ainsi qu'en droit constitutionnel béninois, il est clairement établi qu'un « contrôle est possible non seulement sur les lois référendaires, mais aussi sur les lois constitutionnelles parlementaires »[346]. Cela étant, la présente étude vise à enrichir la discussion sur la possibilité d'un tel contrôle par le Conseil constitutionnel en prenant appui sur les décisions inédites de la Cour constitutionnelle du Bénin[347] que l'on peut considérer, par extrapolation, comme la position africaine de référence en la matière[348]. Cette généralisation est sans doute discutable, car « un continent ne peut donner ce qu'il a de meilleur »[349].

En définitive, le cas béninois montre que tous les juges constitutionnels n'adhèrent pas à l'idée unitaire du pouvoir constituant[350]. D'un point de vue idéologique, cette conception jurisprudentielle des pouvoirs constituants admise au Bénin[351] servirait de particularité pour relativiser « l'immunité

---

343 COULIBALEY (Babakane- Djobo), « La neutralisation du parlement constituant (à propos de la décision n° D CC 06 -074 du 08 juillet 2006 de la Cour constitutionnelle du Bénin) », *op. cit.*, p. 1496.

344 Voir la décision de la cour constitutionnelle du Bénin- DDC 2014-14-199 du 20 novembre 2014 cité par NGANGO YOUMBI (Éric), *La justice constitutionnelle au Bénin : logiques politique et sociale*, *op. cit.*, p. 7.

345 Voir en ce sens NGANGO YOUMBI (Éric), « La supraconstitutionnalité. Vue d'Afrique », in DOUMBE-BILLE (Stéphane) *et alii, Regards sur le droit public en Afrique, Mélanges en l'honneur du Doyen Joseph-Marie Bipoun Woum,* L'Harmattan, collection « Etudes africaines série droit », 2016, p. 148.

346 Pour un éclairage précis sur ce point, voir les analyses avancées par COULIBALEY (Babakane-Djobo), « La neutralisation du parlement constituant (à propos de la décision n°D CC- 2006- 06 -074 du 08 juillet 2006 de la Cour constitutionnelle du Bénin) », *op. cit.*, pp. 1493-1508.

347 Voir dans le même sens sur le cas français AYMAN FATHY MOHAMED (Mohamed), *Le contrôle de constitutionnalité des lois en France et en Egypte*, thèse, Bordeaux, 2015, *op. cit.* pp. 32-45.

348 Voir en ce sens NGANGO YOUMBI (Éric), « La supraconstitutionnalité. Vue d'Afrique », *op. cit,*. p. 137.

349 *Ibid.*, p. 138.

350 Voir en ce sens SOMA (Abdoulaye), « Le contrôle de constitutionnalité des normes supra-législatives », *op. cit.*, pp. 118-126.

351 Pour un éclairage précis sur ce point, voir l'article de NGANGO YOUMBI (Éric), *La justice constitutionnelle au Bénin : logiques politique et sociale*, *op. cit.*, pp. 121-125.

juridictionnelle des lois constitutionnelles »[352]. De toute évidence, le Conseil constitutionnel n'est pas lié par la jurisprudence constitutionnelle étrangère, de surcroît francophone, dans la mesure où il est souverain quant aux choix de la motivation de ses décisions [353]. Faut-il pour autant conclure que le juge constitutionnel est par essence le gardien naturel de la Constitution et qu'on ne voit pas qui d'autre pourrait exercer le contrôle de la constitutionnalité des lois constitutionnelles référendaires ?[354]

Autrement dit, est-il normal que cette catégorie de lois échappe au contrôle du Conseil constitutionnel dans un État adhérant au principe de l'État de droit ?[355]. Cette question mérite quelques explications. En réalité, les choses ne sont pas si simples, car le Conseil constitutionnel ne dispose pas d'une compétence générale, mais d'une compétence d'attribution, c'est-à-dire que sa mission est strictement délimitée d'un point de vue matériel[356]. C'est en cela que le Conseil constitutionnel a pu préciser dans son avis du 14 septembre 1961 que la Constitution avait strictement délimité sa compétence. De plus, qu'il « ne saurait être appelé à statuer, ou à émettre un avis que dans les cas et suivant les modalités qu'elle fixe »[357]. Par cette formule, le Conseil constitutionnel déclare « qu'il n'est pas l'auteur de la

---

352 KPEDU (Yawovi-Amedzofe), « Le Parlement constituant en Afrique francophone : contribution à la limitation du pouvoir de révision constitutionnelle en Afrique », *op. cit.*, p. 277.

353 Il faut noter ici que la Cour suprême de l'Inde était dans une situation analogue par rapport au Conseil constitutionnel, de même que la Cour constitutionnelle italienne.

354 Pour mémoire, citons certaines juridictions constitutionnelles qui n'admettaient pas leur compétence d'un contrôle des lois de révision de la Constitution comme l'exemple du Conseil constitutionnel. Mais également en Espagne (voir la décision du Tribunal constitutionnel espagnol, arrêt n°122-1983). Il faut reconnaître que la doctrine espagnole reste toutefois divisée sur cette question, car certains plaident en faveur d'un contrôle possible et d'autres s'y opposent : voir sur ce point RUBIO LLORENTE (Francisco), « Révision de la Constitution et justice constitutionnelle- Espagne », *in A. J. C. X,* 1994, pp. 75-80. Pour le Portugal voir sur ce point, MIRANDA (Jorge) et alii « Révision de la Constitution et justice constitutionnelle-Portugal », *in A. J. C. X,* 1994, pp. 171-212. Voir également la Cour d'arbitrage belge, arrêt du 9 février 1994. La Cour suprême canadienne n'admet pas elle aussi sa compétence de contrôler les lois de révision de la Constitution depuis sa jurisprudence 1981, voir sur ce point DI DIMANNO (Thierry) et *alii* « Table ronde : Révision de la Constitution et justice constitutionnelle compte rendu des interventions et discussions », in *A. J. C. X,* 1994, p. 257.

355 Lire à ce sujet les propos retenus par GOYARD (Claude), « Conclusions et synthèse », *in Conseil constitutionnel et Conseil d'Etat,* LGDJ. Montchrestien, 1988, pp. 461-476.

356 Voir en ce sens DOKHAN (David), *Les limites du contrôle de constitutionnalité des actes législatifs*, *op. cit.*, p. 13

357 AYMAN FATHY MOHAMED (Mohamed), *Le contrôle de constitutionnalité des lois en France et en Egypte*, thèse, *op.cit.* pp. 32-45 ; CC. n° 61-1 AUTR du 14 septembre 1961, Demande d'avis présente par le Président de l'Assemblée nationale (recevabilité de la motion de censure), R .55. § 1.

Constitution et ne peut que l'appliquer »[358]. Si celui-ci développe une stratégie d'étendre son pouvoir de contrôle, il convient de souligner que ce dernier demeure incompétent pour contrôler les actes du pouvoir constituant qu'il soit populaire ou bien parlementaire[359]. Ces justifications du refus du contrôle des lois de révision trouvent leurs sources profondes dans l'histoire de l'instauration du contrôle de la constitutionnalité des lois sous la IIIe République.

---

[358] MATHIEU (Bertrand) et alii, *Les grandes délibérations du Conseil constitutionnel 1958-1986*, Dalloz, 2e éd., 2014, p. 93.

[359] Décision n°2003-469 du 26 mars 2003, *Loi constitutionnelle relative à l'organisation décentralisée de la République*, *op. cit.*, p. 5570.

CHAPITRE 2
LE REJET CONTROVERSÉ DU CONTRÔLE DES ACTES DU CONGRÈS CONSTITUANT

> « Le rôle du Conseil constitutionnel n'est pas de dire si la loi [de révision votée en Congrès] est bonne ou mauvaise (...). Sa mission n'est pas de dicter au Parlement ce qu'il doit faire. Son unique travail consiste, en dehors de toute volonté [de] puissance (...), de dire si une loi n'a pas porté atteinte à un droit fondamental de la personne. Là se situe sa véritable grandeur. »[360]

La question du contrôle des actes du Congrès constituant n'est pas sans lien avec celle des lois référendaires[361]. En effet, lorsqu'une loi constitutionnelle est ratifiée par référendum, la réponse va de soi puisque le contrôle d'une telle loi n'entre pas dans le champ de compétences du Conseil constitutionnel en vertu de l'article 61 de la Constitution. Cet argument peut être valable pour une loi constitutionnelle votée en Congrès à la majorité qualifiée de trois cinquièmes. Rappelons que le Conseil constitutionnel, dans « sa décision du 2 septembre 1992, avait considéré qu'il était loisible au pouvoir constituant »[362], qu'il soit exercé ou non par le Congrès, « d'abroger, de modifier ou de compléter des dispositions de valeur constitutionnelle dans la forme qu'il estime appropriée »[363]. Dans le même considérant de principe, le Conseil constitutionnel a marqué « les limites du pouvoir de révision, ce qui est la preuve même qu'il ne s'agit pas, à proprement parler, d'un pouvoir illimité »[364]. Cette position a donné lieu à deux interprétations doctrinales[365].

---

[360] ROBERT (Jacques), « La protection des droits fondamentaux et le juge constitutionnel français : Bilan et réformes », *R. D. P,* 1990, p. 1265. (Ce nous qui soulignons).

[361] Voir sur ce point les analyses avancées par GOESEL-LE BIHAN (Valérie), *Contentieux constitutionnel*, Paris, Ellipses, coll. « Cours magistral », 2010, pp. 254- 268.

[362] CHAMUSSY (Damien), « Actualité des réformes constitutionnelles et jurisprudence constitutionnelle », *op.cit.* p.20.

[363] Cons. Const., déc. n° 92 -313 DC du 2 septembre 1992, Traité sur l'Union européenne, JORF, 3 septembre 1992, *op. cit.* p.12095 (voir le considérant n° 19).

[364] La formule du Conseil constitutionnel, selon laquelle « le pouvoir constituant est souverain sous réserve de certaines limitations » est discutable, car un pouvoir souverain ne rencontre pas de limites.

[365] Voir en ce sens les analyses avancées par TROPER (Michel), « La souveraineté nationale appartient aux peuples français », *op.cit.* pp. 947-958.

Certains commentateurs ont pensé qu'en rappelant les limitations circonstancielles et substantielles des pouvoirs de constituants, le Conseil constitutionnel n'entendait pas exercer un contrôle sur les lois constitutionnelles[366]. En revanche, d'autres ont soutenu que le Conseil constitutionnel avait choisi la thèse de sa compétence en matière de contrôle de constitutionnalité des lois constitutionnelles parlementaires[367]. Les yeux se sont tournés vers une nouvelle saisine du juge constitutionnel avec une certitude sur l'issue à donner au contrôle de ces lois[368]. Il était « donc permis de penser que la controverse doctrinale allait connaître une fin »[369]. Tous ces espoirs nourris semblaient de prime abord fondés puisque la preuve des bienfaits indéniables du contrôle n'était plus à faire. Qui pourrait contester la nécessité d'un tel contrôle dans un État démocratique ?[370]

Toutefois, il faut toujours se rappeler que « le juge constitutionnel porte les habits de la sagesse, mais ne sera jamais, du moins en ce qui concerne les lois de révision, un iconoclaste »[371]. C'est donc sans aucune surprise qu'il s'est déclaré incompétent dans sa décision du 26 mars 2003 pour « contrôler les lois constitutionnelles parlementaires » (Section 1), plus précisément la loi votée par le Congrès au motif que le Conseil constitutionnel « ne tient ni de l'article 61, ni de l'article 89, ni d'aucune autre disposition de la Constitution le pouvoir de statuer sur une révision constitutionnelle »[372]. Cependant, on remarquera qu'une analyse de la jurisprudence postérieure à 2003 relativise le principe d'incompétence du Conseil constitutionnel pour contrôler les lois révisant la Constitution (Section 2).

---

366 Pour un éclairage précis sur la doctrine refusant la décision du 2 septembre 1992 comme une acceptation implicite du principe d'un contrôle de constitutionnalité des lois constitutionnelles parlementaires voir, l'article de GENEVOIS (Bruno), « Les limites d'ordre juridique à l'intervention du pouvoir constituant », *op. cit.*, pp. 909-921.

367 Voir en particulier sur cet aspect l'article de BEAUD (Olivier), « Maastricht et théorie constitutionnelle. La nécessaire et l'inévitable distinction entre le pouvoir constituant et le pouvoir de révision constitutionnelle », *op. cit.*, pp. 14-17 .

368 Voir en ce sens les explications du principe de l'absence de tout contrôle des lois constitutionnelles par BARANGER (Denis), « Un chantier qui ne prend jamais fin : Le juge, les révisions et les autres formes de changement constitutionnel dans la France contemporaine », *op.cit.* p. 53.

369 Pour un bon panorama doctrinal sur la problématique du contrôle des lois constitutionnelles, voir les analyses avancées par SCHOETTL (Jean-Éric), « Le Conseil constitutionnel peut-il contrôler une loi constitutionnelle ? », *op.cit.*, pp.17-22.

370 Voir sur cette question les analyses avancées par AYMAN FATHY MOHAMED (Mohamed), *Le contrôle de constitutionnalité des lois en France et en Egypte*, *op.cit.* pp. 32-45 ; BONNET (Julien), *Le juge ordinaire français et le contrôle de la constitutionnalité des lois : analyse critique d'un refus*, *op. cit.* p. 204.

371 Voir en ce sens SCHNAPPER (Dominique), *Une sociologue au Conseil constitutionnel*, *op. cit.* p. 87.

372 Décision n° 2003- 469 DC du 26 mars 2003, « Loi constitutionnelle relative à l'organisation décentralisée de la République », *op. cit.*, p. 5570. (Considérant n° 2).

Section 1 : La confirmation du rejet du contrôle des actes du Parlement constituant

Le Conseil constitutionnel français a adopté une position ambiguë du 2 septembre 1992 au 26 mars 2003, date à laquelle le refus des sages de la rue de Montpensier de contrôler les lois constitutionnelles a été clairement établi[373]. De ce fait, l'immunité contentieuse découlant de « la qualité de l'auteur de l'acte »[374] se prolonge également sur l'exercice de la fonction constituante parlementaire[375]. Par sa « décision du 26 mars 2003, le Conseil constitutionnel rejette nettement le principe de tout contrôle de la constitutionnalité des lois révisant la Constitution »[376] (§ 1). Ce refus pourrait se traduire en quelque sorte par une réactivation de la souveraineté parlementaire sous la Ve République (§ 2).

§ 1— Le refus d'ouverture d'un contrôle à la lumière de la jurisprudence « Maastricht II »

Si les actes normatifs soumis au contrôle du Conseil constitutionnel français sont les lois organiques et ordinaires, il n'existe aucune raison logique justifiant un refus de tout « contrôle de constitutionnalité des lois de révision »[377]. L'argumentation développée par le Conseil constitutionnel

---

[373] À la lecture du considérant n°19 de la décision n° 92-312 du Conseil constitutionnel rendue le 2 septembre 1992 dite « Maastricht II », l'on se rend compte que ce dernier met en balance deux réalités : la liberté du pouvoir de révision qualifié en l'occurrence de « souverain », et les limites à ce pouvoir. Cette décision repose sur une ambiguïté profonde dans la mesure où elle consacre un pouvoir constituant qui apparaît en même temps souverain et limité. C'est pourquoi nous verrons tout au long de cette section que cette décision du 2 septembre 1992 avait largement divisé la doctrine en deux courants. Voir les analyses avancées par BARANGER (Denis), « Un chantier qui ne prend jamais fin : Le juge, les révisions et les autres formes de changement constitutionnel dans la France contemporaine », *op. cit.*, pp. 57-60.

[374] FATIN-ROUGE STÉFANINI (Marthe), *Le contrôle du référendum par la justice constitutionnelle*, 2004, *op. cit.*, p.95.

[375] Voir en ce sens VERPEAUX (Michel), *Contentieux constitutionnel*, *op. cit.*, p. 40.

[376] Rappelons les faits : en mars 2003, le Conseil constitutionnel avait été saisi par les parlementaires par la voie de la saisine prévue à l'article 61, alinéa 2 de la Constitution. Il lui était demandé de statuer sur la conformité de la réforme constitutionnelle de décentralisation à l'alinéa 5 de l'article 89 de la Constitution. Le Conseil constitutionnel s'est refusé à examiner le fond de l'affaire. Il n'a donc pas posé la question de savoir si la réforme constitutionnelle de décentralisation était contraire à l'article 89, alinéa 5, de la Constitution. Il a traité le problème sur le plan de la recevabilité du recours. Il s'est borné à relever qu'il ne pouvait être saisi du contrôle de la constitutionnalité des lois constitutionnelles. Voir les analyses avancées par RABAULT (Hugues), « La clause d'éternité : la recevabilité des recours contre les lois de révision constitutionnelle », *op.cit.*, p.3.

[377] Voir sur ce point LUCHAIRE (François), *Le Conseil constitutionnel tome 1- organisation et attributions,* 2e éd., Economica, 1997, p. 147.

dans sa décision du 2 septembre 1992 est contrebalancée par certains arguments doctrinaux indiquant la possibilité d'un contrôle de constitutionnalité des lois de révision votées par le Parlement constituant[378].

Toutefois, ces derniers[379] n'ont pas été retenus en 2003[380], car le Conseil constitutionnel ne paraît pas disposé à se reconnaître compétent pour contrôler leur conformité à la Constitution[381]. On soulignera que l'énonciation des limites à la souveraineté du pouvoir constituant dans la jurisprudence dite « Maastricht II » peut paraître contradictoire[382]. Cette jurisprudence a beaucoup divisé la doctrine, notamment sur « la question de

---

378 Certes, il y a des arguments pour ou contre la compétence du Conseil constitutionnel s'agissant de la question du contrôle éventuel des lois constitutionnelles parlementaires. Or, il est bien naturel que le juriste penche pour la solution qui assure le mieux le respect du principe de l'Etat de droit. Dès lors, on peut légitimement s'interroger si le pouvoir constituant exercé par le Congrès en France peut être à la fois souverain et limité. Il apparaît que la décision dite « Maastricht II » du 2 septembre 1992 est assez décevante dans la mesure où elle se limite à une interprétation littérale de la Constitution, sans se prononcer sur l'importante question des limites matérielles à la révision constitutionnelle. Le Conseil constitutionnel se trouvait devant une alternative comme le souligne Guillaume Drago : « soit il se limiterait à contrôle de nature procédurale, vérifiant seulement si la loi de révision constitutionnelle avait été bien adoptée selon les prescriptions formelles de la Constitution, exerçant là une fonction minimale de contrôle. Soit il admettait que le contrôle de la loi constitutionnelle pouvait comporter des éléments de contrôle substantiel, au regard du contenu de la Constitution et de l'esprit de celle-ci et le dérivé était évidemment alors celle d'une hiérarchie entre les normes constitutionnelles, c'est-à-dire celle de la supra-constitutionnalité » ; DRAGO (Guillaume), *Contentieux constitutionnel français, op. cit.*, p. 286. Quant à nous nous pensons que la décision du 2 septembre 1992 ne conduisait pas clairement à poser des éléments d'une distinction entre les lois constitutionnelles issues du pouvoir constituant du peuple et le pouvoir de révision détenu par le Congrès.

379 Lire à ce sujet les analyses avancées par BEAUD (Olivier), « La souveraineté de l'Etat, le pouvoir constituant et le traité de Maastricht », *op. cit.*, p.1063.

380 Force est de constater qu'avec la décision n°2003-469 du 26 mars 2003, on pourrait affirmer qu'en France, les lois constitutionnelles échapperaient désormais « à tout contrôle de constitutionnalité » ; BARANGER (Denis), « Un chantier qui ne prend jamais fin : Le juge, les révisions et les autres formes de changement constitutionnel dans la France contemporaine », *op. cit.*, p.53.

381 Soulignons que deux thèses ont été de nature à fonder la compétence du Conseil constitutionnel en faveur d'un contrôle des lois constitutionnelles adoptées par le Congrès. La première permet de fonder la compétence du Conseil constitutionnel pour exercer un contrôle de constitutionnalité externe des lois constitutionnelles parlementaires, au regard des prescriptions posées dans la jurisprudence dite « Maastricht II ». Et quant à la seconde, elle envisage la compétence du Conseil constitutionnel d'un contrôle des lois constitutionnelles parlementaires sur le fondement d'une interprétation extensive de l'article 89 alinéa 5 de la Constitution selon lequel « la forme républicaine du Gouvernement ne peut faire l'objet d'une révision. Pour plus de détails sur la doctrine en faveur d'un contrôle des lois constitutionnelles adoptées par le Congrès. Voir les analyses faites par DOKHAN (David), *Les limites du contrôle de constitutionnalité des actes législatifs, op. cit.*, pp. 382-404.

382 Voir sur ce point les analyses avancées par BLACHER (Philippe), *Contrôle de constitutionnalité et volonté générale, op. cit.*, p.116.

la possibilité d'un contrôle des lois constitutionnelles »[383]. Ainsi, si certains auteurs ont vu, dans le considérant de principe de la décision dite « Maastricht II », la possibilité d'un contrôle des actes du Parlement constituant, c'est en raison du silence du Conseil constitutionnel sur la distinction entre les deux pouvoirs constituants, comme le souligne Olivier Beaud[384]. En revanche, d'autres auteurs, comme Robert Badinter et Bruno Genevois, laissent entendre que cette décision ne constitue pas un tournant important en ce que le Conseil constitutionnel s'est estimé compétent pour « contrôler les lois constitutionnelles parlementaires »[385]. Pour ces auteurs, au premier rang desquels se trouve Robert Badinter, « les dispositions actuelles de la Constitution ne donnent pas compétence au Conseil constitutionnel pour apprécier la conformité à la Constitution d'une procédure de révision constitutionnelle »[386]. Cette affirmation de l'ancien ministre de la Justice n'est guère surprenante, car elle correspond à la décision du 2 septembre 1992 par laquelle le Conseil constitutionnel a réaffirmé son incompétence quant aux « lois constitutionnelles »[337]. Cette controverse trouvera une réponse en 2003[388]. Cette année-là, le Conseil constitutionnel s'est déclaré incompétent dans sa décision du 26 mars 2003 pour contrôler la constitutionnalité des lois constitutionnelles, au motif qu'il « ne tient ni de l'article 61, ni de l'article 89, ni d'aucune autre disposition de la Constitution le pouvoir de statuer sur une révision

383 Voir les analyses avancées par JAN (Pascal), « L'immunité juridictionnelle des lois de révision constitutionnelle », *op.cit.*, pp.4-11 ; PACTET (Pierre), « Le Conseil constitutionnel et l'œuvre constituante », *op.cit.* pp.1373-1386.

384 En s'appuyant sur le rappel des limites au pouvoir de révision dans la décision du 2 septembre 1992, certains auteurs considèrent que le Conseil constitutionnel se reconnaissait implicitement compétent pour procéder éventuellement à un contrôle de conformité à la Constitution des lois constitutionnelles votées en Congrès. Lire à ce sujet les travaux de BEAUD (Olivier), « Maastricht et théorie constitutionnelle. La nécessaire et l'inévitable distinction entre le pouvoir constituant et le pouvoir de révision constitutionnelle », *op.cit.*, pp.14-17. Voir aussi TROPER (Michel), « La souveraineté nationale appartient aux peuples français », *op.cit.* pp. 947-958.

385 En mettant l'accent sur l'affirmation de la souveraineté du pouvoir de révision, certains auteurs à l'instar de Bertrand Mathieu ont interprété la décision dite « Maastricht », comme consacrant l'incompétence du Conseil constitutionnel pour apprécier la conformité à la Constitution des actes du Parlement constituant. Les principales figures de cette doctrine interprétant la jurisprudence dite « Maastricht II » comme un refus de tout contrôle des lois constitutionnelles sont : MATHIEU (Bertrand), « La supra-constitutionnalité existe-t-elle ? », *op.cit.* pp.12-17.

386 Voir en ce sens BADINTER, (Robert), « Le Conseil constitutionnel et le pouvoir constituant », *op. cit.*, pp. 224-225. C'est nous qui soulignons.

387 Voir dans le même sens les analyses avancées par LUCHAIRE (François) « L'Union européenne et la Constitution », in *R.D.P*, 1992, p. 1595.

388 Voir en ce sens BLACHER (Philippe), *Contrôle de constitutionnalité et volonté générale*, *op. cit.* p.113. De plus, la décision du 26 mars 2003 rendue à propos de la révision de la Constitution relative à la décentralisation exclut toute compétence du Conseil constitutionnel en la matière, au terme d'une interprétation stricte de sa propre compétence.

constitutionnelle »[389]. En partant de cette formule, il y a lieu d'indiquer que le Conseil constitutionnel semble fermer la porte qu'il avait entrouverte en 1992[390].

§ 2— Du refus du contrôle à l'intangibilité de la souveraineté constituante parlementaire

L'immunité juridictionnelle des actes du Parlement constituant a été clairement affirmée par le Conseil constitutionnel dans sa décision du 26 mars 2003 relative à la loi constitutionnelle portant organisation décentralisée de la République[391]. Une partie de la doctrine devait estimer que cette décision était un recul par rapport à « Maastricht II »[392]. Au nom de « la souveraineté du pouvoir constituant », le Conseil constitutionnel refuse d'exercer un quelconque contrôle sur « le pouvoir de révision »[393]. Si la loi constitutionnelle parlementaire jouit « d'une immunité juridictionnelle en France », il convient de souligner que certains juges constitutionnels ont manifestement franchi le cap en soumettant à leur contrôle les actes « du Parlement constituant » [394].

Par ailleurs, si, depuis la jurisprudence dite de « la liberté d'association », le Conseil constitutionnel a fortement participé à la protection des droits fondamentaux, il faut admettre que son refus du contrôle des actes du Parlement constituant constituerait « une menace pesante sur le principe de l'État de droit »[395]. Or, le Conseil constitutionnel a été présenté par Michel Debré comme l'instrument permettant de soumettre le Parlement à la Constitution[396]. Cette mission de surveiller le Parlement se manifeste

---

389 Décision n° 2003- 469 DC du 26 mars 2003, « Loi constitutionnelle relative à l'organisation décentralisée de la République », *op.cit.*, p. 5570. (Considérant n° 2).

390 ROUSSEAU (Dominique), *et alii*, *Droit du contentieux constitutionnel*, *op. cit.*, p. 163.

391 Voir les analyses avancées sur l'incompétence du Conseil constitutionnel pour contrôler les lois constitutionnelles par CANEDO (Marguerite), « L'histoire d'une double occasion manquée », *op. cit.*, pp. 767-792.

392 Voir sur ce point les analyses avancées par BEAUD (Olivier), « Un plaidoyer modéré en faveur d'un tel contrôle », *op.cit.*, pp. 43- 45

393 Voir en particulier, la doctrine refusant l'intangibilité de la souveraineté constituante parlementaire dans les propos retenus par VONSY (Moea), « Le "Parlement constituant" n'est pas souverain », *op. cit.*, pp. 793-815.

394 Voir en ce sens les propos retenus par COULIBALEY (Babakane-Djobo), « La neutralisation du parlement constituant (à propos de la décision n ° D. C. C 2006- 06 -074 du 08 juillet 2006 de la Cour constitutionnelle du Bénin) », *op. cit.*, pp. 1493-1508.

395 Voir une étude détaillée sur la conception française de l'Etat de droit par REDOR (Marie-Joëlle), *De l'État légal à l'État de droit. L'évolution des conceptions de la doctrine publiciste française 1*879-1914, *op. cit.*, p.87.

396 Voir en ce sens ROUSSEAU (Dominique), et *alii*, *Droit du contentieux constitutionnel*, *op. cit.*, p. 36.

clairement dans les travaux préparatoires de la Constitution française du 4 octobre 1958, comme le rappelle Dominique Rousseau[397]. En effet, le Conseil constitutionnel y était perçu comme un instrument de limitation des pouvoirs des deux Chambres – contrairement aux régimes précédents – par la possibilité d'une « voie de recours contre les lois inconstitutionnelles »[398]. D'ailleurs, le Conseil constitutionnel a été conçu comme le tuteur du Parlement sous la Ve République[399]. C'est l'expérience des régimes politiques antérieurs qui a conduit le constituant de 1958 à imaginer une institution, le Conseil constitutionnel, destinée à empêcher la toute-puissance législative du Parlement[400]. Instinctivement, le refus du Conseil constitutionnel de contrôler les « lois constitutionnelles parlementaires » contribue à l'augmentation de la puissance des Chambres[401].

De toute évidence, le Conseil constitutionnel n'a pas été pensé et construit comme l'instrument d'un contrôle général de la constitutionnalité « des actes législatifs »[402], assurant la garantie des « droits et libertés des citoyens »[403]. Comme le souligne Dominique Rousseau, « toute institution échappe à son créateur » ; ainsi, le Conseil constitutionnel, par sa décision du 16 juillet 1971, s'est promu gardien des droits et libertés[404]. Cette décision « a été qualifiée de coup d'État institutionnel »[405] par certains auteurs[406]. Si la doctrine est unanime pour dénoncer la transformation du régime parlementaire instauré par « les lois constitutionnelles de 1875 »[407], elle reste divisée sur la nature du pouvoir de révision détenu par le

---

[397] *Ibid.*, p. 36.

[398] CARRÉ DE MALBERG (Raymond), *Contribution à la théorie générale de l'État*, *op. cit.*, p. 34.

[399] ROUSSEAU (Dominique) *et alii*, *Droit du contentieux constitutionnel*, *op. cit.*, p. 36.

[400] Pour un bon panorama sur la critique doctrinale de la souveraineté parlementaire des IIIe et IVe Républiques dans le droit constitutionnel français, voir DROMARD (Frédéric-Guillaume), *Recherches sur le concept de démocratie dans le droit constitutionnel français*, thèse, Paris-I, 2005, pp. 343-352.

[401] Voir sur ce point TROPER (Michel), « La souveraineté nationale appartient au peuple français », *op. cit.*, pp. 947-958.

[402] DOKHAN (David), *Les limites du contrôle de constitutionnalité des actes législatifs*, *op. cit.*, pp.360-362.

[403] ROUSSEAU (Dominique), et *alii*, *Droit du contentieux constitutionnel*, *op. cit.*, p.38.

[404] *Ibid.*, p. 38.

[405] On emprunte ici cette expression de Stéphane Bolle respectivement dans BOLLE (Stéphane), « Le contrôle prétorien de la révision au Mali et au Tchad : un mirage ? », *op. cit.*, p.4.

[406] Voir en ce sens les analyses avancées par VERPEAUX (Michel) et *alii*, *Droit constitutionnel : les grandes décisions de la jurisprudence*, *op. cit.*, p. 34 .

[407] Voir REDOR (Marie-Joëlle), *De l'État légal à l'État de droit. L'évolution des conceptions de la doctrine publiciste française* 1879-1914, *op. cit.*, p.87.

Congrès[408]. Ainsi, le refus du contrôle des actes du Parlement constituant semble s'inspirer davantage des théories de la confusion des pouvoirs et non de la théorie de leur séparation [409]. Cette confusion des pouvoirs au profit du Parlement peut apparaître comme l'acceptation d'une « souveraineté constituante illimitée » sous la Ve République française[410]. Or, le débat sur l'étendue du rôle des deux Chambres n'est pas réellement tranché[411]. Cette pérennisation traditionnelle de la souveraineté parlementaire s'apparente à une continuité de la logique légicentriste, car cette réactivation de la puissance du Parlement sous la Ve République repose sur l'idée que le Parlement, quel que soit son mode d'intervention, incarne toujours « l'expression de la volonté nationale »[412]. Certes, on admet que la Ve République constitue le passage de la souveraineté parlementaire au parlementarisme rationalisé[413]. En effet, le Conseil constitutionnel, dans la décision du 26 mars 2003, semble fermer la porte à toute possibilité de contrôler le pouvoir de révision lorsque celui-ci s'exprime par la voie du Congrès, mais le doute persiste concernant la nature et l'étendue du pouvoir du Parlement constituant[414].

En définitive, si la perte de la souveraineté parlementaire sous la Ve République est un thème qui est souvent traité par la doctrine publiciste[415], depuis 2003, le spectre de la souveraineté parlementaire se manifeste dans le système juridique français[416]. Cette réapparition se justifie par l'adhésion du Conseil constitutionnel à la tendance doctrinale favorable à l'immunité

---

408 Pour une analyse comparable, voir FATIN-ROUGE STÉFANINI (Marthe) et alii., « Jurisprudence du Conseil constitutionnel. 1er janvier-31 mars 2003 », *op. cit.*, pp. 363-389.

409 Voir les propos retenus par REDOR (Marie-Joëlle), *De l'État légal à l'État de droit. L'évolution des conceptions de la doctrine publiciste française* 1879-1914, *op. cit.* p. 89.

410 Voir en ce sens PACTET (Pierre), « Le Conseil constitutionnel et l'œuvre constituante », *op. cit.*, pp. 1374-1386.

411 MAUS (Didier), *Le Parlement sous la Ve République*, PUF coll. « Que sais-je ? », 1er éd., 1985, p.3

412 BLACHER (Philippe), *Contrôle de constitutionnalité et volonté générale*, *op. cit.*, p.33.

413 MAUS (Didier), *Le Parlement sous la Ve République*, *op. cit.*, p. 20.

414 En appuyant le considérant du principe du Conseil constitutionnel dans sa décision de 2003, nous pouvons dire que ce dernier avait rejeté clairement comme fondement de sa compétence, l'article 89 de la Constitution car il ne s'est pas servi de cette disposition pour effectuer un tel contrôle sur cette catégorie des lois. Voir aussi les analyses avancées par BARANGER (Denis), « Un chantier qui ne prend jamais fin : Le juge, les révisions et les autres formes de changement constitutionnel dans la France contemporaine », *op.cit.*, pp. 45-91.

415 Voir en ce sens Françoise Dreyfus dans la préface à FUCHS-CESSOT (Alice), *Le Parlement à l'épreuve de l'Europe et de la Ve République,* « Thèse Bibliothèque constitutionnelle et de Science Politique », Tome 118, LGDJ 2004, p. 446.

416 Voir les analyses avancées par VONSY (Moea), « Le "Parlement constituant" n'est pas souverain », *op. cit.,* pp. 793-815.

juridictionnelle des lois de révision votées par le Congrès[417]. Celle-ci repose sur l'idée que, « depuis la Révolution de 1789, la pensée juridique française était restée fidèle à un même principe : la primauté de la loi ; expression de la volonté générale formulée par un Parlement souverain »[418]. Ce dogme de la souveraineté parlementaire a été pourtant remis en cause pour la première fois sous la Ve République par l'instauration d'un organe chargé de contrôler la constitutionnalité des actes législatifs[419]. De surcroît, l'acte du Parlement ne semble plus bénéficier d'un statut privilégié dans le système juridique français, bien qu'il soit toujours incontestable au sens où il ne peut pas être juridictionnellement censuré[420]. Le problème du contrôle de constitutionnalité des lois constitutionnelles parlementaires reste toujours discuté au sein de la doctrine[421]. En pratique, l'absence de contrôle de constitutionnalité des lois constitutionnelles parlementaires semble affirmer le caractère illimité du pouvoir de révision détenu par le Congrès[422].

Section 2 : L'intangibilité relative de l'incompétence du Conseil constitutionnel

Le Conseil constitutionnel, dans sa jurisprudence postérieure à 2003, affirme la liberté totale dont jouit le pouvoir de révision constitutionnelle[423], mais, ce faisant, il en oublie les limitations qui lui sont inhérentes[424]. Si la

---

417 Voir en ce sens FATIN-ROUGE STÉFANINI (Marthe), *et alii.*, « Jurisprudence du Conseil constitutionnel. 1er janvier-31 mars 2003 », *op. cit.*, pp. 363-389.

418 FUCHS-CESSOT (Alice), *Le Parlement à l'épreuve de l'Europe et de la Ve République*, « Thèse Bibliothèque constitutionnelle et de Science Politique », *op. cit.*, p.137.

419 Pour une analyse comparable voir, BONNET (Julien), *Le juge ordinaire français et le contrôle de la constitutionnalité des lois : analyse critique d'un refus, op. cit.* p. 204

420 Voir en ce sens MEINDL (Thomas), *La notion de droit fondamental dans les jurisprudences et doctrines constitutionnelles françaises et allemandes*, thèse, *op. cit.*, p. 398.

421 Pour un éclairage précis sur ce point, voir les analyses avancées par BONNEFOY (Olivier), *Les relations entre Parlement et Conseil constitutionnel : les incidences de la question prioritaire de constitutionnalité sur l'activité normative du Parlement, op. cit.*, pp. 399-494.

422 Voir en ce sens les analyses avancées par THOMAS (Julien), *L'indépendance du Conseil constitutionnel, op. cit.*, p. 237.

423 « Le Conseil constitutionnel est un pouvoir constitué. Il exerce un contrôle légitime sur le Parlement, autre pouvoir constitué. En cas de conflit, c'est le pouvoir constituant qui tranche par le référendum ou par la voie du Congrès. Le Conseil constitutionnel, pouvoir constitué, ne saurait s'arroger le pouvoir constituant ». Voir le commentaire de la décision du 26 mars 2003 dans les *Cahiers du Conseil constitutionnel*, n° 15, 2003, p. 20. Il y a donc lieu d'indiquer que le Conseil constitutionnel n'admet pas sa compétence pour contrôler les lois constitutionnelles, à la différence, par exemple, de la Cour suprême indienne.

424 Comme le note d'ailleurs Michel Verpeaux, « sur la question du contrôle du Conseil constitutionnel sur les lois constitutionnelles, c'est un peu de la faute du Conseil constitutionnel qui, en 1992, a ouvert une porte pour des raisons intéressantes, mais dont on ne sait pas trop bien sur quoi elle pouvait déboucher. Pourquoi a-t-il été amené à rappeler les

décision du 26 mars 2006 remet en cause l'intérêt du débat sur la compétence du Conseil constitutionnel (§ 1), elle a été battue en brèche par une jurisprudence du 19 novembre 2004 [425] (§ 2).

§ 1—La décision n° 2003-469 DC du 26 mars 2003 : une remise en cause du débat doctrinal par le Conseil constitutionnel ?

La Constitution du 4 octobre 1958 ne contient aucune définition générale de la compétence du Conseil constitutionnel, pas même dans le titre VII qui lui est consacré : seule une compétence d'attribution y est précisée. Elle trouve son champ de prédilection en matière consultative et contentieuse[426], car elle est, comme le Conseil constitutionnel le prétend lui-même, « strictement délimitée par la Constitution », mais celle-ci peut être précisée et complétée par une loi organique dans le respect des principes posés par le texte constitutionnel[427]. En ce qui concerne la décision du 26 mars 2003, il faut rappeler à toutes fins utiles que le Conseil constitutionnel avait été saisi par un groupe de soixante sénateurs qui soutenaient que la loi constitutionnelle relative à l'organisation décentralisée de la République était contraire aux dispositions de l'article 89 alinéa 5 de la Constitution prescrivant l'interdiction de réviser la forme républicaine de gouvernement[428]. Il est nécessaire d'aborder brièvement les arguments soutenus par les sénateurs requérants, militant en faveur de la compétence du Conseil constitutionnel à l'égard de la loi constitutionnelle relative à l'organisation décentralisée de la République.

En premier lieu, prenant appui sur la décision du 2 septembre 1992[429], ils estimaient que le juge constitutionnel devait tirer les conséquences de la souveraineté limitée du pouvoir constituant[430]. Le Conseil constitutionnel pouvait sans difficulté contrôler les lois votées par le Parlement réuni en

---

conditions de révision, sinon pour les " rappeler ", mais sans en tirer des conséquences ? », VERPEAUX (Michel), « Débats », in BENETTI (Julie) *et alii*, *Révision de la Constitution : mode d'emploi, Onzième Printemps du droit constitutionnel*, Paris, 2017, Dalloz, coll. « Thèmes & commentaires », Cahiers constitutionnels de Paris 1, p. 78.

[425] Voir les analyses avancées par CAMBY (Jean-Pierre), « Supra-constitutionnalité : la fin d'un mythe », *op. cit.*, pp. 671-688 ; CHALTIEL (Florence), « La souveraineté du pouvoir constituant dérivé », *op. cit.*, pp. 7-9.

[426] Voir, par exemple, Cons. Const., 14 septembre 1961, n° 61-1 AUTR. Voir notamment la décision n° 68-50 L du 30 janvier 1968 par laquelle le Conseil constitutionnel a bien marqué, d'ailleurs, qu'il n'avait pas « plénitude de compétence consultative ».

[427] Voir sur les lois non contrôlées par le Conseil constitutionnel dans les propos retenus par DRAGO (Guillaume), *Contentieux constitutionnel français*, *op. cit.*, p. 544.

[428] VONSY (Moea), « Le "Parlement constituant" n'est pas souverain », *op. cit.*, pp. 793-815.

[429] *Ibid.*, pp. 793-815.

[430] CC 92 -313 DC, 2 septembre 1992, Considérant n° 16.

Congrès, car il s'agit simplement « d'un organe composé de deux assemblées en matière de révision constitutionnelle »[431] .

En second lieu, ils avançaient que le Conseil constitutionnel étant compétent pour examiner la conformité d'une loi de révision adoptée par le Congrès du Parlement, un tel contrôle a pour but de vérifier si les exigences posées par l'article 89 de la Constitution ont été respectées[432]. Les deux arguments soutenus par « les sénateurs auraient pu mener le Conseil constitutionnel à procéder à une interprétation extensive de l'article 89, alinéa 5 de la Constitution »[433], et ainsi reconnaître sa compétence pour examiner la constitutionnalité de la loi constitutionnelle parlementaire en question. En outre, rien n'interdisait de faire appliquer les conséquences implicites tirées de la jurisprudence dite « Maastricht II » du 2 septembre 1992[434]. La décision de 2003 susmentionnée était très interessante puisqu'elle avait un double intérêt : d'une part, la justiciabilité d'une loi constitutionnelle adoptée par le Congrès, et d'autre part, l'interdiction de modifier la forme républicaine du gouvernement. Malgré tout, le Conseil constitutionnel affirme dans cette décision [435] qu'il « ne tient ni de l'article 61, ni de l'article 89, ni d'aucune autre disposition de la Constitution le pouvoir de statuer sur une révision constitutionnelle »[436].

De plus, le fait de fonder le déclinatoire de compétences sur l'application de l'article 61 de la Constitution est d'autant plus surprenant, car le Conseil constitutionnel a toujours réservé la procédure de contrôle de constitutionnalité prévue dans ce texte « aux lois organiques et ordinaires et aucunement aux lois constitutionnelles »[437]. En cela, il se déclarait incompétent pour se prononcer sur le recours dirigé contre la loi de révision constitutionnelle sur l'organisation décentralisée de la République.

---

[431] Voir dans ce sens la lettre de la saisine des sénateurs adressée au Conseil constitutionnel le 19 mars 2003.

[432] VERPEAUX (Michel) et *alii, Droit constitutionnel : les grandes décisions de la jurisprudence*, *op. cit.*, p.14.

[433] Voir en ce sens AYMAN FATHY MOHAMED (Mohamed), *Le contrôle de constitutionnalité des lois en France et en Egypte*, *op.cit.* pp. 32-45

[434] Pour une analyse comparable, voir les analyses avancées par DOMINGO (Laurent), *Leçons de contentieux constitutionnel*, *op.cit.* p. 97 ; THOMAS (Julien), *L'indépendance du Conseil constitutionnel*, *op. cit.*, p. 238 ; TROPER (Michel), « La souveraineté nationale appartient aux peuples français », *op.cit.* pp. 947-958.

[435] Décision n° 2003- 469 DC du 26 mars 2003, « Loi constitutionnelle relative à l'organisation décentralisée de la République », JO, 29 mars 2003, p. 5570. Considérant n° 2.

[436] Considérant n° 2 de la décision du 26 mars 2003 du Conseil constitutionnel. Voir notamment les commentaires de la décision du 26 mars 2003 dans les propos retenus par CANEDO (Marguerite), « L'histoire d'une double occasion manquée », *op. cit.*, pp.767-792.

[437] Voir en ce sens les propos retenus par JAN (Pascal), « L'immunité juridictionnelle des lois de révision constitutionnelle », *op. cit.*, pp. 4-11.

D'ailleurs, la décision de 2003 s'inscrit dans le prolongement d'une jurisprudence ancienne rendue « en matière de déni de contrôle des lois de révision »[438]. À ce stade de la réflexion, l'argumentaire de Jean-Éric Schoettl permet de conforter la pertinence de la décision du Conseil constitutionnel du 26 mars 2003, en soulignant que la Constitution n'emploie jamais le terme de « loi constitutionnelle », mais celui de « révision de la Constitution »[439]. Par conséquent, il s'agit là d'« une décision judicieusement » fondée aux yeux de certains commentateurs[440], à la différence d'autres qui considèrent qu'elle n'en demeure pas moins claire et donne la solution positive actuelle, à savoir le refus définitif « du contrôle des lois constitutionnelles » par le Conseil constitutionnel[441].

Si certains commentateurs soutiennent que la décision du 26 mars 2003 semble définitivement régler « la question du contrôle »[442], d'autres laissent penser le contraire en concluant que les juristes qui se réclament de la doctrine et qui « s'inclinent devant une décision de justice au seul motif que c'est le juge constitutionnel qui l'énonce, refusent d'accomplir leur office doctrinal »[443]. Une telle argumentation nous conduit à considérer que la controverse doctrinale autour de « la justiciabilité des lois constitutionnelles » est loin d'être un débat clos[444]. Si tel était le cas, il serait difficile de prétendre que la décision du 26 mars 2003 était destinée à

---

438 Voir dans ce sens, CC, demande d'avis du 14 septembre 1961, considérant n°1, CC 61 -20 DC ,6 novembre 1962. Considérant n°1 ; CC 92 -313 DC, 23 septembre 1992. (Considérant n° 2).

439 Voir l'article 89 de la Constitution.

440 Voir en ce sens les analyses avancées par VERPEAUX (Michel) et *alii, Droit constitutionnel : les grandes décisions de la jurisprudence*, *op.cit.*, pp.15-20.

441 Les explications du repli du Conseil constitutionnel semblent assez largement discutables, notamment en considérant que l'article 61 de la Constitution ne prévoyait que « des lois organiques » et « les lois ordinaires », qu'il a décidé qu'il n'avait pas compétence pour « statuer sur une révision constitutionnelle. Il se borne ainsi à évoquer la catégorie générale des « lois ». D'ailleurs, la qualification de « loi constitutionnelle » n'est pas simplement un usage parlementaire, administratif, doctrinaire, mais aussi une dénomination officielle utilisée dans les documents officiels.

442 Voir CAMBY (Jean-Pierre), « Supra-constitutionnalité : la fin d'un mythe », *op. cit.*, pp. 671-688 ; PACTET (Pierre), « Le Conseil constitutionnel et l'œuvre constituante », *op. cit.*, pp. 1373-1386.

443 Voir en ce sens BEAUD (Olivier), « Un plaidoyer modéré en faveur d'un tel contrôle », *op.cit.* pp. 43- 45 ; CARCASSONNE (Guy), « Un plaidoyer résolu en faveur d'un tel contrôle sagement circonscrit », *in Les Cahiers du Conseil constitutionnel, n°29, 2009*, pp. 46- 47.

444 On trouve un écho favorable de cette justification de la pertinence du débat doctrinal relatif au problème du contrôle des lois constitutionnelles dans le commentaire de Louis Favoreu sur la décision du 26 mars 2003. Voir en ce sens les analyses avancées par FAVOREU (Louis), « L'injusticiabilité des lois constitutionnelles », *op. cit.*, pp. 792-795.

trancher définitivement le débat doctrinal de fond sur « le contrôle des lois constitutionnelles »[445].

Du reste, les partisans de la doctrine de la souveraineté constituante rejettent dos à dos[446] la thèse selon laquelle la décision du 26 mars 2003 du Conseil constitutionnel est décevante pour l'État de droit[447]. Au cœur de ce courant, on trouve les théories qui s'inspirent de la conception révolutionnaire de la loi, et de la conception classique de la démocratie, remettant en cause la légitimité du Conseil constitutionnel pour contrôler les lois constitutionnelles[448]. Selon ce point de vue doctrinal, la réaffirmation de l'incompétence du Conseil constitutionnel en matière de « lois constitutionnelles parlementaires » se justifie comme une conséquence logique de son incompétence en matière de « lois référendaires »[449]. Cette appréciation entend également s'inscrire contre l'office de l'interprétation juridictionnelle en faveur de l'abandon de l'incompétence du Conseil constitutionnel face « au contrôle des lois constitutionnelles »[450] ; sa posture semble d'ailleurs isolée, car de plus en plus, les organes équivalents, en Europe s'estiment compétents pour « contrôler le contenu des révisions constitutionnelles », alors même que la Constitution de leur État ne contient aucune disposition expresse en ce sens[451]. Cela étant, le fait que le Conseil

445 Pour un éclairage précis sur ce point, voir les travaux de FATIN-ROUGE STÉFANINI (Marthe), *et alii.*, « Jurisprudence du Conseil constitutionnel. 1er janvier-31 mars 2003 », *op.cit.* pp. 363-389.

446 Qu'en admettant le contrôle des lois de révision sans habilitation expresse, le Conseil constitutionnel deviendrait en quelque sorte le nouveau « Léviathan » dans l'ordre juridique interne.

447 Voir sur ce point les analyses avancées par FATIN-ROUGE STÉFANINI (Marthe), *et alii.*, « Jurisprudence du Conseil constitutionnel. 1er janvier-31 mars 2003 », *op. cit.* pp. 363-389.

448 En effet, on a démontré que dès lors qu'un contrôle de constitutionnalité d'une loi de révision constitutionnelle était posé au Conseil constitutionnel, ce dernier pouvait avancer deux arguments pour se déclarer incompétent. En premier lieu, en raison de la nature de l'acte déféré, puisqu'il a soutenu que la Constitution ne lui donnait pas l'habilitation d'un contrôle des lois de révision de la Constitution. En second lieu, en raison de l'auteur de l'acte, puisqu'il a toujours refusé de contrôler les actes du pouvoir constituant populaire.

449 Voir en ce sens DOMINGO (Laurent), *Leçons de contentieux constitutionnel*, *op. cit.*, pp. 97-98 .

450 GAÏA (Patrick) et *alii, Les grandes décisions du Conseil constitutionnel*, *op. cit.*, p. 307.

451 Voir sur ce point les travaux de BLACHER (Philippe), *Contrôle de constitutionnalité et volonté générale*, *op. cit.* p.115 ; SALAMI (Ibrahim David), « Le pouvoir constituant dérivé à l'épreuve de la justice constitutionnelle au Bénin », *op. cit.* pp. 44-64 ; SAINT-HUBERT (Mesmin), « La Cour suprême de l'Inde, garantie de la structure fondamentale de la Constitution : La construction d'une nouvelle doctrine visant à limiter le pouvoir constituant dérivé », *op.cit.*, pp. 631-648 ; JOUANJAN (Olivier), « Révision de la Constitution et justice constitutionnelle-République Fédérale d'Allemagne », *op. cit.* pp. 229-244 ; LUCIANI (Massimo), « Le contrôle de constitutionnalité des lois constitutionnelles en Italie », *op. cit.*, pp. 27-31 .

constitutionnel n'étende pas son contrôle au contenu des lois révisant la Constitution ne signifie pas qu'il renonce à toute vérification[452]. Autrement dit, si la décision du 26 mars 2003 a confirmé l'intention du Conseil constitutionnel de se limiter à une lecture stricte de son champ d'intervention, toute possibilité d'un contrôle n'a pas disparu[453].

§ 2— La décision n° 2004-505 DC du 19 novembre 2004 : vers une ouverture du contrôle des lois de révision de la Constitution ?

Le Conseil constitutionnel a été saisi le 29 octobre 2004 par le président de la République, en application de l'article 54 de la Constitution[454]. À l'appui de la demande, l'autorisation de ratifier le traité établissant une Constitution pour l'Europe, ce qui supposait une révision de la Constitution[455]. Cette saisine présidentielle offre à nouveau au Conseil constitutionnel la possibilité d'apprécier la conformité d'un traité à la Constitution[456]. Ainsi, la décision du 19 novembre 2004, tout en s'inscrivant dans la lignée des décisions de « Maastricht du 9 avril 1992 » et d'« Amsterdam du 31 décembre 1997 » parachève l'édifice

---

[452] Si les révisions constitutionnelles doivent être soumises au contrôle du Conseil constitutionnel, il faudrait simultanément reconnaître qu'il refusait pour le moment de l'exercer, comme le montre sa décision du 26 mars 2003. Ce qui ne veut pas dire qu'il ne pourra pas l'exercer demain notamment si les conditions relatives au moment ou à l'objet de la révision se sont pas respectées par l'autorité détentrice du pouvoir constituant dérivé. Le Conseil constitutionnel a néanmoins accepté d'effectuer un contrôle sur le décret de convocation au référendum (Cons. Const., déc. n°2000- 21 REF du 25 juillet 2000, Hauchemaille). Voir en ce sens THOMAS (Julien), *L'indépendance du Conseil constitutionnel*, collection des thèses, n° 38 L.G.D.J, 2010, *op.cit.*, p. 238

[453] Voir les analyses avancées par VERPEAUX (Michel) *et alii, Droit constitutionnel : les grandes décisions de la jurisprudence, op. cit.*, p. 18 .

[454] Le Conseil constitutionnel, dans sa décision n° 2004-505 DC du 19 novembre 2004 avait conservé la référence au 15e alinéa du préambule de la Constitution de 1946, marquant une continuité certaine avec sa jurisprudence fondatrice du 19 juin 1970. Selon Martin Quesnel, cette « continuité a été renforcée par la réitération des critères de la reconnaissance d'une clause contraire à la Constitution et de l'atteinte aux conditions essentielles d'exercice de la souveraineté nationale qui servent toujours à déterminer si la ratification du traité nécessite une révision de la Constitution » ; QUESNEL (Martin), *La protection de l'identité constitutionnelle de la France*, thèse coll. « Bibliothèque parlementaire et constitutionnelle », Dalloz, 2015, p. 13.

[455] Voir sur ce point les analyses faites par Didier Blanc sur les décisions (décision n°92- DC du 9 avril 1992, JO du 11 avril 1992, p. 5354 ; décision n°97-394 DC du 31 décembre 1997, JO du 3 janvier 1998, p.165) dans : BLANC (Didier), « Les incidences " du Traité constitutionnel " européen sur la Constitution européenne : une affectation minimale. Retour sur la décision du Conseil constitutionnel n° 2004-505 DC du 19 novembre 2004, traité établissant une Constitution pour l'Europe *», in R. R. J, 2005, n° s.n.*, pp. 2257-2258.

[456] Voir en ce sens les commentaires de la décision n°2004-505 DC du 19 novembre 2004, Traité établissant une Constitution par COLIN (Frédéric), *L'essentiel de la jurisprudence constitutionnelle : 38 grandes décisions commentées*, 2e éd., Gualino, 2010, pp. 122-126.

jurisprudentiel fondé sur l'article 54 de la Constitution [457]. Aussi, le Conseil constitutionnel, dans sa décision du 19 novembre 2004 admet que le principe de primauté n'est pas contraire à la Constitution[458] : il considère qu'il ne lui interdit pas le maintien de sa position issue de la décision du 14 juin 2004[459].

En analysant l'ensemble des traités ou accords soumis au Conseil constitutionnel en application de l'article 54 de la Constitution, on retiendra que dans sept cas sur douze, comme le remarquent les auteurs des grandes décisions du Conseil, « les textes concernés ont été déclarés contraires à la Constitution et qu'il a fallu en conséquence entamer une procédure de révision »[460]. En d'autres termes, la Constitution a dû être révisée pour rendre possible l'application en France des traités européens. À titre d'illustration, on peut citer la révision faite à la suite d'une décision du Conseil constitutionnel déclarant contraire à la Constitution une loi qui limitait l'exercice du droit d'asile[461]. Il apparaît que les suites des décisions d'inconstitutionnalité des engagements internationaux renvoient à « la question du contrôle de constitutionnalité des lois constitutionnelles », une fois encore, comme le soulignent les auteurs des grandes décisions du Conseil constitutionnel[462]. Néanmoins, cette position dégagée par le Conseil constitutionnel peut paraître décevante [463]. En effet, sa

---

[457] Voir en ce sens BLANC (Didier), « Les incidences " du Traité constitutionnel " européen sur la Constitution européenne : une affectation minimale. Retour sur la décision du Conseil constitutionnel n° 2004-505 DC du 19 novembre 2004, traité établissant une Constitution pour l'Europe *», op. cit.*, p. 2259.

[458] Le considérant n°13 de la décision n° 2004-505 DC du 19 novembre 2004, les commentaires de MAUGÜE (Christine), « Le Traité établissant une Constitution pour l'Europe et les juridictions constitutionnelles », *op.cit.*, p. 51.

[459] Voir en ce sens BLANC (Didier), « Les incidences " du Traité constitutionnel " européen sur la Constitution européenne : une affectation minimale. Retour sur la décision du Conseil constitutionnel n° 2004-505 DC du 19 novembre 2004, traité établissant une Constitution pour l'Europe », *op. cit.*, p. 2268. Voir notamment l'analyse combinée des considérants n°11 et 13 de la décision n° 2004-505 DC du 19 novembre 2004 commente par MAUGÜE *(*Christine), *«* Le Traité établissant une Constitution pour l'Europe et les juridictions constitutionnelles *», op. cit.*, p. 51. Voir les décisions rendues aux mois de juin et juillet 2004 (Cons. Const., décis. n° 04-496-DC du 10 juin 2004 sur la confiance dans l'économie numérique ; n° 04-497 DC du 1er juillet. 2004 sur la loi sur la communication électronique et les services de la communication audiovisuelle ; n° 04-498 DC du 29 juill. 2004 sur la bioéthique et n° 04-499 DC du 29 juillet. 2004 sur la modification de la loi informatique et liberté).

[460] GAÏA (Patrick) et *alii, Les grandes décisions du Conseil constitutionnel, op.cit.*, pp. 382-383.

[461] Voir les commentaires de la décision du 13 août 1993 du Conseil constitutionnel dans les propos retenus par VEDEL (Georges), « Souveraineté et supra-constitutionnalité », *op. cit.*, pp. 79-97.

[462] GAÏA (Patrick) et *alii, Les grandes décisions du Conseil constitutionnel, op.cit.*, p. 382.

[463] Voir sur ce point les analyses faites par BROSSET (Estelle), « Le contrôle de constitutionnalité entre communautarisation et décentralisation : Quel contrôle des lois venant d'en haut et d'en bas… », p. 1364.

décision du 19 novembre 2004 semble être « une ouverture du contrôle de constitutionnalité des lois constitutionnelles »[464]. D'ailleurs, « les indices révélateurs d'une atteinte aux conditions essentielles d'exercice de la souveraineté nationale »[465] dans la décision sous commentaires pourraient entraîner « le possible contrôle juridictionnel des lois constitutionnelles »[466]. Au-delà de ce constat, le Conseil constitutionnel est-il prêt à admettre sa compétence à l'égard des lois révisant la Constitution en cas d'atteinte au principe de la souveraineté nationale ? Le Conseil constitutionnel ne pourra plus éviter une telle question, car le pouvoir de révision est institué en vertu de la Constitution et n'a pas la compétence de transférer l'intégralité de la souveraineté nationale à l'Union européenne, à moins d'un changement de Constitution pour « une véritable redondante constituante »[467]. À cet égard, un revirement jurisprudentiel est indispensable pour mettre un terme au conflit potentiel entre juridictions nationales et juridiction communautaire[468]. L'espoir est permis, car le droit comparé montre que les arguments développés à l'appui d'un contrôle du Conseil constitutionnel ne relèvent pas de l'utopie[469]. Bien que le Conseil constitutionnel ait réaffirmé, en 2003, son incompétence, « la réflexion continue ; tôt ou tard, la question lui sera à nouveau posée et il n'est pas acquis que la réponse soit identique »[470]. En tout état de cause, l'immunité contentieuse des lois constitutionnelles n'est pas propre au Conseil constitutionnel, puisqu'une partie de la doctrine a fait également sien ce principe[471].

---

464 Lire à ce sujet les propos retenus par BLANC (Didier), « Les incidences " du Traité constitutionnel " européen sur la Constitution européenne : une affectation minimale. Retour sur la décision du Conseil constitutionnel n° 2004-505 DC du 19 novembre 2004, traité établissant une Constitution pour l'Europe », *op. cit.* p. 2268.

465 GAÏA (Patrick) et alii, *Les grandes décisions du Conseil constitutionnel, op.cit.* p.307.

466 Voir en ce sens par BROSSET (Estelle), « Le contrôle de constitutionnalité entre communautarisation et décentralisation : Quel contrôle des lois venant d'en haut et d'en bas… », *op.cit.* p. 1364. C'est nous qui soulignons.

467 GAÏA (Patrick) et alii, *Les grandes décisions du Conseil constitutionnel, op. cit.*, p. 310.

468 Voir en ce sens ALBERTON (Ghislaine), « Et le Conseil constitutionnel ouvrit la boîte de Pandore (ou les répercussions de la décision rendue le 19 novembre 2004 sur le juge ordinaire) », *op.cit.*, p. 593.

469 Pour un éclairage précis sur ce point voir, BLÉOU (Martin), « Le juge constitutionnel et les révisions constitutionnelles », *op. cit.*, pp. 232-237.

470 ROUSSEAU (Dominique) et alii, *L'essentiel des grandes décisions du Conseil constitutionnel, op. cit.*, p. 33.

471 Sans prétendre à l'exhaustivité, on citera, à titre d'illustration, quelques-unes des études approuvant le refus du contrôle juridictionnel des lois constitutionnelles : VEDEL (Georges), « Souveraineté et supra-constitutionnalité », *op.cit.,* pp. 79.97 ; GENEVOIS (Bruno), « Les limites d'ordre juridique à l'intervention du pouvoir constituant », *op. cit.,* pp. 909-921; PACTET (Pierre), « Le Conseil constitutionnel et l'œuvre constituante », *op. cit.*, pp. 1373-1386 ; SCHOETTL (Jean-Éric), « Le Conseil constitutionnel peut-il contrôler une loi constitutionnelle ? », *op. cit.,* pp.17-22 .

CONCLUSION DU TITRE 1

Le Conseil constitutionnel a plusieurs raisons de refuser le contrôle des lois de révision. La première repose sur sa compétence d'attribution – le rejet est donc motivé par un choix volontaire – ; le Conseil constitutionnel n'ose pas renverser l'argumentaire de l'absence d'un fondement textuel de sa compétence pour connaître de la constitutionnalité des lois de révision de la Constitution. Quant aux deux autres raisons, l'une tient aux attributions du juge constitutionnel et l'autre concerne le caractère souverain du pouvoir constituant, qu'il soit originaire ou dérivé. Nous relevons en effet que le Conseil constitutionnel applique « le raisonnement kelsénien afin de justifier son incompétence »[472] : l'argumentaire qu'il utilise repose sur l'idée de subordination. Ainsi, tout contrôle suppose un lien hiérarchique entre les normes soumises au contrôle et les normes de référence. Mais ce rapport disparaît à propos du contrôle des actes du constituant dérivé, car les normes de la Constitution occupent le sommet de la hiérarchie des normes juridiques. Ce raisonnement rend donc invraisemblable un contrôle de supra-constitutionnalité des lois révisant la Constitution. Les arguments précédents ont donc conduit le Conseil constitutionnel à exclure les lois constitutionnelles du périmètre de son contrôle. Deux conséquences peuvent être tirées de l'analyse des décisions d'incompétences du Conseil constitutionnel pour reconnaître la constitutionnalité des lois de révision. En premier lieu, le refus du Conseil constitutionnel contribue à la consolidation de l'affirmation selon laquelle les actes du pouvoir de révision échapperaient à tout contrôle de constitutionnalité. Dit autrement, il ressort clairement, dans la jurisprudence du Conseil constitutionnel, que « la souveraineté l'emporte sur l'encadrement », car le pouvoir constituant, qu'il soit originaire ou dérivé, ne saurait être contrôlé. En second lieu, le principe de la démocratie est souvent utilisé à la fois pour interdire et justifier le caractère injusticiable des lois de révision devant le Conseil constitutionnel. Au terme de cette réflexion, on peut conclure que le Conseil constitutionnel est objectivement dans une situation délicate entre les deux exigences contemporaines que sont la démocratie et l'État de droit.

---

472 AYMAN FATHY MOHAMED (Mohamed), *Le contrôle de constitutionnalité des lois en France et en Égypte*, *op. cit.*, pp. 32-45.

TITRE 2
LES FONDEMENTS DOCTRINAUX DU REFUS DU CONTRÔLE DES LOIS DE RÉVISION DE LA CONSTITUTION PAR LE JUGE

> « Dans le cadre démocratique, le juge [constitutionnel] doit prétendre et parvenir à faire croire qu'il respecte la souveraineté du peuple lorsqu'il censure la volonté de ses représentants. Le juge ne peut pervertir le principe de contrôle de constitutionnalité des lois au point de le transformer en véritable gouvernement des juges qu'à condition d'agir masqué, drapé sous une couverture idéologique suffisamment opaque pour dissimuler la captation du pouvoir politique. »[473]

Est souverain celui qui dispose du dernier mot. En démocratie, ce ne saurait être le juge constitutionnel[474]. Ainsi, le contrôle de constitutionnalité des lois constitutionnelles[475] n'est légitime que si c'est l'autorité détentrice du pouvoir de révision qui conserve le dernier mot[476]. La doctrine, dans sa majorité, écarte l'idée de tout « contrôle des lois

---

[473] BRAMI (Cyril), *Des juges qui ne gouvernent pas : Retour sur les idées constitutionnelles de Roger Pinto*, éd. L'Harmattan coll. « Logique juridique », 2005, p. 96 (C'est nous qui soulignons).

[474] Voir en ce sens les analyses avancées par FAVOREU (Louis), « La légitimité du juge constitutionnel », *op.cit.*, pp. 557-581.

[475] Voir en ce sens KPODAR (Adama), « Contribution sur la fausse vraie idée du contrôle de constitutionnalité. Quand l'interprétation constitutionnelle menace la lisibilité du bloc référentiel », *op.cit.* pp. 213- 232.

[476] Malgré l'offensive de la doctrine en faveur d'un droit de contrôle du juge constitutionnel sur les actes du pouvoir de révision sous la direction d'Olivier Beaud, des voix nombreuses s'élèvent pour critiquer un tel droit de contrôle. Si l'on peut considérer souvent qu'en censurant les lois de révision inconstitutionnelles le juge constitutionnel préserve la Constitution, réputée exprimer la volonté souveraine du pouvoir constituant, force de constater que les partisans de la doctrine formaliste de la Constitution dénoncent la menace qu'un tel contrôle ferait peser sur la démocratie. Les partisans de la souveraineté constituante soutiennent que du contrôle des lois de révision – elles garantissent l'État de droit – découle le gouvernement des juges.

constitutionnelles » par la crainte d'un « retour du théologico-politique avec [l'État de droit] comme religion et [les sages de la rue de Montpensier] comme grands prêtres de la Constitution »[477].

C'est en ce sens que les réticences, les polémiques, ont continué et continuent de s'exprimer sur « la justiciabilité des lois constitutionnelles en France »[478]. D'ailleurs, la plupart des débats relatifs au problème « du contrôle des lois constitutionnelles » se sont focalisés sur la légitimité du juge constitutionnel[479], mais aussi sur son rôle présumé « de quasi-législateur »[480] ou « co-constituant »[481]. Dans ce titre, nous tâcherons d'une part d'analyser les fondements doctrinaux du refus de toute limitation de la souveraineté constituante (Chapitre 1), d'autre part, nous nous efforcerons d'examiner la remise en cause de la légitimité d'un contrôle juridictionnel « des lois constitutionnelles sous la crainte du gouvernement des juges » [482] (Chapitre 2).

---

477 RIALS (Stéphane), « Entre artificialisme et idolâtrie », *in Le Débat*, 1991, n°64, p. 163. (C'est nous qui soulignons).

478 Les principales figures des opposants au contrôle des lois de révision de la Constitution sont : VEDEL (Georges), « Souveraineté et supra-constitutionnalité », *op.cit.*, pp.79-97 ; GENEVOIS (Bruno), « Les limites d'ordre juridique à l'intervention du pouvoir constituant », *op. cit.*, pp. 909-921; PACTET (Pierre), « Le Conseil constitutionnel et l'œuvre constituante », *op. cit.*, pp.1373-1386 ; SCHOETTL (Jean-Éric), « Le Conseil constitutionnel peut-il contrôler une loi constitutionnelle ? », *op.cit.*, pp.17-22 ; MATHIEU (Bertrand), « La supra-constitutionnalité existe-t-elle ? », *op. cit.*, pp. 12-17. Voir notamment ROZNAI (Yaniv), *Unconstiutional Constitutional amendments. The Limits of Amendments* Powers, Oxford Constitutional Theory, *op.cit.* 363 p.

479 Voir à ce sujet ROUSSEAU (Dominique), « La question de la légitimité du juge constitutionnel, acteur du droit », *op.cit.*, p. 106 ; AIVO (Frédéric Joël), « La Cour constitutionnelle du Bénin », in *Annuaire béninois de justice constitutionnelle–Dossier Spécial 21 ans de jurisprudence de la Cour constitutionnelle du Bénin (1991-2012)* Bénin, PUB, 2014, p.57.

480 BOTTINI (Eleonora), « L'intervention du juge constitutionnel dans l'exercice du pouvoir constituant », *in Jus Politicum n° 18 juillet 2017* (consulté le 7 août 2017*), format PDF,* pp. 117-154.

481 Ibid., pp. 117-154.

482 On parle généralement d'un gouvernement des juges en matière de contrôle, où le juge constitutionnel se donne des normes de références en dehors de la Constitution, étendant à souhait le champ de sa mission. Ce faisant, il montre sa suprématie de fait sur le pouvoir constituant souverain. La critique du gouvernement des juges n'est pas dans la doctrine publiciste française. Le risque de le voir instaurer a été souligné et dénoncé par plusieurs auteurs. Comme le note d'ailleurs Thierry Di Manno, « le spectre du gouvernement des juges » parle au cœur et éveille les passions des publicistes français ; DI MANNO (Thierry), *Le juge constitutionnel et la technique des décisions interprétatives en France et en Italie*, Economica-PUAM, *op. cit.*, p.11. Pour la question de la signification et des implications de la théorie du gouvernement des juges, voir l'ensemble des contributions « Gouvernement des juges et démocratie », in BRONDEL (Séverine), et *alii, Gouvernement des juges et démocratie*, Paris, Publications de la Sorbonne, 2001, 373 p.

CHAPITRE 1
LE REFUS DE LA LIMITATION DE LA SOUVERAINETÉ CONSTITUANTE PAR LA DOCTRINE FORMALISTE DE LA CONSTITUTION

> « Le souverain ne peut se lier lui-même. En vertu de sa souveraineté, il peut changer à tout moment la norme qui interdit de changer. »[483]

Cette affirmation de Georges Vedel peut résumer à elle seule toutes les critiques auxquelles est exposé le juge constitutionnel qui sort de ses compétences pour glisser dans « le domaine du pouvoir de révision de la Constitution »[484]. Mais cette remarque d'après sa « décision du 2 septembre 1992 »[485], le juge constitutionnel l'a entendue, puisqu'il a déclaré que « le pouvoir constituant est souverain »[486]. Comme le Conseil constitutionnel, certains auteurs réfutaient fortement toute idée d'interprétation extensive de l'article 61, alinéa 2 comme fondement « du contrôle des lois constitutionnelles »[487]. Dès lors, seules les normes entrant dans les cadres de « l'article 61 devaient faire l'objet d'un contrôle de constitutionnalité »[488]. Ainsi, une bonne partie de la doctrine a motivé son soutien au caractère

---

483 VEDEL (Georges), « Souveraineté et supra-constitutionnalité », *op. cit.*, p. 90.

484 Voir BONNEFOY (Olivier), *Les relations entre Parlement et Conseil constitutionnel : les incidences de la question prioritaire de constitutionnalité sur l'activité normative du Parlement*, *op.cit.* pp. 399-494.

485 <<BEDARRIDES (Édouard), *Réviser la Constitution : une histoire constitutionnelle française*, *op.cit.*, p.15.

486 Voir en ce sens les analyses avancées par HEUSCHLING (Luc), État *de droit -Rechststaat -Rule of Law*, *op. cit.*, p. 648 .

487 Voir sur ce point les arguments avancés contre la justiciabilité des actes du pouvoir de révision constitutionnelle dans les propos retenus par SCHOETTL (Jean-Éric), « Le Conseil constitutionnel peut-il contrôler une loi constitutionnelle ? », *op.cit.*, pp.17-22 ; MATHIEU (Bertrand), « La supra-constitutionnalité existe-t-elle ? », *op. cit.*, pp. 12-17.

488 BEDARRIDES (Édouard), *Réviser la Constitution : une histoire constitutionnelle française*, Thèse, *op.cit.*, p.15.

souverain du pouvoir constituant[489]. Certaines justifications sont anciennes alors que les autres ont été formulées à partir des années 1990[490].

Cependant, on peut les regrouper en deux catégories : si des auteurs soutiennent le refus du contrôle des lois constitutionnelles en se fondant sur l'unité du pouvoir constituant (Section 1), d'autres estiment qu'il ne saurait exister dans la Constitution une quelconque disposition pouvant échapper à l'emprise du pouvoir de révision (Section 2).

Section 1 : La conception unitaire du pouvoir constituant, un obstacle théorique au contrôle

> « Le pouvoir constituant dérivé est l'expression de la souveraineté dans toute sa plénitude sous la seule réserve qu'il s'exerce selon la procédure qui l'identifie. »[491]

Le pouvoir constituant peut se définir, avec Georges Vedel, comme « l'organe bénéficiant de la compétence constitutionnelle, c'est-à-dire doté du pouvoir d'adopter une Constitution ou une modification de la Constitution en vigueur »[492]. On peut en déduire que le pouvoir constituant est soit originaire, soit dérivé. Cela étant, si la distinction entre ces pouvoirs « permet techniquement au juge d'opérer le contrôle de constitutionnalité des lois »[493] révisant la Constitution, il convient de souligner que Georges Vedel a défendu avec vigueur l'hypothèse que ces pouvoirs étaient de même nature[494] . Cette thèse est importante, car elle insiste sur la conception formelle de la Constitution pour récuser le principe d'un contrôle des lois constitutionnelles[495]. Or, si cette doctrine formaliste du pouvoir constituant désapprouve « l'idée d'un contrôle juridictionnel des lois

---

489 Voir sur ce point CHALTIEL (Florence), « La souveraineté du pouvoir constituant dérivé », *op. cit.*, pp. 7-9.

490 Voir MATHIEU (Bertrand), « La supra-constitutionnalité existe-t-elle ? », *op. cit.*, pp. 12-17.

491 VEDEL (Georges), « Schengen et Maastricht », *op.cit.*, p. 179. On en déduit de cette affirmation la chose suivante : si le champ d'application du pouvoir constituant originaire est illimité, celui du pouvoir de révision devrait l'être autant.

492 GENEVOIS (Bruno), « Les limites d'ordre juridique à l'intervention du pouvoir constituant », *op. cit.*, p. 909.

493 DESMONS (Éric), « Juger les lois (commentaires sur le chapitre VI du livre I de *De la démocratie en Amérique*) », *op. cit.*, p. 483.

494 Pour un éclairage précis sur ce point, voir les analyses avancées par KAMARA (Mactar), « Supra-constitutionnalité et exercice du pouvoir constituant dérivé », *op.cit.* pp. 1443-1447.

495 Voir les analyses avancées par BEAUD (Olivier), « Le cas français : l'obstination de la jurisprudence et de la doctrine à refuser toute idée de limitation au pouvoir de révision constitutionnelle », in *Jus Politicum*, n° 18, juillet 2017 (consulté le 3 août 2017), format PDF, pp. 93-115.

constitutionnelles », c'est que réviser la Constitution peut s'analyser comme un acte de souveraineté[496]. Voilà donc deux arguments pour la doctrine qui refuse le principe d'un contrôle des lois révisant la Constitution[497]. Ainsi, si certains assimilent implicitement l'acte de révision à l'acte constituant[498] (§ 1), d'autres soutiennent « l'égale souveraineté entre les pouvoirs constituants populaire et parlementaire »[499] (§ 2).

§ 1— L'uniformité du pouvoir constituant fondée sur la conception formaliste de la Constitution

Les partisans de la doctrine favorable au refus du contrôle soutiennent que le pouvoir constituant ne se divise pas en deux entités dont l'une serait originaire et l'autre dérivée[500]. L'un des plus remarquables défenseurs de cette conception unitaire du pouvoir constituant est sans conteste Georges Vedel pour qui « le pouvoir constituant dérivé n'est pas un pouvoir d'une autre nature que le pouvoir constituant initial »[501]. Une telle opinion a été adoptée par le Conseil constitutionnel dans sa décision du 2 septembre 1992. Il a déclaré que le « pouvoir constituant est souverain » ; « rien ne s'oppose à ce qu'il introduise dans le texte de la Constitution des dispositions nouvelles qui dérogent à une règle ou à un principe de valeur constitutionnelle »[502]. Faut-il pour autant déduire de ce raisonnement une identité de nature entre « les pouvoirs constituants originaire et dérivé » ?[503] Autrement dit, l'affirmation de la souveraineté du pouvoir constituant dérivé ne devrait-elle

---

[496] L'affirmation doctrinale de la souveraineté du pouvoir de révision est formidablement défendue par Georges Vedel lorsqu'il souligne que « si les juges ne gouvernent pas, c'est parce que, à tout moment, le souverain, à la condition de paraître en majesté comme Constituant peut, dans une sorte de lit de justice, briser leurs arrêts » ; BONNEFOY (Olivier), *Les relations entre Parlement et Conseil constitutionnel : les incidences de la question prioritaire de constitutionnalité sur l'activité normative du Parlement*, *op. cit.*, pp. 399-494.

[497] Voir les analyses avancées par TROPER (Michel), « La souveraineté nationale appartient au peuple français », *op. cit.*, pp. 947-958.

[498] Comme le note d'ailleurs Denis Baranger, la doctrine du refus du contrôle des lois constitutionnelles considère qu'« il n'y a guère d'intérêt à opposer " pouvoir constituant originaire " et " pouvoir constituant de révision " » ; BARANGER (Denis), « Un chantier qui ne prend jamais fin : Le juge, les révisions et les autres formes de changement constitutionnel dans la France contemporaine », *op. cit.*, p. 57.

[499] Voir sur ce point CHALTIEL (Florence), « La souveraineté du pouvoir constituant dérivé », *op. cit.*, pp. 7-9.

[500] Voir en ce sens les analyses avancées par MAILLARD DESGRÉES DU LOÛ (Dominique), « Le pouvoir constituant dérivé reste souverain », *op. cit.*, pp. 725-739.

[501] Voir VEDEL (Georges), « Schengen et Maastricht », *op. cit.*, p. 179.

[502] BONNEFOY (Olivier), *Les relations entre Parlement et Conseil constitutionnel : les incidences de la question prioritaire de constitutionnalité sur l'activité normative du Parlement*, *op.cit.* p. 399

[503] BEDARRIDES (Édouard), *Réviser la Constitution : une histoire constitutionnelle française*, *op.cit.*, p.17

pas conduire à penser que le Conseil constitutionnel a retenu, dans sa décision dite « Maastricht II », une autre acception de « l'épithète » souveraine ?[504] La doctrine est divisée sur cette question de « la nature du pouvoir de révision constitutionnelle »[505]. Selon les partisans de la doctrine formaliste, « le pouvoir constituant ne se divise pas, même si sa source n'est pas unique »[506]. Il n'existe donc pas de juge de la souveraineté du pouvoir de révision constitutionnelle. D'ailleurs, l'argument du refus du contrôle des lois constitutionnelles motivé par le caractère unitaire du pouvoir constituant est souvent attribué à l'école de Georges Vedel[507]. Dès 1949, Georges Vedel plaidait, dans son *manuel de droit constitutionnel*, en faveur de la conception formelle de la Constitution, au détriment de la conception matérielle[508], pour refuser le contrôle matériel des révisions constitutionnelles[509]. Pourquoi une telle préférence ? [510] Parce que « la limitation formelle du pouvoir de révision relèverait du juridique tandis que sa limitation matérielle ne serait qu'un acte politique »[511]. Une telle construction n'est pas anodine, car elle permet de distinguer le politique du juridique pour discréditer les thèses avancées en faveur de l'existence de « limites juridiques matérielles au pouvoir de révision »[512]. Pourrait-on considérer que la quête d'un tel contrôle

---

504 HEUSCHLING (Luc), État *de droit - Rechststaat - Rule of Law*, *op. cit.*, p. 646.

505 BEDARRIDES (Édouard), *Réviser la Constitution : une histoire constitutionnelle française,* Thèse, Bourgogne, 2014, *op.cit.*, p.15.

506 Voir en ce sens CAMBY (Jean-Pierre), « Supra-constitutionnalité : la fin d'un mythe », *op. cit,* p.672.

507 La conception du pouvoir constituant défendue par Georges Vedel, comme le seul moyen de la consolidation du caractère incontestable des lois constitutionnelles, a connu ces dernières décennies une adhésion doctrinale considérable. Néanmoins, adopter cette conception, c'est accepter logiquement la conséquence qui en découle : le refus de toute limitation matérielle de la souveraineté du pouvoir de révision constitutionnelle. Pour les tenants de cette doctrine, le pouvoir constituant est souverain quelle que soit la forme qu'il emprunte : « la supra-constitutionnalité ne peut être la justification du principe d'un contrôle de constitutionnalité des lois constitutionnelles » ; BONNEFOY (Olivier), *Les relations entre Parlement et Conseil constitutionnel : les incidences de la question prioritaire de constitutionnalité sur l'activité normative du Parlement*, *op.cit.* pp. 399-494.

508 VEDEL (Georges), *Manuel de droit constitutionnel*, *op. cit.*, p. 112.

509 Voir sur ce point les analyses faites sur la doctrine constitutionnaliste française privilégiant une approche formelle de la Constitution par BRAMI (Cyril), *La hiérarchie des normes en droit constitutionnel français : Essai d'analyse systémique,* thèse, Université Cergy Pontoise, 2008, pp. 3-9.

510 Georges Vedel estime en effet qu'« (…) en droit, il n'existe pas de définition matérielle de la Constitution. Est constitutionnelle, quel qu'en soit l'objet, toute disposition émanant du pouvoir constituant » ; cité par GÖZLER (Kémal), *Le pouvoir de révision constitutionnelle*, *op. cit.*, p. 9.

511 BEAUD (Olivier), « Le cas français : l'obstination de la jurisprudence et de la doctrine à refuser toute idée de limitation au pouvoir de révision constitutionnelle », *op. cit.*, pp. 103-108.

512 ACKACHA (Nadia), « Les techniques de participation du juge constitutionnel à la fonction constituante », *op.cit.* p.123.

nous conduit inévitablement à différencier « les pouvoirs constituants originaire et dérivé ? »[513] Une autre série de questions se pose : le Conseil constitutionnel peut-il, de bon droit, continuer à décliner sa compétence pour contrôler « les lois constitutionnelles ? »[514]Autrement dit, l'existence d'un contrôle juridictionnel des actes du constituant dérivé serait-elle compatible avec le respect absolu du principe de la souveraineté constituante ?

Quelle que soit la réponse à ces questions, nous nous limitons à constater qu'une grande partie de la doctrine, sous l'influence de Georges Vedel, ne voit pas le pouvoir de révision constitutionnelle comme « un pouvoir dérivé » et « préfère le qualifier de pouvoir constituant, tout en considérant sa limitation avec beaucoup de scepticisme »[515]. Il faut préciser que la défense du principe de l'unicité du pouvoir constituant considère que le pouvoir de révision constitutionnelle participe au pouvoir constituant, car « il est l'expression de la souveraineté dans toute sa plénitude »[516]. Cette façon de considérer le pouvoir de révision constitutionnelle tient du point de vue formaliste adopté pour regarder la Constitution[517]. La question qui se pose est de savoir pourquoi il faut justifier la plénitude du constituant dérivé alors que le Conseil constitutionnel, faisant sienne la conception unitaire du pouvoir constituant, a refusé « de contrôler les lois constitutionnelles »[518]. À partir de là, nous relevons que certains auteurs assimilent le pouvoir constituant dérivé à un pouvoir constituant originaire ; pour d'autres, il serait logiquement impensable de limiter le constituant dérivé, car « la distinction entre les deux pouvoirs n'implique pas une dualité de nature du pouvoir constituant »[519]. À vrai dire, les opposants « au contrôle juridictionnel des lois constitutionnelles »[520] ont vivement critiqué cette idée. Comme le note Dmitri-Georges Lavroff, « la distinction entre pouvoir constituant originaire

---

513 Lire à ce sujet les propos de KLEIN (Claude), « Le pouvoir constituant », *op.cit.* pp. 6-31.

514 Pour appréhender cette question, voir PACTET (Pierre), « Le Conseil constitutionnel et l'œuvre constituante », *op. cit.*, pp. 1373-1386.

515 Voir en ce sens les analyses avancées par VIALA (Alexandre), « Limitation du pouvoir constituant, la vision du constitutionnaliste », *op. cit.*, pp. 82-85.

516 VEDEL (Georges), « Schengen et Maastricht », *op. cit.*, p. 179.

517 Voir par exemple ARDANT (Philippe), « Problématique générale : La Révision de la Constitution », *op. cit.*, pp. 79-91 ; MODERNE (Franck), « La notion de révision de la Constitution », *op. cit.*, pp. 424-440.

518 Pour appréhender cette question, voir les analyses avancées par MAILLARD DESGRÉES DU LOÛ (Dominique), « Le pouvoir constituant dérivé reste souverain », *op. cit.*, pp. 725-739.

519 Voir en ce sens BADINTER (Robert), « Le Conseil constitutionnel et le pouvoir constituant », *op. cit.*, p. 219.

520 RIGAUX (Marie-Françoise), *La théorie des limites matérielles à l'exercice de la fonction constituante*, *op. cit.*, p. 35. C'est nous qui soulignons.

et pouvoir constituant dérivé, qui voudrait que le deuxième fût soumis au premier, n'a pas de sens »[521].

Néanmoins, des controverses doctrinales très virulentes apparaissent lorsqu'il s'agit de déterminer le statut du pouvoir qui revient effectivement à l'autorité chargée de la révision constitutionnelle. Pour la doctrine formaliste du pouvoir constituant, « l'organe de révision n'est qu'une parodie du pouvoir constituant originaire »[522]. Par conséquent, il peut s'affranchir des limites fixées auparavant au « sujet de la révision constitutionnelle »[523]. Ce point de vue considère que les compétences du pouvoir constituant dérivé sont, à l'instar de celles du pouvoir constituant originaire, illimitées dans le cadre de « l'exercice de la fonction constituante »[524]. Telle est la conception du pouvoir constituant que des auteurs comme Joseph Barthélemy ou Paul Duez ont fermement soutenue : pour ces deux juristes, toute limitation du pouvoir de révision de la Constitution relève d'une pure « absurdité juridique et politique »[525]. Or, il convient de souligner que si la distinction entre les pouvoirs constituants originaire et dérivé trouve son origine dans « la pensée constitutionnelle d'Emmanuel Sieyès, à la veille de la Révolution française »[526], elle reste très marginale en France, étant donnée la forte influence du principe de la souveraineté constituante [527]. Il apparaît que ce positionnement doctrinal tire le fondement déterminant de son refus de la notion même de Constitution[528]. Pour sa part, Georges Vedel définit le pouvoir constituant comme « le pouvoir d'établir ou de modifier la Constitution »[529]. Par conséquent, les pouvoirs de révision constitutionnelle et d'élaboration de la Constitution sont de même nature et ont la même souveraineté[530]. Robert Badinter, quant à lui, « n'est pas en reste puisqu'il

---

521 LAVROFF (Dmitri-Georges), « De l'abus des réformes : réflexions sur le révisionnisme constitutionnel », *op. cit.*, p. 63.

522 RIGAUX (Marie-Françoise), *La théorie des limites matérielles à l'exercice de la fonction constituante, op. cit.*, p. 35. C'est nous qui soulignons.

523 *Ibid.*, p. 35.

524 *Ibid.*, p. 35.

525 BARTHÉLEMY (Joseph), DUEZ (Paul), *Traité de Droit constitutionnel*, Paris, Dalloz, 2e éd., 1933, réédition par Economica, 1985, p. 236.

526 Pour un bon panorama sur la présentation du pouvoir constituant chez Sieyès, voir BEAUD (Olivier), *La Puissance de l'État*, *op. cit.*, p. 316. Voir notamment YAMAMOTO (Hajimé), « Les trois temps pour la liberté du pouvoir constituant », *op. cit.*, pp. 13-25.

527 MEINDL (Thomas), *La notion de droit fondamental dans les jurisprudences et doctrines constitutionnelles françaises et allemandes*, *op. cit.*, p. 446.

528 Voir ROUSSEAU (Dominique), « Une résurrection, la notion de Constitution », in *R.D.P.*, 1990, p. 5 ; CARCASSONNE (Guy), *La Constitution*, éd. du Seuil, 2000, p. 266.

529 VEDEL (Georges), *Droit constitutionnel op. cit.* p. 112. Voir notamment BÉDARRIDES (Édouard), *Réviser la Constitution : une histoire constitutionnelle française*, *op. cit.*, p. 15.

530 Voir en ce sens les arguments en faveur du caractère souverain du pouvoir constituant, qu'il soit originaire ou bien dérivé, par BONNEFOY (Olivier), *Les relations entre Parlement*

apporte aussi sa pierre à l'édifice contestataire de la compétence du Conseil constitutionnel, grâce à des arguments précis et concrets »[531]. En effet, il n'a pas manqué d'observer que les dispositions actuelles de la Constitution ne donnaient pas compétence au « Conseil constitutionnel pour apprécier la conformité à la Constitution d'une procédure de révision constitutionnelle. La décision du 23 septembre 1992, en soulignant que le Conseil constitutionnel est compétent pour connaître, avant leur promulgation, des lois organiques et des lois ordinaires, exclut implicitement tout contrôle s'agissant des lois constitutionnelles »[532].

Toutefois, la doctrine qui refuse le contrôle des lois de révision de la Constitution semble prisonnière de ces postulats, car la confusion des pouvoirs constituants originaire et dérivé implique l'attribution de la souveraineté au pouvoir de révision[533]. Or, c'est là certainement « l erreur du positivisme juridique »[534] sur la nature du pouvoir constituant dérivé. Soulignons que l'unicité du pouvoir constituant a été souvent perçue au sein de la doctrine publiciste française comme une garantie nécessaire du principe démocratique et essentielle contre le gouvernement des juges[535]. D'ailleurs, le refus doctrinal du contrôle des lois constitutionnelles est fondé sur une conception purement formaliste du pouvoir de révision de la Constitution[536]. Soulignons enfin que l'hypothétique indifférenciation de nature des pouvoirs constituants originaire et dérivé est dans la logique de « la théorie de la souveraineté nationale »[537]. En tout état de cause, les arguments en faveur de l'unicité du pouvoir constituant fondent et légitiment le refus prétorien du contrôle des lois constitutionnelles qui échappe à l'appréciation d'un juge, fût-il le gardien de la Constitution. Ce rejet de la dualité fonctionnelle du pouvoir constituant a pour conséquence la confusion

---

et Conseil constitutionnel : les incidences de la question prioritaire de constitutionnalité sur l'activité normative du Parlement, *op. cit.*, pp. 399-494.

531 BÉDARRIDES (Édouard), *Réviser la Constitution : une histoire constitutionnelle française*, *op. cit.*, p. 15. (C'est nous qui soulignons.)

532 BADINTER (Robert), « Le Conseil constitutionnel et le pouvoir constituant », *op. cit.*, p. 219.

533 Une telle critique est partagée par BEAUD (Olivier), *La Puissance de l'État*, *op. cit.*, p. 329.

534 On emprunte cette expression de Wagdi Sabète dans : SABÈTE (Wagdi), *Pouvoir de révision et droits fondamentaux. Études des fondements épistémologiques et européens de la limite matérielle du pouvoir constituant dérivé*, Rennes, *op. cit.*, p. 18.

535 Voir les définitions formelles de la Constitution dans les propos retenus par LAVROFF (Dmitri-Georges), *Le droit constitutionnel de la Ve République*, *op. cit.*, pp. 65-66 ; BURDEAU (Georges), *Traité de science politique*, Paris, LGDJ, 3e éd., 1983, Tome IV, p. 25 ; PACTET (Pierre), MÉLIN-SOUCRAMANIEN (Ferdinand), *Droit constitutionnel*, Paris, Dalloz, 34e éd., 2015, pp. 62-64.

536 GÖZLER (Kémal), *Le pouvoir de révision constitutionnelle*, *op. cit.*, pp. 12-112.

537 KAMARA (Mactar), « Supra-constitutionnalité et exercice du pouvoir constituant dérivé », *op. cit.*, p. 1445.

« entre le peuple et ses représentants en matière de révision constitutionnelle »[538].

§ 2— L'égale souveraineté des pouvoirs constituants populaire et parlementaire

Le pouvoir de révision peut être exercé aussi bien par le peuple que par ses représentants réunis en Congrès. En effet, lorsque le peuple intervient directement pour adopter une révision constitutionnelle, il fait office de pouvoir constituant originaire, comme le soutiennent les tenants de la doctrine refusant le contrôle[539]. On insistera ici particulièrement sur les conséquences de « l'égale souveraineté entre les actes des pouvoirs constituants populaire et parlementaire »[540]. Par conséquent, comme les lois référendaires ne sont pas contrôlées en soi, celles votées par le Parlement constituant ne doivent pas l'être non plus. Il n'y a donc pas lieu de prévoir un « contrôle de la constitutionnalité des lois de révision votées en Congrès »[541]. Les partisans de la doctrine formaliste du pouvoir constituant invoquent ici la jurisprudence du Conseil constitutionnel qui semble fragiliser la thèse selon laquelle « l'acte de révision d'origine parlementaire serait un acte contestable par opposition à l'acte de révision populaire »[542]. Selon eux, la jurisprudence dite « Maastricht II » tout comme l'article 89 de la Constitution ne différencient pas « la révision parlementaire et la révision référendaire »[543]. Cette doctrine soutient donc la thèse que le peuple en tant que législateur ordinaire ne présente aucune différence de nature par rapport au Parlement constituant[544], car la Constitution française du 4 octobre 1958 ne contient aucun article autorisant expressément le Conseil constitutionnel à apprécier « la constitutionnalité des révisions constitutionnelles »[545]. On

538 BÉDARRIDES (Édouard), *Réviser la Constitution : une histoire constitutionnelle française*, *op. cit.*, p. 18.
539 Voir les analyses avancées par MAILLARD DESGRÉES DU LOÛ (Dominique), « Le pouvoir constituant dérivé reste souverain », *op. cit.*, pp. 725-739.
540 Voir en ce sens NEFRAMI (Eleftheria), « Quelques réflexions sur les limites à l'exercice du pouvoir de révision constitutionnelle en France », *op. cit.*, p. 357. C'est nous qui soulignons.
541 Voir en ce sens BLACHER (Philippe), *Contrôle de constitutionnalité et volonté générale*, *op. cit.*, p. 60.
542 NEFRAMI (Eleftheria), « Quelques réflexions sur les limites à l'exercice du pouvoir de révision constitutionnelle en France », *op. cit.*, p. 358.
543 *Ibid.*, p. 358.
544 Pour une analyse comparable sur la confusion du peuple et de la représentation, voir les travaux de BOUDON (Julien), *Les jacobins : une traduction des principes de Jean-Jacques Rousseau*, *op. cit.*, pp. 261-292.
545 Voir en ce sens BARANGER (Denis), « Un chantier qui ne prend jamais fin : Le juge, les révisions et les autres formes de changement constitutionnel dans la France contemporaine », *op. cit.*, p. 45.

verra plus loin que cette idée d'égale souveraineté entre les pouvoirs constituants populaire et parlementaire mérite d'être nuancée[546].

Lorsqu'il s'agit d'analyser la question de l'égale souveraineté entre pouvoirs constituants parlementaire et populaire, deux décisions[547] du Conseil constitutionnel retiennent avant tout l'attention[548]. Ainsi que l'affirme Eleftheria Neframi, la référence à la réserve des prescriptions constitutionnelles au pouvoir constituant dans la jurisprudence dite « Maastricht II » a été interprétée par une bonne partie de la doctrine comme une acceptation implicite de la compétence du Conseil constitutionnel pour contrôler les actes du Parlement constituant[549]. À ce titre, le pouvoir constituant détenu par le Congrès présente des caractéristiques bien distinctes de celles du pouvoir constituant populaire. C'est dans cet esprit que Fabrice Hourquebie a écrit : « Ne pas poser de limites au pouvoir (...) de révision reviendrait à le mettre sur le même pied que le pouvoir constituant et considérer de la même manière le souverain et ses représentants »[550]. Une telle affirmation résume la vision unitaire du pouvoir constituant théorisée par Georges Vedel[551]. C'est cette idée qui soutient principalement la thèse de la souveraineté du Parlement constituant en France[552]. Dans cette même logique, Jean-Pierre Camby défend l'incompétence du Conseil constitutionnel à l'égard des lois révisant la Constitution : il soutient que ce dernier « est un pouvoir constitué et ne peut contrôler le pouvoir constituant »[553]. Cet argument fait donc dire que les pouvoirs de contrôle du Conseil constitutionnel seront légitimes « dès lors

---

546 Nous verrons dans la deuxième partie de cette étude la possible limitation de la souveraineté du pouvoir de révision au regard du respect des principes constitutionnels.

547 Voir sur ce point MAILLARD DESGRÉES DU LOÛ (Dominique), « Le pouvoir constituant dérivé reste souverain », *op. cit.*, pp. 725-739.

548 Voir dans le même sens NEFRAMI (Eleftheria), « Quelques réflexions sur les limites à l'exercice du pouvoir de révision constitutionnelle en France », *op. cit.*, p. 352.

549 *Ibid.*, p. 352.

550 Voir les analyses avancées par HOURQUEBIE (Fabrice), « Pouvoir constituant dérivé et contrôle du respect des limites », in *Réimaginer les frontières du droit constitutionnel*, VIIe Congrès mondial de l'Association internationale du Droit constitutionnel, Athènes, 11-15 juin 2007, http://www.enelsyn.gr.papers/w9/Paper%20by%20, Fabrice%20, Hourquebie.pdf (consulté le 3 janvier 2017), p. 2.

551 Comme le relève KPEDU (Yawovi-Amedzofe), « Le Parlement constituant en Afrique francophone : contribution à la limitation du pouvoir de révision constitutionnelle en Afrique », *op. cit.*, p. 275.

552 « Le Parlement est l'incarnation de la Nation, sa volonté ne saurait être autre que la volonté nationale souveraine elle-même » ; KAMARA (Mactar), « Supra-constitutionnalité et exercice du pouvoir constituant dérivé », *op. cit.*, p. 1445.

553 Voir en ce sens CAMBY (Jean-Pierre), « Supra-constitutionnalité : la fin d'un mythe », *op. cit.*, p. 683.

que ce dernier ne s'érige pas en organe constituant »[554]. Cette vision d'égale souveraineté entre pouvoirs constituants populaire et parlementaire signifie que l'acte de révision émanant du Congrès, quel que soit son objet, est toujours incontestable devant le juge constitutionnel. La puissance constituante reconnue par le Conseil constitutionnel dans sa jurisprudence constante au peuple ou à ses représentants est donc incompatible avec quelque limitation que ce soit[555]. Ces considérations laissent penser que la distinction entre les pouvoirs constituants populaire et parlementaire n'est rien d'autre qu'un postulat théorique, car elle n'a aucun effet dans la pratique[556].

De plus, le refus de tout contrôle juridictionnel, qu'il soit populaire ou bien parlementaire, se justifie notamment par l'idée qu'un organe nommé ne peut pas imposer ses décisions, tout comme il ne peut pas imposer sa volonté à un organe élu[557]. En sus, toute tentative pour dissocier les deux pouvoirs constituants populaire et parlementaire, pour les opposer, répond à des préoccupations antidémocratiques[558]. Mais, en réalité, le Conseil constitutionnel casserait cette fusion entre les gouvernés et les gouvernants s'il admettait sa compétence sur les lois de révision votées en Congrès, puisque le postulat sur lequel repose la justice constitutionnelle, quelle que soit son organisation concrète, serait qu'il existe de possibles divergences entre « la volonté constituante populaire et parlementaire »[559]. D'ailleurs, le but de toute société démocratique est de faire en sorte que la volonté générale, c'est-à-dire celle du peuple, règne et soit toujours respectée par ses représentants[560]. Cette conception de la démocratie étant matériellement impossible, le choix se porta sur la démocratie représentative selon laquelle la volonté générale est exprimée par un corps de représentants élus démocratiquement par le véritable détenteur même de la souveraineté : « le

---

554 BÉDARRIDES (Édouard), *Réviser la Constitution : une histoire constitutionnelle française*, *op. cit.*, p. 18.

555 LAVROFF (Dmitri-Georges), « De l'abus des réformes : réflexions sur le révisionnisme constitutionnel », *op. cit.*, p. 59.

556 Voir en ce sens les propos retenus par CHALTIEL (Florence), « La souveraineté du pouvoir constituant dérivé », *op. cit.*, pp. 7-9.

557 ROUSSEAU (Dominique), « Faut-il supprimer le Conseil constitutionnel ? », in ROUSSEAU (Dominique), *Le Conseil constitutionnel en questions*, Paris, L'Harmattan, 2004, p. 9. (C'est nous qui soulignons.)

558 Voir les analyses avancées sur la fusion des pouvoirs constituants populaire et parlementaire par MEINDL (Thomas), « Le Conseil constitutionnel aurait pu se reconnaître compétent », *op. cit.*, pp. 741-765.

559 ROUSSEAU (Dominique), « Faut-il supprimer le Conseil constitutionnel ? », *op. cit.*, p. 10.

560 Voir en ce sens les analyses avancées par FATIN-ROUGE STÉFANINI (Marthe), *Le contrôle du référendum par la justice constitutionnelle*, *op. cit.*, p. 81.

peuple »[561]. Une telle assimilation du pouvoir constituant du Parlement à celui du peuple a longtemps été faite dans la doctrine[562], qui considère indifféremment le pouvoir de révision constitutionnelle, quelle que soit l'autorité qui l'exerce[563]. En revanche, le peuple constituant et le Parlement constituant ne sauraient se confondre, car il s'agit là de deux pouvoirs distincts, exprimant des volontés autonomes, et surtout, des degrés de souveraineté foncièrement différents[564].

Nonobstant, il n'est pas étonnant de constater l'égale souveraineté entre pouvoirs constituants populaire et parlementaire dans les écrits de Georges Vedel et Jean-Pierre Camby[565]. Selon ces juristes, s'il voulait réviser la Constitution, le Parlement changerait de caractère, étant donnée la nature de son exercice. Il deviendrait un pouvoir originaire comme « le pouvoir constituant souverain du peuple »[566]. De ce fait, la jurisprudence constitutionnelle française est en accord avec cette tendance doctrinale de l'égale souveraineté des pouvoirs constituants populaire et parlementaire, comme le démontre Florence Chaltiel[567] : « La réaffirmation, en 2003, par le Conseil constitutionnel, de son incompétence pour contrôler les lois constitutionnelles, tend à gommer la distinction entre le pouvoir constituant originaire, le peuple, et le pouvoir constituant dérivé, et les représentants du peuple »[568]. Assimiler volonté du Parlement et volonté générale populaire n'est pas nouveau : cela remonte à la IIIe République[569] et n'est remis en question qu'avec la Constitution française du 4 octobre 1958 qui « considère que le peuple exerce sa souveraineté par ses représentants et par la voie du référendum »[570]. Ainsi, le postulat sous-jacent à la conception volontariste du droit, par l'affirmation du caractère intangible de « la souveraineté constituante », est celui qui dénie toute compétence au juge constitutionnel

---

561 BLACHER (Philippe), *Contrôle de constitutionnalité et volonté générale*, *op. cit.*, p. 55. C'est nous qui soulignons.

562 Voir BURDEAU (Georges), *Traité de science politique, Le statut du pouvoir dans l'État*, *op. cit.*, p. 177.

563 Voir sur ce point VONSY (Moea), « Le " Parlement constituant " n'est pas souverain », *op. cit.*, pp. 793-815.

564 Sur cette question, voir MEINDL (Thomas), « Le Conseil constitutionnel aurait pu se reconnaître compétent », *op. cit.*, pp. 741-765.

565 Lire à ce sujet les propos retenus par VEDEL (Georges), « Souveraineté et supra-constitutionnalité », *op. cit.*, pp. 82-83.

566 Voir en ce sens les analyses avancées par BLANC (Didier), « Des limites au pouvoir constitutionnel de révision ou " l'aiguilleur " aiguillonné – À propos de la décision du Conseil constitutionnel n° 2003-469 DC du 26 mars 2003, loi constitutionnelle relative à l'organisation décentralisée de la République », *op. cit.*, p. 2805.

567 CHALTIEL (Florence), « La souveraineté du pouvoir constituant dérivé », *op. cit.*, pp. 7-9.

568 *Ibid*, p. 7.

569 Lire à ce sujet les propos retenus par BLACHER (Philippe), *Contrôle de constitutionnalité et volonté générale*, *op. cit.*, pp. 29-75.

570 Voir l'article 3 de la Constitution française du 4 octobre 1958.

en matière « de contrôle de constitutionnalité des lois de révision de la Constitution »[571].

Section 2 : La remise en cause doctrinale des clauses intangibles de la Constitution

> « Si le peuple est souverain, rien ne peut lui interdire de remplacer la République par un autre régime, même odieux, [car il faudrait parallèlement admettre que si] les autorités qui souhaitaient l'établissement d'un pouvoir autoritaire l'emportaient, ce ne seraient pas les barrières juridiques élevées par une juridiction constitutionnelle au nom de la supra-constitutionnalité qui pourraient arrêter leur entreprise. »[572]

Le débat doctrinal classique sur la question des limites matérielles à la révision constitutionnelle s'articule essentiellement autour de deux thèses[573] : la première prive[574] ces limites de toute valeur juridique quand la seconde leur en reconnaît une[575]. En effet, la contestation de la pertinence des limites matérielles au pouvoir de révision est l'un des facteurs d'antagonisme entre les opposants[576] et les partisans[577] « d'un contrôle des lois constitutionnelles »[578]. Ainsi, la thèse de la double révision est la première

---

[571] BÉDARRIDES (Édouard), *Réviser la Constitution : une histoire constitutionnelle française*, *op. cit.*, p. 18.

[572] BADINTER (Robert), « Le Conseil constitutionnel et le pouvoir constituant », *op. cit.*, p. 223. (C'est nous qui soulignons).

[573] Voir sur cet aspect les analyses de BEAUD (Olivier), « Le cas français : l'obstination de la jurisprudence et de la doctrine à refuser toute idée de limitation au pouvoir de révision constitutionnelle », *op. cit.*, p. 102.

[574] Pour un aperçu clair et concis des arguments contre l'intangibilité constitutionnelle, voir VEDEL (Georges), « Souveraineté et supra-constitutionnalité », *op. cit.*, pp. 79-97.

[575] Pour les auteurs admettant la limitation matérielle du pouvoir de révision, voir DEROSIER (Jean-Philippe), *Les limites constitutionnelles à l'intégration européenne. Étude comparée : Allemagne, France, Italie*, *op. cit.* p.73 ; BEAUD (Olivier), *La Puissance de l'Etat*, *op. cit.* p. 329.

[576] Pour les auteurs refusant la limitation matérielle du pouvoir de révision, voir GENEVOIS (Bruno), « Les limites d'ordre juridique à l'intervention du pouvoir constituant », *op. cit.*, pp. 909-921 ; CAMBY (Jean-Pierre), « Supra-constitutionnalité : la fin d'un mythe », *op. cit.*, pp. 671-688.

[577] Pour les auteurs admettant la limitation matérielle du pouvoir de révision, voir DEROSIER (Jean-Philippe), *Les limites constitutionnelles à l'intégration européenne. Étude comparée : Allemagne, France, Italie*, *op. cit.* p.73 ; BEAUD (Olivier), *La Puissance de l'État*, *op. cit.* p. 329.

[578] Voir les analyses avancées par CHAGNOLLAUD (Dominique), « Sherlock Holmes à la poursuite du pouvoir constituant (après la décision n° 2003-469 DC du Conseil constitutionnel du 26 mars 2003) », *op. cit.*, pp. 4-6 ; DROIN (Nathalie), « Retour sur la loi

objection que rencontre le principe « d'un contrôle de constitutionnalité des lois constitutionnelles »[579]. Nous exposerons ici les fondements de la négation de toute limitation matérielle à la révision constitutionnelle (§ 1) avant de montrer les nuances caractérisant cette doctrine (§ 2).

§ 1— De la possibilité d'une dérogation aux clauses intangibles par le pouvoir de révision

Notons que la théorie de l'unicité du pouvoir constituant justifie de façon cohérente la doctrine refusant toute limitation matérielle à la révision constitutionnelle[580]. Il faut reconnaître que la question d'une possible hiérarchie entre la disposition interdisant de réviser la forme républicaine du gouvernement et les autres dispositions constitutionnelles renvoie indiscutablement à celle de la portée de « l'article 89, alinéa 5 de la Constitution française du 4 octobre 1958 »[581]. En d'autres termes, il est possible de se demander si cette restriction matérielle constitue une limite infranchissable pour le pouvoir de révision constitutionnelle[582].

Déjà, sous la IIIe République, la portée de l'interdiction de réviser la forme républicaine du gouvernement fut contestée par une bonne partie des

---

constitutionnelle de 1884 : contribution à une histoire de la limitation du pouvoir constituant dérivé », *op. cit.*, pp. 725-747.

579 Voir en ce sens KPEDU (Yawovi-Amedzofe), « Le Parlement constituant en Afrique francophone : contribution à la limitation du pouvoir de révision constitutionnelle en Afrique », *op. cit.*, p. 275.

580 Ils sont nombreux les auteurs qui défendent l'idée de la double révision successive en France : le premier avoir défendu cette doctrine remettant en cause les clauses intangibles fut Léon Duguit sous la Troisième République, voir sur ce point les propos retenus par DUGUIT (Léon), *Traité de droit constitutionnel*, *op.cit.*, p.540. Cette thèse niant la force juridique des clauses intangibles fut ensuite reprise par Georges Vedel sous la Quatrième République, voir VEDEL (Georges), *Manuel élémentaire de droit constitutionnel*, *op.cit.*, p. 117. Elle est encore défendue par certains auteurs tels que GICQUEL (Jean) & GICQUEL (Jean-Éric), *Droit constitutionnel et institutions politiques*, 31e éd.,2017-2018, Paris, Montchrestien, pp. 238-240

581 La majorité de la doctrine sous la Ve République soutient l'idée selon laquelle « la France n'est républicaine que par la volonté du peuple » ; BADINTER (Robert), « Le Conseil constitutionnel et le pouvoir constituant », *op. cit.*, p. 221.

582 Au regard, du rythme des révisions constitutionnelles sous la Ve République, il est nécessaire de s'interroger sur la portée de l'interdiction de réviser la forme républicaine du gouvernement. Les révisions constitutionnelles de 1992 à 2003 ont été adoptées, réactualisant le débat sur la valeur constitutionnelle de l'interdiction de réviser la forme républicaine du gouvernement. Il convient de souligner que la portée de cette interdiction. Or, une telle limitation matérielle à la révision constitutionnelle n'est cependant convenable qu'en admettant une distinction entre les pouvoirs constituants originaire et dérivé.

juristes menés par Léon Duguit[583]. Ces derniers estimaient que l'interdiction de réviser la forme républicaine du gouvernement en 1884 était « un acte de foi nécessairement dépourvu de sanction »[584]. On en déduit que « la révision de dispositions proclamées intangibles » ne constituait pas un tabou pour l'autorité détentrice du pouvoir constituant dérivé[585]. Georges Vedel s'inscrit également dans ce courant doctrinal, sous la IVe République, à propos de « la valeur juridique de l'article 95 de la Constitution de 1946 prévoyant la continuité républicaine »[586]. Selon lui, l'obstacle que constitue cet article pouvait « être levé de la façon suivante : il suffit dans un premier temps de supprimer la disposition qui limite les pouvoirs de l'autorité constituante pour aboutir à la modification proprement dite de la norme dont la révision est interdite » [587].

Sous la Ve République aussi, une bonne partie de la doctrine, sous l'autorité de Robert Badinter, a pris position contre « la reconnaissance du caractère intangible de la forme républicaine du gouvernement »[588] . De ce fait, « il est devenu classique de soutenir qu'une double révision suffit pour mettre à néant une clause d'intangibilité »[589] constitutionnelle. D'ailleurs, le Conseil constitutionnel français « s'est rallié »[590] à la doctrine de la souveraineté constituante, car il ne pouvait faire autrement, « sauf à s'exposer lui-même au spectre du gouvernement des juges »[591]. Soulignons que le refus du contrôle des lois constitutionnelles a été également motivé par « l'argumentaire de la double révision successive »[592]. La question de la

583 Voir sur ce point DROIN (Nathalie), « Retour sur la loi constitutionnelle de 1884 : contribution à une histoire de la limitation du pouvoir constituant dérivé », *op. cit.*, pp. 725-747.

584 JOUANJAN (Olivier), « La forme républicaine du gouvernement, norme supra-constitutionnelle ? », *op. cit.*, p. 268.

585 La thèse de l'assimilation des pouvoirs constituants repose sur l'idée que toute disposition constitutionnelle, quelle que soit son ancienneté, serait susceptible d'être modifiée ou abrogée par le pouvoir de révision.

586 Voir en ce sens BÉDARRIDES (Édouard), *Réviser la Constitution : une histoire constitutionnelle française*, *op. cit.*, p. 16.

587 KAMARA (Mactar), « Supra-constitutionnalité et exercice du pouvoir constituant dérivé », *op. cit.*, p. 1440.

588 Voir en ce sens GENEVOIS (Bruno), « Les limites d'ordre juridique à l'intervention du pouvoir constituant », *op. cit.*, pp. 909-921.

589 BOSHAHB (Évariste), *Entre la révision de la Constitution et l'inanition de la nation*, *op. cit.*, p. 123.

590 Voir en ce sens ISIDORO (Cécile), « Le pouvoir constituant peut-il tout faire ? », *op. cit.*, p. 243.

591 Voir en ce sens JAN (Pascal), « L'immunité juridictionnelle des lois de révision constitutionnelle », *op. cit.*, pp. 4-11.

592 Selon les tenants de la doctrine de la double révision, il n'y a aucune raison que l'interdiction de réviser la forme républicaine du gouvernement puisse échapper à la puissance légiférante du pouvoir de révision. Voir les analyses avancées par CAMBY (Jean-Pierre), « Supra-constitutionnalité : la fin d'un mythe », *op. cit.*, pp. 671-688 ; GENEVOIS

possible révision totale de la Constitution par le constituant dérivé a suscité en effet d'importants débats en doctrine[593]. Si Georges Vedel y est clairement favorable, il ne pose pas la question de sa validité, comme le remarque Claude Klein[594]. Quant à Olivier Beaud[595] et Louis Favoreu[596], ils réfutent la thèse de la double révision – et nous nous joignons à eux – pour la raison suivante[597] : quelle que soit la pertinence des arguments qui la soutiennent, « la thèse de la double révision » est théoriquement douteuse[598]. C'est pourquoi nous pensons que, juridiquement, les limites matérielles à la révision constitutionnelle « s'imposent à l'organe de révision : puisqu'il tient son pouvoir de la Constitution, il doit la respecter »[599].

In fine, nous relevons qu'une bonne partie de la doctrine avait mobilisé des arguments remettant en cause « des clauses intangibles de la Constitution », au nom du principe de la souveraineté du pouvoir constituant[600] . Toutefois, cette thèse est contestable, car « l'argument des deux révisions successives est un sophisme »[601]. Et si, sur la base de la clause d'éternité, les juridictions constitutionnelles peuvent admettre la possibilité « d'un contrôle des lois portant révision de la Constitution »[602], il faut accepter que l'utilité concrète d'une telle clause demeure incertaine[603].

(Bruno), « Les limites d'ordre juridique à l'intervention du pouvoir constituant », *op. cit.*, pp. 909-921.

593 Sans prétendre à l'exhaustivité, on citera, à titre d'illustration, quelques-unes des études consacrées à ce thème : RABAULT (Hugues), « La clause d'éternité : la recevabilité des recours contre les lois de révision constitutionnelle », *op. cit.*, pp. 3-4 ; MODERNE (Franck), « La notion de révision de la Constitution », *op. cit.*, pp. 424-440 ; BLAMONT (Émile), « La révision de la Constitution », *op. cit.*, pp. 415-422. Voir notamment les analyses sur « la garantie difficile des dispositions intangibles », par OUÉDRAOGO (Séni-Mahamadou), *La lutte contre la fraude à la Constitution en Afrique noire francophone*, thèse de doctorat, université Montesquieu, Bordeaux-IV, 2011, pp. 236-320.

594 KLEIN (Claude), *Théorie et pratique du pouvoir constituant*, *op. cit.*, p. 142.

595 Voir sur ce point les analyses de BEAUD (Olivier), *La Puissance de l'État*, *op. cit.*, pp. 330-336.

596 FAVOREU (Louis), « Souveraineté et supra-constitutionnalité », *op. cit.*, p. 76.

597 DEROSIER (Jean-Philippe), *Les limites constitutionnelles à l'intégration européenne. Étude comparée : Allemagne, France, Italie*, *op. cit.*, p. 73.

598 Voir les analyses avancées par JOUANJAN (Olivier), « La forme républicaine du gouvernement, norme supra-constitutionnelle ? », *op. cit.*, p. 285.

599 Voir DUVERGER (Maurice), *Manuel de droit constitutionnel et de science politique*, Paris, PUF, 5e éd., 1948, p. 195.

600 Voir en ce sens les arguments avancés par L'HÔTE (Vincent), « La " forme républicaine du gouvernement " à l'épreuve de la révision constitutionnelle de mars 2003 », in *R.D.P*, 2004, n° 1, *op. cit.*, p. 113.

601 ISIDORO (Cécile), « Le pouvoir constituant peut-il tout faire ? », *op. cit.*, p. 242.

602 Voir les analyses avancées par RABAULT (Hugues), « La clause d'éternité : la recevabilité des recours contre les lois de révision constitutionnelle », *op. cit.*, p. 4.

603 Voir en ce sens les analyses avancées par GENEVOIS (Bruno), « Les limites d'ordre juridique à l'intervention du pouvoir constituant », *op. cit.*, pp. 909-921.

Force est donc de constater que la doctrine de la double révision aurait d'une manière indirecte conduit le Conseil constitutionnel à reconnaître la souveraineté du pouvoir constituant en fondant sa jurisprudence sur une interprétation stricte de l'article 61 de la Constitution[604].

§ 2— La relativité des arguments avancés par le courant doctrinal favorable au refus du contrôle

Pour soutenir la thèse qui refuse toute limitation matérielle à la révision constitutionnelle, on avance parfois l'argument de l'intégrité de « la souveraineté constituante »[605] : si le pouvoir constituant est souverain, alors toute limitation matérielle serait impossible juridiquement. Cela signifie que, pour les tenants de la double révision, l'article 89 alinéa 5 de la Constitution ne bénéficie d'aucune garantie de survie permanente. En effet, le pouvoir de révision a toujours la possibilité d'abroger d'abord l'interdiction de modifier la forme républicaine du gouvernement. Cela lui permet ensuite de changer la Constitution à sa guise[606]. Si cette thèse a continué d'avoir les faveurs de la doctrine refusant le principe « d'un contrôle des lois constitutionnelles »[607], elle est contestable[608]. Si l'on part de « l'idée que la révision de la Constitution consiste à corriger les lacunes du texte constitutionnel par suppression, adjonction ou modification »[609], il devient inconcevable d'imaginer une révision totale par le constituant dérivé[610], sauf à penser que le pouvoir de révision de la Constitution n'est pas réellement encadré par le pouvoir constituant originaire[611].

Si, pour certains auteurs, la révision constitutionnelle ne peut être que partielle[612], d'autres considèrent que, par définition, le refus d'une révision totale s'apparente en quelque sorte à une remise en cause du caractère

---

604 Pour un éclairage précis sur ce point, voir les analyses avancées par CAMBY (Jean-Pierre), « Supra-constitutionnalité : la fin d'un mythe », *op. cit.*, pp. 671-688.
605 DEROSIER (Jean-Philippe), *Les limites constitutionnelles à l'intégration européenne. Étude comparée : Allemagne, France, Italie*, *op. cit.*, p. 74.
606 Voir les analyses avancées par GENEVOIS (Bruno), « Les limites d'ordre juridique à l'intervention du pouvoir constituant », *op. cit.*, pp. 909-921.
607 Voir en ce CAMBY (Jean-Pierre), « Supra-constitutionnalité : la fin d'un mythe », *op. cit.*, pp. 671-688.
608 Voir en ce sens les propos retenus par COURTOT (Pascale), « La portée de l'interdiction de réviser la forme républicaine du gouvernement », *op. cit.*, pp. 1741-1760.
609 BOSHAHB (Évariste), *Entre la révision de la Constitution et l'inanition de la nation*, Bruxelles, *op. cit.*, p. 34.
610 LE PILLOUER (Arnaud), « De la révision à l'abrogation : les termes du débats », *op. cit.*, p. 83.
611 *Ibid.*, p.54.
612 Voir aussi GÖZLER (Kémal), *Le pouvoir de révision constitutionnelle*, *op. cit.*, pp. 199-217.

intangible de « la souveraineté constituante »[613]. D'ailleurs, si l'unanimité se dégage au sein de la doctrine pour admettre que le pouvoir constituant originaire est « l'auteur de l'esprit de la Constitution »[614], la doctrine reste très partagée en ce qui concerne « la possibilité d'un contrôle des lois constitutionnelles »[615].

Des juristes, à l'instar de Kémal Gözler, estiment que toute Constitution a un esprit qui ne peut pas être modifié sans que la Constitution elle-même soit changée, car l'organe habilité à effectuer la révision ne peut pas « bouleverser les fondements du système »[616] constitutionnel duquel dépend son existence[617]. De même, toute intervention du pouvoir constituant dérivé sur « l'esprit de la Constitution » remettrait en cause les principes fondamentaux qui forment l'essence de la Constitution[618]. Donc, « cela pourrait se traduire par une fraude constitutionnelle »[619]. Toutefois, ce point de vue sur l'esprit de la Constitution a été critiqué pour son « fondement jusnaturaliste »[620]. Quoi qu'il en soit, une chose était de proclamer la souveraineté constituante sur le primat « du juge constitutionnel, une autre

613 VEDEL (Georges), « Souveraineté et supra-constitutionnalité », *op. cit.*, p. 90.

614 Voir en ce sens VIALA (Alexandre), « Limitation du pouvoir constituant, la vision du constitutionnaliste », *op. cit.*, p. 82.

615 Pour un éclairage sur la question de la limitation de la souveraineté du pouvoir de révision constitutionnelle, voir MAGNON (Xavier), « Quelques maux encore à propos des lois de révision constitutionnelle : limites, contrôle, efficacité, caractère opératoire et existence. En hommage à Louis Favoreu », *op. cit.*, pp. 595-617.

616 BÉDARRIDES (Édouard), *Réviser la Constitution : une histoire constitutionnelle française*, *op. cit.*, p. 18.

617 L'esprit de la Constitution a été utilisé, dans le débat doctrinal sur les limites à la révision constitutionnelle, pour désigner les limites non expressément déterminées, mais qui s'imposent au pouvoir constituant dérivé. Voir sur ce point les analyses avancées par RIGAUX (Marie-Françoise), *La théorie des limites matérielles à l'exercice de la fonction constituante*, *op. cit.*, pp. 42-94.

618 Voir en ce sens les propos retenus par CALAMO-SPECCHIA (Marina) « Les limites à la révision de la Constitution en France et perspectives comparées », in *VIIe Congrès français de Droit Constitutionnel, 50e anniversaire de la Constitution du 4 octobre 1958*, Paris, 25, 26 et 27 septembre 2008, Atelier n° 3, Constitution et pouvoir constituant, consultable sur le site (consulté le 20 juin 2017), p. 21.

619 La fraude à la Constitution pourrait se traduire par l'idée selon laquelle l'acte de révision, en apparence légal, est en soi conforme à la lettre de la Constitution. Lire à ce sujet les analyses avancées par LIET-VEAUX (Georges), « La " fraude à la constitution " : essai d'une analyse juridique des révolutions communautaires récentes », in *R. D. P*, 1943, pp. 116-150 ; COURTOT (Pascale), « La portée de l'interdiction de réviser la forme républicaine du gouvernement », *op. cit.*, pp. 1741-1760.

620 Voir les propos retenus par CHALTIEL (Florence), « La souveraineté du pouvoir constituant dérivé », *op. cit.*, pp. 7-9.

était de constater la réalité de la garantie des valeurs essentielles de la Constitution »[621].

En tout état de cause, l'attachement à la double révision est lié au rejet de « l'émergence de la supra-constitutionnalité dans l'ordre juridique interne »[622]. Cependant, on pourrait soutenir que la présence des dispositions constitutionnelles intangibles se traduit comme « un acte de foi en la démocratie »[623], ces dernières constituant de surcroît une sorte d'« antidote au révisionnisme »[624]. Deux objections peuvent être formulées à l'encontre de la thèse de la double révision[625]. En premier lieu, dans l'hypothèse où la Constitution elle-même octroie à l'organe de révision le pouvoir de réviser totalement la Charte fondamentale, il ne nous semble pas que cet organe accède à la puissance originaire. Nous estimons alors que réviser la Constitution, ce n'est pas la changer. C'est-à-dire que, selon Louis Favoreu, le recours à la technique de la double révision pour contourner l'obstacle de la limitation matérielle à la révision s'apparenterait à un « détournement de procédure »[626]. En second lieu, Alf Ross a démontré « l'impossibilité logique des normes autoréférentielles »[627]. Cela signifie que, pour les partisans de la thèse du « paradoxe de l'auto-révision »[628], les clauses intangibles constitutionnelles sont immuables, « sauf par la révolution juridique »[629].

---

621 Voir en ce sens PINON (Stéphane), *Les réformistes constitutionnels des années trente : aux origines de la Ve République, op. cit.*, p. 239.
622 VEDEL (Georges), « Souveraineté et supra-constitutionnalité », *op. cit.*, p. 87.
623 BOSHAHB (Évariste), *Entre la révision de la Constitution et l'inanition de la nation, op. cit.*, p. 116.
624 *Ibid.*, p. 116.
625 Voir sur ce point par OUEDRAOGO (Séni-Mahamadou), *La lutte contre la fraude à la Constitution en Afrique noire francophone*, *op. cit.*, pp. 111- 320.
626 FAVOREU (Louis), « Souveraineté et supra-constitutionnalité », *op. cit.*, p. 76.
627 KLEIN (Claude), *Théorie et pratique du pouvoir constituant, op. cit.*, p. 124.
628 Cette expression a été utilisée par Jean-Philippe Derosier dans : DEROSIER (Jean-Philippe), *Les limites constitutionnelles à l'intégration européenne. Étude comparée : Allemagne, France, Italie*, *op. cit.*, p. 77.
629 Contrairement à la Constitution française du 4 octobre 1958, certaines Chartes fondamentales comme celles de l'Autriche, de l'Espagne ou de la Suisse prévoient la possibilité du remplacement de la Constitution par le pouvoir constituant qu'elle désigne. Il faut tout de même rappeler que ces Constitutions disposent généralement que c'est le peuple qui procédera à la ratification de la nouvelle Constitution. Voir en ce sens AUBERT (Jean-François), « La révision totale des Constitutions », in *Mélanges en l'honneur de Pierre Pactet, L'esprit des institutions, l'équilibre des pouvoirs*, Dalloz, Paris, 2003, pp. 455-472 ; PFERSMANN (Otto), « La révision constitutionnelle en Autriche et en Allemagne fédérale. Théorie, pratique, limites », in *Association française des Constitutionnalistes, La révision de la Constitution*, Journées d'études des 20 mars et 16 décembre 1992, coll. « Droit Public Positif », Economica, Presses universitaires d'Aix-Marseille, Paris, Aix-en-Provence, 1993, pp. 7-65 ; BÉDARRIDES (Édouard), *Réviser la Constitution : une histoire constitutionnelle française*, *op. cit.*, pp. 445-598 ; BEAUD (Olivier), *La Puissance de l'État*, *op. cit.*, pp. 349-357.

Dans le même sillage, d'autres auteurs refusent catégoriquement l'idée de la révision de la clause d'habilitation par « le pouvoir constituant dérivé »[630], car c'est un « subterfuge qui permet de légaliser la révolution, ce qui débouche toujours sur une fraude à la Constitution sur le plan juridique »[631]. Du reste, la doctrine formaliste du pouvoir constituant s'attache donc à la double révision pour invalider « la possibilité d'un contrôle des lois constitutionnelles »[632]. Pour elle, cette méthode seule peut vérifier la légalité de toute modification constitutionnelle par le pouvoir constituant dérivé. C'est là « une révolution juridique »[633].

630 Voir LIET-VEAUX (Georges), « La " fraude à la constitution " : essai d'une analyse juridique des révolutions communautaires récentes », *op. cit.*, pp. 116-150.

631 MODERNE (Franck), *Réviser la Constitution. Analyse comparative d'un concept indéterminé*, *op. cit.*, p. 99.

632 BÉDARRIDES (Édouard), *Réviser la Constitution : une histoire constitutionnelle française*, *op. cit.*, p. 18.

633 *Ibid.*, p. 2.

CHAPITRE 2
LES CRAINTES DU GOUVERNEMENT DES JUGES À L'ORIGINE DU REFUS DU CONTRÔLE

> « La vraie pierre de touche du gouvernement des juges se trouve dans la liberté que le juge constitutionnel s'octroie non d'appliquer la Constitution, ou de l'interpréter même de façon constructive, mais sous quelque nom que ce soit, de la compléter, sinon de la corriger par des règles qui sont sa propre création. »[634]

Le « gouvernement des juges »[635] est l'un des sujets inépuisables en droit public français[636]. En effet, sa dénonciation est récurrente au sein de la doctrine[637], car « elle constitue le plat de résistance ou la tarte à la crème du

---

[634] Voir VEDEL (Georges), « La place de la déclaration de 1789 dans "le bloc de constitutionnalité " », *in La déclaration des droits de l'homme et du citoyen et la jurisprudence*, colloque au Conseil constitutionnel des 25 et 26 mai 1989, PUF, Paris, 1989, p. 63. Voir notamment GENEVOIS (Bruno), « Les limites d'ordre juridique à l'intervention du pouvoir constituant », *op.cit.*, pp. 909-921.

[635] « On appelle Gouvernement des juges toute situation dans laquelle les magistrats, quels qu'ils soient [...], paraissent disposer d'un pouvoir politique excessif » ; TROPER (Michel), « Le bon usage des spectres. Du gouvernement des juges au gouvernement par les juges », in *Mélanges en l'honneur de Gérard Conac, Le Nouveau Constitutionnalisme*, Paris, Economica, 2001, p. 52. Voir notamment BLIN (François), *Le gouvernement des juges en France sous la Ve République : mythe ou réalité ?* thèse, Toulouse, 1991, 310 p. Voir aussi MASTOR (Wanda), « Plaidoyer pour le gouvernement des juges », *op. cit.*, p. 63.

[636] Sur cet aspect, voir les contributions de MASTOR (Wanda), « Plaidoyer pour le gouvernement des juges », *op. cit.*, pp. 63-74 ; MASTOR (Wanda), « Alexis de Tocqueville, Du pouvoir judiciaire aux Etats Unis et de son action sur la société politique », in MASTOR (Wanda), et alii, *Les grands discours de la culture juridique*, Dalloz, « collection les grands arrêts », 2017, pp. 279-287 ; MASTOR (Wanda), « Édouard Lambert, le gouvernement des juges et la lutte contre la législation sociale aux Etats unis », in MASTOR (Wanda), et alii, *Les grands discours de la culture juridique*, Dalloz, « collection les grands arrêts », 2017, pp. 318-330.Voir notamment l'ensemble des contributions rassemblées dans « Le contrôle de constitutionnalité des lois constitutionnelles », *op. cit.*, pp. 3-58 ; DESMONS (Éric), « Démocratie constitutionnelle ou autocratie judiciaire ? », in *Revue des deux mondes*, février-mars 2018, pp. 72-83 ; DYEVRE (Arthur), *L'activisme juridictionnel en droit constitutionnel comparé : France, États-Unis, Allemagne*, thèse de doctorat, université Paris-I-Panthéon-Sorbonne, 2007, 543 p.

[637] Voir en ce sens DI MANNO (Thierry), *Le juge constitutionnel et la technique des décisions interprétatives en France et en Italie*, *op. cit.*, p. 11.

constitutionnalisme français classique »[638]. D'un point de vue doctrinal, « l'idée d'un contrôle des actes du pouvoir de révision constitutionnelle »[639] a été repoussée parce que son principe même était jugé contraire à « la souveraineté constituante »[640]. Or, si certains auteurs voient le juge constitutionnel comme un « élément essentiel de la démocratie avancée »[641], d'autres lui refusent « le pouvoir de contrôler les lois révisant la Constitution au motif que la justification d'un tel contrôle sur le terrain de la supra-constitutionnalité[642] constituerait la brèche idéale dans laquelle pourrait s'engouffrer le gouvernement des juges[643]. Par crainte de le voir apparaître se développe une position idéologique : « le refus du contrôle »[644] des amendements à la Constitution[645]. Dans cette situation, une projection sur la doctrine refusant le pouvoir constituant du juge constitutionnel est nécessaire[646] (Section 1). Nous mettrons ensuite en lumière ce qui justifie le refus du fondement supra-constitutionnel du contrôle des lois constitutionnelles[647] (Section 2).

---

638 Voir sur ce point FAVOREU (Louis), « De la démocratie à l'État de droit », *op. cit.*, p. 158.

639 Voir KPODAR (Adama), « Contribution sur la fausse vraie idée du contrôle de constitutionnalité. Quand l'interprétation constitutionnelle menace la lisibilité du bloc référentiel », *op. cit.*pp.213-232.

640 Voir les analyses avancées par BLÉOU (Martin), « La question de l'effectivité de la suprématie de la Constitution. À propos des poches de résistances au contrôle juridictionnel de constitutionnalité des lois en France et dans les États africains de succession française », in *Mélanges dédiés au Doyen Francis V. Wodie*, sous la dir. de MELEDJE (Djedjro Francisco) *et alii*, Presses de l'université Toulouse-I-Capitole, 2016, p. 47.

641 Voir en ce sens PINON (Stéphane), *Les réformistes constitutionnels des années trente : aux origines de la Ve République*, *op. cit.*, p. 269.

642 Voir les analyses de MATHIEU (Bertrand), « La supra-constitutionnalité existe-t-elle ? », *op. cit.*, pp. 12-17 ; CAMBY (Jean-Pierre), « Supra-constitutionnalité : la fin d'un mythe », *op. cit.*, pp. 671-688.

643 Voir sur la question « les juges gouvernent-ils ? », dans les analyses avancées par MASTOR (Wanda), « Plaidoyer pour le gouvernement des juges », *op. cit.*, pp. 64-69.

644 BÉDARRIDES (Édouard), *Réviser la Constitution : une histoire constitutionnelle française*, *op. cit.*, p. 18.

645 Pour un éclairage précis sur ce point, voir les travaux de BRAMI (Cyril), *Des juges qui ne gouvernent pas : Retour sur les idées constitutionnelles de Roger Pinto*, *op. cit.*, p. 74.

646 Pour une analyse comparable, voir BOTTINI (Eleonora), « L'intervention du juge constitutionnel dans l'exercice du pouvoir constituant », *op. cit.*, pp. 117-154. Voir notamment BONNET (Julien), « La révision constitutionnelle et le juge, une consécration ?», in *Politeia*, 2009, n°15, p. 465. Voir aussi, « la théorie judiciaire du changement constitutionnel informel » dans les propos retenus par VLACHOGIANNIS (Apostolos), *La Living Constitution. Les juges de la Cour suprême des Etats-Unis et la Constitution*, Paris, Classiques Garnier, coll. Bibliothèque de la pensée juridique, 2014, pp. 20-24.

647 Dans la contribution sur la justice constitutionnelle, Demba Sy s'est posé la question suivante : « en admettant le contrôle des lois de révision n'entre-t-on pas dans la sphère de la supra-constitutionnalité ? Le juge ne se comporte-t-il pas comme un véritable pouvoir constituant dérivé ? » ; SY (Demba), « Les fonctions de la justice constitutionnelle en

Section 1 : Le juge constituant neutralisé par le légicentrisme

> « Si l'on glisse vers un gouvernement des juges, on sort de la démocratie. Pourquoi pas ? Après tout, la démocratie n'est pas forcément un horizon indépassable. »[648]

La justiciabilité des lois constitutionnelles est souvent présentée comme aboutissant à faire prévaloir le primat du juge contre la volonté de l'autorité détentrice « du pouvoir de révision »[649]. C'est pourquoi la participation de l'entité juridictionnelle à la fonction constituante ne finit pas d'alimenter les discussions au sein de la doctrine quant à l'action du juge non-élu, qui invaliderait « l'acte du pouvoir de révision »[650]. Ainsi, le juge constitutionnel est un « troisième pouvoir constituant de l'interprète »[651]. Cette évidence repose sur des présupposés qui ont été contestés par les partisans de la doctrine refusant le contrôle des lois constitutionnelles[652]. Un examen approfondi de leurs arguments permet de nuancer la thèse favorable à « l'existence du pouvoir constituant du juge constitutionnel »[653]. Il montrera que le juge constitutionnel ne peut être un pouvoir constituant[654], car il ne semble pas avoir de compétences formelles pour réviser ou élaborer une

---

Afrique », *in NAREY (Oumarou), La justice constitutionnelle, Acte du colloque international de l'ANDC,* Paris, L'Harmattan, 2016, p. 55. En partant de cette question, le problème en France est de savoir si le Conseil constitutionnel peut exercer un contrôle de constitutionnalité des actes du pouvoir constituant dérivé, s'il peut dégager des normes de référence qui s'imposeraient audit pouvoir.

648 MATHIEU (Bertrand), « Le gouvernement des juges, ce n'est pas la démocratie ! », in *Gazette du Palais,* n° 269, 2015, p. 5.

649 Réviser la Constitution, c'est accomplir un acte de souveraineté : il serait ainsi anormal que cet acte soit contrôlé par un organe non élu. C'est ainsi que, selon Georges Vedel, « le pouvoir constituant est lieu juridique où la souveraineté [constituante] s'exerce sans partage *[entre l'autorité détentrice du pouvoir de révision et le juge constitutionnel]* » ; VEDEL (Georges), « Schengen et Maastricht », *op.cit.,* p.179. (C'est nous qui soulignons).

650 Voir les analyses avancées par BOTTINI (Eleonora), « L'intervention du juge constitutionnel dans l'exercice du pouvoir constituant », *op.cit.*, pp. 117-154.

651 ANDZOKA-ATSIMOU (Séverin), « La participation des juridictions constitutionnelles au pouvoir constituant en Afrique », *op.cit.*, p. 280.Voir notamment BLACHER (Philippe), *Contrôle de constitutionnalité et volonté générale*, *op.cit.*, pp. 144-149.

652 Il convient de préciser que « la théorie réaliste de l'interprétation » qui aboutit à reconnaître au juge constitutionnel un véritable pouvoir constituant a été largement critiquée par une bonne partie de la doctrine sous la direction de Georges Vedel. Voir sur ce point les critiques faites à l'encontre du pouvoir normatif du juge constitutionnel par VEDEL (Georges), « Souveraineté et supra-constitutionnalité », 1993, *op. cit.*, p. 92 .

653 Voir les analyses avancées sur le refus d'un droit de censure des actes du pouvoir constituant qu'il soit originaire ou bien dérivé, dans les propos retenus par HEUSCHLING (Luc), *État de droit -Rechststaat -Rule of Law*, *op. cit.*, pp . 632-642.

654 Voir sur ce point PACTET (Pierre), « Le Conseil constitutionnel et l'œuvre constituante », *op. cit.*, pp. 1373-1386. Voir aussi, RIBES (Didier), « Le réalisme du Conseil constitutionnel », *in Les Cahiers du Conseil constitutionnel,* n° 22, 2007, p. 137.

Constitution[655]. On tentera en outre de démontrer que les opposants « au contrôle des lois constitutionnelles » se sont référés au légicentrisme pour refuser l'existence du juge constituant[656] (§ 1). On essaiera également de nuancer les arguments avancés par la doctrine refusant le contrôle sous la crainte du gouvernement des juges [657](§ 2).

§ 1— Le refus de l'existence du juge constituant

La remise en cause du juge constitutionnel en tant que pouvoir constituant résulte de la dénonciation du gouvernement des juges[658]. Cette expression a été utilisée de façon péjorative par ceux qui s'opposent « au contrôle des lois constitutionnelles »[659]. Si, pour certains, ce spectre du

---

[655] Il convient de souligner dans cette étude que le Conseil constitutionnel n'est pas "une autorité constitutionnelle habilitée à exercer le pouvoir constituant dérivé". Pour un éclairage précis sur les contraintes pesant sur la liberté d'interprétation du juge constitutionnel, voir SÉNAC (Charles-Edouard), *L'office du juge constitutionnel : étude du contrôle de constitutionnalité par les juridictions françaises,* thèse LGDJ, 2015, 613. p.

[656] « Le juge doit être cantonné à un rôle subalterne de confrontation du cas d'espèce à une loi parfaite, en se gardant de l'interpréter, et a fortiori la juger » ; SAINT-BONNET (François), « La double genèse de la justice constitutionnelle en France », in *R. D. P.*, 2007, n°3, p.758. Voir notamment les analyses avancées sur « le pouvoir constituant des cours constitutionnelles », dans les propos retenus par ANDZOKA-ATSIMOU (Séverin), *L'ingénierie constitutionnelle, solution de sortie de crise en Afrique ? : les exemples de l'Afrique du Sud, de la République démocratique du Congo, du Burundi et du Congo-Brazzaville, op. cit.* pp. 420-442. Voir aussi PACTET (Pierre), « Le Conseil constitutionnel et l'œuvre constituante », *op. cit.*, pp. 1373-1386.

[657] Voir les analyses avancées par RIBES (Didier), « Le juge constitutionnel peut-il se faire législateur ? de la Cour constitutionnelle d'Afrique du Sud du 2 décembre 1990 », *in Les Cahiers du Conseil constitutionnel,* n° 9, 2000, pp. 84-89. Voir aussi CAPPELLETTI (Mauro), « Des juges législateurs », *in Le pouvoir des juges,* Economica, PUAM, coll. « droit public positif », 1990, pp. 23-113.

[658] « Pour rendre compte d'une posture des juges » pouvant être qualifiés de constituants, plusieurs points de vue théoriques peuvent être mobilisés qui, tous, s'interrogent sur les conséquences de la participation du Conseil constitutionnel à la fonction constituante. Au regard des théories classiques de droit constitutionnel, et si l'on se réfère par ailleurs aux arguments avancés par les partisans de la doctrine formaliste du pouvoir constituant, « l'activité du juge était présentée comme une fonction quasi automatique d'application de la loi, n'impliquant pas la participation de ce dernier à la fonction constituante », BÉDARRIDES (Édouard), *Réviser la Constitution : une histoire constitutionnelle française, op., cit.*, p. 18. C'est nous qui soulignons.

[659] Pour une analyse synthétique des positions doctrinales existantes sur la notion « du gouvernement des juges » dans la doctrine publiciste française, il convient de se reporter à l'article de Michel Troper. Pour lui, il y aurait trois acceptions du gouvernement des juges : *latissimo sensu, stricto sensu, et strictissimo sensu.* Au sens *latissimo sensu,* « on appelle gouvernement des juges toute situation dans laquelle des magistrats (…) paraissent disposer d'un pouvoir politique excessif, parce qu'ils peuvent s'opposer soit à des décisions, soit à des hommes politiques ». Suivant cette première variante, fondée sur la théorie réaliste de l'interprétation, les juges constitutionnels ont toujours le pouvoir de prendre des décisions politiques, parce qu'ils sont nécessairement discrétionnaires, il y aurait donc un gouvernement des juges. Dans la deuxième variante, il existerait un gouvernement des juges si ceux-ci allaient au-delà de leurs attributions formelles en

gouvernement des juges se réduit « en définitive à un mythe »[660], d'autres, adoptant une démarche exactement identique à celle d'Édouard Lambert[661], refusent catégoriquement le contrôle des amendements à la Constitution par crainte de la figure d'un juge qui gouverne à sa place[662]. Pour ces derniers, on a donc affaire à un gouvernement des juges dès que « les membres du Conseil constitutionnel ne citent pas les textes juridiques qui servent de fondements à leurs décisions »[663] et, ajoute Georges Vedel, « quand ceux-ci ne se contentent pas d'appliquer ou d'interpréter des textes, mais imposent des normes qui sont en réalité des produits de leur propre esprit »[664]. Partant, la dénonciation du gouvernement des juges repose sur la remise en question des méthodes dont le juge constitutionnel fait usage dans le règlement des problèmes qui lui sont posés[665]. C'est ainsi que, selon les opposants au contrôle, l'interprétation des textes constitutionnels se fonde bien sur « un acte de connaissance » et non sur « un acte de volonté », à moins d'admettre

---

cessant de contrôler exclusivement la légalité des actes des autres pouvoirs constitués ; donc, si ceux-ci pouvaient prendre des décisions politiques qui iraient à l'encontre de celles prises par les élus. Dans son acception *stricto sensu*, « il y aurait un gouvernement des juges quand ceux-ci exercent au moins en partie le pouvoir législatif », comme l'affirmait d'Édouard Lambert. Enfin, dans son acception *strictissimo sensu*, il y aurait un gouvernement des juges dès lors que ceux-ci disposeraient de la totalité du pouvoir constituant, comme le relève Georges Vedel. Voir en ce sens les propos retenus par TROPER (Michel), « Le bon usage des spectres. Du gouvernement des juges au gouvernement par les juges », *op. cit*., pp. 49- 65.

660 D'après Denys de Béchillon, « les esprits ont enregistré qu'un juge qui gouverne est un usurpateur, quelqu'un qui en fait beaucoup trop et qui confisque à son profit une compétence fondamentalement politique, qui ne peut ni ne doit lui appartenir. Et l'on n'arrivera jamais à populariser l'idée que la locution " gouvernement des juges " pourrait vouloir dire autre chose » ; BÉCHILLON (Denys de), « Le gouvernement des juges : une question à dissoudre », *op. cit*., p. 973. Voir aussi MASTOR (Wanda), « Alexis de Tocqueville, Du pouvoir judiciaire aux Etats Unis et de son action sur la société politique », *op.cit.* pp. 279-287 ; MASTOR (Wanda), « Édouard Lambert, le gouvernement des juges et la lutte contre la législation sociale aux Etats unis », *op.cit.* pp. 318-330.

661 Voir en ce sens LAMBERT (Édouard), *Le gouvernement des juges et la lutte contre la législation sociale aux États-Unis : L'expérience américaine du contrôle judiciaire de la constitutionnalité des lois*, coll. « Bibliothèque », Dalloz, 2005, 276 p.

662 Partant de la crainte exposée par Édouard Lambert à l'égard de l'auto-attribution du contrôle de constitutionnalité des amendements à la Constitution par la Cour suprême américaine, en France, certains auteurs à l'instar de François Luchaire associent le gouvernement des juges à une interprétation progressive et évolutive des textes normatifs par le Conseil constitutionnel. Voir sur ce point les analyses avancées par LUCHAIRE (François), *Le Conseil constitutionnel, tome 1, Organisation et attributions*, *op. cit.*, pp. 133-222.

663 Les notions du juge constituant et de gouvernement des juges ont d'emblée été mal perçues par une bonne partie de la doctrine sous l'autorité de Georges Vedel.

664 VEDEL (Georges), « Neuf ans au Conseil constitutionnel », in *Le Débat*, n° 55, p. 49.

665 Comme le souligne Michel Troper, « la seule source étant la loi, qui est l'expression de la volonté générale, parce qu'elle émane du peuple ou de ses représentants, un juge qui produirait du droit serait une institution antidémocratique » ; TROPER (Michel), « Le bon usage des spectres. Du gouvernement des juges au gouvernement par les juges », *op. cit*., p. 50.

l'existence d'un gouvernement des juges[666]. Et si le Conseil constitutionnel veut échapper à cette accusation, il faut que son interprétation de la Constitution puisse être fictivement attribuée à la volonté de l'autorité détentrice du pouvoir de révision[667].

On ajoutera que le gouvernement des juges se heurterait inéluctablement d'une part au « principe sacro-saint de la souveraineté constituante » et, d'autre part, au principe de la séparation des pouvoirs consacré par la Déclaration des droits de l'homme et du citoyen, comme le souligne Franck Moderne[668]. En outre, l'admission prétorienne du contrôle des lois constitutionnelles se révèlerait être ainsi une menace claire à la démocratie représentative[669]. On constate que la plupart des opposants au contrôle des actes du pouvoir de révision soutiennent que « la loi souveraine ne peut avoir que des serviteurs muets »[670]. Cette méfiance à l'égard du droit de contrôle du juge constitutionnel est sans doute fondée sur « les principes fondamentaux du légicentrisme »[671]. De ce fait, le pouvoir d'interprétation du Conseil constitutionnel ne cesse de s'accroître à travers sa « fonction contentieuse »[672]. C'est pourquoi la doctrine formaliste du pouvoir constituant ne peut éluder la question de sa légitimité démocratique pour

666 Voir en ce sens l'exposé sur la liberté d'interprétation du juge constitutionnel dans les propos retenus par DRAGO (Guillaume), *Contentieux constitutionnel français*, *op.cit.*, pp. 103-113.

667 La référence à un texte destiné à servir de fondement à un éventuel contrôle des lois constitutionnelles par le Conseil constitutionnel est un facteur déterminant tendant à relativiser l'accusation du gouvernement des juges. Voir sur ce point les analyses avancées par BLACHER (Philippe), *Contrôle de constitutionnalité et volonté générale*, *op. cit.*, pp. 144-149.

668 MODERNE (Franck), in préface, LAMBERT (Édouard). *Le gouvernement des juges et la lutte contre la législation sociale aux États-Unis : L'expérience américaine du contrôle judiciaire de la constitutionnalité des lois*, coll. « Bibliothèque », Dalloz, 2005, p. VII.

669 Voir en ce sens les analyses avancées par LAMBERT (Édouard), *Le gouvernement des juges et la lutte contre la législation sociale aux États-Unis : L'expérience américaine du contrôle judiciaire de la constitutionnalité des lois*, *op. cit.*, 276 p.

670 VERPEAUX (Michel), « La notion révolutionnaire de juridiction », *in Droits*, n° 9, 1989, p. 39.

671 Comme l'estime Dominique Turpin, « le légicentrisme désigne la représentation d'un système juridique au sommet duquel figure la loi » ; TURPIN (Dominique), *Contentieux constitutionnel français*, PUF, coll. « Droit fondamental », 2e éd., 1996, n° 5, p. 18. Quant à Philippe Blachèr, il nous révèle que la France avait connu « deux systèmes juridiques différents de légicentrisme : le légicentrisme révolutionnaire qui correspond à la "nomophilie" des hommes de 1789 et le légicentrisme républicain construit par la doctrine publiciste de la IIIe République » ; BLACHER (Philippe), *Contrôle de constitutionnalité et volonté générale*, *op. cit.*, p. 33.

672 En fait, l'interprétation juridictionnelle des actes du pouvoir de révision est considérée comme un pouvoir arbitraire des juges.

contrôler les lois révisant la Constitution[673]. On voit s'opposer ici deux écoles[674] : celle des opposants au contrôle, qui conteste au Conseil constitutionnel toute faculté d'interprétation de la loi révisant la Constitution[675] ; celle de Michel Troper estimant que tout interprète de la Constitution devrait être considérée comme un constituant secondaire, dès lors que sa « décision n'est pas susceptible d'annulation »[676]. Selon cette théorie réaliste d'interprétation authentique, la Constitution est ce que le juge dit qu'elle est[677]. Cela entraîne à attribuer au juge constitutionnel un pouvoir constituant, la compétence de réviser la Constitution sans fondement textuel[678]. Pour les défenseurs de cette idée[679], les inévitables lacunes de la loi constitutionnelle conduisent à ce que celle-ci soit nécessairement interprétée[680]. En d'autres termes, il n'y aurait de normes que dans le droit jurisprudentiel[681]. Il en résulte – et c'est l'apport essentiel de cette théorie – que les juges, en interprétant un acte de révision, en deviennent les auteurs. Ils peuvent donc s'ériger « en dernier bastion de la souveraineté du

---

[673] Lire à ce sujet les propos retenus par JAN (Pascal), « L'immunité juridictionnelle des lois de révision constitutionnelle », *op. cit.*, pp. 4-11.

[674] Autour de « la question du contrôle des lois constitutionnelles », on constate une opposition entre deux théories de l'interprétation : « réalisme contre normativité » ; COHENDET (Marie-Anne), *Droit constitutionnel*, Paris, *op. cit.*, p. 6.

[675] Sur ce point, voir par exemple les analyses avancées par PACTET (Pierre), « Le Conseil constitutionnel et l'œuvre constituante », *op. cit.*, pp.1373-1386 ; SCHOETTL (Jean-Éric), « Le Conseil constitutionnel peut-il contrôler une loi constitutionnelle ? », *op. cit.*, pp. 17-22.

[676] Voir en ce sens TROPER (Michel), « La liberté de l'interprète », in *L'office du juge, Actes du colloque des 29-30 septembre 2006, organisé au Palais du Luxembourg*, Sénat, Paris, Les colloques du Sénat, 2006, pp. 28-41.

[677] Comme l'affirme Marie-Anne Cohendet, la théorie normativiste s'oppose à la théorie réaliste de l'interprétation. C'est pourquoi l'hypothèse de l'existence du pouvoir constituant du juge a été écartée par les opposants au contrôle des lois de révision. Voir en ce sens COHENDET (Marie-Anne), *Droit constitutionnel*, *op. cit.*, p. 6.

[678] Au regard de la montée en puissance du pouvoir normatif du Conseil constitutionnel, il est possible de se demander si des révisions informelles de la Constitution ne sont pas fréquentes. La peur est en effet toujours réelle que les juges constitutionnels ne s'emparent du pouvoir constituant du peuple et donc ne confisquent sa souveraineté. Cela étant, l'interprétation du texte constitutionnel par le Conseil constitutionnel ne conduit-elle pas à la révision informelle de la Constitution, de telle sorte que le pouvoir constituant appartient en réalité aux juges ? Une telle question trouve une réponse positive auprès de Marie-Anne Cohendet : pour elle, le postulat de la théorie réaliste de l'interprétation conduit à transférer le pouvoir constituant dans les mains des juges constitutionnels. Voir les analyses avancées par COHENDET (Marie-Anne), Droit constitutionnel, *op. cit.*, p. 492.

[679] Pour un point de vue critique sur la représentation du juge comme « bouche de la loi » par les tenants de la théorie réaliste d'interprétation authentique, voir les analyses avancées par SÉNAC (Charles-Édouard), *L'office du juge constitutionnel : étude du contrôle de constitutionnalité par les juridictions françaises, op. cit.*, pp. 49-101.

[680] JOUANJAN (Olivier), « Une interprétation de la théorie réaliste de Michel Troper », in *Droits*, n° 37, pp. 31-48

[681] PFERSMANN (Otto), « Contre le néo-réalisme juridique. Pour un débat sur l'interprétation », in *R.F.D.C*, n° 50 avril-juin, 2002, p. 282.

peuple »[682]. Or, en s'interrogeant précisément sur la fonction de l'argument de l'évidence en droit public, Éric Desmons rappelle que « l'interprétation comme simple acte de connaissance qui est censé en donner raison masquerait, sous couvert d'objectivité, la réalité d'une interprétation volontariste du droit que le juge aurait intérêt à occulter pour échapper à l'accusation d'être un juge qui gouverne »[683]. Partant de cette constatation, on peut dire que, selon les opposants au contrôle, le pouvoir d'interprétation du juge constitutionnel[684], aussi étendu soit-il, serait maîtrisé, car « au-dessus de lui plane le droit du dernier mot du peuple ou de ses représentants élus »[685]. Cette opinion rejoint l'argument selon lequel le Conseil constitutionnel ne s'estime pas maître des sources du droit constitutionnel pour asseoir son contrôle de constitutionnalité des lois[686]. Ce refus doctrinal repose essentiellement sur l'idée que le caractère sacré et intouchable de la loi révisant la Constitution exclut ainsi tout contrôle de constitutionnalité par le juge constitutionnel. Cette lecture actualisée de l'article 6 de la DDHC constitue en quelque sorte l'une des causes du refus doctrinal « du contrôle de constitutionnalité des lois révisant la Constitution »[687]. Il faut souligner que dans cette logique légicentriste la loi votée par le pouvoir de révision constitutionnelle « se présente comme une règle de droit qui échappe à toute exigence de constitutionnalité »[688]. Cette analyse conduit à considérer que la loi votée par le pouvoir constituant, qu'il soit populaire ou parlementaire, se présente comme un acte de souveraineté ne pouvant faire l'objet d'aucun

---

682 BRONDEL (Séverine), « D'un non-sujet vers un concept scientifique » in BRONDEL (Séverine) *et alli*, *Gouvernement des juges et démocratie*, Paris, Publications de la Sorbonne, 2001, p. 17.

683 DESMONS (Éric), « Sur l'argument de l'évidence en droit public », in *La preuve*, sous la direction de PUIGELIER (Catherine), Paris, Economica, 2004, p. 180.

684 Voir les analyses avancées sur « la transformation du pouvoir d'interprétation en pouvoir constituant du juge constitutionnel » dans les propos retenus par ANDZOKA-ATSIMOU (Séverin), *L'ingénierie constitutionnelle, solution de sortie de crise en Afrique ? : les exemples de l'Afrique du Sud, de la République démocratique du Congo, du Burundi et du Congo-Brazzaville*, *op.cit.* pp. 420-442.

685 Il convient de préciser que le Conseil constitutionnel ne se fonde presque jamais sur des principes non-écrits pour censurer le législateur, comme le souligne KRAÏEM-DRIDI (Mouna), « Les limites du pouvoir du juge constitutionnel », *op. cit.*, p. 43.

686 Voir sur ce point les analyses faites par DI MANNO (Thierry), *Le juge constitutionnel et la technique des décisions interprétatives en France et en Italie*, *op. cit.*, pp.13-14 ; PECH (Laurent) « Le remède au gouvernement des juges : Le judicial self-restraint ? », in BRONDEL (Séverine) *et alii*, *Gouvernement des juges et démocratie*, Paris, Publications de la Sorbonne, 2001, pp. 94-98.

687 BÉDARRIDES (Édouard), *Réviser la Constitution : une histoire constitutionnelle française*, *op. cit.*, p. 15.

688 Voir en ce sens BLACHER (Philippe), *Contrôle de constitutionnalité et volonté générale*, *op. cit.*, p. 180. (C'est nous qui soulignons.)

contrôle[689]. En ce sens, une loi votée par « le pouvoir constituant inconstitutionnel » qui ne saurait exister dans le système normatif théorisé par Hans Kelsen est toujours une norme dans la logique légicentriste[690].

Malgré l'existence de controverses doctrinales autour de la participation directe ou indirecte du juge constitutionnel à la fonction constituante, la jurisprudence montre que les Sages de la rue de Montpensier ne se considèrent pas comme des constituants[691]. C'est ainsi que, selon Séverin Andzoka-Atsimou, « aucune Constitution moderne ne fait de la juridiction constitutionnelle un organe de révision ; pas plus qu'il ne l'est en se fondant sur la théorie de la représentation, parce que le pouvoir constituant originaire ou dérivé est toujours réputé être représentant du souverain »[692]. Il en résulte que le Conseil constitutionnel ne doit pas disposer du pouvoir constituant, car la Constitution ne le lui attribue pas expressément[693].

§ 2— Les limites des craintes du gouvernement des juges

La démonstration des arguments développés par les tenants du courant de la souveraineté du pouvoir de révision repose sur la mutation de l'État de droit libéral en un « État de droit légicentré »[694] : la conséquence directe est « le refus du contrôle juridictionnel des lois constitutionnelles »[695]. L'État légal a été présenté comme un État qui tend « purement et simplement à assurer la suprématie du Corps législatif »[696], alors que le régime de l'État de droit, « signifiant que les organes de l'État exercent des compétences

---

[689] Cette vision légicentriste a survécu au point de prétendre fonder en droit l'incompétence du Conseil constitutionnel pour procéder à un contrôle de constitutionnalité des lois de révision de la Constitution. En d'autres termes, la loi souveraine, en tant qu'expression de la volonté générale, constituerait donc un mythe qui transformerait l'article 6 de la DDHC en fondement doctrinal du refus du juge constituant.

[690] PFERSMANN (Otto) « Carré de Malberg et la hiérarchie des normes », in *R.F.D.C*, n° 31, 1997, p. 481.

[691] Voir en ce sens « Conseil constitutionnel : Normes de valeurs constitutionnelles et degré de protection des droits fondamentaux », *Rapport présenté à la VIIIe Conférence des Cours constitutionnelles européennes*, in *R.F.D.A*, 1990, p. 332.

[692] ANDZOKA-ATSIMOU (Séverin), « La participation des juridictions constitutionnelles au pouvoir constituant en Afrique », *op. cit.*, p. 280.

[693] ESPLUGAS (Pierre), « Le Conseil constitutionnel et le pouvoir constituant en France », in *Colloque de Tunis, novembre 2006 : Le pouvoir constituant d'aujourd'hui,* Annales de l'université des sciences sociales de Toulouse, T. XLIX, 2007, p. 22.

[694] Voir BRAMI (Cyril), *Des juges qui ne gouvernent pas : Retour sur les idées constitutionnelles de Roger Pinto, op. cit.*, p. 35.

[695] BÉDARRIDES (Édouard), *Réviser la Constitution : une histoire constitutionnelle française, op. cit.*, p. 18.

[696] CARRÉ DE MALBERG (Raymond), *Contribution à la théorie générale de l'État, op. cit.*, p. 492.

juridiquement déterminées sous le contrôle d'un juge, transforme le pouvoir politique en un ensemble de compétences juridiques »[697]. La logique du principe de l'État de droit est claire : voir reconnaître le caractère juridique de tous les actes découlant des organes de l'État[698]. Or, les partisans de la doctrine formaliste du pouvoir refusent catégoriquement l'idée de tout contrôle de constitutionnalité des lois révisant la Constitution[699] dans « un État adhérant au principe de l'État de droit »[700]. Aujourd'hui, en France, des conceptions du rôle du juge constitutionnel et de l'État de droit s'opposent, plus ou moins explicitement[701] : si certains auteurs voient le contrôle de constitutionnalité des lois constitutionnelles comme un facteur de « consolidation de l'État de droit »[702], d'autres ont tenté de relativiser la menace pesant sur lui en estimant que le pouvoir de révision pouvait tout faire[703].

Cet « État de droit légicentré » n'accepte pas la soumission de la politique au droit[704]. En d'autres termes, les partisans de la doctrine susmentionnée avancent l'hypothèse « d'un contrôle des lois constitutionnelles » permettant la subordination de l'acte de révision à la volonté du Conseil constitutionnel, ce qui, *in fine*, déboucherait sur la figure d'un juge qui gouvernerait. On ajoutera que les analyses avancées par Arthur Dyevre n'épuisent pas les idées de la doctrine française sur « la question du

---

697 DESMONS (Éric), « L'État de droit, stade suprême du gouvernement représentatif (principes de la mise sous tutelle juridique de la citoyenneté politique) », in CRIGNON (Philippe) *et alii*, *Représentation politique et transformations de la citoyenneté XVII*^{e} *– XXI*^{e} *siècle*, Paris, Classiques GARNIER, 2017, p. 129.

698 Il convient de souligner que le pouvoir créateur de la jurisprudence trouverait ses limites dans le fait que les Cours constitutionnelles n'ont pas la compétence de leur compétence. Si celles-ci « exercent d'importantes attributions en matière de contrôle de l'activité normative et régulation des pouvoirs publics – et bien souvent de la vie politique – elles doivent veiller à ne pas donner prise à la critique de " gouvernement des juges " » ; Discours introductif de VEIL (Simone), membre du Conseil constitutionnel français, lors du 4e Congrès de l'association des Cours constitutionnelles ayant en partage l'usage du français (ACCPUF), du 13 au 15 novembre,2006,https://www.conseil-constitutionnel.fr/,ACCPUF/20061115c.pdf (consulté le 20 mai 2018), p.9.

699 Voir sur ce point JAN (Pascal), « L'immunité juridictionnelle des lois de révision constitutionnelle », *op. cit.*, pp. 4-11.

700 Pour un éclairage sur ce point, voir les analyses avancées par SCHOETTL (Jean-Éric), « Le Conseil constitutionnel peut-il contrôler une loi constitutionnelle ? », *op. cit.*, pp. 17-22.

701 Pour une analyse comparable, voir HEUSCHLING (Luc), État *de droit-Rechsstaat-Rule of Law*, *op. cit.*, p. 646.

702 Voir dans le même sens les analyses avancées par MAGNON (Xavier), « Quelques maux encore à propos des lois de révision constitutionnelle : limites, contrôle, efficacité, caractère opératoire et existence. En hommage à Louis Favoreu », *op. cit.*, pp. 595-617.

703 Voir les analyses avancées par PACTET (Pierre), « Le Conseil constitutionnel et l'œuvre constituante », *op. cit.*, pp. 1373-1386.

704 Voir les analyses avancées par REDOR (Marie-Joëlle), *De l'État légal à l'État de droit. L'évolution des conceptions de la doctrine publiciste française, 1879-1914*, *op. cit.*, p. 14.

gouvernement des juges »[705] : certains auteurs, à l'instar de Bertrand Mathieu, alertent sur la nécessité de veiller à ce que le juge constitutionnel ne se substitue au pouvoir politique « notamment en ce qui concerne l'appréciation de l'intérêt général (...) [car] indépendance ne veut pas dire autonomie et, comme le relevait Montesquieu, un pouvoir qu'aucun autre pouvoir n'arrête est par nature dangereux »[706]. Partant de cette forte crainte, le Conseil constitutionnel doit faire preuve de modération devant l'expression de la volonté générale ; il doit avant tout s'incliner devant l'autorité détentrice du pouvoir de révision, car le dernier mot ne lui appartient pas[707].

Le « bon juge »[708] constitutionnel, par conséquent, ne créerait pas de normes nouvelles susceptibles de limiter la souveraineté du pouvoir de révision[709]. Cependant, les opposants « au contrôle des lois constitutionnelles » peuvent conclure avec satisfaction que l'hypothèse d'un tel contrôle déboucherait sur « la substitution du juge constitutionnel au pouvoir de révision »[710]. Ainsi, l'argument qu'ils invoquent le plus souvent est que les juges constitutionnels seraient en mesure de s'emparer de la totalité du pouvoir et qu'il faudrait donc qu'ils soient eux-mêmes gardés[711]. C'est ainsi que, selon Michel Troper, on ne peut, sous peine d'une régression à l'infini, faire garder les gardiens ; il faudrait alors renoncer « au contrôle des amendements à la Constitution »[712]. On constate ainsi que les opposants au contrôle ont tenté de prouver qu'un « gouvernement des juges serait

705 Le travail d'Arthur Dyevre souligne la nature essentiellement rhétorique du débat doctrinal sur la justice constitutionnelle dans les démocraties constitutionnelles. Dans sa thèse doctorale, ce dernier analyse avec précision les points de vue doctrinaux utilisés pour détecter l'existence d'un gouvernement des juges exercé par le Conseil constitutionnel ; DYEVRE (Arthur), *L'activisme juridictionnel en droit constitutionnel comparé : France, Etats-Unis, Allemagne*, *op. cit.*, 543 p.

706 ARDANT (Philippe), BERTRAND (Mathieu), *Droit constitutionnel et institutions politiques*, 29 e éd., Paris, LGDJ, 2017-2018, p. 60. (C'est nous qui soulignons.)

707 Voir les analyses avancées par PACTET (Pierre), « Le Conseil constitutionnel et l'œuvre constituante », *op. cit.*, pp. 1373-1386.

708 On emprunte ici cette expression d'Éric Desmons dans : DESMONS (Éric), « Justice constitutionnelle, gouvernement représentatif et " bon régime" ? », *op.cit.*, p. 59.

709 Voir sur ce point MAGNON (Xavier), « Quelques maux encore à propos des lois de révision constitutionnelle : limites, contrôle, efficacité, caractère opératoire et existence. En hommage à Louis Favoreu », *op. cit.*, pp. 595-617.

710 Voir les justifications du refus dans les propos retenus par PACTET (Pierre), « Le Conseil constitutionnel et l'œuvre constituante », *op. cit.*, pp. 1373-1386.

711 Comme le souligne Olivier Jouanjan, « qui gardera le gardien [de la Constitution] ? » ; JOUANJAN (Olivier), « Constitutionnalisme, justice constitutionnelle et représentation », *op. cit.*, p. 34.

712 TROPER (Michel), *Le gouvernement des juges, mode d'emploi*, Québec, Presses de l'université de Laval, 2006, p. 29.

antidémocratique »[713] : ils refusent catégoriquement d'admettre « la nécessité de justifier le gouvernement des juges en tentant de le présenter comme compatible avec la démocratie »[714].

Cette doctrine refusant le contrôle par la crainte du gouvernement des juges est sans doute discutable[715]. Comme le souligne Wanda Mastor, « il faut cesser de craindre le gouvernement des juges ou le brandir comme la dérive absolue »[716] quant à « la question de la justiciabilité des lois constitutionnelles »[717]. Partant de cette remarque, nous pensons que le juge constitutionnel ne gouverne pas, car il ne peut pas s'autosaisir[718]. Donc, il faut immédiatement indiquer que les juges de la rue de Montpensier ne disposent toujours pas de la faculté d'imposer leurs interprétations comme des actes de volonté[719] à l'autorité détentrice du pouvoir de révision constitutionnelle[720].

Si l'essence du gouvernement des juges réside dans l'abus de confiance judiciaire, il n'en demeure pas moins que « l'immunité juridictionnelle des lois constitutionnelles »[721] est une menace pesant sur « les exigences

---

713 Voir en ce sens ARDANT (Philippe), BERTRAND (Mathieu), *Droit constitutionnel et institutions politiques*, *op. cit.*, p. 60.

714 TROPER (Michel), *Le gouvernement des juges, mode d'emploi*, *op. cit.*, p. 38.

715 Si la doctrine, dans sa majorité, soutient que le Conseil constitutionnel a su déjouer le piège du gouvernement des juges dans sa décision du 26 mars 2003, en estimant qu'il ne saurait être un censeur des actes du pouvoir de révision, qu'il soit populaire ou bien parlementaire, il n'est pas impossible, comme le souligne Michel Troper, qu'« une Cour constitutionnelle décide de contrôler la validité des lois de révision constitutionnelle, soit d'un point de vue formel, soit d'un point de vue matériel » ; TROPER (Michel), *Le gouvernement des juges, mode d'emploi*, *op. cit.*, p. 31.

716 MASTOR (Wanda), « Plaidoyer pour le gouvernement des juges », *op. cit.*, p. 64. Voir aussi MASTOR (Wanda), « Édouard Lambert, le gouvernement des juges et la lutte contre la législation sociale aux Etats unis », *op.cit.* pp. 318-330.

717 Voir sur ce point JAN (Pascal), « L'immunité juridictionnelle des lois de révision constitutionnelle », *op. cit.*, pp. 4-10.

718 Voir en ce sens les propos retenus par DE BÉCHILLON (Denys), « Le gouvernement des juges : une question à dissoudre », *op. cit.*, p. 973.

719 Considérer que l'interprétation juridictionnelle se présente comme un acte de volonté revient à dire que le juge choisit toujours de donner telle ou telle signification à un énoncé constitutionnel. Or, une telle présentation du pouvoir d'interprétation du juge constitutionnel ne peut échapper à la critique du gouvernement des juges.

720 Voir les analyses avancées par SÉNAC (Charles-Édouard), *L'office du juge constitutionnel : étude du contrôle de constitutionnalité par les juridictions françaises*, *op. cit.*, pp. 49-61. Notons que les théories anti-cognitivistes contribuent à porter un regard critique sur certains discours voués à fonder la légitimité du juge constitutionnel.

721 JAN (Pascal), « L'immunité juridictionnelle des lois de révision constitutionnelle », *op. cit.*, pp. 4-11.

contemporaines de l'État de droit »[722]. Certes, le Conseil constitutionnel ne peut pervertir le principe d'un contrôle des lois constitutionnelles au point de se transformer en un véritable juge qui gouverne[723].

Cependant, il fait planer sur le régime politique l'angoisse d'un gouvernement des juges qui, pendant longtemps, a été l'obstacle à l'avènement du contrôle de constitutionnalité des lois en France[724]. Qui plus est, le juge constitutionnel pourrait donner l'impression « de sortir de son champ traditionnel de compétences »[725]. Pour nous, le Conseil constitutionnel est le « juge de la loi » et non le titulaire du pouvoir constituant dérivé[726]. Si l'on admet que l'œuvre du constituant consiste à modifier quelques dispositions constitutionnelles, non à les violer, les membres du Conseil constitutionnel devraient évidemment s'incliner devant les actes du pouvoir de révision[727]. Néanmoins, une telle idée ne semble pas faire l'unanimité au sein de la doctrine[728]. Ainsi, certains auteurs soulignent les inconvénients de la position constante du Conseil constitutionnel face aux lois révisant la Constitution[729], notamment celui de la régression de l'État de droit au nom du maintien de certains éléments de continuité de l'État légal[730].

[722] Le règne du pouvoir de révision est considéré comme « un État de droit inachevé », puisque l'acte du constituant dérivé étant la seule norme de référence, le législateur constitutionnel reste incontrôlé.

[723] Si la nécessité de contrôler les actes du législateur sous la Ve République constitue la première véritable rupture juridique avec la logique légicentriste, « l'émergence d'une lecture légicentriste de l'article 6 de la DDHC semblerait toujours justifier les raisons du refus de contrôler la constitutionnalité des lois de révision de la Constitution ».

[724] Voir sur ce point BEAUD (Olivier), « Compétence et souveraineté », in *A. F D.A, La compétence, Litec, coll.* « Colloques & Débats », 2008, p. 5.

[725] Voir en ce sens BÉDARRIDES (Édouard), *Réviser la Constitution : une histoire constitutionnelle française, op. cit.*, p. 15. C'est nous qui soulignons.

[726] Voir sur ce point PACTET (Pierre), « Le Conseil constitutionnel et l'œuvre constituante », *op. cit.*, pp. 1373-1386.

[727] Lire à ce sujet les propos retenus par CHALTIEL (Florence), « La souveraineté du pouvoir constituant dérivé », *op. cit.*, pp. 7-9.

[728] Voir KPODAR (Adama), « Contribution sur la fausse vraie idée du contrôle de constitutionnalité. Quand l'interprétation constitutionnelle menace la lisibilité du bloc référentiel », *op. cit.* pp.213- 232 ; JAN (Pascal), « L'immunité juridictionnelle des lois de révision constitutionnelle », *op. cit.*, pp. 4-11.

[729] Pour un éclairage précis sur ce point, voir l'article de GOHIN (Olivier), « La réforme constitutionnelle de la décentralisation : épilogue et retour à la décision du Conseil constitutionnel du 26 mars 2003 », *op. cit.*, pp. 7-11.

[730] Voir sur ce point « le discours français de l'État de droit : aléas, fonctions, et critiques » dans les propos retenus par HEUSCHLING (Luc), *État de droit-Rechsstaat-Rule of Law*, *op. cit.*, pp. 375-431.

Section 2 : Le refus doctrinal de la supra-constitutionnalité comme justification du contrôle

> « Le Conseil constitutionnel ne reconnaît comme règles de droit de valeur constitutionnelle que celles qui ont un fondement direct ou dérivé dans un texte de valeur constitutionnelle. La porte est ainsi close à une supra-constitutionnalité [comme justification du contrôle des amendements à la Constitution par le Conseil constitutionnel]. »[731]

S'interroger sur la supra-constitutionnalité comme justification du contrôle des actes du pouvoir de révision dans un pays comme la France peut surprendre, en raison de la position du Conseil constitutionnel en matière de hiérarchie des normes[732]. En effet, celui-ci semble rejoindre une bonne partie de la doctrine sous l'influence de Georges Vedel, rejetant la théorie de la supra-constitutionnalité sous prétexte qu'elle conduirait à accorder au juge constitutionnel le pouvoir d'annuler les actes du pouvoir de révision qui toucheraient à certains principes fondamentaux[733]. Ce raisonnement ne manquant pas d'être séduisant[734], il convient d'abord d'exposer la critique formulée contre le concept de supra-constitutionnalité

---

731 VEDEL (Georges), « Souveraineté et supra-constitutionnalité », *op.cit.,* p. 83. (C'est nous qui soulignons).

732 En évoquant ses fonctions au Conseil constitutionnel, Georges Vedel insistait sur l'absence de considérations méta-constitutionnelles dans le raisonnement des Sages de la rue de Montpensier : « Nous nous sommes refusés (…) à invoquer des principes non puisés dans les textes, mais résultant de la philosophie politique ou de la morale des juges » ; VEDEL (Georges), « Neuf ans au Conseil constitutionnel », *op. cit.*, pp. 48-49. Il est vrai que, comme toujours lorsqu'il s'agit de la question d'interprétation en relation avec la norme de référence, le débat doctrinal consistant à savoir si « le Conseil constitutionnel pouvait se reconnaître compétent pour contrôler les lois révisant la Constitution a pris une certaine ampleur à l'occasion du processus de ratification du traité de Maastricht en 1992 » ; DRAGO (Guillaume), *Contentieux constitutionnel français*, *op. cit.*, pp. 348- 350.

733 Ils sont nombreux les auteurs qui refusent l'idée d'un contrôle des lois constitutionnelles sous le prisme de la supra-constitutionnalité. Pour un bon panorama de cette doctrine remettant en cause la légitimité du contrôle des amendements à la Constitution sous le prisme de la supra-constitutionnalité, voir les analyses avancées par TROPER (Michel), « Existe-t-il des principes supérieurs à la Constitution ? », in LE PILLOUER (Arnaud), *La protection de la Constitution : Finalités, mécanismes, juridictions*, Presses universitaires juridiques-Poitiers, avril 2018, pp. 135- 144 ; MATHIEU (Bertrand), « La supra-constitutionnalité existe-t-elle ? », *op. cit.*, pp. 12-17.

734 Il convient de se demander, avec la doctrine refusant le contrôle, si le pouvoir de révision peut tout faire. C'est sans doute un vieux questionnement. Les révolutionnaires de 1793 l'avaient résolu de façon positive en affirmant qu'« une génération ne peut assujettir à ses lois les générations futures ». Cette affirmation de la souveraineté constituante de la génération future est aujourd'hui conservée, comme en atteste « la décision du Conseil constitutionnel du 26 mars 2003, dans laquelle le juge refuse de contrôler les actes du pouvoir de révision ».

(§1), puis d'examiner le bien-fondé de la doctrine rejetant la justification du contrôle des lois constitutionnelles sur le terrain de la supra-constitutionnalité[735] (§ 2).

§ 1— La controverse au sujet du concept de supra-constitutionnalité

L'idée de supra-constitutionnalité n'est pas nouvelle dans la théorie constitutionnelle contemporaine[736]. En 1984, ce thème a été repris par Stéphane Rials qui l'a présenté comme un « avatar partiel et tardif dans sa problématique, du droit naturel largement entendu »[737]. Cette notion, telle que définie par la doctrine[738], se trouve au cœur d'une controverse[739] : comment concilier la supra-constitutionnalité et la souveraineté du pouvoir de révision ?[740]

La notion de la « supra-constitutionnalité »[741] intéresse particulièrement la doctrine et – comme souvent – divise les juristes[742]. Il est vrai qu'elle est

---

[735] Sur l'assimilation de la supra-constitutionnalité au droit naturel, voir les analyses avancées par GOUIA (Sana), *La supra-constitutionnalité ? : une problématique entre le droit naturel et le droit positif*, Éditions universitaires européennes, 2011, pp. 7- 44.

[736] L'idée d'une supra-constitutionnalité limitant le pouvoir constituant dérivé remonte aux premières années du constitutionnalisme en France. Voir GONDOUIN (Geneviève), « Des mystères de supra-constitutionnalité à la logique fédéraliste. Réflexions sur la jurisprudence du Conseil constitutionnel », *op. cit.*, pp. 295-311 ; BECHET (Karine) « Super-constitutionnalité et Constitution : Proposition d'un cadre épistémologique », *op. cit.*, pp. 51-59 ; BARANGER (Denis), « Un chantier qui ne prend jamais fin : Le juge, les révisions et les autres formes de changement constitutionnel dans la France contemporaine », *op. cit.*, pp.77-80. Voir aussi MASTOR (Wanda), « Protection de et par la Constitution. Variations sur l'idée d'une " adaptabilité " de la Constitution des États-Unis », in LE PILLOUER (Arnaud), *La protection de la Constitution : Finalités, mécanismes, juridictions*, Presses universitaires juridiques-Poitiers, avril 2018, pp. 71- 81.

[737] RIALS (Stéphane), « Supra-constitutionnalité et systématicité du droit », *op. cit.*, p. 76.

[738] On peut dire avec Robert Badinter que « la supra-constitutionnalité réside dans la proclamation, par le constituant, ou le juge constitutionnel, qu'il existe dans la hiérarchie des normes, des valeurs supérieures à l'ordre constitutionnel existant. Le respect de cette hiérarchie s'imposerait à toute révision [constitutionnelle] » ; BADINTER (Robert), « Le Conseil constitutionnel et le pouvoir constituant », *op. cit.*, p. 223. (C'est nous qui soulignons).

[739] Voir sur ce point JAN (Pascal), « L'immunité juridictionnelle des lois de révision constitutionnelle », *op. cit.*, pp. 4-11.

[740] Pour appréhender cette question, voir les analyses avancées par KLEIN (Claude), *Théorie et pratique du pouvoir constituant*, *op.cit.*, pp. 159-205. Voir aussi GOUIA (Sana), « La problématique de la supra-constitutionnalité », *op. cit.*, pp. 83-119.

[741] MAGNON (Xavier), « Quelques maux encore à propos des lois de révision constitutionnelle : limites, contrôle, efficacité, caractère opératoire et existence. En hommage à Louis Favoreu », *op. cit.*, p. 595. Voir aussi GOUIA (Sana), *La supra-constitutionnalité ? : une problématique entre le droit naturel et le droit positif*, *op.cit.* pp. 7- 44.

particulièrement importante puisqu'elle a une influence sur la notion de pouvoir de révision constitutionnelle[743]. La supra-constitutionnalité, telle que Louis Favoreu l'a spécifiée, est un noyau dur de principes contenus dans la jurisprudence du Conseil constitutionnel ; « ils s'imposeraient autant au pouvoir législatif qu'au pouvoir de révision de la Constitution »[744]. De la sorte, « il existerait des principes supra-constitutionnels »[745], parmi lesquels la souveraineté nationale et l'ensemble « de principes contenus dans la Déclaration des droits de l'homme et du citoyen de 1789 »[746].

À la lumière des explications avancées par Louis Favoreu, on peut en effet penser que la supra-constitutionnalité serait « une réalité juridique positive et non pas une sorte de droit naturel »[747]. Notons que la thèse de l'existence de la supra-constitutionnalité relevant du droit positif a été également soutenue par certains auteurs comme Serge Arné et Stéphane Rials[748]. Ce dernier se réfère à l'histoire constitutionnelle française pour « justifier une telle position »[749] : « la notion de Constitution sous l'Ancien Régime comporterait une référence décisive à la supra-constitutionnalité : les lois fondamentales du royaume, assurant pour l'essentiel la dévolution du pouvoir, étaient (...) subordonnées aux lois divines et naturelles »[750]. Il n'y a donc pas, selon Stéphane Rials, un antagonisme entre « le triomphe de la Constitution et l'idée de supra-constitutionnalité »[751]. Cela étant, si l'on admet l'existence et le caractère opératoire de ce concept, il faudrait accepter que l'autorité détentrice du pouvoir de révision ne pourrait ni abroger ni

---

742 Voir sur ce point les analyses avancées par BARANGER (Denis), « Un chantier qui ne prend jamais fin : Le juge, les révisions et les autres formes de changement constitutionnel dans la France contemporaine », *op. cit.*, pp. 77-80.

743 Pour une étude descriptive sur l'existence discutée de la reconnaissance de la supra-constitutionnalité par le droit positif français, voir en particulier la contribution de GOUIA (Sana), « La problématique de la supra-constitutionnalité », *op. cit.*, pp. 83-119.

744 Voir, sur la supra-constitutionnalité au sens de normes limitatives de révision constitutionnelle, les propos retenus par FAVOREU (Louis), « Souveraineté et supra-constitutionnalité », *op. cit.*, pp. 73-79.

745 KAMARA (Mactar), « Supra-constitutionnalité et exercice du pouvoir constituant dérivé », *op. cit.*, p. 1434.

746 BÉDARRIDES (Édouard), *Réviser la Constitution : une histoire constitutionnelle française*, *op. cit.*, p. 15.

747 Pour un éclairage précis sur la doctrine favorable à la supra-constitutionnalité, voir les analyses avancées par GÖZLER (Kémal), *Le pouvoir de révision constitutionnelle*, *op. cit.*, pp. 313-352.

748 Voir sur ce point ARNÉ (Serge), « Existe-t-il des normes supra-constitutionnelles ? Contribution à l'étude des droits fondamentaux et de la constitutionnalité », *op. cit.*, pp. 459-512.

749 KAMARA (Mactar), « Supra-constitutionnalité et exercice du pouvoir constituant dérivé », *op. cit.*, p. 1434, en citant RIALS (Stéphane), « Supra-constitutionnalité et systématicité du droit », *op. cit.*, p. 64.

750 RIALS (Stéphane), « Supra-constitutionnalité et systématicité du droit », *op. cit.*, p. 64.

751 *Ibid.*, p. 76.

modifier « un ensemble de principes de rang supérieur à la Constitution »[752]. D'ailleurs, pour certains auteurs, il n'est pas question d'admettre la souveraineté du pouvoir de révision, car toute loi constitutionnelle serait obligatoirement subordonnée, quant au fond, à « un ordre juridique supra-constitutionnel préexistant »[753]. Autrement dit, « les lois constitutionnelles » adoptées par le pouvoir constituant dérivé peuvent se voir imposer le respect de certains principes, valeurs ou droits »[754].

Cette doctrine de l'existence de principes supra-constitutionnels a été soutenue avant la Seconde Guerre mondiale par des auteurs[755] comme Léon Duguit[756] et Maurice Hauriou[757]. Elle a été vraisemblablement abandonnée par la doctrine publiciste moderne sous l'influence de Carré de Malberg et d'Hans Kelsen[758]. Selon eux, l'existence de la supra-constitutionnalité relèverait en quelque sorte d'une réalité juridique positive ; il conviendrait d'« admettre (...) la possibilité pour le juge suprême de bloquer des lois constitutionnelles heurtant trop manifestement la supra-constitutionnalité »[759]. Cette suggestion a été néanmoins repoussée par le Conseil constitutionnel dans sa décision du 26 mars 2003[760]. D'ailleurs, « la théorie de la supra-constitutionnalité n'avait jamais provoqué une adhésion unanime au sein de la doctrine »[761], car « rien ne peut entraver la volonté du pouvoir constituant, aucun principe supérieur à la Constitution elle-même,

---

752 KAMARA (Mactar), « Supra-constitutionnalité et exercice du pouvoir constituant dérivé », *op. cit.*, p. 1434.

753 *Ibid.*, p. 1434.

754 La thèse de l'existence de la supra-constitutionnalité a été souvent soutenue par certains auteurs à l'instar de RIALS (Stéphane), « Supra-constitutionnalité et systématicité du droit », *op. cit.*, p. 57.

755 Pour mémoire, la supra-constitutionnalité a été discutée sous la Troisième République par Maurice Hauriou et Léon Duguit qui attribuèrent une valeur supérieure à la DUDH, comme le note d'ailleurs NGANGO YOUMBI (Éric), *La justice constitutionnelle au Bénin - logiques politique et sociale*, Paris, 2016, *op. cit.*, p. 108.

756 DUGUIT (Léon), *Traité de droit constitutionnel*, 3e éd., Paris, Ancienne librairie Fontemoing, 1930, tome III, 606 p.

757 HAURIOU (Maurice), *Précis de droit constitutionnel*, Sirey, Paris, 2e éd., 1929, réimprimé par le CNRS en 1965, p. 626. Voir aussi GÖZLER (Kémal), *Le pouvoir de révision constitutionnelle*, *op. cit.*, p. 297.

758 Pour un éclairage précis sur ce point, voir l'article de TROPER (Michel), « La notion de principes supra-constitutionnels », *op. cit.*, p. 337.

759 RIALS (Stéphane), « Supra-constitutionnalité et systématicité du droit », *op. cit.*, p. 76.

760 Si le concept de supra-constitutionnalité au sens strict suppose l'existence des normes non révisables, aucune décision du Conseil constitutionnel n'a reconnu expressément l'existence d'un tel principe. Voir l'article de CAMBY (Jean-Pierre), « Supra-constitutionnalité : la fin d'un mythe », *op. cit.*, pp. 671-688.

761 Voir sur ce point le fameux débat autour de « la supra-constitutionnalité » entre Louis Favoreu et Georges Vedel dans : VEDEL (Georges), « Souveraineté et supra-constitutionnalité », *op. cit.*, pp. 79-97 ; FAVOREU (Louis), « Souveraineté et supra-constitutionnalité », *op. cit.*, pp. 73-79.

aucun droit de l'homme, aucune liberté, dont le respect s'imposerait »[762] au pouvoir de révision. Ce point de vue de la souveraineté constituante rejoint celui de nombreux auteurs, parmi lesquels Bertrand Mathieu pour qui les règles supra-constitutionnelles n'existent pas en droit interne[763]. Si elles étaient reconnues, elles seraient placées hors de l'emprise du pouvoir constituant[764]. Ce dernier, qu'il soit originaire ou dérivé, pourrait affranchir « le légiconstituant de ce que l'on croit être des tabous inviolables »[765].

Pour Georges Vedel notamment, les normes dites « supra-constitutionnelles » ne peuvent relever que du domaine de « l'éthique ou des principes faisant partie d'un credo-politique »[766] : la supra-constitutionnalité ne pourrait prendre racine que dans le droit naturel. Autrement dit, « si l'on veut donner à la supra-constitutionnalité une signification acceptable, il faut (…) placer le juge sous l'empire (…) du droit naturel »[767]. L'ennui, c'est que celui-ci est aux antipodes du droit positif, car « la Constitution est la norme la plus élevée (...) à moins d'admettre le postulat jusnaturaliste d'un droit au-dessus du droit »[768]. On déduit de cette argumentation que la Constitution peut établir des limites quant à sa révision. Par conséquent, « il est inconcevable qu'elle puisse contenir des normes supra-constitutionnelles qui s'imposeraient à elle »[769]. Par souci de démocratie, l'esprit positiviste postmoderne ne peut concevoir aucune limitation à « la liberté du pouvoir de révision relevant de principes qui seraient supérieurs à la Constitution »[770].

Force est de constater que les implications juridiques de la reconnaissance des normes dites « supra-constitutionnelles » sont appréciables en fonction de la signification que l'on veut donner à « la

762 Voir en ce sens FRAISSEIX (Patrick), *Droit constitutionnel*, 2e éd., Paris, coll. « Dyna'sup droit », 2009, p. 67.

763 Pour Bertrand Mathieu, « dans l'hypothèse où le Conseil constitutionnel sanctionnerait une loi constitutionnelle au nom du pseudo principes supra-constitutionnels, il perdrait toute légitimité », MATHIEU (Bertrand), « La supra-constitutionnalité existe-t-elle ? », *op. cit.*, p. 14.

764 Voir en ce sens MATHIEU (Bertrand), « La supra-constitutionnalité existe-t-elle ? », *op. cit.*, pp. 12-17.

765 SCHOLSEM (Jean-Claude) « La Constitution belge : structure, style et valeur et valeur de modèle », in *La Constitution hier, aujourd'hui et demain, Cahier du Sénat*, n° 2, Bruxelles, Bruylant, 2006, p. 82.

766 VEDEL (Georges), « Souveraineté et supra-constitutionnalité », *op. cit.*, p. 80.

767 *Ibid.*, p. 87.

768 TROPER (Michel), « La notion de principes supra-constitutionnels », *op. cit.*, p. 337.

769 MAGNON (Xavier), « Quelques maux encore à propos des lois de révision constitutionnelle : limites, contrôle, efficacité, caractère opératoire et existence. En hommage à Louis Favoreu », *op. cit.*, p. 595.

770 SABETE (Wagdi), *Pouvoir de révision et droits fondamentaux. Études des fondements épistémologiques et européens de la limite matérielle du pouvoir constituant dérivé*, *op. cit.*, p. 150.

supra-constitutionnalité »[771]. Comme le remarque Mactar Kamara, « il est difficile, voire impossible, de trouver sur le plan interne une base juridique incontestable à la supra-constitutionnalité »[772]. De plus, elle a souvent été présentée comme un « néologisme juridique »,[773] mais qui « se trouve au-dessus de la Constitution »[774]. Cette référence au droit naturel constitue en soi le premier terrain d'affrontement entre les opposants et les partisans « d'un possible contrôle juridictionnel des lois constitutionnelles »[775]. Quant à nous, nous pouvons admettre que « les limites matérielles et formelles explicites sont susceptibles d'entraver l'exercice de la fonction constituante »[776]. Dès lors, la doctrine de la souveraineté relative du pouvoir de révision n'a pas du tout besoin d'invoquer « une supra-constitutionnalité » au sens « d'un droit naturel constitutionnel » comme fondement du contrôle des lois constitutionnelles »[777]. Si une majorité écrasante[778] de la doctrine prend position pour l'existence « d'un ordre juridique supra-constitutionnel »[779] obligeant le pouvoir de révision à respecter les limites explicites, il convient de souligner, à la lumière de la jurisprudence consistante du Conseil constitutionnel, que l'existence des normes dites « supra-constitutionnelles » serait « une impossibilité quasi ontologique »[780] en droit interne.

§ 2— Les fondements du refus du contrôle sous le prisme de la supra-constitutionnalité

Bien que la décision du 2 septembre 1992 dite « Maastricht II » ait sonné le glas de la supra-constitutionnalité[781], pour certains auteurs, son existence

---

771 Voir en ce sens NGANGO YOUMBI (Éric), *La justice constitutionnelle au Bénin : logiques politique et sociale*, Paris, 2016, *op. cit.*, p. 111.

772 Voir KAMARA (Mactar), « Supra-constitutionnalité et exercice du pouvoir constituant dérivé », *op. cit.*, p. 1441.

773 QUESNEL (Martin), *La protection de l'identité constitutionnelle de la France*, *op. cit.*, p. 229.

774 *Ibid.*, p. 229.

775 Voir les analyses avancées par CAMBY (Jean-Pierre), « Supra-constitutionnalité : la fin d'un mythe », *op. cit.*, pp. 671-688.

776 RIGAUX (Marie-Françoise), *La théorie des limites matérielles à l'exercice de la fonction constituante*, *op. cit.*, p. 3. (C'est nous qui soulignons.)

777 Voir KAMARA (Mactar), « Supra-constitutionnalité et exercice du pouvoir constituant dérivé », *op. cit.*, p. 1442. (C'est nous qui soulignons.)

778 Voir en ce sens par GOUIA (Sana), « La problématique de la supra-constitutionnalité », *op. cit.*, pp. 83-119.

779 Voir KAMARA (Mactar), « Supra-constitutionnalité et exercice du pouvoir constituant dérivé », *op. cit.*, p. 1436.

780 MATHIEU (Bertrand), « La supra-constitutionnalité existe-t-elle ? », *op. cit.*, p.12.

781 Voir en ce sens les analyses avancées par FAVOREU (Louis), « Souveraineté et supra-constitutionnalité », *op. cit.*, pp.71-77.

permet d'admettre l'idée « d'un contrôle des amendements à la Constitution »[782]. D'autres, en revanche, estiment que l'argument de la supra-constitutionnalité serait parfaitement inutile et contreproductif, car le Conseil constitutionnel disposerait de fondements bien plus puissants[783]. Pour ces auteurs, la souveraineté du pouvoir de révision ne signifie pas l'insoumission à aucune règle, elle suppose plutôt qu'on n'impose pas au Souverain des principes qui relèvent du droit naturel[784]. En effet, selon Georges Vedel, il n'existe pas dans « les textes juridiques français de normes supra-constitutionnelles nationales »[785]. D'après lui, il n'y a pas de dispositions juridiques qui reconnaissent la valeur supra-constitutionnelle à certains droits et libertés fondamentaux[786]. Dans le même sens, Henry Roussillon pense qu'on ne peut parler que d'une « hypothétique supra-constitutionnalité » dans la mesure où il est impossible de déterminer son contenu[787]. Cette indétermination est la conséquence évidente de l'absence de textes juridiques qui attribuent à des normes un rang supérieur à celui de la Constitution[788]. Cela dit, reconnaître une supra-constitutionnalité implique

---

782 Voir en ce sens les arguments avancés par ARNÉ (Serge), « Existe-t-il des normes supra-constitutionnelles ? Contribution à l'étude des droits fondamentaux et de la constitutionnalité », *op. cit.*, pp. 459-512.

783 TROPER (Michel), « Existe-t-il des principes supérieurs à la Constitution ? », *op. cit.*, pp. 139-144. Voir aussi KLEIN (Claude), *Théorie et pratique du pouvoir constituant*, *op.cit.*, pp. 187-205.

784 Pour un éclairage précis sur ce point, voir SABETE (Wagdi), *Pouvoir de révision et droits fondamentaux. Études des fondements épistémologiques et européens de la limite matérielle du pouvoir constituant dérivé*, *op. cit.*, pp. 149-153.

785 Selon Georges Vedel, le juge constitutionnel n'est pas doté d'un pouvoir créateur de normes constitutionnelles. Ainsi, toute norme dite « supra-constitutionnelle » ne peut être que la production subjective du juge constitutionnel. Voir en ce sens les analyses avancées par VEDEL (Georges), « Souveraineté et supra-constitutionnalité », *op. cit.*, pp. 79-97.

786 Contrairement à Georges Vedel, Serge Arné affirme que les « droits fondamentaux devraient logiquement être placés au-dessus de la Constitution » ; ARNÉ (Serge), « Existe-t-il des normes supra-constitutionnelles ? Contribution à l'étude des droits fondamentaux et de la constitutionnalité », *op. cit.*, p. 469. Stéphane Rials partage cette analyse lorsqu'il écrit : « Les droits fondamentaux sont supérieurs à la volonté du constituant » ; RIALS (Stéphane), « Supra-constitutionnalité et systématicité du droit », *op. cit.*, p. 64.

787 ROUSSILLON (Henry) *et alii*, *Le Conseil constitutionnel*, *op. cit.*, p. 87.

788 Il convient de noter que, pour les tenants de la doctrine refusant l'idée que la supra-constitutionnalité trouverait son fondement et son contenu dans la Constitution elle-même, la recherche d'un fondement dans le texte de la Constitution des normes dites « supra-constitutionnelles » est contradictoire avec le principe de la suprématie de la Constitution. Voir les analyses avancées par MATHIEU (Bertrand), « La supra-constitutionnalité existe-t-elle ? », *op. cit.*, pp. 12-17.

non seulement d'en assurer son respect, mais aussi d'allouer à une Cour constitutionnelle le droit de contrôler les actes du pouvoir de révision[789].

En se référant à l'interprétation de la jurisprudence du Conseil constitutionnel, les partisans de la doctrine refusant le fondement supra-constitutionnel du contrôle ont avancé d'autres arguments juridiques[790]. Selon eux, l'introduction du mythe de la supra-constitutionnalité peut « conduire à détrôner le souverain »[791]. De plus, le fait que le Conseil constitutionnel oublie parfois de mentionner la référence textuelle de son contrôle ne constitue pas « l'existence d'une quelconque supra-constitutionnalité comme fondement en faveur de la limitation matérielle au pouvoir constituant dérivé »[792].

À la lumière de toutes ces opinions, il apparaît que la justification du contrôle sur le terrain de la supra-constitutionnalité ne trouve pas une unanimité doctrinale[793]. Ainsi, si la reconnaissance de « la notion de supra-constitutionnalité » a provoqué un débat très fructueux, elle a entraîné une querelle doctrinale très intense relative à la question de la souveraineté nationale, mais aussi à la nature même de l'ordonnancement juridique.

En premier lieu, il convient de s'interroger sur les effets des limites imposées au pouvoir de révision par l'existence des normes dites « supra-constitutionnelles ». Sur ce sujet aussi, les analyses divergent[794]. En effet, la doctrine favorable à l'idée de « supra-constitutionnalité » a perçu les limites au pouvoir de révision comme un aboutissement naturel de l'évolution du

---

789 Voir sur cette question MAGNON (Xavier), « Quelques maux encore à propos des lois de révision constitutionnelle : limites, contrôle, efficacité, caractère opératoire et existence. En hommage à Louis Favoreu », *op. cit.*, pp. 595-617.

790 On peut donc suivre Michel Troper lorsqu'il écrit : « Un juge constitutionnel, même s'il affirme l'existence de limites matérielles au pouvoir de révision ne le fait pas nécessairement en invoquant des principes supra-constitutionnels et peut se contenter de viser des dispositions expresses de la Constitution. C'est d'ailleurs ce qu'il fait le plus souvent » ; TROPER (Michel), « Existe-t-il des principes supérieurs à la Constitution ? », *op. cit.*, p. 138 (note n°10).

791 VEDEL (Georges), « Souveraineté et supra-constitutionnalité », *op. cit.*, pp. 79-97.

792 Voir en ce sens FAVOREU (Louis), « Souveraineté et supra-constitutionnalité », *op. cit.*, pp. 71-77.

793 Nous pensons que la supra-constitutionnalité constitue désormais « une problématique entre le droit naturel et le droit positif » au sein de la doctrine publiciste française. Voir les analyses avancées par GOUIA (Sana), « La problématique de la supra-constitutionnalité », *op. cit.*, pp. 83-119.

794 « La possibilité d'un contrôle par le Conseil constitutionnel des lois révisant la Constitution, contrôle qui pourrait être qualifié d'un contrôle de supra-constitutionnalité, puisqu' il ne pourrait pas s'agir d'un simple contrôle de constitutionnalité des lois constitutionnelles » ; DEROSIER (Jean-Philippe), *Les limites constitutionnelles à l'intégration européenne. Étude comparée : Allemagne, France, Italie*, *op. cit.*, p. 68

droit public en général et particulièrement de la mutation du concept de souveraineté[795]. Ainsi, le refus de justifier le contrôle sur le terrain de la supra-constitutionnalité en raison de sa « connotation jusnaturaliste »[796] a été fortement nuancé par certains auteurs comme Louis Favoreu[797] qui se servent du thème de la supra-constitutionnalité pour désigner « les limites matérielles », inscrites notamment dans le texte constitutionnel[798]. Par conséquent, « le pouvoir constituant dérivé ne saurait être transgressif sous peine d'être sanctionné par le juge »[799]. Cette observation avait conduit une bonne partie de la doctrine, à la suite de la décision du 2 septembre 1992 du Conseil constitutionnel, à envisager deux aspects possibles de la supra-constitutionnalité, indépendamment de tout recours au droit naturel : « un aspect interne et un aspect externe »[800]. Soulignons, à cet égard, que l'analyse strictement normative des limites matérielles inscrites dans les Constitutions contemporaines permettrait de relativiser par avance la critique de la doctrine refusant le contrôle sur le terrain de la supra-constitutionnalité[801].

À l'opposé, la doctrine qui refuse cette justification du contrôle a prévenu des dangers que présenterait une éventuelle supra-constitutionnalité sur « la souveraineté du pouvoir de révision »[802]. La France, en effet, deviendrait en quelque sorte « la terre d'élection de la supra-constitutionnalité »[803]. En étudiant les répercussions de la reconnaissance du fondement supra-constitutionnel du contrôle, une bonne partie de la doctrine, sous l'autorité

---

795 Voir les analyses avancées par GOUIA (Sana), *La supra-constitutionnalité ? : une problématique entre le droit naturel et le droit positif, op.cit.* pp. 30- 33.

796 Voir les analyses avancées par JOUANJAN (Olivier), « La forme républicaine du gouvernement, norme supra-constitutionnelle ? », *op. cit.*, pp. 112-137.

797 FAVOREU (Louis), « Supra-constitutionnalité et jurisprudence de la juridiction constitutionnelle en droit privé et en droit public français », in *R.F.D.C*, 1993, p. 466.

798 Voir GOUIA (Sana), *La supra-constitutionnalité ? : une problématique entre le droit naturel et le droit positif, op.cit.* pp. 28- 30.

799 Voir en ce sens les propos retenus par FAVOREU (Louis), « Souveraineté et supra-constitutionnalité », *op. cit.*, pp. 71-77.

800 FAVOREU (Louis), « Supra-constitutionnalité et jurisprudence de la juridiction constitutionnelle en droit privé et en droit public français », *op. cit.*, p. 466.

801 Lire à ce sujet les propos retenus par BEAUD (Olivier), *La Puissance de l'État, op. cit.*, pp. 348-349.

802 Voir les arguments avancés par CAMBY (Jean-Pierre), « Supra-constitutionnalité : la fin d'un mythe », *op. cit.*, pp. 671-688. Voir notamment « les effets controverses de la reconnaissance de la supra-constitutionnalité » dans les propos retenus par GOUIA (Sana), *La supra-constitutionnalité ? : une problématique entre le droit naturel et le droit positif, op.cit.* pp. 30- 44.

803 On emprunte cette expression d'Élisabeth Zoller dans : ZOLLER (Élisabeth), *Droit constitutionnel, op. cit.*, p. 85.

de Georges Vedel[804], a souligné non seulement ses effets sur le pouvoir de révision, mais aussi l'étendue de ce retentissement sur la souveraineté nationale en période de crise[805]. Des juristes estiment donc que « la reconnaissance de la supra-constitutionnalité »[806] impliquerait que les dispositions constitutionnelles formant le noyau dur bénéficient d'un statut de supériorité par rapport « aux lois de révision constitutionnelle »[807]. Ainsi, l'existence de la supra-constitutionnalité conduirait à une hiérarchisation entre les normes dites « supra-constitutionnelles »[808] et les normes constitutionnelles découlant d'une révision[809]. En outre, selon les opposants au contrôle, le Conseil constitutionnel « ne peut, de lui-même, construire un bloc de supra-constitutionnalité comme il a défini un bloc de constitutionnalité »[810]. Autrement dit, le Conseil constitutionnel n'a aucune légitimité pour contrôler les lois révisant la Constitution au motif qui porterait atteinte à une norme de supra-constitutionnalité qu'il aurait lui-même posée en « usurpation de la souveraineté constituante »[811].

En second lieu, il convient de s'interroger sur le silence du Conseil constitutionnel, dans sa décision du 26 mars 2003, quant à « la notion de

---

[804] Voir sur ce point les contributions de MATHIEU (Bertrand), « La supra-constitutionnalité existe-t-elle ? », op. *cit.*, pp. 12-17 ; VEDEL (Georges), « Souveraineté et supra-constitutionnalité », *op. cit.*, p. 82.

[805] Notons que pour une bonne partie de la doctrine, sous l'autorité de Georges Vedel, la supra-constitutionnalité étant un concept « logiquement inconstructible », elle ne connaît pas de sources juridiques qui alimentent son contenu et qui nous permettent de connaître ses éléments constitutifs. Voir VEDEL (Georges), « Souveraineté et supra-constitutionnalité », *op. cit.*, p. 82.

[806] MAGNON (Xavier), « Quelques maux encore à propos des lois de révision constitutionnelle : limites, contrôle, efficacité, caractère opératoire et existence. En hommage à Louis Favoreu », *op. cit.*, p. 596.

[807] Voir, sur cette question, MATHIEU (Bertrand), « La supra-constitutionnalité existe-t-elle ? », *op. cit.*, pp. 12-17.

[808] MAGNON (Xavier), « Quelques maux encore à propos des lois de révision constitutionnelle : limites, contrôle, efficacité, caractère opératoire et existence. En hommage à Louis Favoreu », *op. cit.*, p. 596. Voir aussi GOUIA (Sana), *La supra-constitutionnalité ? : une problématique entre le droit naturel et le droit positif, op.cit.* pp. 7- 44.

[809] Le refus de la reconnaissance de la supra-constitutionnalité interne par Georges Vedel repose sur l'argument selon lequel « l'ensemble des règles de valeur constitutionnelle de l'État français est identifié par la référence au texte constitutionnel de 1958, de la déclaration de 1789, du préambule de 1946 et par renvoi de ce dernier aux " principes fondamentaux reconnus par les lois de la République ". Peut-on concevoir que soit au sein de cet ensemble, soit en dehors de lui, il existe des normes juridiques d'un rang plus élevé, ce qui, en termes opératoires, voudrait dire qu'elles seraient hors de la compétence du pouvoir constituant, et que le juge constitutionnel devrait les faire prévaloir sur les autres règles de rang constitutionnel ? » ; VEDEL (Georges), « Souveraineté et supra-constitutionnalité », *op. cit.*, p. 81.

[810] CAMBY (Jean-Pierre), « Supra-constitutionnalité : la fin d'un mythe », *op. cit.*, p. 684.

[811] Voir les analyses avancées par VEDEL (Georges), « Souveraineté et supra-constitutionnalité », *op. cit.*, p. 96.

supra-constitutionnalité »[812]. Le débat sur « la notion d'identité constitutionnelle de la France »[813] est alors relancé : dans « sa décision du 27 juillet 2006, le Conseil constitutionnel affirme que la transposition en droit interne d'une directive communautaire ne saurait aller à l'encontre d'une règle ou d'un principe inhérent à l'identité constitutionnelle de la France, sauf à ce que le constituant y ait consenti »[814]. Cette formule a été perçue, par certains auteurs, comme « une reconnaissance implicite de la supra-constitutionnalité »[815].

Cependant, il convient de souligner qu'à partir de la décision du 2 septembre 1992 du Conseil constitutionnel[816], « trois propositions peuvent être formulées »[817]. Tout d'abord, le caractère intangible de la forme républicaine du gouvernement peut illustrer « la théorie de la supra-constitutionnalité »[818]. Ensuite, cette dernière peut être considérée comme un principe constitutionnel d'un rang supérieur au reste de la Constitution, ce qui suppose « une hiérarchie au sein des normes constitutionnelles »[819].

---

812 Voir par exemple la Décision n° 2004-496 DC du 10 juin 2004, loi pour la confiance dans l'économie numérique (considérant n° 7), p. 101. Voir sur ce sujet les analyses faites par QUESNEL (Martin), *La protection de l'identité constitutionnelle de la France*, *op. cit.*, pp. 8-23.

813 Voir DUBOUT (Édouard), « Les règles ou principes inhérents à l'identité constitutionnelle de la France : une supra-constitutionnalité ? », in *R.F.D.C*, n° 83, juillet, 2010, pp. 451-482 ; TROPER (Michel), « Identité constitutionnelle », in MATTHIEU (Bertrand), *1958-2008. Cinquantième anniversaire de la Constitution française*, Dalloz, 2008, pp. 123-131.

814 CHAMUSSY (Damien), « Actualité des réformes constitutionnelles et jurisprudence constitutionnelle », *op. cit.*, p. 21. Voir aussi Décision n° 2006-540 DC du 27 juillet 2006, loi relative aux droits de l'auteur et aux droits voisins dans la société de l'information (considérant n° 19), Recueil, p. 88. Confirmé par la décision n° 2006-543 DC du 30 novembre 2006, loi relative au secteur de l'énergie (considérant n° 6), *op. cit.*, p. 120. (C'est nous qui soulignons.)

815 Lire à ce sujet les propos de DUBOUT (Édouard), « Les règles ou principes inhérents à l'identité constitutionnelle de la France : une supra-constitutionnalité ? », *op. cit.*, pp. 451-482.

816 Sur l'autolimitation du pouvoir constituant, voir les analyses avancées par CHINCHAMPS (Nicolas), « L'autonomie de la Nouvelle-Calédonie face au Conseil constitutionnel », in *N.C.C.C,* Paris, Dalloz, n° 35, 2012, pp. 61-72.

817 Voir RIGAUX (Marie-Françoise), *La théorie des limites matérielles à l'exercice de la fonction constituante*, *op. cit.*, 335 p. Le Conseil constitutionnel se refuse toujours à se faire gardien d'un droit supra-constitutionnel. C'est ce qui conduit Georges Vedel à considérer qu'en l'absence de juge de supra-constitutionnalité, son caractère juridique « demeure platonique » ; VEDEL (Georges), « Souveraineté et supra-constitutionnalité », *op. cit.*, p. 80. De ce fait, le problème de la supra-constitutionnalité n'intéresse pas le Conseil constitutionnel, et sa légitimation ne peut avoir pour conséquence d'y conduire, car ce dernier ne pourra jamais légitimement être le gardien du temple « d'un droit supra-constitutionnel ».

818 Voir GOUIA (Sana), *La supra-constitutionnalité ? : une problématique entre le droit naturel et le droit positif, op.cit.* pp. 7- 44.

819 MEINDL (Thomas), « Le Conseil constitutionnel aurait pu se reconnaître compétent », *op. cit.*, p. 761.

Enfin, elle peut avoir une valeur simplement constitutionnelle au même titre que les autres dispositions[820].

On sait qu'en France, depuis la fameuse décision du 26 mars 2003[821], le Conseil constitutionnel semble écarter l'idée défendue par certains auteurs, comme Léon Duguit et Maurice Hauriou, d'une supra-constitutionnalité naturelle et objective, pour se rattacher à une « conception purement positiviste du droit constitutionnel »[822]. Comme le souligne Georges Vedel, « le Conseil constitutionnel (...) ne reconnaît pas (...), dans l'ensemble des dispositions de valeur constitutionnelle, une hiérarchie permettant de faire apparaître une sorte de para-supraconstitutionnalité »[823]. Par cette formule, il convient d'entendre que la création de « principes supra-constitutionnels » aurait pour conséquence immédiate l'usurpation du pouvoir constituant par le juge constitutionnel, car en contrôlant les lois révisant la Constitution, ce dernier ne se bornerait en aucun cas à exercer une simple fonction de contrôle[824]. L'un des arguments présentés le plus souvent contre le fondement supra-constitutionnel du contrôle des actes du pouvoir de révision est « l'impossible conciliation du droit naturel avec le droit positif »[825]. Cette impossibilité « nourrit une perception négative de la notion de supra-constitutionnalité »[826] en droit positif. Cette prétendue supra-constitutionnalité semble renvoyer systématiquement « à l'image de blocage des institutions de l'État, empêchant son évolution »[827]. D'ailleurs, la mise en œuvre du fondement supra-constitutionnel du contrôle des actes du

---

820 L'HÔTE (Vincent), « La " forme républicaine du gouvernement " à l'épreuve de la révision constitutionnelle de mars 2003 », *op. cit.*, p. 111.

821 Dans sa décision du 26 mars 2003, le Conseil constitutionnel semble donc clairement réfuter son adhésion à la théorie de la supra-constitutionnalité : « Il ne tient ni de l'article 61, ni de l'article 89, ni d'aucune autre disposition de la Constitution le pouvoir de statuer sur une révision constitutionnelle ». Cette formule a été très commentée par certains auteurs comme marquant la fin du mythe de la supra-constitutionnalité en droit positif français, par la reconnaissance du pouvoir constituant illimité. De toute évidence, « la décision du 26 mars 2003 évacue toute possibilité d'invoquer – au moins devant le Conseil constitutionnel – de prétendues normes supra-constitutionnelles dont le pouvoir constituant dérivé ne saurait s'affranchir » comme fondement d'un contrôle des lois constitutionnelles ; MAILLARD DESGRÉES DU LOÛ (Dominique), « Le pouvoir constituant dérivé reste souverain », *op. cit.*, pp. 725-739.

822 Voir sur ce point BARANGER (Denis), « Un chantier qui ne prend jamais fin : Le juge, les révisions et les autres formes de changement constitutionnel dans la France contemporaine », *op. cit.*, pp. 77-80.

823 VEDEL (Georges), « Souveraineté et supra-constitutionnalité », *op. cit.*, p. 82.

824 Voir en ce sens GOUIA (Sana), *La supra-constitutionnalité ? : une problématique entre le droit naturel et le droit positif*, *op.cit.* pp. 7- 44.

825 MEINDL (Thomas), « Le Conseil constitutionnel aurait pu se reconnaître compétent », *op. cit.*, p. 761.

826 *Ibid.*, pp. 741-765.

827 *Ibid.*, p. 741.

pouvoir de révision conduirait à accepter une forme de « para-supraconstitutionnalité » avec, comme conséquence, une hiérarchisation des dispositions constitutionnelles[828]. En tout état de cause, le Conseil constitutionnel n'a aucune compétence pour déterminer les normes de référence « d'un éventuel contrôle de supra-constitutionnalité des actes du pouvoir de révision »[829]. Si tel n'est pas le cas, ce serait à coup sûr la consécration d'un « gouvernement des juges », du fait de « l'exercice de la fonction constituante » par une entité juridictionnelle, alors même que celle-ci ne tire point son autorité du suffrage universel[830]. C'est la raison pour laquelle le contrôle de constitutionnalité des amendements à la Constitution peut être accusé d'être antidémocratique[831].

En définitive, la doctrine est divisée sur certains : comme la place des normes dites supra-constitutionnelles dans l'ordre juridique interne et de la légitimité du contrôle des actes du pouvoir constituant dérivé par le juge constitutionnel[832]. Cela rend le débat persistant, car il ressemble à « un combat sans fin entre deux boxeurs, les opposants et les partisans au contrôle se donnent des coups ». Toutefois, « il serait inutile d'invoquer des principes supra-constitutionnels »[833], car le juge constitutionnel disposerait de plusieurs autres arguments bien plus solides[834].

---

828 C'est ce qu'affirme Georges Vedel en ces termes : le juge constitutionnel « ne reconnaît pas davantage, dans l'ensemble des dispositions de valeur constitutionnelle, une hiérarchie permettant de faire apparaître une sorte de para-supraconstitutionnalité » ; VEDEL (Georges), « Souveraineté et supra-constitutionnalité », *op. cit.*, pp. 82-83.

829 Il s'agit alors de nier que les membres du Conseil constitutionnel exercent le moindre pouvoir prétorien et de les réduire, selon une « formule qui emprunte à la théorie de la fonction juridictionnelle de Montesquieu, au rôle " de bouches de la Constitution " » ; BRUNET (Pierre), « Protéger la Constitution par des cours constitutionnelles ou la société par des jurys constitutionnels », in LE PILLOUER (Arnaud), *La protection de la Constitution : Finalités, mécanismes, juridictions*, Presses universitaires juridiques, Poitiers, avril 2018, p. 184.

830 Voir les analyses avancées par KAMARA (Mactar), « Supra-constitutionnalité et exercice du pouvoir constituant dérivé », *op. cit.*, p. 1465.

831 Comme le souligne Michel Troper, « les juges ne justifient jamais leur contrôle de la constitutionnalité des lois de révision de la Constitution par l'invocation de principes supra-constitutionnels » ; TROPER (Michel), « Existe-t-il des principes supérieurs à la Constitution ? », *op. cit.*, p. 135.

832 Voir sur ce point KAMARA (Mactar), « Supra-constitutionnalité et exercice du pouvoir constituant dérivé », *op. cit.*, pp. 1436-1476..

833 TROPER (Michel), « Existe-t-il des principes supérieurs à la Constitution ? », *op. cit.*, p. 139.

834 Voir supra. Seconde partie, titre 1, les principes constitutionnels concourant à la limitation du pouvoir constituant dérivé.

CONCLUSION DU TITRE 2

Les multiples observations adressées aux opposants au contrôle ne sont pas parvenues à renverser totalement la conception absolue du pouvoir constituant, qu'il soit originaire ou dérivé. En analysant les raisons du refus du juge, une bonne partie de la doctrine menée par Georges Vedel dévoile la faiblesse des arguments invoqués en faveur dudit contrôle des actes du pouvoir de révision. Deux faits essentiels montrent ainsi que la doctrine rejette le contrôle des lois de révision par le juge. En premier lieu, la plupart des textes théoriques reconnaissent le positivisme classique défendu par le Conseil constitutionnel : le contrôle des lois de révision de la Constitution ne peut pas être justifié par une supra-constitutionnalité dont l'existence n'est pas reconnue. En deuxième lieu, de nombreux auteurs – dont certains, à l'image de Georges Vedel, nient catégoriquement que le juge constitutionnel puisse exercer un pouvoir discrétionnaire – cherchent à influer sur le contenu des normes édictées par le pouvoir constituant. C'est le cas des discours révélant ce que l'on a qualifié de point de vue formel sur la Constitution : bien des juristes ayant une conception minimaliste du rôle du juge constitutionnel s'y rattachent. Si certains sont convaincus que le Conseil constitutionnel pourrait admettre sa compétence sur les actes du pouvoir de révision, d'autres en doutent. C'est là que se situe le véritable problème de la justiciabilité des lois de révision sur le fondement de la supra-constitutionnalité. Contrairement à ce que suggère la doctrine favorable à la supra-constitutionnalité, il est difficilement acceptable d'ériger un contre-pouvoir juridictionnel au-dessus du pouvoir de révision, sous peine d'aboutir à un gouvernement des juges[835].

---

[835] Voir en ce sens MAILLARD DESGRÉES DU LOÛ (Dominique), « Le pouvoir constituant dérivé reste souverain », in *R.D.P*, 2003, *op. cit.*, pp. 725-739

CONCLUSION DE LA PREMIÈRE PARTIE

Il nous semble aujourd'hui possible de constater un nouveau légicentrisme du Parlement constitutionnel. Les auteurs qui soutiennent l'intégrité de la souveraineté constituante sont ceux qui récusent le principe d'un contrôle des lois de révision par crainte d'un gouvernement des juges. Ces juristes, que Georges Vedel a influencés, ont brandi deux principaux arguments. D'abord, la conception que nous avons développée, relativement majoritaire auprès de la doctrine, met l'accent sur l'incompatibilité entre contrôle de constitutionnalité des lois de révision de la Constitution et démocratie. Deux groupes se distinguent alors : l'un repose sur la souveraineté constituante, l'autre sur la compétence d'attribution du juge constitutionnel. Ensuite, la thèse du refus s'appuie, pour l'essentiel, sur une conception minimaliste du rôle du juge constitutionnel, puisqu'elle ne lui reconnaît aucune compétence pour contrôler les actes du pouvoir de révision. Rappelons que les critiques ont souvent fait valoir que, du point de vue de la légitimité démocratique, rien ne justifie la censure d'un acte de révision pour le motif qu'il contrevient à la Constitution, car les deux normes sont considérées comme l'expression de la volonté générale. D'ailleurs, la légitimité du contrôle des lois constitutionnelles a été également remise en cause par la crainte du gouvernement des juges, étant donné que le processus amènerait le Conseil constitutionnel à interpréter la Constitution dans le sens de son intime conviction et à s'ériger en un organe constituant. Si ces critiques ne sont pas dénuées de fondement, elles dénoncent un danger bien moins grave que celui qui résulterait de l'absence de tout contrôle des lois constitutionnelles. Toutefois, la conception unitaire du pouvoir constituant est remise en cause par une minorité d'auteurs sous le prisme de l'État de droit tendant à confiner la juridicité de toute norme de l'ordonnancement juridique à un examen intégral. Olivier Beaud estime ainsi que la doctrine a commis sur ce point une « faute logique »[836] .

[836] BEAUD (Olivier), *La Puissance de l'État*, *op. cit.*, p. 315.

SECONDE PARTIE
LA SOUVERAINETÉ DU POUVOIR CONSTITUANT DÉRIVÉ À L'ÉPREUVE DE L'ÉTAT DE DROIT

> « La positivation des limitations au pouvoir de révision doit aller de pair avec l'existence d'un contrôle juridictionnel. »[837]

D'après cette affirmation, le juge constitutionnel peut sanctionner les violations aux limites assignées au pouvoir de révision de la Constitution[838]. Voilà pourquoi certains auteurs, comme Olivier Beaud, ne considèrent pas que contrôler ces limites puisse faire obstacle à la démocratie[839]. Ainsi, la nature démocratique dudit contrôle invite à s'interroger davantage sur la légitimité du juge constitutionnel[840]. La problématique relative à la justiciabilité a pu prendre une ampleur particulière à l'occasion de la ratification du traité de Maastricht[841]. À cet égard, les tensions doctrinales

---

[837] KLEIN (Claude), *Théorie et pratique du pouvoir constituant*, *op.cit.*, p.176.

[838] KEIN (Claude), « Recension de Yaniv ROZNAI, Unconstiutional Constitutional amendments. The Limits of Amendments Powers, Oxford Constitutional Theory, 2017 », *op.cit.*, p. 40.

[839] Voir sur ce point les analyses avancées par BEAUD (Olivier), *La Puissance de l'État*, *op.*, *cit.*, pp.377-491 ; MEINDL (Thomas), « Le Conseil constitutionnel aurait pu se reconnaître compétent », *op.cit.* pp.741-765 ; DROIN (Nathalie), « Retour sur la loi constitutionnelle de 1884 : contribution à une histoire de la limitation du pouvoir constituant dérivé », *op.*, *cit.* pp. 725-747 ; MAGNON (Xavier), « Quelques maux encore à propos des lois de révision constitutionnelle : limites, contrôle, efficacité, caractère opératoire et existence. En hommage à Louis Favoreu », *op.*, *cit.*, pp.595-617 ; MOUTOUH (Hugues), « Le contrôle de constitutionnalité des lois constitutionnelles : suite et fin », in *A.J.D.A.*, 2003, pp. 1099-110 ; ROZNAI (Yaniv), *Unconstiutional Constitutional amendments. The Limits of Amendments* Powers, Oxford Constitutional Theory, *op.cit.* pp. 171- 234.

[840] Pour un éclairage précis sur ce point, voir l'ensemble des contributions rassemblées dans « Le contrôle de constitutionnalité des lois constitutionnelles », *op.cit.*, pp. 3-58. Il convient de remarquer avec Louis Favoreu que « le droit constitutionnel moderne se conçoit mal désormais en tant que droit sans application sanctionnée par un juge constitutionnel » ; FAVOREU (Louis), « Le droit constitutionnel, droit de la constitution et constitution du droit », in *R. F.D.C*, N° 1, 1990, p.71.

[841] Sans prétendre à l'exhaustivité, on citera par exemple certaines contributions doctrinales sur la légitimité du contrôle de constitutionnalité de l'acte de révision : FAVOREU (Louis),

provoquées par la jurisprudence dite « Maastricht II » ont conduit inévitablement à la cristallisation de la question de la légitimité d'un contrôle des lois de révision de la Constitution en France[842]. Si certains auteurs soutiennent la possibilité de concilier le contrôle des lois de révision de la Constitution et la théorie démocratique[843], d'autres, comme Bertrand Mathieu[844], la contestent catégoriquement[845]. En effet, admettre un tel contrôle sans référence aux textes ferait en quelque sorte le « lit du gouvernement des juges »[846]. Mais, la crainte du gouvernement des juges peut cependant être nuancée[847]. En effet, l'hypothèse de la liberté relative du pouvoir de révision revient à reconnaître la légitimité de l'office du juge

---

« Souveraineté et supra-constitutionnalité », *op.cit.,* pp.73-78 ; BEAUD (Olivier), *La Puissance de l'Etat, op. cit.,* pp. 349- 457. Voir notamment TROPER (Michel), « La souveraineté nationale appartient aux peuples français », *op.cit.* pp. 947-953 ; BEAUD (Olivier), « Où va le droit (constitutionnel) ? », *in La Semaine juridique, Edition générale,* n°40, Octobre 2018, pp. 1765- 1773.

842 Voir l'analyse de ROUSSEAU (Dominique) et *alii, Droit du contentieux constitutionnel, op.cit.,* p. 159.

843 Sans prétendre à l'exhaustivité, on citera, à titre d'illustration, certaines figures de la doctrine favorable au contrôle des lois constitutionnelles : BLACHER (Philippe), « Vers un contrôle de conventionnalité des lois constitutionnelles », *in Mélanges en l'honneur du Professeur Dominique Turpin, État du droit, état des droits,* coll. « des mélanges du centre Michel de l'Hospital », LGDJ, 2017, p. 541 ; BEAUD (Olivier), *La Puissance de l'État, op., cit.*, pp. 377-491; MEINDL (Thomas), « Le Conseil constitutionnel aurait pu se reconnaître compétent », *op.cit.* pp.741-765 ; SOMA (Abdoulaye), « La souveraineté du pouvoir constituant et le contrôle de constitutionnalité des lois constitutionnelles », *op.cit.* pp. 462-473; DIAWARA (Boubacar), *La rigidité constitutionnelle dans les États d'Afrique noire francophone : les exemples du Bénin, du Mali, et du Sénégal,* Thèse de doctorat en droit public, Université Cheikh Anta Diop de Dakar, 2015, 341 p ; ROZNAI (Yaniv), *Unconstiutional Constitutional amendments. The Limits of Amendments* Powers, Oxford Constitutional Theory, 2017, *op.cit.* pp.171-234.

844 Pour Bertrand Mathieu, « à partir du moment où le peuple vote en faveur de la question qui lui est posée, c'est qu'il ratifie implicitement la procédure qui a été utilisée ». Il ajoute « qu'on entrerait dans une remise en cause fondamentale du principe démocratique le jour où il y aurait un contrôle du juge constitutionnel sur les lois de révision » ; MATHIEU (Bertrand) « Débats », in BENETTI (Julie), et *alii, Révision de la Constitution : mode d'emploi, Onzième Printemps du droit constitutionnel,* Paris 2017, Dalloz, coll. « Thèmes & commentaires », Cahiers constitutionnels de Paris 1, p. 80. Voir notamment VEDEL (Georges), « Schengen et Maastricht », *op.cit.*, p.178; CAMBY (Jean-Pierre), « Supra-constitutionnalité : la fin d'un mythe », *op.cit.* pp. 671-688.

845 Voir les analyses avancées par MAILLARD DESGRÉES DU LOÛ (Dominique), « Le pouvoir constituant dérivé reste souverain », *op., cit.*, pp.725-739 ; MATHIEU (Bertrand), « La supra-constitutionnalité existe-t-elle ? », *op., cit.*, pp.12-17.

846 On emprunte ici ce mot au professeur Éric Desmons dans : DESMONS (Éric), « Sur l'argument de l'évidence en droit public », *in* PUIGELIER (Catherine), *La preuve,* Economica, 2004, p.180

847 Voir sur ce point les arguments avancés par FERRERES COMERA (Victor), « Est-il légitime de contrôler la constitutionnalité des lois ? », *in* TROPER (Michel), et *alii, Traité international de droit constitutionnel, Tome 3, Suprématie de la Constitution*, Dalloz, 2012, pp. 70-105.

constitutionnel[848]. Dit autrement, un contrôle des lois révisant la Constitution apparaît indubitablement comme un facteur de modération[849]. Avec cette légitimation, la justiciabilité de ces lois affermit le principe de l'État de droit, mais ne remet pas en cause le principe démocratique[850]. Par conséquent, nous analyserons d'abord les justifications concourant à la limitation de la souveraineté du pouvoir de révision au nom de l'État de droit[851] (Titre 1). Ensuite, nous nuancerons les idées relatives aux enjeux du contrôle des lois de révision de la Constitution par le juge (Titre 2).

---

[848] Dans cette partie, nous posons la question suivante : « Faudrait-il que l'exercice de la souveraineté par le pouvoir constituant dérivé, lequel, après tout, n'est qu'un pouvoir institué, fasse l'objet [d'un contrôle de constitutionnalité par le juge constitutionnel en France ?] » ; GOHIN (Olivier), « La Constitution française contre les droits de l'Homme. Le précédant de la restriction du suffrage en Nouvelle-Calédonie », *in L'esprit des institutions. L'équilibre des pouvoirs,* Mélanges en l'honneur de PACTET (Pierre), Dalloz, 2003, p. 190. C'est nous qui soulignons.

[849] Voir en ce sens LE PILLOUER (Arnaud), « Les contraintes d'un paradoxe : les lois inconstitutionnelles. Réflexions à partir du cas indien », *in Droits*, 2012, n° 55, pp. 113-128. C'est nous qui soulignons.

[850] Dans une étude devenue classique, Marie-Joëlle Rédor a montré magistralement l'émergence du principe de l'État de droit en droit public français. Voir en ce sens REDOR (Marie-Joëlle), *De l'État légal à l'État de droit. L'évolution des conceptions de la doctrine publiciste française 1879-1914, op., cit.*, pp. 87-185.

[851] Pour un éclairage précis sur la possible limitation de l'acte de révision parlementaire, voir BEAUD (Olivier), *La Puissance de l'État, op., cit.*, pp. 377-491. Voir aussi KLEIN (Claude), *Théorie et pratique du pouvoir constituant, op.cit.*, pp. 159-205.

TITRE 1
LES PRINCIPES CONSTITUTIONNELS CONCOURANT À LA LIMITATION DU POUVOIR CONSTITUANT DÉRIVÉ

> « Soutenir l'idée d'un pouvoir [de révision constitutionnelle] illimité, c'est soumettre [les droits fondamentaux] aux caprices éphémères des opérateurs politiques, ce qui fragilise durablement [le principe de l'État de droit] et fournit un argument juridique aux entreprises constitutionnelles frauduleuses. »[852]

Norme supérieure dans l'ordre juridique interne, la Constitution, par sa particularité juridique, bénéficie d'une très grande protection[853]. De nombreux auteurs ont défendu l'extension du contrôle de constitutionnalité aux lois de révision de la Constitution[854], en se référant à la pratique opérée dans certains pays européens, notamment l'Allemagne fédérale et l'Italie[855]. En revanche, d'autres auteurs estiment qu'en raison du silence de la Constitution, les actes du pouvoir de révision ne sont pas susceptibles de recours devant le Conseil constitutionnel[856]. Ce constat repose essentiellement sur l'idée que « le pouvoir de révision est souverain »[857]. En

[852] NGANGO YOUMBI (Éric), *La justice constitutionnelle au Bénin : logiques politique et sociale*, *op.cit.*, p.122. C'est nous qui soulignons.

[853] Le débat suranné sur la légitimité du contrôle de constitutionnalité des amendements à la Constitution, datant de 1962, a toujours divisé la doctrine publiciste française.

[854] Comme le remarque Abdoulaye Soma, « l'absence du contrôle de constitutionnalité des lois de révision constitutionnelle ne produit pas le même effet en Afrique et en France, [car les États sont dans un contexte socio-politique différent] » ; SOMA (Abdoulaye), « Le contrôle de constitutionnalité des lois constitutionnelles en Afrique noire francophone », *op.cit.* p. 622. C'est nous qui soulignons.

[855] Voir l'ensemble des contributions rassemblées dans « Le contrôle de constitutionnalité des lois constitutionnelles », *op.cit.* pp. 3-58.

[856] BLÉOU (Martin), « La question de l'effectivité de la suprématie de la constitution. À propos des poches de résistance au contrôle juridictionnel de constitutionnalité des lois en France et dans les Etats africains de succession française », *in* MELEDJE (Djedjro Francisco), et *alii*, *Mélanges dédiés au Doyen Francis V. Wodié*, Presses de l'Université Toulouse I Capitole, 2016, p. 48.

[857] Voir en ce sens MAILLARD DESGRÉES DU LOÛ (Dominique), « Le pouvoir constituant dérivé reste souverain », *op.cit.*, pp. 725-739.

d'autres termes, si « le propre de la souveraineté »[858] est d'échapper à tout contrôle, il faut admettre que le pouvoir de révision ne peut être sous l'emprise du juge constitutionnel[859]. Cette acception de la souveraineté trouve un écho favorable auprès du Conseil constitutionnel qui a décidé de limiter sa mission de contrôle[860]. Toutefois, ces arguments sont discutables[861] « au regard des exigences de l'État de droit »[862]. C'est d'ailleurs ce qui explique que les actes du pouvoir de révision doivent être conformes aux « prescriptions constitutionnelles »[863]. Comme le souligne Olivier Beaud, « une limitation constitutionnelle est une limite comme une autre, quel que soit son objet »[864]. De la sorte, « le pouvoir de révision est considéré à tort comme souverain, alors que seul le pouvoir constituant est le pouvoir souverain »[865]. Ainsi, le pouvoir de révision est, par son essence même, « un pouvoir limité »[866]. Si cette affirmation est loin d'être souvent approuvée par la doctrine, il est possible d'en déduire que « le pouvoir de révision est parfois limité par la Constitution »[867]. L'argument trouve un fondement dans la conception matérielle de la Constitution[868] (Chapitre 1) et dans la notion d'identité constitutionnelle de la France (Chapitre 2).

---

858 BLÉOU (Martin), « La question de l'effectivité de la suprématie de la constitution. À propos des poches de résistance au contrôle juridictionnel de constitutionnalité des lois en France et dans les Etats africains de succession française », *op.cit.* p. 50.

859 Voir les analyses avancées par ROZNAI (Yaniv), *Unconstiutional Constitutional amendments. The Limits of Amendments* Powers, Oxford Constitutional Theory, *op.cit.* pp. 171- 234.

860 Voir MEINDL (Thomas), « Le Conseil constitutionnel aurait pu se reconnaître compétent », *op.cit.* pp.741-765.

861 Voir en ce sens DEROSIER (Jean-Philippe), « Débats », in BENETTI (Julie), et *alii*, *Révision de la Constitution : mode d'emploi, Onzième Printemps du droit constitutionnel*, Paris 2017, Dalloz, coll. « Thèmes & commentaires », Cahiers constitutionnels de Paris I, pp. 78-79.

862 Pour un bon panorama doctrinal sur les limites de la thèse du refus du contrôle des lois constitutionnelles, voir BEAUD (Olivier), « Le cas français : l'obstination de la jurisprudence et de la doctrine à refuser toute idée de limitation au pouvoir de révision constitutionnelle », *op.cit.*, pp.93-115.

863 BLÉOU (Martin), « La question de l'effectivité de la suprématie de la constitution. À propos des poches de résistance au contrôle juridictionnel de constitutionnalité des lois en France et dans les Etats africains de succession française », *op.cit.* p. 52.

864 BEAUD (Olivier), *La Puissance de l'État*, *op.cit.*, p. 336.

865 *Ibid.*, p.330.

866 BURDEAU (Georges), *Traité de Science politique,* Tome, IV, *op.cit.*, p. 231.

867 CAMY (Olivier), *Droit constitutionnel critique,* Paris 2007, L'Harmattan, p. 47.

868 Comme l'indique Abdoulaye Soma, la souveraineté peut s'analyser en droit constitutionnel comme « un faisceau de compétences » ; SOMA (Abdoulaye), « Le contrôle de constitutionnalité des lois constitutionnelles en Afrique noire francophone », *op.cit.* p. 622. Ce qui nous permet de dire que la souveraineté du pouvoir de révision et ne peut pas être conçue dans un État de droit comme un pouvoir illimité. Voir aussi LAFFAILLE (Franck), « La notion de Constitution au sens matériel chez Costantino Mortati », *in Jus Politicum*, IV-2012, Dalloz, pp. 293- 321 ; BEAUD (Olivier), *La Puissance de l'État*, *op.cit.*, p. 336.

CHAPITRE 1
LA LIMITATION DOCTRINALE FONDÉE SUR LE CRITÈRE MATÉRIEL DE LA CONSTITUTION

> « La limitation de la révision constitutionnelle suppose une définition matérielle de la Constitution. En effet, si l'acte constituant limite l'acte de révision, c'est parce qu'il est "supérieur" au sens juridique, et comme cette supériorité ne peut être d'ordre formel, elle est d'ordre matériel. »[869]

D'après cette affirmation, l'admission d'un contrôle des lois de révision est fortement liée à la conception matérielle de la Constitution[870]. Or, la doctrine, dans sa majorité[871], a opté en faveur d'une conception purement formelle[872]. Celle-ci constitue, cependant, un obstacle majeur à l'émergence « de la logique de la justice constitutionnelle »[873]. Il serait tentant de relativiser la souveraineté du pouvoir de révision à partir du moment où l'on a admis qu'elle respecte les exigences de l'État de droit[874]. Considérons que l'État de droit est à la fois ce qui fonde la compétence du pouvoir de révision et ce qui le limite[875]. Autrement dit, si le pouvoir de révision « ne se limite

---

[869] BEAUD (Olivier), *La Puissance de l'État*, *op.cit.* p. 364.

[870] Comme le souligne Olivier Beaud, « un bref regard sur la doctrine et la jurisprudence constitutionnelles étrangères indique qu'on doit davantage prendre au sérieux la thèse de l'intangibilité de certains principes constitutionnels (limitant donc l'étendue du pouvoir de révision », BEAUD (Olivier), « Où va le droit (constitutionnel) ? », *op.cit.* p. 1772.

[871] GREWE (Constance), « Le contrôle de constitutionnalité des lois constitutionnelles en Bosnie- Herzégovine », *in Les Cahiers du Conseil constitutionnel*, n° 27, 2009, pp. 32-37.

[872] Voir l'analyse de CHALTIEL (Florence), « La souveraineté du pouvoir constituant dérivé », *op., cit.*, pp. 7-9.

[873] *Ibid.*, p. 32.

[874] Voir en ce sens « l'étude comparative des limites matérielles susceptibles de s'imposer à l'exercice de la fonction constituante » faite par RIGAUX (Marie-Françoise), *La théorie des limites matérielles à l'exercice de la fonction constituante*, *op.cit.* pp.41- 213.

[875] Comme le souligne Patrick Gaïa, on peut envisager deux types de sanctions du respect des limites assignées au pouvoir de révision : « celui d'un contrôle politique (…), et celui d'un contrôle juridictionnel par le juge constitutionnel de ces mêmes lois » . Voir en ce sens les propos retenus par GAÏA (Patrick), « Limitation du pouvoir de révision constitutionnelle et construction européenne », *op.cit.* pp. 129-133. Quant à nous, dans cette présente contribution, seule la seconde branche de l'alternative d'un contrôle des lois révisant la Constitution sera retenue ici, car c'est la seule option semble-t-elle dotée d'une réelle efficacité ?

point, il naît limité »[876] par le pouvoir constituant originaire. Par conséquent, la question de la limitation du pouvoir de révision se pose indubitablement en termes de « conception de la Constitution »[877].

Paradoxalement, les opposants au contrôle reconnaissent implicitement le caractère limité du pouvoir de révision lorsqu'ils avancent que celui-ci « est l'expression de la souveraineté dans sa plénitude sous la seule réserve qu'il s'exerce selon la procédure qui l'identifie »[878]. À cet égard, certains auteurs comme Olivier Beaud défendent, au nom de l'État de droit, l'abandon de toute référence à « l'idée de souveraineté absolue du pouvoir de révision »[879]. Pour eux, l'idée d'un pouvoir de révision illimité et la nécessité de respecter les exigences de l'État de droit se concilient difficilement[880]. C'est la raison pour laquelle les partisans du contrôle fondent leur argumentaire sur la conception matérielle de la Constitution[881]. Elle permet à la fois de préserver les valeurs républicaines et de rendre les lois de révision contestables devant le juge constitutionnel[882]. En conséquence, le contrôle de constitutionnalité des lois de révision est tout à la fois possible et compatible avec la démocratie[883]. Deux raisons peuvent expliquer en quoi le pouvoir de

---

876 BURDEAU (Georges), *Traité de Science politique,* Tome, IV, *Le Statut du pouvoir dans l'Etat, op.cit.*, p. 61.

877 Voir sur ce point les propos retenus par CAMBY (Jean-Pierre), « Supra-constitutionnalité : la fin d'un mythe », *op.cit.* pp.671-688 ; MEINDL (Thomas), « Le Conseil constitutionnel aurait pu se reconnaître compétent », *op.cit.* pp.741-765 ; BEAUD (Olivier), « Un plaidoyer modéré en faveur d'un tel contrôle », *op.cit.* pp. 43- 45 ; CARCASSONNE (GUY), « Un plaidoyer résolu en faveur d'un tel contrôle », *op.cit.* pp. 46-47.

878 VEDEL (Georges), « Schengen et Maastricht », p. *op.cit.,* p.179.

879 BEAUD (Olivier), *La Puissance de l'État, op.cit.* p. 364. De même, Philippe Blanchèr soutient que « si le texte constitutionnel prévoit des limites au pouvoir de révision, il n'apparaît pas illogique que le juge de la Constitution exige une réforme des mécanismes du contrôle de constitutionnalité en la matière », BLACHER (Philippe), *Contrôle de constitutionnalité et volonté générale, op.cit.* p.118.

880 Voir sur ce point les justifications avancées en faveur de la reconnaissance d'un contrôle juridictionnel des lois de révision par BEAUD (Olivier), *La Puissance de l'État, op.cit.* pp. 329- 376 ; GAÏA (Patrick), « Limitation du pouvoir de révision constitutionnelle et construction européenne », *op.cit.,* pp. 119-161.

881 Voir les analyses avancées par BEAUD (Olivier), *La Puissance de l'État, op.cit.* pp. 336-345.

882 Pour Olivier Jouanjan, « La question du contrôle de constitutionnalité matérielle de la révision de la Constitution n'est pas une question absurde » ; JOUANJAN (Olivier), « La forme républicaine du gouvernement, norme supra-constitutionnelle ? », *op. cit.*, p.283. Voir notamment BLÉOU (Martin), « Le juge constitutionnel et les révisions constitutionnelles », *op.cit.,* p. 235.

883 Voir les analyses avancées à l'encontre du caractère démocratique de l'idée de tout contrôle des lois de révision par le juge constitutionnel dans les propos retenus par Bertrand Mathieu : « à partir du moment où le peuple voté en faveur de la question qui lui est posée, c'est qu'il ratifie implicitement la procédure qui a été utilisée ». Il ajoute « qu'on entrerait dans une remise en cause fondamentale du principe démocratique le jour où il y aurait un contrôle du juge constitutionnel sur les lois de révision » ; MATHIEU (Bertrand) « Débats »,

révision est limité[884] : le caractère dualiste du pouvoir constituant (Section 1) et la soumission du pouvoir de révision à l'État de droit[885] (Section 2).

Section 1 : Le refus de l'unicité au profit de la dualité du pouvoir constituant

> « La révision de la Constitution est par définition l'œuvre du pouvoir constituant dérivé qui ne peut agir en violation de la norme fondamentale qui l'habilite à agir. Si tel n'est pas le cas, ce pouvoir change de nature et devient constituant originaire conduisant à une rupture dénuée de fondement juridique. »[886]

Comme le souligne Michel Verpeaux, « les deux pouvoirs sont *a priori* différents puisque le pouvoir originaire intervient en l'absence de toute règle, tandis que le second est enfermé dans des conditions prévues par la Constitution elle-même »[887]. Ainsi, il est clair que le pouvoir constituant dérivé peut réviser « une Constitution rigide en vigueur »[888]. Il en résulte donc que la distinction entre les fonctions des pouvoirs constituants originaire et dérivé repose sur « la rigidité constitutionnelle »[889]. Toutefois, la conception unitaire du pouvoir constituant est un obstacle important au contrôle des lois de révision de la Constitution[890]. Quoi que l'on puisse dire,

---

in BENETTI (Julie), et alii, *Révision de la Constitution : mode d'emploi, Onzième Printemps du droit constitutionnel,* Paris 2017, Dalloz, coll. « Thèmes & commentaires », Cahiers constitutionnels de Paris I, p. 80.

884 Comme le souligne Olivier Beaud, « l'impossibilité d'une souveraineté du pouvoir constituant découlerait de la finalité libérale de toute constitution qui implique la subordination des pouvoirs publics ordinaires, et notamment du pouvoir législatif, au pouvoir constituant. Ce dernier, né pour limiter les pouvoirs et pour protéger les individus contre la puissance publique, ne saurait donc être un pouvoir absolu et souverain » ; BEAUD (Olivier), *La Puissance de l'Etat, op.cit.*, p. 214.

885 « "L'usurpation de l'exercice du pouvoir constituant" par l'organe réformateur (institué pour la révision) est toujours un risque, mais ce risque ne porte que sur les fondements de l'État de droit, pas sur la nature ou la pérennité d'un régime [politique] » ; KOUBI (Geneviève) et *alii, Etat, Constitution, Loi*, Paris 1993, éditions Litec. p. 95. C'est nous qui soulignons.

886 LAFFAILLE (Franck), « La disgrâce du droit. La révision avortée de la Constitution italienne (2005-2006) et les apories de l'ingénierie constitutionnelle », *in R. F. D. C.* 2007, n° 70, p. 390.

887 VERPEAUX (Michel), *Droit constitutionnel français,* collection « Classiques-Droit fondamental », PUF, Paris, 2015, p.81.

888 DE VILLIERS (Michel) et *alii, Dictionnaire de droit constitutionnel*, 11e éd., Paris, Sirey, 2017, p. 275.

889 *Ibid.*, p. 274.

890 Pour un éclairage précis sur ce point, voir l'article de JAN (Pascal), « L'immunité juridictionnelle des lois de révision constitutionnelle », *op., cit.* p. 4.

« le pouvoir de révision n'équivaut pas au pouvoir constituant »[891], car « entre la photo et la copie, le mélange du genre est interdit »[892]. Ainsi, il est impossible de donner au pouvoir de révision de la Constitution « les attributs d'un pouvoir originaire »[893]. Malgré la force des objections à l'encontre du principe d'un contrôle des actes du pouvoir de révision, il existe de solides arguments en faveur de ce dernier[894]. Il apparaît donc opportun de clarifier la nature spécifique du pouvoir de révision pour savoir ce qui le distingue du pouvoir constituant originaire (§ 1). De plus, une telle différence de nature pourrait servir de justification aux limites du pouvoir de révision (§ 2).

§ 1— L'étendue de la conception dualiste du pouvoir constituant

La thèse de la distinction entre pouvoir constituant originaire et pouvoir constituant dérivé est l'un des débats doctrinaux les plus anciens et les plus denses de « la science du droit constitutionnel »[895]. Elle remonte aux réflexions des Américains, fut opérée par l'Abbé Sieyès et a présidé à « la rédaction des premières Constitutions écrites »[896]. De plus, elle est la charpente sur laquelle repose « le droit constitutionnel moderne »[897]. Quant au pouvoir de révision, dans les faits, il doit « relever des stigmates des

---

891 La question de la nature du pouvoir de révision constitutionnelle forme habituellement le nœud du débat qui s'engage autour de la problématique des rapports entre la souveraineté constituante et l'Etat de droit. S'il faut encore convaincre de la nécessité d'un contrôle des lois constitutionnelles, il faudrait bien reconnaître que « la révision de la Constitution résultant de la mise en œuvre du pouvoir constituant dérivé ne peut détruire l'ordre constitutionnel existant et lui substituer un nouvel ordre constitutionnel » ; Extrait de la décision de la cour constitutionnelle du Bénin-DDC -14-199 du 20 novembre 2014 cité par NGANGO YOUMBI (Éric), *La justice constitutionnelle au Bénin : logiques politique et sociale*, *op., cit.* p. 7.

892 Voir la controverse entre KPODAR (Adama) et KOKOROKO (Dodzi), « La loi organique portant conditions de recours au référendum : La Cour constitutionnelle du Bénin peut–elle soumettre, "aux options fondamentales de la Conférence nationale", le peuple dans l'exercice de son pouvoir de révision ? Commentaire croisé de la décision DDC-11-067 du 20 octobre 2011 de la Cour constitutionnelle du Bénin » ; *in Annuaire béninois de justice constitutionnelle, Presses universitaires du Bénin*, I, 2013, spéc., p. 703.

893 ISIDORO (Cécile), « Le pouvoir constituant peut-il tout faire ? », *op., cit.* p. 246.

894 Force est de constater que les objections au contrôle de constitutionnalité des lois de révision sont de deux ordres : la première repose sur le mythe de l'infaillibilité de la loi qui est l'expression de la volonté générale. La seconde est le déficit électif du juge constitutionnel. Or, on sait que ce déficit est lié à la conception française de la séparation des pouvoirs.

895 NGANGO YOUMBI (Éric), « La supraconstitutionnalité. Vue d'Afrique », *op.cit.* p. 138.

896 Pour une analyse approfondie sur ce point, voir BEAUD (Olivier), *La Puissance de l'État*, *op.cit.* pp. 316-328.

897 Voir en ce sens BOSHAHB (Évariste), *Entre la révision de la Constitution et l'inanition de la nation*, Bruxelles, éditions Larcier, 2013, *op.cit.* p. 28.

prérogatives du pouvoir constituant originaire »[898]. Voilà un écho favorable dans la formule selon laquelle « le pouvoir constituant est souverain »[899]. Partant de ce constat, on peut remarquer « qu'il n'existe qu'un seul pouvoir constituant et que la distinction faite par Sieyès, entre pouvoir constituant originaire et dérivé ou institué, n'est pas reprise »[900] par le Conseil constitutionnel[901], ce qui évidemment pose la question récurrente de la nature du pouvoir de révision au sein de la doctrine[902]. Ainsi, la forte influence du principe de l'intégrité de la souveraineté constituante[903] est un obstacle important au développement de « l'identification juridique entre pouvoir constituant originaire et pouvoir constituant dérivé »[904]. Or, la différenciation entre ces deux pouvoirs permet de justifier la possible limitation du pouvoir de révision[905].

Toutefois, certains auteurs, comme Georges Vedel, refusent la distinction proposée par Roger Bonnard en soutenant qu'« il y a une fonction constituante »[906]. Pour ces juristes, « le critère principal de la distinction entre le pouvoir constituant originaire et le pouvoir constituant dérivé est la situation dans laquelle ils s'exercent »[907]. Cette analyse en vient à définir la souveraineté par un critère organique[908]. Le refus du contrôle est fondé sur la formule selon laquelle « le pouvoir constituant est souverain »[909]. Nous

---

898 Voir les analyses avancées par LE PILLOUER (Arnaud), « Le pouvoir de révision », *in* TROPER (Michel) et *alii, Traité international de droit constitutionnel- Tome 3 : La suprématie de la Constitution,* Paris, Dalloz, 2012, *op.cit.* pp. 57-58.

899 Voir Décision 92-312 DC du 2 septembre 1992, Maastricht, *in Les grandes décisions du Conseil constitutionnel,* 18e éd., Dalloz, 2016, *op.cit.* p. 231.

900 LAVROFF (Dmitri-Georges), « À propos de la Constitution », *op.cit.*, p. 294.

901 Décision 92-312 DC du 2 septembre 1992, Maastricht, *in Les grandes décisions du Conseil constitutionnel,* 18e éd., Dalloz, 2016, *op.cit.* p. 231.

902 Voir les analyses avancées par BEAUD (Olivier), « Le cas français : l'obstination de la jurisprudence et de la doctrine à refuser toute idée de limitation au pouvoir de révision constitutionnelle », *op.cit.* pp.93-115. Voir notamment CAYLA (Olivier), « L'obscure théorie du pouvoir constituant originaire », *op.cit.* p. 253.

903 Voir les analyses avancées par MEINDL (Thomas), *La notion de droit fondamental dans les jurisprudences et doctrines constitutionnelles françaises et allemandes, op.cit.*, pp. 449-453.

904 BEAUD (Olivier), *La Puissance de l'État, op.cit.* p.314.

905 TROPER (Michel), « In préface) de LE PILLOUER (Arnaud), *Les pouvoirs non-constituants des assemblées constituantes : Essai sur le pouvoir instituant,* Paris, Dalloz, Collection « Nouvelle bibliothèque de thèses », 2005, p. XI.

906 ISIDORO (Cécile), « Le pouvoir constituant peut-il tout faire ? », *op.cit.* pp. 246- 247.

907 GÖZLER (Kémal), *Le pouvoir de révision constitutionnelle, op.cit.* p. 21.

908 STECKEL (Marie-Christine), *Le Conseil constitutionnel et l'alternance*, Paris, LGDJ, Bibliothèque constitutionnelle et de science politique, 2002, p. 167.

909 Décision 92-312 DC du 2 septembre 1992, Maastricht, *in Les grandes décisions du Conseil constitutionnel,* 18e éd., Dalloz, 2016, *op.cit.* p. 231. Voir notamment MAILLARD DESGRÉES DU LOÛ (Dominique), « Le pouvoir constituant dérivé reste souverain », *op.cit.*, pp. 725-739.

souscrivons à l'affirmation d'Olivier Beaud qui veut que le pouvoir de révision soit un pouvoir « d'habilitation constitutionnelle »[910], car il doit respecter les limites liées à sa compétence sous le contrôle du juge constitutionnel[911]. D'ailleurs, Olivier Beaud ajoute que la différence entre les deux pouvoirs constituants est profonde, car « l'édiction d'une Constitution par le pouvoir de révision »[912] aboutit à « une abolition de la Constitution »[913]. Il en résulte que « le pouvoir de révision est une magistrature constitutionnelle, et à ce titre soumis à la Constitution, sur le fond comme sur la forme »[914].

En retenant le « critère matériel de la Constitution »[915], une bonne partie de la doctrine sous l'influence d'Olivier Beaud refuse d'accorder une quelconque immunité juridictionnelle aux actes du pouvoir de révision sur « la base d'un critère purement formel de la Constitution »[916]. Elle distingue deux visages possibles du pouvoir constituant : l'un originaire et l'autre dérivé[917]. En effet, selon la conception matérielle, le pouvoir de révision « n'est qu'un pouvoir constitué »[918]. En d'autres termes, il « n'est jamais un pouvoir constituant »[919]. En suivant ce point de vue doctrinal, nous considérons que « l'adoption et la révision d'une Constitution mettent en jeu les deux formes du pouvoir constituant »[920] : originaire lorsqu'il construit « l'architecture constitutionnelle en toute liberté ; dérivé lorsque son objet est de réviser la Constitution existante »[921]. Dès lors, il ne semble pas logique d'établir une équivalence entre ces pouvoirs, « les éléments contenus dans l'un ne pouvant pas totalement se retrouver dans l'autre »[922] ; leur reconnaître une identité de nature est donc contestable[923]. Il faut à cet égard

---

910 BEAUD (Olivier), *La Puissance de l'État*, Paris, PU, *op.cit.* p.314.

911 Voir sur ce point MIRANDA (Jorge), « Le contrôle et les limites de la révision de la Constitution », *op.cit.* p.447.

912 STECKEL (Marie-Christine), *Le Conseil constitutionnel et l'alternance*, Paris, LGDJ, Bibliothèque constitutionnelle et de science politique, 2002, p. 167.

913 BEAUD (Olivier), *La Puissance de l'État*, *op.cit.* p.311.

914 *Ibid.*, p.357.

915 Voir en ce sens GÖZLER (Kémal), *Le pouvoir de révision constitutionnelle*, *op.cit.* p. 29-35.

916 BEAUD (Olivier), *La Puissance de l'État*, *op.cit.* pp. 15-16.

917 Voir MAGNON (Xavier), « Quelques maux encore à propos des lois de révision constitutionnelle : limites, contrôle, efficacité, caractère opératoire et existence. En hommage à Louis Favoreu », *op.cit.*, pp. 598-617.

918 TROPER (Michel), « In préface) de LE PILLOUER (Arnaud), *Les pouvoirs non-constituants des assemblées constituantes : Essai sur le pouvoir instituant, op. cit.* p. XI.

919 GÖZLER (Kémal), *Le pouvoir de révision constitutionnelle*, *op.cit.* p. 33.

920 CONSTANTINESCO (Vlad) et *alii*, *Droit constitutionnel*, *op.cit.*, p. 194.

921 BOSHAHB (Évariste), *Entre la révision de la Constitution et l'inanition de la nation*, *op.cit.* pp. 29-30.

922 *Ibid.*, p. 29.

923 Voir en ce sens BEAUD (Olivier), *La Puissance de l'État*, *op.cit.* p. 320.

observer que toute limite au pouvoir de révision est susceptible d'être interprétée comme une manifestation de différenciation de nature entre les deux pouvoirs constituants[924]. Comme le considère Jorge Miranda, le pouvoir de révision est un pouvoir constitué, car « il correspond à une compétence (...) qui est toujours prévue par la Constitution »[925]. Partant de cet argument, il faut l'interpréter strictement, car nous devons comprendre que, dans un État de droit, il n'existe pas de souverain absolu[926]. Il est donc juste d'affirmer l'existence des deux visages du pouvoir constituant, à savoir dérivé et originaire[927].

Cependant, le refus du Conseil constitutionnel, dans sa décision du 26 mars 2003, conforte ceux qui pensent que « les pouvoirs constituants sont les facettes d'une même réalité »[928] ; ils prônent l'unicité du pouvoir constituant[929]. Or, cette assimilation relève d'un « anachronisme juridique »[930], car le pouvoir de révision « ne peut pas logiquement abroger la Constitution »[931]. Dans cette même optique, Philippe Blachèr souligne que « l'exemple allemand montre qu'un juge constitutionnel peut établir effectivement une distinction entre le pouvoir constituant originaire et les organes de révision de la Constitution »[932]. À partir de cette remarque, il convient de souligner que l'admission d'un contrôle de lois de révision par le Conseil constitutionnel aboutirait manifestement à l'abandon de la doctrine de l'unicité du pouvoir constituant[933]. En d'autres termes, la consécration du contrôle de constitutionnalité des lois de révision conduirait évidemment à la

---

924 Voir sur ce point, les analyses avancées par MAGNON (Xavier), « Quelques maux encore à propos des lois de révision constitutionnelle : limites, contrôle, efficacité, caractère opératoire et existence. En hommage à Louis Favoreu. », *op.cit.*, pp. 598- 617.

925 MIRANDA (Jorge), « Le contrôle et les limites de la révision de la Constitution », *op.cit.* p.447.

926 Voir l'analyse de BEAUD (Olivier), « Le cas français : l'obstination de la jurisprudence et de la doctrine à refuser toute idée de limitation au pouvoir de révision constitutionnelle », *op.cit.* pp.93-115.

927 BURDEAU (Georges), *Traité de Science politique,* Tome IV, *Le Statut du pouvoir dans l'Etat*, *op.cit.* p. 190.

928 Pour un éclairage précis sur ce point, voir l'article de ISIDORO (Cécile), « Le pouvoir constituant peut-il tout faire ? », *op.cit.* p. 245.

929 Voir les analyses avancées par CAYLA (Olivier), « L'obscure théorie du pouvoir constituant originaire », *op.cit.* pp. 249-265.

930 Voir KAMARA (Mactar), « Supra-constitutionnalité et exercice du pouvoir constituant dérivé », *op.cit.* p. 1446.

931 BEAUD (Olivier), *La Puissance de l'État*, *op.cit.* p. 311.

932 BLACHER (Philippe), *Contrôle de constitutionnalité et volonté générale*, 2001, *op.cit.*, p. 115.

933 MAGNON (Xavier), « Quelques maux encore à propos des lois de révision constitutionnelle : limites, contrôle, efficacité, caractère opératoire et existence. En hommage à Louis Favoreu. », *op.cit.*, pp. 598-617.

consolidation de la vision dualiste du pouvoir constituant[934]. C'est la raison pour laquelle la doctrine favorable au contrôle est unanime pour dire que « le pouvoir de révision » n'est pas de même nature que « le pouvoir constituant originaire »[935]. Elle admet aussi que celui-ci « est un pouvoir politique »[936], tandis que le pouvoir constituant dérivé « est un pouvoir correcteur, intervenant pour accommoder les institutions aux évolutions de la société »[937]. Il apparaît donc que « le pouvoir de révision ne peut pas être utilisé pour adopter une nouvelle Constitution »[938]. Par conséquent, il est impossible de réduire le pouvoir constituant au seul pouvoir de révision[939]. Les innovations apportées par ce dernier ne peuvent donc pas s'inscrire dans le sens d'une mutation de la Constitution[940]. Cette distinction de nature est souvent présentée comme un argument supplémentaire en faveur de « la limitation matérielle du pouvoir de révision » [941]. À cet égard, elle entraîne des conséquences juridiques essentielles, car les deux pouvoirs ne disposent pas d'une fonction constituante identique[942]. C'est pourquoi nous estimons

934 Même si la jurisprudence constitutionnelle semble accorder une attention particulière aux arguments avancés par les tenants de la doctrine formaliste de la Constitution au nom de la souveraineté constituante, la distinction entre le pouvoir constituant originaire et le pouvoir constituant dérivé garde toujours sa pertinence pour une grande partie de la doctrine contemporaine. Ces deux pouvoirs sont « fondamentalement distincts et opposés ». Le pouvoir constituant dérivé n'est qu'une « simple magistrature constitutionnelle » ; BEAUD (Olivier), *La Puissance de l'État*, *op., cit.* pp.313-328.

935 Voir les analyses avancées par MODERNE (Franck), *Réviser la Constitution. Analyse comparative d'un concept indéterminé*, *op.cit.* p.33.

936 Voir VIALA (Alexandre), « Limitation du pouvoir constituant, la vision du constitutionnaliste », *op.cit.* p.81.

937 Lire à ce sujet les propos retenus par BEAUD (Olivier), *La Puissance de l'État*, Paris, PUF, Coll. Léviathan, 1994, *op.cit.* pp.314-318, DEROSIER (Jean-Philippe), *Les limites constitutionnelles à l'intégration européenne. Étude comparée : Allemagne, France, Italie*, *op., cit.*pp.85-108 ; MAGNON (Xavier), « Quelques maux encore à propos des lois de révision constitutionnelle : limites, contrôle, efficacité, caractère opératoire et existence. En hommage à Louis Favoreu. », *op.cit.* pp. 595-617.

938 GUASTINI (Riccardo), « Identité de la Constitution et limites à la révision constitutionnelle (le cas colombien) », *in* LE PILLOUER (Arnaud), *La protection de la Constitution : Finalités, mécanismes, juridictions,* Presses universitaires juridiques-Poitiers, Avril 2018, p. 127.

939 DEROSIER (Jean-Philippe), *Les limites constitutionnelles à l'intégration européenne. Étude comparée : Allemagne, France, Italie*, *op.cit.* p. 86.

940 BOSHAHB (Evariste), *Entre la révision de la Constitution et l'inanition de la nation*, *op.cit.* p. 31.

941 LE PILLOUER (Arnaud), « Pouvoir constituant originaire et pouvoir constituant dérivé : à propos de l'émergence d'une distinction conceptuelle », *op.cit.* p. 141.

942 ISIDORO (Cécile), « Le pouvoir constituant peut-il tout faire ? », *op.cit.* p. 246.

que c'est la volonté de limiter le pouvoir de révision qui justifie la distinction entre les deux pouvoirs constituants[943].

En somme, il semble évident que le pouvoir de révision puisse « être sanctionné par des mécanismes juridictionnels (...), dès lors qu'il s'écarte sans motivations légitimes des standards démocratiques »[944], ce qui veut dire que « les deux pouvoirs constituants ne sont pas au même étage »[945]. Cette argumentation est discutable dans la mesure où les opposants au contrôle admettent que les actes du pouvoir de révision sont de nature identique à ceux du pouvoir constituant originaire[946]. En revanche, il faut convenir avec Olivier Beaud que « l'opposition entre un pouvoir absolu et un pouvoir non absolu constitue une différence de nature »[947]. En effet, « un pouvoir qui ne se limite pas à la révision, mais fait autre chose qu'une révision, ne correspond pas à la définition "du pouvoir de révision" »[948]. Celle-ci n'existe donc que par la Constitution qui définit son champ de compétences qui ne dispose pas de la compétence d'un pouvoir constituant originaire[949]. Cette hypothèse de la distinction demeure fragile[950], car le Conseil constitutionnel consolide sa doctrine de l'unicité[951]. Il est possible de considérer par

[943] Voir en ce sens LE PILLOUER (Arnaud), « Pouvoir constituant originaire et pouvoir constituant dérivé : à propos de l'émergence d'une distinction conceptuelle », *op cit.* p. 138. C'est nous qui soulignons.

[944] KAZADI MPIANA (Joseph), « L'odyssée de la clause intangible du nombre de mandats présidentiels au regard de la révision par voie référendaire dans le constitutionnalisme africain : une valse à trois temps », *in* MAMPUYA (Auguste), *La responsabilité du juriste face aux manifestations de la crise dans la société contemporaine : un regard croisé autour de la pratique du droit*, Bruxelles, Bruylant, 2018, p. 620.

[945] BLÉOU (Martin), « La question de l'effectivité de la suprématie de la constitution. À propos des poches de résistance au contrôle juridictionnel de constitutionnalité des lois en France et dans les Etats africains de succession française », *op.cit.* p. 52.

[946] Voir en ce sens les tentatives de remise en cause de la conception française de la souveraineté du pouvoir de révision constitutionnelle faites par BLACHER (Philippe), *Contrôle de constitutionnalité et volonté générale*, *op.cit.* pp.113-125. Voir aussi KLEIN (Claude), *Théorie et pratique du pouvoir constituant.* Paris, PUF, coll. « Les voies du droit », 1996, *op.cit.*, pp. 141-205.

[947] BEAUD (Olivier), *La Puissance de l'État*, *op.cit.* p. 315.

[948] GUASTINI (Riccardo), « Identité de la Constitution et limites à la révision constitutionnelle (le cas colombien) », *op.cit.* p. 129. Voir notamment BEAUD (Olivier), *La Puissance de l'État*, *op.cit.* p.429.

[949] ISIDORO (Cécile), « Le pouvoir constituant peut-il tout faire ? », *op.cit.* p. 245.

[950] Voir en ce sens les limites de la distinction entre les pouvoirs constituants dans les propos retenus par LE POURHIET (Anne-Marie), *Droit constitutionnel,* Pairs, ECONOMICA, Troisième édition, 2010, pp. 56- 58.

[951] La fragilité des soubassements de la doctrine formaliste du pouvoir constituant a été largement soulignée par Cécile Isidoro, pour qui cette doctrine « est constable juridiquement en raison de ses faiblesses intrinsèques. En assimilant constituant dérivé et constituant originaire, acte de révision et acte constituant, elle méconnaît l'existence d'une différence qui n'est pas de degré mais de nature entre ces deux pouvoirs » ; ISIDORO (Cécile), « Le pouvoir constituant peut-il tout faire ? », *op.cit.* p.245.

exemple que la reconnaissance des limites au pouvoir de révision par le juge constitutionnel « n'a de réel intérêt que s'il est corrélativement prévu un contrôle de leur respect »[952].

§ 2— Les limites de la conception dualiste du pouvoir constituant

La distinction entre pouvoir constituant originaire et pouvoir de révision doit normalement résider « dans une différenciation du contentieux des actes concernés »[953]. En d'autres termes, seuls les actes du pouvoir de révision peuvent être contrôlés par le juge constitutionnel[954]. Mais cet examen par les juges, les tenants du caractère dualiste du pouvoir constituant ne le pensent pas nécessaire[955]. Contrairement à la doctrine de l'unicité du pouvoir constituant, les prérogatives du pouvoir de révision étant formellement et matériellement encadrées[956], la doctrine de la limitation du pouvoir de révision n'a pas besoin de se rattacher à une quelconque supra-constitutionnalité, dans la mesure où ledit pouvoir est un pouvoir constitué, limité par les règles constitutionnelles[957]. Olivier Beaud considère que « le gouvernant hétéro-limité par le droit n'est plus le Souverain, mais un simple magistrat constitutionnel »[958] ; le pouvoir de révision doit donc respecter les règles établies par le véritable souverain : « le pouvoir constituant originaire »[959]. Ainsi, la souveraineté du pouvoir de révision ne doit pas être identifiée à un pouvoir absolu[960] ; ce pouvoir n'est pas illimité[961], car il doit

952 Voir l'analyse de CANEDO (Marguerite), « L'histoire d'une double occasion manquée », *op. cit.*, pp-771-772.

953 Voir en ce sens GAÏA (Patrick), « Limitation du pouvoir de révision constitutionnelle et construction européenne », *op.cit.* p.133.

954 Comme le remarque Michel Verpeaux, « si des limites existent pour réviser, les deux pouvoirs constituants—originaire ou dérivé –sont-ils de nature différente ou de même nature ? » ; VERPEAUX (Michel), *Droit constitutionnel français*, *op.cit.* p.84.

955 Voir en ce sens LE PILLOUER (Arnaud), « Le pouvoir de révision », *op.cit.* pp.59-65.

956 BEAUD (Olivier), *La Puissance de l'État*, *op.cit.* p.376.

957 Voir STECKEL (Marie-Christine), *Le Conseil constitutionnel et l'alternance*, Paris, LGDJ, Bibliothèque constitutionnelle et de science politique, 2002, p. 172.

958 BEAUD (Olivier), « Le Souverain », *op.cit.* p. 38.

959 Comme le relève Olivier Jouanjan, la violation des limites formelles par le pouvoir de révision « constitue une violation de la Constitution qui peut être sanctionnée dans les conditions prévues par la Constitution » ; JOUANJAN (Olivier), « La forme républicaine du gouvernement, norme supra-constitutionnelle ?», *op. cit.*, pp. 282-283.

960 Il faut signaler que la seule absence d'habitation n'empêche pas le Conseil constitutionnel de décider qu'il peut disposer d'un pouvoir de contrôler des lois constitutionnelles, car « ni la Constitution allemande, ni la Constitution indienne n'autorisent de manière explicite les juges à contrôler le pouvoir de révision » ; BARANGER (Denis), « Un chantier qui ne prend jamais fin : Le juge, les révisions et les autres formes de changement constitutionnel dans la France contemporaine », *op.cit.* , p.68.

961 Comme le souligne Luc Heuschling, « la thèse de la souveraineté du pouvoir de révision se trouve contredite à première vue par le droit positif, à savoir la Constitution de 1958 qui

toujours respecter les limites formulées par la Constitution existante[962]. Dès lors, faut-il confier au juge constitutionnel le soin de garantir l'effectivité des limites opposables au pouvoir de révision de la Constitution ?

Les avis divergent sur cette question[963]. Ainsi, le principe de la limitation du pouvoir de révision, bien que posé dans nombre de Constitutions, est de plus en plus controversé du point de vue théorique[964]. Jorge Miranda affirme que le pouvoir de révision « doit, sous peine de devenir un pouvoir constituant matériel, respecter les principes établis »[965] par le constituant initial. Il convient d'ajouter que le principe de souveraineté attaché au pouvoir constituant est relatif, car il n'a pas la même force qu'il s'agisse de créer ou de réviser une Constitution[966]. En effet, l'absolutisme du pouvoir constituant dérivé est tempéré par des clauses dites « intangibles »[967]. Des arguments divers ont été utilisés pour justifier les atténuations à la souveraineté du pouvoir de révision[968] : les limites énoncées par le constituant de 1958 entendent faire respecter la volonté du souverain par les instances qui ont été créées par lui[969]. Selon Marguerite Canedo, « il est certain que le pouvoir constituant dérivé n'est pas tout-puissant puisque la

---

prévoit trois catégories de limites à l'égard de celui-ci : 1) des limites procédurales qui donnent sa forme et sa structure (art. 89, voir l'article 11) ; 2) des limites *ratione temporis* qui sont au nombre de trois (art. 7, 89 al. 4) ; 3) une limite matérielle qui garantit le caractère républicain du gouvernement » ; HEUSCHLING (Luc), État *de droit -Rechststaat -Rule of Law*, *op.cit.*, p. 650.

[962] Les limites formelles au pouvoir de révision dans la Constitution du 4 octobre 1958 : « les articles 7, 16, et 89, alinéa 4 ». Pour une analyse approfondie sur ces limites, voir CANEDO (Marguerite), « L'histoire d'une double occasion manquée », *op. cit.*, pp-772-774.

[963] Olivier Beaud considère que « la conception "néo-absolutiste" du pouvoir constituant qui est à la source de l'analogie de la souveraineté du peuple constante et perpétuellement mobilisable par les pouvoirs publics (...) n'invalide pas la doctrine de la limitation matérielle de la révision » ; BEAUD (Olivier), *La Puissance de l'État*, *op.cit.*, p. 439. Voir aussi BLANC (Didier), « La justiciabilité des limites au pouvoir constituant sous la cinquième République : Propositions pour un contrôle du pouvoir de révision détenu par le Congrès », *op.cit.* p. 2 ; RIGAUX (Marie-Françoise), *La théorie des limites matérielles à l'exercice de la fonction constituante*, *op.cit.* pp.41-213.

[964] Pour un débat doctrinal sur la spécificité du pouvoir de révision et la question de sa limitation, voir LE PILLOUER (Arnaud), « Le pouvoir de révision », *op.cit.* pp. 34- 65. Voir notamment KLEIN (Claude), « Recension de Yaniv ROZNAI, Unconstiutional Constitutional amendments. The Limits of Amendments Powers, Oxford Constitutional Theory 2017Q », *op.cit.* p. 40.

[965] MIRANDA (Jorge), « Le contrôle et les limites de la révision de la Constitution », *op.cit.* p.443.

[966] Voir BEAUD (Olivier), *La Puissance de l'État*, *op.cit.* pp.314-318.

[967] Voir les analyses avancées par GÖZLER (Kémal), *Le pouvoir de révision constitutionnelle*, *op.cit.* pp. 123-126.

[968] DROIN (Nathalie), « Retour sur la loi constitutionnelle de 1884 : contribution à une histoire de la limitation du pouvoir constituant dérivé », *op.cit.*, pp.725-747.

[969] Voir LAVROFF (Dmitri-Georges), *Le droit constitutionnel de la Ve République* *op. cit.*, p.107.

Constitution elle-même assigne un certain nombre de limites sous forme d'interdictions de procéder à des révisions constitutionnelles »[970]. Cette observation insiste sur l'idée que la question de l'effectivité des limites est étroitement liée au problème du contrôle des lois de révision[971]. Or, si des limites au pouvoir de révision sont formulées expressément dans la Constitution, il semble logique que le juge constitutionnel admette de contrôler si elles sont respectées[972] : c'est là un argument important en faveur de sa compétence[973]. Cependant, le Conseil constitutionnel ne le partage pas, car il « se montre très respectueux de la souveraineté du pouvoir de révision de la Constitution »[974]. Par ailleurs, si un jour il se déclare compétent pour connaître de la constitutionnalité de l'acte de révision, « il peut se référer non seulement aux limites formelles, mais aussi aux limites matérielles à la révision pour censurer une loi constitutionnelle »[975]. Néanmoins, le respect des limites énoncées par la Constitution de 1958 pourrait conduire « le Conseil constitutionnel à s'arroger un pouvoir constituant »[976]. Aussi, en cas de non-respect des limites à la révision, il devrait, en toute hypothèse, faire l'objet d'un contrôle de conformité de l'acte de révision à la Constitution[977]. Ainsi, la nécessaire limitation de la souveraineté du pouvoir de révision repose sur la finalité de la Constitution [978].

---

970 CANEDO (Marguerite), « L'histoire d'une double occasion manquée », *op. cit.*, p-772.

971 Il faut préciser que « le contrôle des lois de révision constitutionnelle n'est possible que si la Constitution fixe un cadre à celles-ci, car seule une limitation permet d'établir un lien de subordination entre [les pouvoirs constituants originaire et dérivé]. De plus, il n'existe pas véritablement d'interdit, si aucune sanction n'est attachée à la violation de la règle qui le pose. L'effectivité du contrôle des lois de révision constitutionnelle est liée à ce qu'une autorité soit désignée ou se reconnaisse compétente pour l'exercer » ; FATIN-ROUGE STÉFANINI (Marthe), *Le contrôle du référendum par la justice constitutionnelle*, *op.cit.* p.291. C'est nous qui soulignons.

972 La possibilité d'un contrôle des lois de révision résulterait directement sur le plan théorique de l'admission du caractère dualiste du pouvoir constituant.

973 « Le droit d'amendement [constitutionnel] doit être considéré comme *sui generis*, c'est-à-dire avant tout comme un pouvoir limité » ; KEIN (Claude), « Recension de Yaniv ROZNAI, Unconstiutional Constitutional amendments. The Limits of Amendments Powers, Oxford Constitutional Theory, 2017 », *op.cit.* p. 42. (C'est nous qui soulignons).

974 HOURQUEBIE (Fabrice), « Pouvoir constituant dérivé et contrôle du respect des limites », *op.cit.* p. 5.

975 Voir GÖZLER (Kémal), *Le pouvoir de révision constitutionnelle*, *op.cit.* pp. 99-112.

976 HOURQUEBIE (Fabrice), « Pouvoir constituant dérivé et contrôle du respect des limites », *op.cit.* p.7.

977 Il faut cependant noter que la fin de non-recevoir exprimée par le Conseil constitutionnel, dans sa décision du 26 mars 2003, oblige à explorer les voies fertiles d'un contrôle des actes du pouvoir de révision de la Constitution. Toutefois, nous ne partageons pas la sanction de la violation des limites au pouvoir de révision constitutionnelle par des organes non juridictionnels.

978 ISIDORO (Cécile), « Le pouvoir constituant peut-il tout faire ? », *op.cit.* p.252.

Toutefois, même s'il n'existe pas un ordre juridique interne de nature supra-constitutionnelle, il ne faudrait pas imaginer « la consécration d'un pouvoir de révision constitutionnelle débridé »[979]. Ainsi, même si le Conseil constitutionnel rejette l'idée de supra-constitutionnalité, les limites qui entourent le pouvoir de révision demeurent[980] . En effet, la nouveauté d'un tel contrôle ne réside pas dans l'existence de limites formelles opposables au pouvoir de révision : en tant que telles, elles existent depuis bien longtemps, mais elles ont acquis une nouvelle dimension dans le débat doctrinal relatif à la compétence du juge constitutionnel[981]. C'est ailleurs qu'elle s'exprime : certaines Cours constitutionnelles par exemple en Allemagne, en Inde et en Italie, ont inséré, « à côté des "clauses d'éternité" un ensemble de décisions qu'on pourrait, par analogie, appeler des "jurisprudences d'éternité" »[982]. Les limitations jurisprudentielles servent également de normes de référence en faveur d'un contrôle de constitutionnalité des lois de révision de la Constitution[983]. Ce point de vue n'est pas celui du Conseil constitutionnel, car il refuse catégoriquement de se reconnaître compétent pour contrôler des lois de révision de la Constitution sur le terrain de la supra-constitutionnalité[984]. Voilà pourquoi certains auteurs insistent sur l'inexistence de règles dites « supra-constitutionnelles » à la lumière des décisions du Conseil constitutionnel en matière de contrôle de constitutionnalité[985] : ce dernier, dans sa décision du 26 mars 2003, a adhéré à la conception formaliste de la Constitution selon laquelle le pouvoir de révision dispose d'une souveraineté identique à celle « du pouvoir constituant originaire »[986].

Ajoutons que la remise en cause de la légitimité du juge constitutionnel pour connaître d'un contrôle des lois de révision « n'est évidemment pas la

---

[979] KAMARA (Mactar), « Supra-constitutionnalité et exercice du pouvoir constituant dérivé », *op.cit.* p.1473.

[980] Pour une étude approfondie sur les limites formelles et matérielles à la révision constitutionnelle, voir la thèse de GÖZLER (Kémal), *Le pouvoir de révision constitutionnelle*, *op.cit.* pp. 99-112.

[981] BARANGER (Denis), « Un chantier qui ne prend jamais fin : Le juge, les révisions et les autres formes de changement constitutionnel dans la France contemporaine », *op.cit.* p.46.

[982] *Ibid.*, p.46.

[983] Comme l'affirme Dmitri-Georges Lavroff, « aujourd'hui une partie de la doctrine admet clairement [le] rôle créateur [du juge constitutionnel] qui n'a rien de scandaleux, mais marque une certaine forme de gouvernement des juges » ; LAVROFF (Dmitri- Georges), « À propos de la Constitution », *op.cit.*, p. 288. (C'est nous qui soulignons).

[984] Pour une analyse comparable, voir les propos retenus par MAILLARD DESGRÉES DU LOÛ (Dominique), « Le pouvoir constituant dérivé reste souverain », *op.cit.* pp.725-739.

[985] Voir l'analyse de CAMBY (Jean-Pierre), « Supra-constitutionnalité : la fin d'un mythe », *op.cit.* pp.671- 688

[986] Voir l'analyse de ISIDORO (Cécile), « Le pouvoir constituant peut-il tout faire ? », *op.cit.* p.252.

solution susceptible de renforcer la démocratie »[987]. Dans ce cadre, il serait parfaitement déraisonnable de prévoir que le pouvoir de révision soit limité « s'il peut lui-même supprimer »[988] les limites essentiellement formelles à sa compétence. En ce sens, la question des limites au pouvoir de révision conduit à un risque : « celui de tomber dans un débat politique et idéologique, éloigné d'une analyse strictement juridique »[989]. C'est pourquoi il faudrait s'inscrire dans une conception purement normative, de justifier les limites formelles « au pouvoir de révision protégeable par le juge constitutionnel »[990]. De même, les véritables études de fond sur ce sujet ont toujours été « cruellement absentes »[991], car « on se contentait d'exprimer des doutes quant à l'effectivité de la [clause républicaine] »[992]. Olivier Beaud explique en effet que « l'incompréhension de la doctrine majoritaire provient (...) du fait que la question de la limitation matérielle de la révision a été en quelque sorte "polluée" par sa traduction en termes de "supra-constitutionnalité" »[993]. Il apparaît alors que la limitation du pouvoir de révision a été repoussée par certains auteurs au motif qu'elle supposerait d'admettre « l'hypothèse du droit naturel »[994]. Or, il suffit de rappeler que la Constitution française de 1958 prévoit « des limites explicites à l'exercice du pouvoir de révision »[995] : elle tient cette possibilité de son « caractère délégataire »[996].

En conclusion, la position du Conseil constitutionnel sur la question du contrôle des lois de révision est simple : « le pouvoir constituant est

---

987 REDOR (Marie-Joëlle), « La démocratie dans la jurisprudence du Conseil constitutionnel et dans ses représentations » *in* GRAGO (Guillaume) *et alii, La légitimité de la jurisprudence du Conseil constitutionnel*, Paris, Economica, 1999, p. 345.

988 DEROSIER (Jean-Philippe), « Enquête sur la limite constitutionnelle : du concept à la notion », in *R. F.D. C,* 2008, n° 76, p. 794.

989 *Ibid.*, p. 785.

990 HOURQUEBIE (Fabrice), « Pouvoir constituant dérivé et contrôle du respect des limites », *op.cit.* pp. 5- 10.

991 KLEIN (Claude), « Recension de Yaniv ROZNAI, Unconstiutional Constitutional amendments. The Limits of Amendments Powers, Oxford Constitutional Theory, 2017 », *op.cit.* p. 39.

992 *Ibid.,* p.39.

993 BEAUD (Olivier), « Le cas français : l'obstination de la jurisprudence et de la doctrine à refuser toute idée de limitation au pouvoir de révision constitutionnelle », *op. cit.* p.114.

994 *Ibid.*, p.114.

995 Lire à ce sujet les constations faites par DROIN (Nathalie), « Retour sur la loi constitutionnelle de 1884 : contribution à une histoire de la limitation du pouvoir constituant dérivé », *op.cit.* pp.725-747. Voir aussi KLEIN (Claude), *Théorie et pratique du pouvoir constituant*, *op.cit.*, pp. 159-205.

996 KLEIN (Claude), « Recension de Yaniv ROZNAI, Unconstiutional Constitutional amendments. The Limits of Amendments Powers, Oxford Constitutional Theory, 2017 », *op. cit.* p. 42.

souverain »[997]. Mais, le pouvoir de révision est « un pouvoir souverain insusceptible de contrôle »[998] devant le Conseil constitutionnel[999] ; cependant cela ne veut pas dire qu'il ne doive pas respecter « les conditions fixées pour son exercice dans la Constitution »[1000]. D'ailleurs, le prétendu « épuisement de la souveraineté »[1001] du pouvoir de révision est discutable[1002], car « un pouvoir illimité ne saurait exister en droit positif »[1003].

Section 2 : La soumission du pouvoir de révision à l'impératif de l'État de droit

> « La construction de l'État de droit libéral ne se limite pas à l'instauration du contrôle de normativité, il faut un deuxième niveau sans lequel on ne saurait parler [de l'existence d'un État de droit constitutionnel]. Il s'agit de rendre effective la soumission [du pouvoir de révision au respect des droits fondamentaux]. »[1004]

Une partie de la doctrine favorable au contrôle des lois de révision de la Constitution tend vers des considérations politiques[1005]. Un accent est mis sur l'interdépendance du contrôle des lois de révision de la Constitution et de l'existence de l'État de droit[1006]. Dans celui-ci, toute norme juridique est

[997] C'est nous qui soulignons, voir le considérant n°19 de la décision n° 92-312-DC du 2 septembre 1992 du Conseil constitutionnel, *op.cit.* p. 72.
[998] VIOLA (André), *La notion de République dans la jurisprudence du Conseil Constitutionnel*, *op.cit.* p.72.
[999] BADINTER (Robert), « Le Conseil constitutionnel et le pouvoir constituant », *op.cit.*, p.219.
[1000] VIOLA (André), *La notion de République dans la jurisprudence du Conseil Constitutionnel*, *op.cit.* p.70.
[1001] L'expression a été employée par NEFRAMI (Eleftheria), « Quelques réflexions sur les limites à l'exercice du pouvoir de révision constitutionnelle en France », *op. cit.*p.359
[1002] Voir la remise en question de la doctrine de la souveraineté illimitée du pouvoir de révision dans les propos retenus par BEAUD (Olivier), *La Puissance de l'État*, *op.cit.* pp. 319-325.
[1003] DEROSIER (Jean-Philippe), *Les limites constitutionnelles à l'intégration européenne. Étude comparée : Allemagne, France, Italie*, *op.cit.* p.86. Voir notamment RIGAUX (Marie-Françoise), *La théorie des limites matérielles à l'exercice de la fonction constituante*, *op.cit.* pp.41- 213.
[1004] NGANGO YOUMBI (Éric), *La justice constitutionnelle au Bénin : logiques politique et sociale*, *op.cit.*, p. 564. C'est nous qui soulignons.
[1005] Pour sa part Jorge Miranda soutient que « le contrôle constitutionnel de la révision constitutionnelle est une exigence de l'Etat de droit » ; MIRANDA (Jorge), « Le contrôle et les limites de la révision de la Constitution », *op., cit.*p.456. Voir notamment MEINDL (Thomas), « Le Conseil constitutionnel aurait pu se reconnaître compétent », *op.cit.* pp.741-765.
[1006] Si une totale liberté est laissée au parlement constituant dans un contexte de monopolisation du pouvoir politique d'État, c'est l'évolution du constitutionnalisme et la consolidation de la démocratie qui seront irrémédiablement compromises. Cette suite d'idées

susceptible d'être contrôlée. L'État de droit est alors renforcé et la démocratie enracinée[1007]. Ainsi, la peur du gouvernement des juges est contestable, car l'admission d'un contrôle des lois de révision de la Constitution ne signifie pas forcément que le juge constitutionnel ait le dernier mot[1008]. Pour comprendre cet état de choses, il convient d'abord de rechercher en quoi le passage d'un État de droit à un État de droit constitutionnel[1009] permet de répondre au problème du contrôle[1010] (§ 1). Ensuite, il apparaîtra opportun de s'interroger sur la légitimité d'un tel contrôle au regard du caractère inviolable des droits fondamentaux[1011] (§ 2).

§ 1— Le respect de l'État de droit constitutionnel, une condition indéniable du contrôle

Sans entrer dans les détails, un État de droit[1012] est « un État soumis au droit par le processus d'auto-obligation »[1013]. Tout contentieux doit pouvoir trouver une issue devant le gardien juridictionnel de la Constitution[1014]. Il est

---

amène à penser qu'il faudrait absolument instaurer un contrôle des lois de révision de la Constitution pour une garantie de l'État de droit en France. Pour une analyse comparable à cette opinion, voir SOMA (Abdoulaye), « Le contrôle de constitutionnalité des lois constitutionnelles en Afrique noire francophone », *op.cit.* pp. 633-640.

1007 Voir les analyses avancées par SOMA (Abdoulaye), « La souveraineté du pouvoir constituant et le contrôle de constitutionnalité des lois constitutionnelles », *op.cit.* pp.452-473.

1008 Voir sur ce point BEAUD (Olivier), « Où va le droit (constitutionnel) ? », *op.cit.* pp. 1765-1773.

1009 Le renforcement de l'Etat de droit ne peut s'opérer que le dépassement du caractère illimité du pouvoir de révision. Un tel renforcement est indissociable de l'admission d'un contrôle de constitutionnalité des actes du pouvoir constituant dérivé.

1010 L'Etat de droit constitutionnel doit être entendu ici dans un sens très relatif : on voudrait dire que la justiciabilité des lois constitutionnelles pourrait donc se traduire comme le couronnement du principe de l'Etat de droit. L'Etat de droit constitutionnel peut, en définitive, apparaître comme un espace de définitions juridiquement consacrées, garantis et respectées par les droits fondamentaux dont le juge constitutionnel serait non seulement le garant, mais aussi le constructeur.

1011 Comme l'estime Jean-Pierre Machelon, « L'idée régnante étant que l'Etat de droit ne doit pas être l'Etat de n'importe quel droit », MACHELON (Jean-Pierre), « État de droit et démocratie. Sur une contradiction paradoxale », *in État du droit, état des droits : Mélanges en l'honneur du Professeur Dominique Turpin, coll.* « des mélanges du centre Michel de l'Hospital », LGDJ, 2017, pp. 49- 50. C'est nous qui soulignons.

1012 Voir VIALA (Alexandre), « La notion d'Etat de droit : l'histoire d'un défi à la science juridique *», in R. E.D.P*, n° 1, 2001, p. 674. Voir aussi, ROUSSEAU (Dominique), « L'Etat de droit est-il un Etat de valeurs particulières ? », *in Mélanges en l'honneur de Pierre Pactet, L'esprit des institutions, l'équilibre des pouvoirs,* Dalloz, 2003, p. 885.

1013 Voir SOMA (Abdoulaye), « Le contrôle de constitutionnalité des lois constitutionnelles en Afrique noire francophone », *op.cit.* p. 636.

1014 « Si l'État de droit se réalise par la multiplication des contrôles juridictionnels, c'est parce que les contrôles politiques sont jugés inefficaces ou dangereux. [D'ailleurs], si l'État de droit

aujourd'hui reconnu que l'État de droit respecte deux exigences[1015] : « d'un côté la sécurité juridique, et d'un autre côté la démocratie »[1016]. Admettre un contrôle de constitutionnalité des actes du pouvoir de révision pourrait affermir le principe de l'État de droit en France[1017], car ce dernier, comme l'affirme Jacques Chevallier - exprime « une volonté de renforcement de la juridicité d'un État entièrement coulé dans le moule du droit »[1018]. Partant de ce constat, il est possible de dire que le principe de la limitation du pouvoir de révision est une composante de l'État de droit[1019].

Par ailleurs, nous remarquons, avec Éric Desmons, que « dans l'État de droit réel, l'État est lié par le droit, c'est-à-dire par des normes comportant une sanction juridique »[1020]. C'est la raison pour laquelle certains auteurs comme Olivier Beaud font, avec le principe de l'État de droit, le pari de la juridicité des lois de révision à la suite de la décision dite « Maastricht II » du Conseil constitutionnel[1021]. Pour ces auteurs, le juge constitutionnel, lorsqu'il contrôle l'acte du pouvoir de révision, renforce considérablement la « théorie juridique du politique »[1022]. Autrement dit, toute acceptation du contrôle des lois de révision confierait naturellement au Conseil constitutionnel un « pouvoir de juridiction sur le politique »[1023]. Cela

---

remplace l'État légal, c'est parce que les publicistes ont perdu confiance dans un législateur élu par la masse du suffrage universel » ; REDOR (Marie-Joëlle), *De l'État légal à l'État de droit. L'évolution des conceptions de la doctrine publiciste française (*1879-1914), *op.cit.* p. 291. (C'est nous qui soulignons).

1015 Voir en ce sens DEBARD (Thierry), *Dictionnaire de droit constitutionnel*, ellipses, 2e éd., 2007, p.180.

1016 SOMA (Abdoulaye), « Le contrôle de constitutionnalité des lois constitutionnelles en Afrique noire francophone », *op., cit.* p. 636.

1017 L'Etat de droit vise à instaurer ce que Montesquieu appelait « un gouvernement limité » - ce que l'appellera aujourd'hui « un gouvernement constitutionnel », c'est-à-dire l'Etat de droit constitutionnel.

1018 Voir par exemple CHEVALLIER (Jacques), *L'État de droit*, Montchrestien, 20[illegible]7, p.11.

1019 Sur la notion de l'Etat de droit, voir les travaux de HEUSCHLING (Luc), État *de droit - Rechststaat -Rule of Law*, *op.cit.* p.739 ; CHEVALLIER (Jacques), « L'État de droit », in *R. D.P*,1988, n°1, p.313 ; REDOR (Marie-Joëlle), *De l'État légal à l'État de droit. L'évolution des conceptions de la doctrine publiciste française 1879-1914, op.cit.* p.330 ; TROPER (Michel), « Le concept de l'État de droit », *op.cit.* p. 51 *;* CARRE DE MALBERG (Raymond), *Contribution à la théorie générale de l'État, op.cit.*, pp. 488-489.

1020 DESMONS (Éric), *Droit et devoir de résistance en droit interne. Contribution à une théorie du droit positif*, Paris, LGDJ, 1999, p. 2.

1021 Voir l'analyse de BEAUD (Olivier), *La Puissance de l'État*, *op.cit.* pp.319-325. Voir aussi BEAUD (Olivier), « Où va le droit (constitutionnel) ? », *op.cit.* pp. 1765- 1773.

1022 DESMONS (Éric), « L'Etat de droit, stade suprême du gouvernement représentatif (principes de la mise sous tutelle juridique de la citoyenneté politique) », *op.cit.* p.130.

1023 *Ibid.*, p.130.

permettrait de garantir d'une part l'État de droit[1024] et, d'autre part, de renforcer l'esprit démocratique[1025]. Cependant, si certains auteurs pensent que le Congrès constituant dispose d'un « pouvoir illimité », d'autres refusent cette idée au nom du respect de l'État de droit[1026]. Sans contrôle de constitutionnalité, le Congrès constituant est limité théoriquement, mais il demeure en pratique « un pouvoir souverain »[1027]. Cela suppose bien entendu que la légitimation du contrôle du respect des limites assignées au pouvoir de révision ne peut être « réduite à une proposition cosmétique »[1028] au nom de l'État de droit[1029]. Par conséquent, l'absence de sanction juridique de la violation des limites à la révision constitue une menace pesant sur l'effectivité du principe de l'État de droit[1030]. On peut alors recourir à ce que nous appelons « la conception matérielle de l'État de droit constitutionnel » pour justifier que le pouvoir de révision est limité[1031].

Si le caractère opératoire de ce concept était retenu, il faudrait admettre que le principe d'un contrôle des lois de révision s'inscrirait parfaitement

---

[1024] Le passage de l'État de droit à un État de droit constitutionnel s'inscrit dans la dynamique d'un panjuridisme ; les racines profondes sont à chercher dans l'imaginaire de la modernité occidentale. Voir en particulier sur cet aspect la contribution de BEAUD (Olivier), « Le cas français : l'obstination de la jurisprudence et de la doctrine à refuser toute idée de limitation au pouvoir de révision constitutionnelle », *op.cit.* pp.93-115.

[1025] Voir les analyses avancées par KAMARA (Mactar), « Supra-constitutionnalité et exercice du pouvoir constituant dérivé », *op.cit.* pp.1472-1475.

[1026] Voir les analyses avancées par MEINDL (Thomas), « Le Conseil constitutionnel aurait pu se reconnaître compétent », *op.cit.* pp.741-765 ; BEAUD (Olivier), *La Puissance de l'État*, *op., cit.* pp.319-325 ; DEROSIER (Jean-Philippe), *Les limites constitutionnelles à l'intégration européenne. Étude comparée : Allemagne, France, Italie*, *op.cit.* pp.85-108 ; MAGNON (Xavier), « Quelques maux encore à propos des lois de révision constitutionnelle : limites, contrôle, efficacité, caractère opératoire et existence. En hommage à Louis Favoreu », *op.cit.* pp. 595-617.

[1027] BLACHER (Philippe), *Contrôle de constitutionnalité et volonté générale, op.cit.* p.69.

[1028] DESMONS (Éric), « L'Etat de droit, stade suprême du gouvernement représentatif (principes de la mise sous tutelle juridique de la citoyenneté politique) », *op.cit.* p.126.

[1029] Voir l'analyse de MIRANDA (Jorge), « Le contrôle et les limites de la révision de la Constitution », *op.cit.* p.456.

[1030] Voir en ce sens les constatations sur les sources théoriques de la sacralisation des décisions du peuple ou celles de ses représentants, faites par ROUGE STÉFANINI (Marthe), *Le contrôle du référendum par la justice constitutionnelle*, *op.cit.* p. 43.

[1031] C'est ainsi qu'on comprend bien Wei Wang, lorsqu'il a écrit que « la construction de l'Etat de droit ne pouvait être achevée dans l'ordre juridique de la IIIe ni, la IVe République en ignorant la suprématie de la Constitution et son respect par le législateur. Ainsi, il faut attendre la création du Conseil constitutionnel, en 1958 pour compléter la lacune et pour que la construction formelle d'Etat de droit soit finie », WANG (Wei), *Le contrôle de constitutionnalité en Chine au regard de l'expérience française*, Presses Universitaires d'Aix-Marseille, 2014, p.48. Cette constatation conduit à considérer que c'est bien l'introduction d'un véritable contrôle de constitutionnalité des lois en 1958 qui a parachevé en France l'Etat de droit.

dans le marbre des fonctions contemporaines du juge constitutionnel[1032]. Dit autrement, la logique de l'État de droit constitutionnel est déterminante en faveur de la compétence du juge constitutionnel pour un contrôle de constitutionnalité des actes du pouvoir de révision[1033]. L'idée de « la souveraineté illimitée du pouvoir de révision »[1034] serait alors rejetée[1035], car l'admission d'un contrôle des actes dudit pouvoir n'est pas aux antipodes de « la logique du constitutionnalisme »[1036]. C'est pourquoi un tel contrôle est couramment pratiqué un peu partout dans le monde comme en Allemagne, en Italie, en Inde, en Autriche, en Afrique du Sud, au Bénin, au Mali...[1037] De tels exemples nous amènent à convenir avec Abdoulaye Soma que « le contrôle de la constitutionnalité des lois constitutionnelles peut être expressément autorisé par la Constitution, ou à défaut par le juge constitutionnel à travers une certaine construction jurisprudentielle »[1038]. On peut donc dire que le principe de la souveraineté du pouvoir constituant dérivé ne pourrait pas être « un obstacle imparable au contrôle des révisions constitutionnelles »[1039].

Toutefois, la thèse de l'incompétence du Conseil constitutionnel ne fait pas les doutes quant à l'effectivité des caractéristiques d'un État de droit [1040]. Les partisans du contrôle, quant à eux, défendent la conception substantielle

---

1032 MAGNON (Xavier), « La puissance et la représentation, l'Etat et le citoyen : quel est le fondement de l'autorité de la norme constitutionnelle de la jurisprudence du juge constitutionnel ? », *in* MOUTON Stéphane, *Le régime représentatif à l'épreuve de la justice constitutionnelle*, Collection « Grands Colloques », LGDJ, 2016, p. 258.

1033 Comme le souligne Jacques Chevallier, dès sa genèse, plusieurs conceptions de l'Etat de droit « *se sont en effet affrontées* » ; CHEVALLIER (Jacques), *L'Etat de droit*, *op.cit.* p.13. Quant à nous avons choisi d'aborder la conception formelle et matérielle de l'Etat de droit. Selon la conception formelle à laquelle nous n'adhérons pas, l'Etat de droit est « l'Etat qui agit au moyen du droit, en la forme juridique », CHEVALLIER (Jacques), L'Etat de droit, Montchrestien, *op.cit.* p.13. Voir notamment DEROSIER (Jean-Philippe), *Les limites constitutionnelles à l'intégration européenne. Étude comparée : Allemagne, France, Italie*, *op.cit.* p.325.

1034 Pour une analyse comparable, voir SOMA (Abdoulaye), « Le contrôle de constitutionnalité des lois constitutionnelles en Afrique noire francophone », *op.cit.* p. 627.Voir notamment les analyses avancées par MACHELON (Jean-Pierre), « État de droit et démocratie. Sur une contradiction paradoxale », *op.cit.* pp. 45- 56.

1035 SOMA (Abdoulaye), « Le contrôle de constitutionnalité des lois constitutionnelles en Afrique noire francophone », *op.cit.* p. 636.

1036 Voir en ce sens l'*Annuaire international de justice constitutionnelle, Révision de la Constitution et justice constitutionnelle,* Paris, Economica, 1994, p.10.

1037 Voir les analyses avancées par ACKACHA (Nadia), « Les techniques de participation du juge constitutionnel à la fonction constituante », *op.cit.* p.123.

1038 SOMA (Abdoulaye), « La souveraineté du pouvoir constituant et le contrôle de constitutionnalité des lois constitutionnelles », *op.cit.* p. 452.

1039 *Ibid.*, p. 461.

1040 Voir les analyses avancées par HEUSCHLING (Luc), État *de droit -Rechststaat -Rule of Law*, *op.cit.* p. 637.

de l'État de droit [1041] qui implique « un contrôle envisageable pour toutes les lois de révision »[1042]. Cela dit, la jurisprudence dite de la « liberté d'association » cristallise indubitablement la conception matérielle de l'État de droit[1043]. Le Conseil constitutionnel peut admettre implicitement sa compétence sur les lois révisant la Constitution[1044]. Comme le relève Philippe Blanchèr, « *l'obiter dictum* de la décision du 23 août 1985 du Conseil constitutionnel ne vise pas à ralentir le législateur, mais à permettre à la loi votée de respecter la Constitution »[1045]. Ainsi, « la loi de révision constitutionnelle est une loi votée »[1046] à la lumière de la jurisprudence dite « Nouvelle-Calédonie »[1047]. Il semble donc normal que la complétude de l'État de droit aboutirait à l'extension du contrôle de constitutionnalité aux lois votées par le pouvoir de révision[1048]. En d'autres termes, l'inclusion des actes du Congrès constituant dans le périmètre du contrôle de constitutionnalité conduirait à une nouvelle nomenclature de l'État de droit en France[1049]. Comme l'a démontré Georges Vedel, le contrôle des lois de révision au nom de l'État de droit n'est légitime qu'à la condition que le dernier mot appartienne au pouvoir constituant, qu'il soit originaire ou dérivé[1050]. Par conséquent, reconnaître au Conseil constitutionnel la compétence de contrôler les actes du Parlement constituant est conforme au principe de l'État de droit[1051]. Si l'on exclut l'hypothèse d'un changement de jurisprudence du Conseil constitutionnel, il faut admettre que le pouvoir de

---

1041 Voir sur ce point LOSELLE (Marc), *Le concept d'Etat de droit dans la doctrine juridique française*, *op.cit.* p.553.

1042 BLACHER (Philippe), *Contrôle de constitutionnalité et volonté générale,* 2001, *op.cit.* p. 119.

1043 Voir les arguments avancés par VIOLA (André), *La notion de République dans la jurisprudence du Conseil Constitutionnel*, *op.cit.* pp.90-92.

1044 Lire à ce sujet ROUSSEAU (Dominique), *et alii*, *Droit du contentieux constitutionnel*, *op.cit.* p. 33.

1045 BLACHER (Philippe), *Contrôle de constitutionnalité et volonté générale, op.cit.* p. 17. C'est nous qui soulignons.

1046 *Ibid.*, p.113.

1047 Comme le souligne Fabrice Hourquebie « l'État de droit ne peut valablement exister sans contre-pouvoir » ; HOURQUEBIE (Fabrice), *Sur l'émergence du contre-pouvoir juridictionnel sous la Ve République,* Bruxelles, 2004, p.53.

1048 Voir en ce sens les propos retenus par MEINDL (Thomas), « Le Conseil constitutionnel aurait pu se reconnaître compétent », in *R.D.P*, 2003, *op.cit.* pp.741-765.

1049 Voir DESMONS (Éric), « L'Etat de droit, stade suprême du gouvernement représentatif (principes de la mise sous tutelle juridique de la citoyenneté politique) », *op.cit.* p.129.

1050 Pour une analyse comparable, voir VONSY (Moea), « Le "Parlement constituant" n'est pas souverain », n° 3, *op.cit.* pp. 793-815.

1051 On notera par ailleurs que « le juge [constitutionnel] apparaît [aujourd'hui] comme la clef de voûte et la condition de la réalisation de l'État de droit, [car] la hiérarchie des normes ne devient effective que si [les lois constitutionnelles sont] juridictionnellement sanctionnée[s] » ; CHEVALLIER (Jacques), *L'Etat de droit*, *op.cit.* p. 129. C'est nous qui soulignons.

révision peut librement remettre en cause les droits fondamentaux[1052]. Préconiser et défendre le renforcement de l'État de droit par un contrôle du pouvoir de révision dans l'univers de la doctrine formaliste du pouvoir constituant peut paraître comme un rêve d'ordre. Toutefois, ce que l'on appelle l'État de droit constitutionnel c'est en quelque sorte le règne du « gouvernement de la loi ».

§ 2— La justification du contrôle au regard des droits fondamentaux

« Toute société dans laquelle la garantie des droits n'est pas assurée ni la séparation des pouvoirs déterminée, n'a point de Constitution »[1053]. Cette disposition du siècle des Lumières sacralise, d'une part la garantie des droits fondamentaux et, d'autre part, la séparation des pouvoirs[1054]. Dès lors, les droits fondamentaux ne sont-ils pas des limites aux pouvoirs dont dispose le constituant, qu'il soit originaire ou dérivé ?[1055]

Les avis sont partagés sur une telle question[1056]. Certains auteurs considèrent que « la fondamentalité des droits de l'homme »[1057] n'implique pas nécessairement l'admission d'un contrôle des lois de révision par le juge[1058]. D'autres soutiennent en revanche que le refus du contrôle par le Conseil constitutionnel ne remet pas en question l'intérêt de « la question de la limitation du pouvoir de révision notamment en matière de droits

[1052] Voir l'analyse de CANEDO (Marguerite), « L'histoire d'une double occasion manquée », *op. cit.*, p-773

[1053] Voir l'article 16 de la Déclaration des droits de l'homme et du citoyen du 26 août 1789

[1054] RABAULT (Hugues), « La clause d'éternité : la recevabilité des recours contre les lois de révision constitutionnelle », *op.cit.* p. 3.

[1055] Pour appréhender une telle question, voir les analyses avancées par MEINDL (Thomas), *La notion de droit fondamental dans les jurisprudences et doctrines constitutionnelles françaises et allemandes*, *op.cit.*, pp. 395-466.

[1056] Nous estimons que les droits fondamentaux au regard de la position du Conseil constitutionnel ne sont pas garantis contre les actes du pouvoir de révision qu'il soit populaire ou parlementaire.

[1057] « La fondamentalité est la qualité substantielle inhérente à une norme. Elle ne se fonde pas forcément sur la valeur constitutionnelle formelle de la norme, mais sur sa valeur substantielle ou axiologique, telle que le juge la conçoit » ; SABETE (Wagdi), *Pouvoir de révision et droits fondamentaux. Etudes des fondements épistémologiques et européens de la limite matérielle du pouvoir constituant dérivé*, *op.cit.* p. 181.

[1058] Il convient de préciser que pour les partisans de la doctrine favorable au refus du contrôle des lois constitutionnelles, les droits fondamentaux ne constituent pas des limites absolues à l'exercice du pouvoir de révision. Voir les analyses avancées par MAILLARD DESGRÉES DU LOÛ (Dominique), « Le pouvoir constituant dérivé reste souverain », *op.cit.* pp. 725 -739.

fondamentaux »[1059]. Pour ces derniers, pouvoir de révision souverain et caractère inviolable des droits fondamentaux se concilient difficilement [1060] : le premier contrevient au second[1061]. Philippe Blachèr considère à cet égard que « le droit européen renforce l'idée de la possibilité d'un contrôle des lois de révision »[1062]. Ainsi, la jurisprudence de la Cour européenne des droits de l'homme pourrait avoir des effets sur la remise en question des droits fondamentaux par le pouvoir de révision en droit interne[1063]. L'analyse de sa jurisprudence montre une tendance en faveur d'un contrôle de conventionnalité sur les actes constitutionnels nationaux[1064]. C'est pourquoi la remise en cause des droits fondamentaux peut constituer le « produit déclencheur »[1065] d'un contrôle de constitutionnalité des lois de révision[1066]. Autrement dit, la protection constitutionnelle ne saurait donc être une véritable garantie si le pouvoir constituant dérivé pouvait, à son gré, porter atteinte à la substance des droits fondamentaux[1067]. Rien n'empêche alors un ordre juridique donné de contrôler les lois de révision pour vérifier le caractère inviolable des droits fondamentaux[1068]. Au contraire, cela apparaît hautement souhaitable, pour respecter le principe de l'inviolabilité des droits fondamentaux[1069].

1059 SABETE (Wagdi), *Pouvoir de révision et droits fondamentaux. Etudes des fondements épistémologiques et européens de la limite matérielle du pouvoir constituant dérivé,* Rennes, *op.cit.* p. 14.

1060 Voir en ce sens GIMENO (Véronique), « La Constitution et le Temps : La révision et les droits fondamentaux en France », *in* VIALA (Alexandre), *La Constitution et le temps*, L'Hermès, 2003, pp.141-154

1061 Voir en ce sens MEINDL (Thomas), *La notion de droit fondamental dans les jurisprudences et doctrines constitutionnelles françaises et allemandes*, *op.cit.*, p. 395.

1062 BLACHER (Philippe), *Contrôle de constitutionnalité et volonté générale*, *op.cit.* p. 121.

1063 Voir les analyses avancées par MIRANDA (Jorge), « Le contrôle et les limites de la révision de la Constitution », *op.cit.* pp.441-457.

1064 Voir en ce sens BLACHER (Philippe), « Vers un contrôle de conventionnalité des lois constitutionnelles », *op.cit.* p. 541.

1065 Ce terme a été utilisé par SAVONITTO (Florian), *Les discours constitutionnels sur la « violation de la Constitution » sous la Ve République*, thèse LGDJ, 2013, p.342.

1066 Voir les analyses avancées par BLACHER (Philippe), « Vers un contrôle de conventionnalité des lois constitutionnelles », *op.cit.* p. 541.

1067 Voir l'analyse de DUFFOURC (David), « Droits fondamentaux et supra-constitutionnalité en France », *in VIIe Congrès AFDC, Cinquantième anniversaire de la Constitution de 1958,* (consulté le 14 avril 2016).

1068 Ne serait-il pas paradoxal qu'après avoir s'être débarrassée de « la souveraineté parlementaire, la même République se trouve confrontée à la souveraineté du pouvoir de révision constitutionnelle comme si elle n'avait pas déjà suffisamment de traits autoritaires avec l'omnipotence présidentielle en temps normal de non- cohabitation ? » ; BEAUD (Olivier), « Malaise dans la Constitution », *op.cit.* p.7.

1069 Voir les analyses du contrôle exercé par la CJCE et la Cour de Strasbourg sur les droits nationaux en matière des droits fondamentaux et son incidence sur la limitation du pouvoir de révision constitutionnelle dans les propos retenus par SABETE (Wagdi), *Pouvoir de révision*

Il convient de souligner que le Conseil constitutionnel n'a pas été créé en 1958 pour assurer la garantie des droits fondamentaux puisque cette catégorie n'apparaît pas dans la Constitution[1070]. Comme le rappelle Thomas Meindl, il n'existe pas de définition formelle de « la notion de droit fondamental » au sein de la doctrine[1071]. Le Conseil constitutionnel ne l'emploie d'ailleurs pas fréquemment : il utilise généralement l'expression « droits et libertés fondamentaux »[1072]. Toutefois, l'analyse de la doctrine favorable au contrôle révèle une inclusion des droits fondamentaux dans les limites à la révision constitutionnelle « au nom du respect des exigences du principe de l'État de droit »[1073]. Cette argumentation rencontre cependant certaines objections doctrinales qui sont fortement liées à « la nature des actes du pouvoir de révision constitutionnelle »[1074] et qui reposent sur « une assimilation de volontés entre les gouvernés et gouvernants contraire au caractère subjectif des droits fondamentaux »[1075]. Cette inclusion est justifiée par la nécessaire séparation entre gouvernés et gouvernants conformément au caractère subjectif des droits fondamentaux[1076]. Par conséquent, en l'absence de tout contrôle de constitutionnalité des lois de révision, les droits fondamentaux ne peuvent être considérés comme des « droits subjectifs, puisque l'individu n'est pas en mesure de défendre leur respect »[1077].

En définitive, la garantie des droits fondamentaux face aux abus du pouvoir de révision s'inscrit parfaitement au cœur de la mission de toute juridiction constitutionnelle contemporaine[1078]. En d'autres termes, la protection de la Constitution n'est pas seulement nécessaire pour assurer la

---

et droits fondamentaux. Etudes des fondements épistémologiques et européens de la limite matérielle du pouvoir constituant dérivé, op.cit. pp. 231-297.

1070 Voir les arguments avancés par GIMENO (Véronique), « La Constitution et le Temps : La révision et les droits fondamentaux en France », *op.cit.* p.141.

1071 MEINDL (Thomas), *La notion de droit fondamental dans les jurisprudences et doctrines constitutionnelles françaises et allemandes, op.cit.*, p. 395.

1072 GIMENO (Véronique), « La Constitution et le Temps : La révision et les droits fondamentaux en France », *op.cit.* p.141.

1073 Pour un bon panorama de la doctrine en faveur du contrôle sur le fondement du respect des droits fondamentaux SABETE (Wagdi), *Pouvoir de révision et droits fondamentaux. Etudes des fondements épistémologiques et européens de la limite matérielle du pouvoir constituant dérivé, op.cit.* 317p.

1074 Voir les objections invoquées par MEINDL (Thomas), *La notion de droit fondamental dans les jurisprudences et doctrines constitutionnelles françaises et allemandes, op.cit.*, p. 395.

1075 *Ibid.*, p. 395.

1076 Voir sur ce point DEROSIER (Jean-Philippe), *Les limites constitutionnelles à l'intégration européenne. Étude comparée : Allemagne, France, Italie*, LGDJ, Paris, 2015, *op.cit.* p.268.

1077 MEINDL (Thomas), *La notion de droit fondamental dans les jurisprudences et doctrines constitutionnelles françaises et allemandes*, thèse LGDJ, 2003, *op.cit.*, p. 345.

1078 VERDUSSEN (Marc), *Justice constitutionnelle*, *op.cit.*, p. 94. C'est nous qui soulignons.

validité du système normatif : elle vise également à garantir les droits fondamentaux contre les atteintes éventuelles du pouvoir de révision[1079]. Il y a là une « composante de la conception matérielle de l'État de droit »[1080]. En conséquence, le Conseil constitutionnel peut contrôler les lois parlementaires de révision[1081] si les droits fondamentaux sont manifestement violés[1082]. Si certains auteurs voient dans la protection mesurée des droits fondamentaux un risque d'usurpation du pouvoir constituant par le juge[1083], d'autres pensent le contraire [1084].

1079 Voir ce point les analyses avancées RAYNAUD (Philippe), *Le juge et le philosophe. Essais sur le nouvel âge du droit*. Paris, Armand Colin, Coll. « Le temps des idées », 2009, p. 47. C'est nous qui soulignons.

1080 LOSELLE (Marc), *Le concept d'Etat de droit dans la doctrine juridique française*, *op.cit.* p.701.

1081 Comme le souligne Olivier Beaud, « La subordination de l'organe de révision à la Constitution, ne serait-ce que pour les règles formelles, interdit donc de le qualifier souverain, car dès qu'une autorité exerce une compétence, c'est-à-dire dès qu'elle est un organe lié par le droit positif, elle n'est plus souveraine » ? ; *La Puissance de l'État*, Paris, PUF, Coll. Léviathan, 1994, *op.cit.* p.320.

1082 Pour un éclairage précis sur la possibilité d'un contrôle des lois constitutionnelles sous le prisme des droits fondamentaux, voir les propos retenus par BEAUD (Olivier), *La Puissance de l'État*, *op.cit.* pp.319-325.

1083 Voir les analyses avancées par CAMBY (Jean-Pierre), « Supra-constitutionnalité : la fin d'un mythe », *op.cit.* pp. 671-688.

1084 MEINDL (Thomas), *La notion de droit fondamental dans les jurisprudences et doctrines constitutionnelles françaises et allemandes*, *op.cit.* p.453

CHAPITRE 2
L'IDENTITÉ CONSTITUTIONNELLE, UN FONDEMENT DISCUTABLE DE LA LIMITATION DU POUVOIR DE RÉVISION

> « L'argument de l'identité constitutionnelle est (...) le produit d'une contrainte, [car] il apparaît comme le seul moyen de justifier (...) qu'il y a, [d'une part,] des limites au pouvoir constituant dérivé qui ne peut toucher aux principes essentiels (...) [et, d'autre part,] qu'il y a des limites à la suprématie du droit européen. »[1085]

Si le juge constitutionnel peut aller jusqu'à l'invalidation de l'acte de révision[1086], une bonne partie de la doctrine, de sensibilité positiviste, examine avec beaucoup de prudence « la protection des principes inhérents à l'identité constitutionnelle »[1087]. Autrement dit, la promotion jurisprudentielle de la préservation « du noyau constitutionnel identitaire »[1088] a renouvelé la question de la limitation du pouvoir de révision[1089]. Il convient de souligner que l'expression « identité constitutionnelle de la France »[1090], absente dans la Constitution, est apparue

---

1085 TROPER (Michel), « L'identité constitutionnelle : les fonctions d'un argument », in FATIN-ROUGE STEFANINI (Marthe) et *alii, L'identité à la croisée des Etats et de l'Europe : Quels sens ? Quelles fonctions ?* Bruylant, Bruxelles, collection « À la croisée des droits », 2015, p. 276. C'est nous qui soulignons.

1086 QUESNEL (Martin), *La protection de l'identité constitutionnelle de la France*, *op.cit.* p.137.

1087 Voir l'analyse de GUASTINI (Riccardo), « Identité de la Constitution et limites à la révision constitutionnelle (le cas colombien) », *op.cit.* p. 129.

1088 Cette expression a été employée par DEROSIER (Jean-Philippe), *Les limites constitutionnelles à l'intégration européenne. Étude comparée : Allemagne, France, Italie*, *op.cit.* p. 315.

1089 Voir sur ce point DUBOUT (Edouard), « Les règles ou principes inhérents à l'identité constitutionnelle de la France : une supra-constitutionnalité ? », *op.cit.* pp.451-482.

1090 On peut définir l'identité constitutionnelle comme le caractère permanent de l'ordre constitutionnel d'un Etat donné. Voir aussi les analyses avancées par MAZEAUD (Pierre), « L'évolution de la jurisprudence du Conseil constitutionnel sur le contrôle des lois de transposition des directives communautaires », 2006, www.conseil-constitutionel.fr/divers/ documents /2006215 .PDF. (Consulté le 10 janvier 2018).

récemment[1091] : le Conseil constitutionnel l'a utilisée pour la première fois dans sa décision « droit d'auteur » du 27 juillet 2006. Il y affirmait que « la transposition d'une directive ne saurait aller à l'encontre d'une règle ou d'un principe inhérent à l'identité constitutionnelle de la France, sauf à ce que le constituant y ait consenti »[1092]. Le Conseil constitutionnel semblerait donc se rallier à une conception volontariste du droit, dans les rapports entre souveraineté constituante et État de droit[1093]. Par ailleurs, ladite consécration jurisprudentielle de la notion d'identité constitutionnelle aurait reçu un accueil défavorable de la doctrine[1094]. Il convient de noter cependant que la Constitution n'interdit pas au Conseil constitutionnel de contrôler les actes du pouvoir constituant dérivé, mais elle ne l'y autorise pas non plus [1095] ; la doctrine est donc très divisée sur les normes de références[1096]. Or, il n'est plus un secret pour personne que certains juges constitutionnels, sans fondement textuel, se sont déclarés compétents pour contrôler les actes du pouvoir de révision[1097]. Il s'agit, dans la plupart des cas, d'un contrôle pour la préservation du « noyau constitutionnel identitaire »[1098] ; par exemple, la Cour constitutionnelle du Bénin, sous le prisme de la technique de l'interprétation dite « progressiste de la compétence »[1099] a accepté de

---

1091 Pour un éclairage précis sur cette expression, voir ECK (Laurent), « Réflexions sur "les règles ou principes inhérents à l'identité constitutionnelle de la France" à la lumière de la pensée de Ronald Dworkin », *in R.R.J.*, 2008 n°2, pp.1061-1077 ; DUBOUT (Edouard), « Les règles ou principes inhérents à l'identité constitutionnelle de la France : une supra-constitutionnalité ? », *op.cit.* pp.451-482 ; FATIN- ROUGE STEFANINI (Marthe), « Autour de la notion d'identité : propos introductifs », in FATIN-ROUGE STEFANINI (Marthe) et *alii, L'identité à la croisée des Etats et de l'Europe : Quels sens ? Quelles fonctions ?* Bruylant, Bruxelles, collection « A la croisée des droits », 2015, pp. 23-28.

1092 Voir le considérant n°19 de la décision n° 2006-DC du 27 juillet 2006 du Conseil constitutionnel.

1093 Pour un éclairage précis sur ce point, voir l'ensemble des contributions rassemblées dans « *L'identité constitutionnelle saisie par les juges en Europe* », sous la direction de BURGORGUE-LARSEN (LAURENCE)., Paris, Pedone, 2011, pp.1-155

1094 Voir sur ce point les analyses avancées par ROUSSEAU (Dominique), « Prolégomènes à l'étude de l'identité constitutionnelle », *op.cit.* pp.19-29.

1095 Voir en ce sens MEINDL (Thomas), « Le Conseil constitutionnel aurait pu se reconnaître compétent », *op.cit.*, p.745.

1096 Si certains auteurs tendent à souligner la difficulté des normes de référence sur lesquelles le Conseil constitutionnel pourrait s'appuyer pour admettre sa compétence d'un contrôle des lois constitutionnelles, d'autres proposent les principes inhérents à l'identité constitutionnelle comme fondement d'un tel contrôle. Voir en ce sens DUBOUT (Edouard), « Les règles ou principes inhérents à l'identité constitutionnelle de la France : une supra-constitutionnalité ? », *op.cit.* pp.477-482

1097 Voir en ce sens MARCOVICI (Emilie), *Le juge constitutionnel et les révisions constitutionnelles*, *op.cit.*, p.427.

1098 Cette expression a été employée par DEROSIER (Jean-Philippe), *Les limites constitutionnelles à l'intégration européenne. Étude comparée : Allemagne, France, Italie*, *op.cit.* p. 315.

1099 SOMA (Abdoulaye), « Le contrôle de constitutionnalité des lois constitutionnelles en Afrique noire francophone », *op.cit.* p. 629.

contrôler les lois de révision[1100]. Olivier Camy considère à cet égard que la méthode employée par les juges constitutionnels n'est pas « extraconstitutionnelle puisqu'ils prennent leur source dans la Constitution elle-même »[1101]. On comprend pourquoi une bonne partie de la doctrine admet un contrôle de constitutionnalité des lois de révision sous la bannière des principes inhérents à l'identité constitutionnelle de la France[1102] : c'est parce qu'ils ne sont pas extraconstitutionnels[1103]. Par conséquent, le Conseil constitutionnel peut se déclarer compétent dans l'hypothèse d'une violation des principes inhérents à l'identité constitutionnelle par le pouvoir de révision de la Constitution[1104]. Concevoir l'effectivité de cette clause permet de distinguer deux conceptions du droit constitutionnel[1105]. Aussi convient-il d'exposer plus en détail les thèses en présence dans ce débat doctrinal[1106]. Si, pour certains auteurs, la référence à l'identité constitutionnelle est un socle inébranlable[1107] (Section 2), d'autres militent en faveur d'une conception

---

1100 *Ibid.,* p.48

1101 CAMY (Olivier), *Droit constitutionnel critique, op.cit.* p. 48.

1102 Force est de constater que les avis doctrinaux demeurent divergents quant aux modalités de mise en œuvre d'un éventuel contrôle juridictionnel des lois constitutionnelles. Il faut préciser que l'éventualité d'un tel contrôle pose problème : sur quels textes, quels principes, quelles normes le juge constitutionnel français pourrait-il s'appuyer pour admettre sa compétence sur les lois constitutionnelles parlementaires ? Cependant, l'intérêt d'une réflexion sur « la structure basique de la Constitution indienne » est double. D'une part, il faut bien rappeler qu'aucune disposition constitutionnelle ne prévoit explicitement la compétence de la Cour Suprême indienne de connaître la conformité des lois révisant la Constitution à l'ancienne Charte fondamentale, elle avait considéré dans sa décision « *Golaknath v. State of Punjab* » que les révisions constitutionnelles sont soumises au contrôle de constitutionnalité, comme le souligne SAINT-HUBERT (Mesmin), « La Cour suprême de l'Inde, garantie de la structure fondamentale de la Constitution-La construction d'une nouvelle doctrine visant à limiter le pouvoir constituant dérivé », *op.cit.* p.634. D'autre part, il est important de s'interroger sur la référence à l'identité constitutionnelle de la France, à la lumière de la doctrine indienne de la structure basique de la Constitution, pour tenter de voir si le Conseil constitutionnel pourrait admettre son contrôle sur les actes du pouvoir de révision.

1103 Voir en ce sens KAMARA (Mactar), « Supra-constitutionnalité et exercice du pouvoir constituant dérivé », *op.cit.* p.1471.

1104 Voir les analyses avancées par DUBOUT (Edouard), « Les règles ou principes inhérents à l'identité constitutionnelle de la France : une supra-constitutionnalité ? », *op.cit.* pp.451-482.

1105 Pour un éclairage précis sur ce point, voir la thèse doctorale de : SAVONITTO (Florian), *Les discours constitutionnels sur la « violation de la Constitution » sous la Ve République, op.cit.* p. 172.

1106 Voir l'analyse de MAGNON (Xavier), « Souveraineté, identité, et Europe : autour des articles 1, 2, et 3 de la Constitution "De l'échec" d'une formalisation d'une souveraineté interne à la reconnaissance inévitable d'une souveraineté internationale de l'Etat », *in* GAUDIN (Hélène), *La Constitution européenne de la France*, Dalloz Thèmes & commentaires « Actes », 2017, pp. 53-71.

1107 Voir les analyses avancées par ROUSSEAU (Dominique), « Prolégomènes à l'étude de l'identité constitutionnelle », *op.cit.* pp.19-29.

volontariste du droit, par laquelle le pouvoir de révision peut librement remettre en question le principe de l'identité constitutionnelle[1108] (Section 1).

Section 1 : La remise en cause doctrinale des principes inhérents à l'identité constitutionnelle

> « On ne peut s'empêcher de penser que la mention [du pouvoir constituant par le Conseil constitutionnel, dans sa décision du 27 juillet 2006, est] loin de résoudre par anticipation la question [du contrôle des lois de révision, car les principes inhérents à l'identité constitutionnelle peuvent être modifiés par le Constituant dérivé]. »[1109]

Si la défense de l'identité constitutionnelle est une limitation matérielle au pouvoir de révision[1110], il faut admettre qu'elle apparaît également comme un « alibi rhétorique du Conseil constitutionnel pour s'exonérer du reproche qui pouvait lui être adressé de son refus du contrôle de la constitutionnalité des lois de transposition des directives communautaires »[1111]. Par conséquent, il convient de relativiser le caractère indérogeable des principes inhérents au « patrimoine constitutionnel national »[1112], lesquels ne doivent pas être soustraits à l'action du pouvoir de révision[1113]. D'après cette idée, celui-ci peut souverainement consentir à renoncer à la protection de l'identité constitutionnelle[1114]. Ainsi, il faut se pencher sur la défense de l'identité constitutionnelle par le Conseil constitutionnel comme un ultime rempart contre l'uniformisation juridique aveugle de l'intégration européenne (§ 1). Cette défense jurisprudentielle s'arrête aux portes du pouvoir de révision, car la référence à l'identité constitutionnelle reste en quelque sorte une barrière théorique, en l'absence

---

1108 Conformément aux éléments de la controverse doctrinale autour de la justiciabilité des lois constitutionnelles, cette étude se propose de démontrer le caractère intangible des principes inhérents à l'identité constitutionnelle de la France comme « un socle non révisable ». Cependant il faut nuancer celle-ci à partir d'une conception volontariste du droit.

1109 LEVADE (Anne) et *alii,* « Le contrôle de constitutionnalité des lois constitutionnelles- Avant-propos », *op.cit.* p. 6. C'est nous qui soulignons.

1110 DECHÂTRE (Laurent), « L'identité constitutionnelle comme limite à l'ouverture au droit international et européen en Allemagne et en France », *op.cit.* p. 59.

1111 VIALA (Alexandre), « Le concept d'identité constitutionnelle : approche théorique », *op.cit.,* p. 8. C'est nous qui soulignons.

1112 SIMON (Denys), « L'identité constitutionnelle dans la jurisprudence de l'union européenne », in BURGORGUE-LARSEN (LAURENCE), *L'identité constitutionnelle saisie par les juges en Europe*, Paris, Pedone, 2011., p. 29.

1113 Voir sur ce point VIALA (Alexandre), « Le concept d'identité constitutionnelle : approche théorique », *op.cit.,* pp. 21-24

1114 VERPEAUX (Michel) *et alii, Droit constitutionnel : les grandes décisions de la jurisprudence*, *op.cit.*, p. 23.

de contrôle dudit pouvoir[1115]. C'est pourquoi nous analyserons les fondements du refus de la supra-constitutionnalité des principes inhérents à l'identité constitutionnelle de la France (§ 2).

§ 1— L'identité constitutionnelle : une autolimitation du Conseil constitutionnel ?

L'ouverture au droit de l'Union européenne a été confirmée par le Conseil constitutionnel[1116] en 2004 avec la jurisprudence dite « économie numérique » sur l'exigence constitutionnelle de la transposition des directives[1117]. Cette exigence constitutionnelle est à l'origine de l'utilisation par le Conseil constitutionnel du concept d'« identité constitutionnelle de la France »[1118]. En y faisant référence, la jurisprudence entend garantir à la fois la bonne intégration du droit dérivé de l'Union européenne et le respect de la Constitution[1119]. De surcroît, la France est le premier État membre « à avoir expressément fait référence à l'identité constitutionnelle comme limite de l'intégration européenne »[1120]. Cette décision a été perçue par certains auteurs comme « un principe de défense et de réaffirmation de la légitimité du principe de la souveraineté nationale »[1121]. L'existence de controverses, découlant surtout de ce dernier principe, conduit à préciser la signification de la notion d'identité constitutionnelle de la France[1122]. Cette notion constitue une réaction contre l'« euroconstitutionnalisme »[1123] ; elle peut apparaître comme « un sursaut destiné à protéger la personnalité constitutionnelle interne et externe de la France »[1124]. D'ailleurs, le Conseil constitutionnel,

---

[1115] Voir sur ce point BEAUD (Olivier), « Où va le droit (constitutionnel) ? », *op.cit.* pp. 1765- 1773.

[1116] DECHÂTRE (Laurent), « L'identité constitutionnelle comme limite à l'ouverture au droit international et européen en Allemagne et en France », *op.cit.* pp. 57- 85.

[1117] Voir en ce sens l'avant-propos de Jean Louis Debré dans la thèse de MILLET (François-Xavier), *L'Union européenne et l'identité constitutionnelle des Etats membres*, these, Paris, 2013, LGDJ, p.5.

[1118] Voir en ce sens VERPEAUX (Michel) *et alii, Droit constitutionnel : les grandes décisions de la jurisprudence, op.cit.*, p. 22.

[1119] Voir en ce sens BEL (Jean-Pierre), in Préface de QUESNEL (Martin), *La protection de l'identité constitutionnelle de la France, op.cit.* p. XIV.

[1120] Voir en ce sens MILLET (François-Xavier), *L'Union européenne et l'identité constitutionnelle des Etats membres, op.cit.* p.7.

[1121] ROUSSEAU (Dominique), « L'identité constitutionnelle, bouclier de l'identité nationale ou branche de l'étoile européenne », *op.cit.* p.93.

[1122] Voir les analyses avancées sur le concept de souveraineté par DEROSIER (Jean-Philippe), *Les limites constitutionnelles à l'intégration européenne. Étude comparée : Allemagne, France, Italie, op.cit.*, pp. 171- 201.

[1123] ROUSSEAU (Dominique), « L'identité constitutionnelle, bouclier de l'identité nationale ou branche de l'étoile européenne », *op.cit.*, p. 93.

[1124] *Ibid.*, p. 93.

dans sa décision du 27 juillet 2006, avait jugé que des principes inhérents à l'identité constitutionnelle de la France pouvaient faire obstacle à la transposition d'une directive émanant de l'Union européenne[1125].

Cependant, l'absence de référence à la souveraineté nationale dans cette décision doit être observée avec une distance certaine[1126]. Elle laisse planer un doute sur la persistance du critère relatif aux conditions essentielles de l'exercice de la souveraineté nationale face au droit de l'Union européenne en général[1127]. De plus, ce choix peut être le signe d'une inadaptation de la notion de souveraineté au processus d'adoption « du droit dérivé de l'Union européenne »[1128]. Dès lors, le principe de souveraineté nationale ne permettrait-il pas au Conseil constitutionnel de s'opposer au droit dérivé de l'Union européenne ?[1129]

Notre opinion sur cette question est que la hiérarchie des normes dans l'ordre juridique de l'Union européenne demeure une cause de grands débats doctrinaux et jurisprudentiels[1130]. De même, le recours à la notion d'identité constitutionnelle permet d'éclairer de nouveau la problématique éminemment juridique du conflit constitutionnel sur les rapports entre l'Union européenne et les États membres[1131]. Nous pensons qu'elle constitue un noyau de résistance face au droit de l'Union européenne[1132]. Par ailleurs, de nombreux juges constitutionnels ont défini des limites à la pénétration du droit de l'Union en droit interne en émettant ce que l'on appelle souvent

---

1125 Voir sur ce point les analyses avancées par MONJAL (Pierre -Yves), « La Constitution, toute la Constitution, rien que le droit communautaire... (Remarques à vif à propos de la décision du Conseil constitutionnel du 10 juin 2004, n° 2004-496), Les petites affiches, 12 août 2004 (161), pp. 16-22 ; MATHIEU (Bertrand) « Le Conseil constitutionnel conforte la construction européenne en s'appuyant sur les exigences constitutionnelles nationales », *in Dalloz*, 2004 (25), pp. 1739-1740.

1126 Voir les analyses avancées par QUESNEL (Martin), *La protection de l'identité constitutionnelle de la France*, *op.cit.* p.137. Voir notamment ROUSSEAU (Dominique), « L'identité constitutionnelle, bouclier de l'identité nationale ou branche de l'étoile européenne », *op.cit.* p.93 ; DECHÂTRE (Laurent), « L'identité constitutionnelle comme limite à l'ouverture au droit international et européen en Allemagne et en France », *op. cit.* pp. 57- 85.

1127 QUESNEL (Martin), *La protection de l'identité constitutionnelle de la France*, *op.cit.* p.137.

1128 *Ibid.*, p.137.

1129 Une telle question a été posée par QUESNEL (Martin), *La protection de l'identité constitutionnelle de la France*, *op.cit.* p. 112.

1130 Voir sur ce point MONJAL (Pierre-Yves), *Recherches sur la hiérarchie des normes communautaires*, thèse, 2000, LGDJ, 629 p.

1131 MILLET (François-Xavier), *L'Union européenne et l'identité constitutionnelle des Etats membres*, *op.cit.* p.10.

1132 *Ibid.*, p.18.

« des réserves de constitutionnalité »[1133]. Cette position apparaît particulièrement épineuse, car la réserve de l'identité constitutionnelle peut témoigner aussi bien de l'instrumentalisation du droit de l'Union par les « juridictions des États membres que de l'acclimatation du droit national »[1134]. En d'autres termes, elle correspond à une logique interne fondée sur la suprématie de la Constitution, qui s'oppose à l'affirmation constante de la primauté de l'ensemble du droit de l'Union européenne[1135] sur l'ensemble des droits nationaux par la Cour de justice de l'Union européenne[1136]. Par conséquent, la décision du 27 juillet 2006 du Conseil constitutionnel doit être vue comme « une forme d'incitation à l'adresse du juge de l'Union européenne »[1137]. Il est donc possible de soutenir que la défense de l'identité constitutionnelle par le Conseil constitutionnel se représente comme « un avatar à l'intégration progressive européenne »[1138].

§ 2— Le rejet de la supra-constitutionnalité des principes inhérents à l'identité constitutionnelle

Bien que le Conseil constitutionnel n'ait jamais consacré aucune norme « de valeur pleinement supra-constitutionnelle »[1139], la doctrine s'est demandée si cette reconnaissance ne pouvait pas être appliquée aux « principes inhérents à l'identité constitutionnelle de la France »[1140]. Or, beaucoup de juristes, sous l'autorité de Michel Troper, estiment que non, car le Conseil constitutionnel, dans sa décision du 27 juillet 2007, prend soin de préciser que le constituant peut remettre en cause une règle ou un principe

---

1133 Voir en ce sens DECHÂTRE (Laurent), « L'identité constitutionnelle comme limite à l'ouverture au droit international et européen en Allemagne et en France », *op.cit.* pp. 57-85.

1134 MILLET (François-Xavier), *L'Union européenne et l'identité constitutionnelle des Etats membres, op.cit.* p.22

1135 Rappelons que la construction de l'union européenne a été marquée par la fameuse jurisprudence « Costa contre Enel de 1964 » dans laquelle la Cour de justice avait invoqué la limitation des droits « souverains » des Etats membres et la prééminence du droit communautaire.

1136 Voir dans le même sens QUESNEL (Martin), *La protection de l'identité constitutionnelle de la France, op.cit.* p. 264.

1137 *Ibid.*, p.430.

1138 Voir PONTHOREAU (Marie-Claire), « Constitution européenne et identités constitutionnelles nationales », in *VIIe Congrès mondial de l'A.I.D.C, Athènes 11-15 juin 2007* : hpp:// www.enelsyn.gr/ papers /w4/Paper % 20 by %20 Prof.% 20 Marie-Claire %20 Ponthoreau.pdf. p.8 (consulté le 20 juin 2018).

1139 Voir dans le même sens QUESNEL (Martin), *La protection de l'identité constitutionnelle de la France, op.cit.* p. 230 ; ROSSETTO (Jean), « L'Union européenne face à l identité constitutionnelle de la France », *in Constitutions et pouvoirs. Mélanges en l'honneur de Jean Gicquel*, Paris, Montchrestien, Lextenso, 2008, pp.447-464.

1140 Voir dans le même sens MILLET (François-Xavier), *L'Union européenne et l identité constitutionnelle des Etats membres, op.cit.* p. 80.

inhérent à cette identité[1141]. De plus, la supra-constitutionnalité desdits principes créerait « une obstruction à toute évolution de la société »[1142]. Dans ce raisonnement, il ressort donc clairement que la question de la supra-constitutionnalité des principes inhérents à l'identité constitutionnelle doit être écartée[1143], car elle repose sur une contradiction évidente : le souverain ne dispose pas de sa propre souveraineté de réviser sa Constitution[1144]. Dans une perspective volontariste du droit, remettre en question l'identité constitutionnelle française n'est pas contrôler le pouvoir de révision[1145]. Il apparaît que le Conseil constitutionnel permet de nombreuses dérogations à la limite constituée par l'identité constitutionnelle puisqu'il se déclare incompétent pour contrôler les actes du constituant dérivé[1146]. Autrement dit, aucune contrainte juridictionnelle n'est assortie en France, pour le moment, au renvoi de l'identité constitutionnelle et de la mise en œuvre du pouvoir de révision, que ce contrôle soit matériel et formel[1147]. C'est ainsi que le concept d'identité constitutionnelle a été qualifié par certains auteurs d'« outil à la fois malléable et symbolique »[1148].

Par ailleurs, Édouard Dubout a rapproché « la supra-constitutionnalité et l'identité constitutionnelle »[1149] : l'une et l'autre ont pour ambition d'empêcher toute remise en cause de ce qui est le fondement même « d'un système juridique, ce sur quoi il est bâti et continue d'exister »[1150]. Ce rapprochement entend protéger certains valeurs ou principes et les mettre à l'abri du pouvoir de révision[1151]. Ce raisonnement milite donc pour reconnaître au Conseil constitutionnel la compétence de contrôler les actes

---

1141 VIALA (Alexandre), « Le concept d'identité constitutionnelle : approche théorique », *op.cit.* pp.7-24 ; TROPER (Michel), « Identité constitutionnelle », *op.cit.* pp.123-131.

1142 MEINDL (Thomas), *La notion de droit fondamental dans les jurisprudences et doctrines constitutionnelles françaises et allemandes*, *op.cit.*, p. 446.

1143 Voir sur ce point VEDEL (Georges), « Souveraineté et supra-constitutionnalité », *op.cit.* p. 89. Voir notamment BADINTER (Robert), « Le Conseil constitutionnel et le pouvoir constituant », 1998, *op.cit.* p. 223.

1144 Voir les analyses avancées par QUESNEL (Martin), *La protection de l'identité constitutionnelle de la France*, *op.cit.* p. 212

1145 *Ibid.*, p. 135.

1146 Voir sur ce point les analyses avancées par DECHÂTRE (Laurent), « L'identité constitutionnelle comme limite à l'ouverture au droit international et européen en Allemagne et en France », *op.cit.* pp.70-76

1147 *Ibid.*, pp.70 -76.

1148 BLACHER (Philippe), PROTIERE (Guillaume), « Le Conseil constitutionnel gardien de la Constitution face aux directives communautaires », *in R.F.D.C*, 2007 (1), n° 69, pp.123-144.

1149 DUBOUT (Edouard), « Les règles ou principes inhérents à l'identité constitutionnelle de la France : une supra-constitutionnalité ? », *op .cit.* pp. 451-482.

1150 *Ibid.*, p.460.

1151 Voir en ce sens TROPER (Michel), « L'identité constitutionnelle : les fonctions d'un argument », *op. cit.* p. 269.

du constituant dérivé[1152]. Cela semble juridiquement souhaitable, car le Conseil constitutionnel ne dispose que d'une faculté d'opposition et non d'adoption d'une norme révisant la Constitution[1153]. Nonobstant, l'identité constitutionnelle demeure « un concept insaisissable »[1154], à cause de l'absence de consensus doctrinal sur son contenu[1155]. Il est donc difficile pour la doctrine de définir l'identité constitutionnelle de la France. Ainsi, certains auteurs comme Alexandre Viala estiment que la notion d'identité est « confondue avec celle d'appartenance » [1156]. D'autres considèrent que l'identité constitutionnelle n'est rien d'autre qu'« un avatar régional du processus de globalisation »[1157].

La lecture des décisions récentes du Conseil constitutionnel permet donc d'inférer que l'identité constitutionnelle est « un principe expressément contenu dans la Constitution française dont on ne retrouve pas l'équivalent dans les textes communautaires »[1158]. Autrement dit, l'identité constitutionnelle de la France est « une ipséité et non une équivalence »[1159]. Il apparaît donc que le Conseil constitutionnel, dans sa décision du 27 juillet 2007, a estimé que la France pouvait s'opposer aux directives européennes au nom du respect de son identité constitutionnelle[1160].

1152 DUBOUT (Edouard), « Les règles ou principes inhérents à l'identité constitutionnelle de la France : une supra-constitutionnalité ? », *op .cit.* p. 460.

1153 *Ibid.,* p.481.

1154 BURBORGUE-LARSEN (Laurence), « L'identité constitutionnelle en question (s) », in BURGORGUE-LARSEN (LAURENCE)., *L'identité constitutionnelle saisie par les juges en Europe*, Cahiers européens n°1, Paris, Pedone, 2011, p.156. Voir aussi DECHÂTRE (Laurent), « L'identité constitutionnelle comme limite à l'ouverture au droit international et européen en Allemagne et en France », *op.cit.* p.79

1155 BURBORGUE-LARSEN (Laurence), « L'identité constitutionnelle en question (s) », *op.cit.*, p.156.

1156 VIALA (Alexandre), « Le concept d'identité constitutionnelle : approche théorique », *op.cit.* p.9

1157 *Ibid,* p.7.

1158 *Ibid.,* p.8.

1159 *Ibid.,* p.9.

1160 Pour les respecter « principes inhérents à l'identité constitutionnelle », il est possible de déroger à une norme du droit de l'union européenne afin de respecter ces principes. La théorie du noyau constitutionnel « identitaire » a été certainement élaborée par Carl Schmitt comme un ensemble de principes inviolables. Voir SCHMITT (Carl), *Théorie de la Constitution, op.cit.* p.150 ; DEROSIER (Jean-Philippe), *Les limites constitutionnelles à l'intégration européenne. Étude comparée : Allemagne, France, Italie, op.cit.* p. 315. Cette théorie du noyau constitutionnel identitaire constitue une sorte de rempart à l'encontre de normes européennes : les Etats le font pour se protéger.

Section 2 : L'éventualité de la limitation du pouvoir de révision par un socle constitutionnel identitaire

> « L'identité de la Constitution (quel que soit le contenu qu'on lui donne) est-ce que le pouvoir constituant [dérivé] ne peut pas toucher ou qu'il ne peut modifier qu'au terme d'une procédure plus contraignante, par exemple au moyen d'un référendum. »[1161]

L'hypothèse selon laquelle il existerait, en droit positif français, une catégorie de normes constitutionnelles échappant totalement au pouvoir constituant dérivé a été vivement défendue par une bonne partie de la doctrine[1162]. Pour les uns, le pouvoir de révision peut modifier les principes inhérents à l'identité constitutionnelle [1163]. Pour d'autres, ce sont ces principes mêmes qui l'en empêchent[1164], encore qu'ils ne servent à rien s'ils peuvent être ignorés par le pouvoir de révision[1165]. Au-delà de ce que nous avons déjà souligné au sujet des normes de référence dudit contrôle, il appartient au Conseil constitutionnel notamment de déterminer *in concreto* la substance du principe de la souveraineté du pouvoir de révision[1166]. Même si c'est de façon contingente, car ce dernier est un pouvoir « construit »[1167] et sa souveraineté est conditionnée « au respect de principes inhérents à l'identité constitutionnelle de la France »[1168].

La conception rationaliste « du droit constitutionnel » – en admettant que ce soit elle qui convienne le mieux au système français – fait relativiser la

---

1161 TROPER (Michel), « L'identité constitutionnelle : les fonctions d'un argument », *op. cit.* p. 269. C'est nous qui soulignons.

1162 Sur cet aspect, voir les contributions de DEROSIER (Jean-Philippe), *Les limites constitutionnelles à l'intégration européenne. Étude comparée : Allemagne, France, Italie, op.cit.* pp.308-512 ; DUBOUT (Edouard), « Les règles ou principes inhérents à l'identité constitutionnelle de la France : une supra-constitutionnalité ? », *op.cit.* pp.451-482.

1163 Voir en ce sens les propos retenus par CHALTIEL (Florence), « La souveraineté du pouvoir constituant dérivé », *op.cit.* pp.7-9.

1164 Voir en ce sens DEROSIER (Jean-Philippe), *Les limites constitutionnelles à l'intégration européenne. Étude comparée : Allemagne, France, Italie, op.cit.* pp.308-512.

1165 Sur cet aspect voir, les contributions de DEROSIER (Jean-Philippe), *Les limites constitutionnelles à l'intégration européenne. Étude comparée : Allemagne, France, Italie, op.cit.* pp.308-512 ; DUBOUT (Edouard), « Les règles ou principes inhérents à l'identité constitutionnelle de la France : une supra-constitutionnalité ? », *op.cit.* pp.451-482.

1166 Voir en ce sens DUBOUT (Edouard), « Les règles ou principes inhérents à l'identité constitutionnelle de la France : une supra-constitutionnalité ? », *op.cit.* pp.451-482.

1167 On emprunte cette expression à SOMA (Abdoulaye), « Le contrôle de constitutionnalité des lois constitutionnelles en Afrique noire francophone », *op.cit.* p. 628.

1168 Pour un éclairage précis sur ce point, voir GUERRINI (Marc), *L'identité constitutionnelle de la France*, thèse (dac.), Aix-Marseille-Université, 2014, pp. 22-304.

souveraineté du pouvoir de révision de la Constitution[1169], car le point de vue de la doctrine volontariste du droit serait remis en question. Pour comprendre cette situation, nous examinerons d'une part l'article 89 alinéa 5, seul fondement textuel en faveur de la compétence du Conseil constitutionnel (§ 1) ; d'autre part, nous verrons comment cette disposition conduit à s'interroger sur le nécessaire contrôle des lois de révision au regard « des valeurs républicaines »[1170] (§ 2).

§1—Le caractère intangible de la forme républicaine du gouvernement

La formule selon laquelle il « ne tient ni de l'article 61, ni de l'article 89, ni d'aucune autre disposition de la Constitution le pouvoir de statuer sur une révision constitutionnelle » n'est pas de nature à vider de sa substance le caractère républicain du régime politique[1171]. Il apparaît donc que cette disposition peut être considérée comme un principe supra-constitutionnel qui s'imposerait « à tout pouvoir constituant »[1172]. Or, la doctrine demeure partagée sur la portée juridique de cet article 89[1173] : pour les uns, il est révisable, pour les autres non[1174]. Toutefois, le fait que « la forme républicaine du gouvernement » ne puisse être ni examinée ni modifiée amène « le débat sur le délicat terrain de la supra-constitutionnalité »[1175]. Pour cette raison, certains auteurs, comme Dominique Rousseau, sans remettre en cause la légitimité dudit contrôle, soulignent le caractère risqué de l'unique limitation matérielle au pouvoir de révision prévue dans la Constitution du 4 octobre 1958[1176]. Considérons que le contrôle du respect

---

[1169] Voir ROZNAI (Yaniv), *Unconstiutional Constitutional amendments. The Limits of Amendments* Powers, Oxford Constitutional Theory, *op.cit.* pp. 48-79.

[1170] On emprunte cette expression de Jean-Philippe Derosier respectivement de : DEROSIER (Jean-Philippe), *Les limites constitutionnelles à l'intégration européenne. Étude comparée : Allemagne, France, Italie*, *op.cit.* p.311.

[1171] BLANC (Didier), « La justiciabilité des limites au pouvoir constituant sous la Cinquième République : Propositions pour un contrôle du pouvoir de révision détenu par le Congrès », *op.cit.* p. 3.

[1172] KAZADI MPIANA (Joseph), « L'odyssée de la clause intangible du nombre de mandats présidentiels au regard de la révision par voie référendaire dans le constitutionnalisme africain : une valse à trois temps » , *op.cit.* p. 637.

[1173] Voir sur ce point BEAUD (Olivier), « Où va le droit (constitutionnel) ? », *op.cit.* pp. 1769- 1773.

[1174] Voir les analyses avancées par MEINDL (Thomas), « Le Conseil constitutionnel aurait pu se reconnaître compétent », *op.cit.*, pp. 743- 744.

[1175] Voir par exemple JOUANJAN (Olivier), « La forme républicaine du gouvernement, norme supra-constitutionnelle ?», *op.cit.* pp. 267-287.

[1176] Voir en ce sens ROUSSEAU (Dominique), *et alii*, *Droit du contentieux constitutionnel*, *op.cit.* pp. 161- 165 ; AGUILA (Yann), *Le Conseil constitutionnel et la philosophie du droit*, Paris, LGDJ, 1994, pp.80- 81.

de l'interdiction de réviser la forme républicaine du gouvernement ne soit pas lié à une compétence d'attribution explicite au Conseil constitutionnel[1177]. Il n'aurait de sens que si la compétence étendue de celui concernait le respect de la forme républicaine du gouvernement dans son sens[1178]. À quoi sert donc l'interdiction visée à l'alinéa 5 de l'article 89 de la Constitution[1179], si elle n'est pas contrôlée par le Conseil constitutionnel à l'égard du pouvoir de révision constitutionnelle ?[1180]

Cette interrogation est d'autant plus légitime si l'on admet que le respect de la clause identitaire républicaine doit être assuré par le Conseil constitutionnel[1181]. Ainsi, l'effectivité de celle-ci peut dépendre de l'instauration de mécanismes destinés à se prémunir contre le retour à la monarchie[1182]. Historiquement, lorsque la loi du 14 août 1884[1183] posa pour la première fois l'interdiction de réviser la forme républicaine, cela signifiait avant tout le choix du régime politique républicain contre la monarchie[1184]. Or, il serait déraisonnable de contester le contrôle du caractère intangible de la forme républicaine du gouvernement, au motif d'une « mystérieuse supra-constitutionnalité »[1185]. En ce sens, Olivier Jouanjan considère que « l'alinéa 5 de l'article 89 de la Constitution ne relève pas d'une norme supra-constitutionnelle, mais d'une norme constitutionnelle de limitation du

1177 NEFRAMI (Eleftheria), « Quelques réflexions sur les limites à l'exercice du pouvoir de révision constitutionnelle en France », *op. cit.*p.358.

1178 Pour une étudié détaillée sur le mécanisme de préservation identitaire de la clause républicaine française, voir en particulier les propos retenus par GUERRINI (Marc), *L'identité constitutionnelle de la France*, *op.cit.* pp. 317-320. Voir notamment l'article de DROIN (Nathalie), « Retour sur la loi constitutionnelle de 1884 : contribution à une histoire de la limitation du pouvoir constituant dérivé », *op.cit.* p. 747.

1179 Voir sur cette question l'analyse de L'HÔTE (Vincent), « La "forme républicaine du gouvernement" à l'épreuve de la révision constitutionnelle de mars 2003 », *op.cit.* pp.111-138.

1180 Il convient de préciser dans cette étude qu'en consacrant la forme républicaine du gouvernement comme limite à la révision de la Charte fondamentale, le Constituant français de 1958 avait signifié formellement l'importance qu'il attachait à celle-ci au sein de la Constitution, sans pour autant en préciser la portée comme le remarque Marc Guerrini respectivement dans : GUERRINI (Marc), *L'identité constitutionnelle de la France*, *op.cit.* p.341.

1181 QUESNEL (Martin), *La protection de l'identité constitutionnelle de la France*, *op.cit.* p.157.

1182 Voir sur ce sujet DROIN (Nathalie), « Retour sur la loi constitutionnelle de 1884 : contribution à une histoire de la limitation du pouvoir constituant dérivé », *op.cit.* pp. 725-747.

1183 Voir sur ce point la loi du 14 août 1884 dans son article 2 alinéa 3.

1184 Lire à ce sujet les propos retenus par L'HÔTE (Vincent), « La "forme républicaine du gouvernement" à l'épreuve de la révision constitutionnelle de mars 2003 », *op.cit.* pp.111-138 ; BART (Jean), « La République dans les limbes », *in* MATHIEU (Bertrand) *et alii, La République en droit français.* Coll. Droit Public Positif, Economica, Paris, *1996,* p.7.

1185 VEDEL (Georges), « Schengen et Maastricht », *op.cit.* p.173.

pouvoir de révision »[1186]. De la sorte, le respect de la forme républicaine du gouvernement dans son sens strict, en tant qu'opposition à la monarchie, issue de l'article 89 alinéa 5, constitue la seule limite matérielle à l'exercice de la fonction constituante[1187] et voulue par le pouvoir constituant de 1958[1188]. Par conséquent, elle s'impose au pouvoir de révision constitutionnelle[1189]. Le Conseil constitutionnel peut donc se déclarer compétent dès lors qu'une modification de la Constitution ne garantirait pas la « clause identitaire républicaine »[1190].

Force est de constater que deux interprétations opposées de la forme républicaine du gouvernement continuent de s'affronter ; le Conseil constitutionnel devra nécessairement en choisir une[1191]. Sur le plan doctrinal, « l'interdiction de réformer la nature républicaine du régime »[1192] est à l'épreuve de l'étendue matérielle illimitée du pouvoir de révision constitutionnelle[1193]. Au demeurant, l'intangibilité de la forme républicaine du gouvernement pourrait appuyer la reconnaissance juridique d'une compétence du Conseil constitutionnel pour connaître de la conformité des lois révisant la Constitution à la clause républicaine[1194].

§ 2 — La nécessité de protéger les valeurs républicaines

Dans sa contribution aux mélanges offerts à Pierre Pactet, Cécile Isidoro s'est demandé si le pouvoir constituant pouvait tout faire [1195]. Ce faisant,

---

1186 JOUANJAN (Olivier), « La forme républicaine du gouvernement, norme supra-constitutionnelle ? », *op.cit.* pp. 267-287.

1187 NEFRAMI (Eleftheria), « Quelques réflexions sur les limites à l'exercice du pouvoir de révision constitutionnelle en France », *op. cit.*p.359.

1188 Voir sur ce point DOKHAN (David), *Les limites du contrôle de constitutionnalité des actes législatifs, op.cit.* p.386.

1189 L'HÔTE (Vincent), « La "forme républicaine du gouvernement" à l'épreuve de la révision constitutionnelle de mars 2003 », *op.cit.* p.115.

1190 Voir les analyses avancées par DOKHAN (David), *Les limites du contrôle de constitutionnalité des actes législatifs, op.cit.* p. 393.

1191 Soit « la forme républicaine du gouvernement » est entendue au sens étroit comme prohibant un renversement légal de la république au profit de la monarchie, ou bien « la forme républicaine ne saurait faire l'économie du respect des idéaux républicains et des valeurs dont ces idéaux sont porteurs » ; GAÏA (Patrick), « Limitation du pouvoir de révision constitutionnelle et construction européenne », *op.cit.* p.128

1192 Pour un bon panorama doctrinal sur la notion de République voir VIOLA (André), *La notion de République dans la jurisprudence du Conseil Constitutionnel, op.cit.* p.322.

1193 KAMARA (Mactar), « Supra-constitutionnalité et exercice du pouvoir constituant dérivé », *op.cit.* p.1447.

1194 Pour un éclairage précis sur ce point, voir en particulier les propos retenus par DUBOUT (Edouard), « Les règles ou principes inhérents à l'identité constitutionnelle de la France : une supra-constitutionnalité ? », *op.cit.* pp. 451-482

1195 ISIDORO (Cécile), « Le pouvoir constituant peut-il tout faire ? », *op.cit.* pp. 237-252.

l'auteur pose les termes du débat sur la défense des valeurs républicaines face aux abus du pouvoir de révision[1196]. Au sens d'une conception volontariste, il n'existe pas de valeurs formant une identité constitutionnelle et échappant au pouvoir constituant dérivé[1197], mais elles ne peuvent être supprimées par le pouvoir de révision détenu par le Congrès[1198] si l'on estime que le droit constitutionnel est « rationnel ». Dès lors, pour justifier l'idée que les éléments susceptibles de former une identité constitutionnelle sont juridiquement opposables au constituant dérivé, il est tentant de se référer à la doctrine indienne de « la structure basique de la Constitution »[1199] : le système juridique qui s'y rapporte reconnaît le contrôle des lois de révision[1200]. Comme le relève Édouard Dubout, « l'incise selon laquelle le pouvoir de révision est libre de modifier à sa guise l'identité constitutionnelle du système qui pourtant le crée, si elle est conforme au refus persistant du juge constitutionnel de s'ériger en censeur de la souveraineté du peuple, n'est cependant guère compatible avec le concept

---

1196 Pour un éclairage précis sur la controverse doctrinale quant à la référence de l'identité constitutionnelle de la France comme un fondement du contrôle des lois révisant, voir en particulier l'article de DECHÂTRE (Laurent), « L'identité constitutionnelle comme limite à l'ouverture au droit international et européen en Allemagne et en France », *op.cit.* p.79.

1197 À la lumière de la jurisprudence constitutionnelle dite « Droit d'auteur », on ne saurait s'étonner que le Conseil constitutionnel, dans sa décision du 27 juillet 2006, permettait au pouvoir constituant de tenir « un lit de justice en révisant une règle ou un principe inhérent à l'identité constitutionnelle de la France qui ferait obstacle à la transposition d'une directive » ; MILLET (François-Xavier), *L'Union européenne et l'identité constitutionnelle des Etats membres*, *op.cit.* p.43.

1198 Voir en ce sens DROIN (Nathalie), « Retour sur la loi constitutionnelle de 1884 : contribution à une histoire de la limitation du pouvoir constituant dérivé », *op.cit.* pp. 725-747.

1199 Pour un éclairage sur ce point, voir en particulier l'article de SAINT-HUBERT (Mesmin), « La Cour suprême de l'Inde, garantie de la structure fondamentale de la Constitution-La construction d'une nouvelle doctrine visant à limiter le pouvoir constituant dérivé », *op.cit.* pp.631-648.

1200 « Bien que le Conseil constitutionnel ne fournisse pas de justification, on peut tenter de la chercher dans le raisonnement d'autres cours qui ont eu recours à ce mode [de justification du principe d'un contrôle des lois constitutionnelles]. [...] On ne peut qu'être frappé par l'analogie entre les formules du Conseil constitutionnel et celles de la Cour suprême de l'Inde qui, dans une affaire célèbre, a invalidé un amendement à la Constitution au motif qu'il y a des limites au pouvoir de révision et que ces limites tiennent à la "personnalité de la Constitution", "à sa structure fondamentale", "à son identité", qui doit demeurer inchangée. Sans doute le Conseil constitutionnel ne va-t-il pas jusque-là, puisque les principes qu'il invoque et qui forment l'identité constitutionnelle de la France, ne s'imposent pas au pouvoir constituant. Cette différence s'explique peut-être par le fait que l'invocation de principes supra-constitutionnels était le seul moyen dont disposait la Cour suprême de l'Inde pour préserver sa propre compétence, (...) tandis que le Conseil constitutionnel n'entend pas se défendre contre le pouvoir constituant, mais contre la suprématie absolue du droit européen et qu'il lui faut pour cela affirmer au contraire la souveraineté du constituant » ; TROPER (Michel), « Identité constitutionnelle », *op.cit.* p.128. C'est nous qui soulignons.

d'identité constitutionnelle »[1201]. Or les principes relevant de l'identité constitutionnelle souffrent en droit français d'un manque d'effectivité, car le Conseil constitutionnel soutient l'injusticiabilité des actes du pouvoir de révision[1202].

En l'état actuel de la jurisprudence du Conseil constitutionnel, il semble que les pouvoirs constituants originaire et dérivé soient totalement souverains et puissent librement modifier « les principes inhérents à l'identité constitutionnelle de la France »[1203]. Cependant, il paraît paradoxal que ces derniers puissent être remis en cause par le pouvoir de révision[1204]. Reprenons ici à notre compte la réflexion qu'Olivier Beaud avait émise à propos de la question des limites matérielles dans le contexte de la ratification du traité de Maastricht[1205] : était-il juridiquement possible d'autoriser la ratification d'un engagement international portant atteinte aux conditions essentielles d'exercice de la souveraineté nationale ?[1206]

Olivier Beaud avait soutenu que le pouvoir constituant populaire était seul compétent pour décider de la révision de la Constitution, car une simple loi constitutionnelle parlementaire ne pouvait suffire dans la mesure où le traité de Maastricht entraînait une remise en cause de « la souveraineté de l'État »[1207]. En retenant une définition matérielle de la Constitution, Olivier Beaud s'oppose ainsi aux positivistes formalistes qui refusent catégoriquement l'idée d'une limitation matérielle du pouvoir de révision sous le prisme de la supra-constitutionnalité[1208].

En reconnaissant la notion d'identité constitutionnelle, il faut admettre que sa partie essentielle ne peut être ni abrogée ni modifiée par l'autorité qui détient le pouvoir constituant dérivé [1209]. Le Conseil constitutionnel devrait

---

1201 DUBOUT (Edouard), « Les règles ou principes inhérents à l'identité constitutionnelle de la France : une supra-constitutionnalité ? », *op.cit.* pp.476-477.
1202 *Ibid.*, p.477.
1203 Voir en ce sens les propos retenus par MILLET (François-Xavier), *L'Union européenne et l'identité constitutionnelle des Etats membres*, *op.cit.* pp.43-44.
1204 Voir les analyses avancées par DUBOUT (Edouard), « Les règles ou principes inhérents à l'identité constitutionnelle de la France : une supra-constitutionnalité ? », *op.cit.* p.451.
1205 BEAUD (Olivier), *La Puissance de l'État*, *op.cit.* p.477.
1206 Pour une analyse comparable, voir en particulier MILLET (François-Xavier), *L'Union européenne et l'identité constitutionnelle des Etats membres*, *op.cit.* p.44.
1207 BEAUD (Olivier), *La Puissance de l'État*, *op.cit.* p.460.
1208 Pour Olivier Beaud « la Constitution au sens matériel (…) désigne l'ensemble des décisions fondamentales qui fondent "l'identité de la Constitution", c'est-à-dire qui structurent ou configurent le régime politique et social d'un pays donné. Cette conception matérielle (…) conduit à distinguer au sein d'un texte constitutionnel des dispositions plus importantes que d'autres » ; BEAUD (Olivier), *La Puissance de l'État*, *op.cit.* pp. 364-365.
1209 DECHÂTRE (Laurent), « L'identité constitutionnelle comme limite à l'ouverture au droit international et européen en Allemagne et en France », *op.cit.* p. 80.

donc s'ériger comme « le gardien du temple »[1210] des éléments formant une identité constitutionnelle juridiquement opposables au pouvoir constituant dérivé[1211]. Le problème se déplace alors vers l'épineuse détermination de ces éléments : ils peuvent constituer un nouveau bloc jurisprudentiel d'intangibilité constitutionnelle qui échapperait à toute révision de la Constitution[1212]. En d'autres termes, « la réserve de constitutionnalité imposant le respect de l'identité constitutionnelle »[1213] conduit à une autre acception du pouvoir de révision possible qui justifie la compétence du Conseil constitutionnel[1214]. Cela dit, reconnaître un socle des principes non révisables par le pouvoir constituant dérivé protège l'État de droit[1215]. Un tel discours est fondé sur la conception rationaliste du droit qui permet de justifier le caractère justiciable des lois de révision de la Constitution[1216]. Il semble ainsi logique qu'il y n'ait pas de principes supra-constitutionnels[1217] sous la bannière de « l'identité constitutionnelle de la France » sans contrôle de constitutionnalité des actes du constituant dérivé[1218]. D'ailleurs, l'identité constitutionnelle de la France, telle que l'entend le Conseil constitutionnel, semble supposer que les principes spécifiques à l'ordre juridique national, qui ne sont pas garantis par l'ordre juridique de l'Union européenne, ne peuvent pas être remis en cause par le pouvoir constituant[1219]. Ainsi, l'usage de cette notion se justifie par la nécessité de préserver certains principes

1210 On emprunte ici cette expression de Martin Quesnel respectivement de : QUESNEL (Martin), *La protection de l'identité constitutionnelle de la France*, *op.cit.* p. 248.

1211 Voir l'analyse de DROIN (Nathalie), « Retour sur la loi constitutionnelle de 1884 : contribution à une histoire de la limitation du pouvoir constituant dérivé », *op.cit.* pp.725-747.

1212 DEROSIER (Jean-Philippe), *Les limites constitutionnelles à l'intégration européenne. Étude comparée : Allemagne, France, Italie*, *op.cit.* p. 342.

1213 GAÏA (Patrick), « Le Conseil constitutionnel peut-il encore résister à l'Europe ? », *in R.F.D.C*, 2014, n°100, p. 929.

1214 QUESNEL (Martin), *La protection de l'identité constitutionnelle de la France*, *op.cit.* pp.137-199

1215 Pour une analyse comparable, voir DECHÂTRE (Laurent), « L'identité constitutionnelle comme limite à l'ouverture au droit international et européen en Allemagne et en France », *op.cit.* p.80.

1216 Voir les analyses avancées par DUBOUT (Edouard), « Les règles ou principes inhérents à l'identité constitutionnelle de la France : une supra-constitutionnalité ? », *op.cit.* pp.451-482.

1217 Voir sur ce point les analyses avancées par QUESNEL (Martin), *La protection de l'identité constitutionnelle de la France*, thèse, coll. « Bibliothèque parlementaire et constitutionnelle », Dalloz, 2015, *op.cit.* pp. 135-222.

1218 Peut-on penser avec Michel Troper que « ce n'est pas l'existence de principes [inhérents à l'identité constitutionnelle de la France] qui conduit au contrôle [des lois constitutionnelles], c'est au contraire le contrôle qui conduit à la création [de ces] principes ? » ; TROPER (Michel), « La notion de principes supra-constitutionnels », *op.cit.* p.345. C'est nous qui soulignons.

1219 DEROSIER (Jean-Philippe), *Les limites constitutionnelles à l'intégration européenne. Étude comparée : Allemagne, France, Italie*, *op.cit.* p.352.

constitutionnels fondamentaux face au droit de l'Union européenne[1220]. L'ensemble des valeurs républicaines pourrait donc être considéré comme spécifique à l'identité constitutionnelle de la France[1221], mais cela semble difficile[1222]. Guy Canivet estime, à propos des règles ou principes inhérents à l'identité constitutionnelle, que « schématiquement, il peut s'agir de principes fondateurs de la Constitution dont il faudra dresser la liste au fil des affaires »[1223].

Cependant « aucune décision du Conseil constitutionnel n'est venue préciser quels éléments pouvaient former l'identité constitutionnelle de la France »[1224]. Voilà pourquoi, la doctrine se tourne vers les premiers articles de la Constitution[1225]. Mais en réalité, la liberté du pouvoir de révision de la Constitution pourrait s'exercer sur « l'identité constitutionnelle du système »[1226], car le Conseil constitutionnel a toujours refusé de s'ériger en censeur de la souveraineté constituante[1227].

Contrairement à la conception volontariste du droit, l'analyse comparative de la doctrine indienne de « la structure basique de la Constitution » montre que les actes du pouvoir de révision peuvent être contrôlés à l'aune des principes relevant de l'identité constitutionnelle de la

---

1220 Voir les analyses faites par QUESNEL (Martin), *La protection de l'identité constitutionnelle de la France*, *op.cit.* pp. 137-199.

1221 Soulignons que l'hypothèse d'un contrôle d'opportunité conduirait à des conséquences sur la légitimité du juge constitutionnel, car ce dernier cesserait de jouer son rôle d'aiguilleur ; par conséquent, il deviendrait en quelque en sorte [le véritable gardien du temple du noyau constitutionnel identitaire de la France].

1222 Les principes récurrents invoqués par la doctrine comme susceptibles de former l'identité constitutionnelle de la France sont contenus dans l'article 1 de la Constitution. Comme le pense la majorité des commentaires des décisions du Conseil constitutionnel rendues à partir de l'été 2004. Nous n'aborderons pas de façon détaillée les éléments susceptibles de former une identité constitutionnelle de la France tels que l'indivisibilité de la République et unicité du peuple français, la laïcité, le principe d'égalité, le caractère démocratique et social de la République etc. Car une telle étude a été élaborée par QUESNEL (Martin), *La protection de l'identité constitutionnelle de la France*, *op.cit.* p.136.

1223 CANIVET (Guy), « Constitutions nationales et ordre juridique communautaire. Contre-éloge de la tragédie », *in L'union européenne : Union de droit, union des droits. Mélanges en l'honneur du professeur Philipe Manin,* Centre de recherche sur l'Union européenne, Paris, Pedone, 2010, p.615.

1224 QUESNEL (Martin), *La protection de l'identité constitutionnelle de la France*, *op.cit.* p.165.

1225 *Ibid.,* p.137.

1226 DUBOUT (Edouard), « Les règles ou principes inhérents à l'identité constitutionnelle de la France : une supra-constitutionnalité ? », *op.cit.* p.477.

1227 Pour une analyse comparable, voir en particulier les propos retenus par : QUESNEL (Martin), *La protection de l'identité constitutionnelle de la France*, *op.cit.* p.165 ; DUBOUT (Edouard), « Les règles ou principes inhérents à l'identité constitutionnelle de la France : une supra-constitutionnalité ? », *op.cit.* p.477.

France[1228]. Mais ces principes, quels sont-ils ? La question est complexe, car, comme l'indique Dominique Rousseau, chaque professeur de droit à sa liste[1229]. Toutefois, il est fréquent de voir reconnus comme tels les droits fondamentaux et la séparation des pouvoirs[1230]. Cela étant, si le Conseil constitutionnel apparaît comme un véritable aiguilleur, l'éventualité d'un contrôle de constitutionnalité d'une loi constitutionnelle portant atteinte à un principe inhérent à l'identité constitutionnelle française demeure une question récurrente posée dans la doctrine[1231].

Puisque, d'après l'alinéa 5 de l'article 89, « la forme républicaine de gouvernement ne peut faire l'objet d'une révision », Olivier Beaud considère que la souveraineté de l'État est un élément intangible de la Constitution française[1232]. Si l'on se penche désormais sur la référence à la notion de l'identité constitutionnelle, la critique d'Olivier Beaud apparaît d'autant plus fondée, car les limites matérielles du pouvoir de révision sont justifiées. Elles le sont d'abord par la supériorité du pouvoir constituant en tant que peuple, ensuite, par l'exigence de préserver « l'identité de la Constitution »[1233]. C'est la raison pour laquelle nous défendons l'idée selon laquelle seul un acte du pouvoir constituant populaire serait susceptible de modifier ou d'abroger un principe inhérent à l'identité constitutionnelle de la France[1234].

1228 Pour un éclairage précis sur ce point, voir les propos retenus par DEROSIER (Jean-Philippe), *Les limites constitutionnelles à l'intégration européenne. Étude comparée : Allemagne, France, Italie*, *op.cit.* p.85-108.

1229 Les normes de références du contrôle de constitutionnalité des lois de révision de la Constitution représentent un enjeu déterminant de l'organisation dudit contrôle. Voir sur ce point KLEIN (Claude) « Le contrôle des lois constitutionnelles –Introduction à une problématique moderne », *op.cit.* pp. 9-12.

1230 Voir l'analyse de QUESNEL (Martin), *La protection de l'identité constitutionnelle de la France*, *op.cit.* p.136

1231 Voir sur cet aspect les analyses sur la question de l'opportunité d'un contrôle juridictionnel de la transposition constituante dans les propos retenus par GUERRINI (Marc), *L'identité constitutionnelle de la France*, *op.cit.* pp.319-321.

1232 Voir l'analyse de BEAUD (Olivier), *La Puissance de l'État*, *op.cit.*, pp.462-484.

1233 « La constitution d'un État ne peut pas se soustraire à la réserve de souveraineté de l'État, c'est-à-dire la conservation de la puissance publique, fondement de l'État. La souveraineté appartient donc au contenu des limitations matérielles qui sont imposées au pouvoir de révision par le pouvoir constituant au nom de la préservation de l'identité de la Constitution » ; BEAUD (Olivier), *La Puissance de l'État*, *op.cit.* p.462.

1234 Voir en ce sens les analyses avancées par MILLET (François-Xavier), *L'Union européenne et l'identité constitutionnelle des Etats membres*, thèse, Paris, 2013, L.G.D.J, *op.cit.* p. 45.

CONCLUSION DU TITRE 1

L'exposé des limites juridiques qui s'imposent au pouvoir de révision ne rassure pas ceux qui continuent à craindre le gouvernement des juges[1235]. L'analyse doctrinale dans ce titre révèle que la soumission des lois de révision au contrôle exercé par le Conseil constitutionnel est une nécessité pour parvenir à une nouvelle dimension de l'État de droit. Ainsi, la doctrine favorable au critère matériel de la Constitution, lorsqu'elle plaide en faveur du contrôle des lois de révision, opère à contre-courant des opposants dudit contrôle. Quant au droit comparé, il montre que les revendications n'ont pas la même importance en France que dans certains États d'Afrique francophone[1236]. Toutefois, la justification juridique du refus du Conseil constitutionnel est discutable, car il s'appuie implicitement sur la grille de lecture de la doctrine de l'unicité du pouvoir constituant pour traiter de « la question de la souveraineté du pouvoir de révision »[1237]. D'ailleurs, nous pensons que la limitation du pouvoir de révision ne relève pas du mythe, car « elle trouve une justification théorique solide dans le principe de différenciation hiérarchique du droit constitutionnel formel »[1238].

En laissant la question des limites ouverte au pouvoir de révision, il est naturel que l'on s'interroge sur les raisons qui ont fait pencher la balance du côté de l'incompétence du juge constitutionnel[1239]. Nous pensons que la décision du Conseil constitutionnel de ne pas contrôler la constitutionnalité des lois de révision a d'autres motifs que l'absence de fondement constitutionnel de sa compétence. Son refus relève bien évidemment d'une grande prudence, car il ne veut pas endosser le costume d'un opposant politique à l'organe chargé de réviser la Constitution. Nous pensons

---

1235 Voir sur ce point les analyses avancées par MAILLARD DESGRÉES DU LOÛ (Dominique), « Le pouvoir constituant dérivé reste souverain », *op.cit.*, pp. 725-739.

1236 Il n'est plus un secret pour personne que l'on assiste à une sorte de renversement de perspective en ce que le tabou de la justiciabilité du pouvoir de révision a été levé par certaines juridictions constitutionnelles.

1237 BEAUD (Olivier), *La Puissance de l'État*, *op.cit.* p. 12

1238 MAGNON (Xavier), « Quelques maux encore à propos des lois de révision constitutionnelle : limites, contrôle, efficacité, caractère opératoire et existence. En hommage à Louis Favoreu. », *op.cit.* p. 595. C'est qui nous soulignons.

1239 Voir sur ce point la revendication doctrinale de la dualiste du pouvoir constituant faite par BEAUD (Olivier), *La Puissance de l'État*, *op.cit.* pp. 313-328.

cependant qu'en persistant dans son refus le Conseil constitutionnel cherche à éviter la critique du gouvernement des juges. Au terme de ce titre, force est de constater que la consécration de la souveraineté illimitée du pouvoir de révision semble difficilement acceptable au regard des exigences de l'État de droit.

Nous estimons que des limites existent à l'exercice du pouvoir de révision en droit positif, même si le Conseil constitutionnel, dans sa décision du 26 mars 2003, se refuse à contrôler les lois de révision [1240].

1240 MAGNON (Xavier), « Quelques maux encore à propos des lois de révision constitutionnelle : limites, contrôle, efficacité, caractère opératoire et existence. En hommage à Louis Favoreu. », *op.cit.* p. 595.

TITRE 2
LE CONTRÔLE DU POUVOIR CONSTITUANT DÉRIVÉ PAR LE JUGE : UNE REMISE EN CAUSE DU PRINCIPE DÉMOCRATIQUE ?

> « Contrôler la constitutionnalité [des actes du pouvoir constituant dérivé], c'est (...) uniquement vérifier qu'une règle quelconque ne déroge pas irrégulièrement à la Constitution. En dehors de là, tout est politique. »[1241]

Ces propos reposent à la fois sur une approche positiviste de la justice constitutionnelle et sur une acception purement formaliste de la Constitution[1242]. Comme l'a démontré le titre premier, l'émergence d'un contentieux visant l'œuvre du pouvoir de révision est à l'avant-garde de nouvelles interrogations du rôle du juge constitutionnel et de la démocratie[1243]. D'ailleurs, l'admission d'un contrôle des lois de révision par le juge a été présentée comme contraire à toute idée de démocratie[1244]. Mais cette position est discutable, car une autre conclusion peut être avancée[1245].

[1241] EISENMANN (Charles), *La justice constitutionnelle et la Haute Cour constitutionnelle d'Autriche*, Paris, LGDJ, 1928, *op. cit.*pp. 19-20.

[1242] En France, comme le souligne Jorge Miranda, « une garantie de la doctrine n'accepte pas l'idée d'un contrôle de constitutionnalité des révisions. Il reste que, dans les textes, un tel contrôle est rare, d'autant qu'en pratique, il s'avère délicat » ; MIRANDA (Jorge), « Le contrôle et les limites de la révision de la Constitution », *op.cit.* p.455.

[1243] Comme le souligne Olivier Beaud, « le contrôle de l'acte d'origine parlementaire (...) pose moins de problèmes théoriques dans la mesure où l'autorité de révision (n'étant pas le peuple) n'est pas souveraine. Il est donc très légitime d'entrevoir la nécessité d'un tel contrôle de pouvoirs publics soumis au pouvoir constituant du peuple » ; BEAUD (Olivier), *La Puissance de l'État*, *op.cit.* p.393.

[1244] Voir l'analyse de MAILLARD DESGRÉES DU LOÛ (Dominique), « Le pouvoir constituant dérivé reste souverain », *op.cit.* pp.725 -739.

[1245] Il convient de préciser que la question de la justiciabilité des lois constitutionnelles a été principalement étudiée sous le prisme de la « supra-constitutionnalité » ; pour un éclairage précis sur ce point, voir l'article de KAMARA (Mactar), « Supra-constitutionnalité et exercice du pouvoir constituant dérivé », *op.cit.* p. 1431 ; ROZNAI (Yaniv), *Unconstitutional Constitutional amendments. The Limits of Amendments* Powers, Oxford Constitutional Theory, *op.cit.* pp. 171-234. Voir notamment les analyses avancées sur « la nécessité du

Le rôle grandissant du juge constitutionnel[1246] dans « la formalisation de la volonté générale » pourrait illustrer une évolution du régime politique et juridique[1247]. Comme l'indique Dominique Rousseau, l'opposition de principe entre justice constitutionnelle et démocratie repose sur une conception traditionnelle de cette dernière[1248]. Poser la question d'un éventuel contrôle des lois de révision, c'est alors s'interroger en amont sur le sens du mot « démocratie »[1249]. Dès lors, il convient d'observer « la conception originelle de démocratie » à l'aune de la montée en puissance du pouvoir normatif du juge constitutionnel[1250]. Ainsi, le principe d'un contrôle des lois de révision devient déterminant dans le renouvellement de la démocratie[1251].

Il est par ailleurs permis de penser que le refus du contrôle des lois de révision par le Conseil constitutionnel pourrait trouver un fondement implicite dans la théorie dite de la « loi-écran »[1252]. Inversement, ce contrôle des lois de révision « pourrait être déduit de l'article 16 de la DDHC qui traduit en droit français les exigences de l'État de droit »[1253]. Par conséquent, nous tenterons de démontrer que les risques d'un éventuel contrôle des lois

---

contrôle de constitutionnalité des lois constitutionnelles et sa compatibilité avec la souveraineté du pouvoir constituant », par SOMA (Abdoulaye), « La souveraineté du pouvoir constituant et le contrôle de constitutionnalité des lois constitutionnelles », *op.cit.* pp.462-473 ; MIRANDA (Jorge), « Le contrôle et les limites de la révision de la Constitution », *op.cit.* p.455 ; BEAUD (Olivier), *La Puissance de l'État*, *op.cit.* p.393.

1246 Voir les analyses avancées par RICCI (Roland), « La légitimation du juge constitutionnel : un législateur dérivé gardien des valeurs de la démocratie », in *L'office du juge*, 2009, pp. 490- 527.

1247 Pour un éclairage précis sur la légitimité du Conseil constitutionnel comme obstacle au Parlement, voir en particulier la thèse doctorale de BONNEFOY (Olivier), *Les relations entre Parlement et Conseil constitutionnel : les incidences de la question prioritaire de constitutionnalité sur l'activité normative du Parlement*, *op.cit.* pp. 399-494.

1248 ROUSSEAU (Dominique), *et alii*, *Droit du contentieux constitutionnel*, *op.cit.* pp. 808-837.

1249 Pour un éclairage précis sur ce point, voir les articles de PINON (Stéphane), « La notion de démocratie dans la doctrine constitutionnelle française », in *Politeia*, n°10, 2006, p. 465.

1250 L'exclusion du juge constitutionnel dans le processus constituant a été motivée par la thèse selon laquelle, la présence du juge constitutionnel dans les processus de révision, traduit un dysfonctionnement du système de la production normative. D'ailleurs son exclusion parmi les titulaires du pouvoir constituant dérivé a été largement développée dans les travaux de MARCOVICI (Emilie), *Le juge constitutionnel et les révisions constitutionnelles*, *op.cit.*, p.195.

1251 Le moyen le plus sûr pour soutenir que le contrôle des actes du pouvoir constituant dérivé pouvait apparaître comme démocratique, serait de ne pas reconnaître au juge constitutionnel une part quelconque dans la production du droit. Une telle opinion est certainement discutable dans les propos retenus par CAMBY (Jean-Pierre), « Supra-constitutionnalité : la fin d'un mythe », *op.cit.*, pp. 671-688.

1252 MATHIEU (Bertrand) et *alii*, *Contentieux constitutionnel des droits fondamentaux*, *op.cit.* p. 143.

1253 *Ibid.*, p. 145.

de révision en France doivent être nuancés[1254], car le juge constitutionnel ne s'accapare pas la souveraineté : il a seulement pour mission d'aiguiller le pouvoir de révision pour respecter les limites formelles et matérielles inscrites dans la Constitution[1255]. En d'autres termes, les décisions du juge constitutionnel ne doivent pas s'opposer à la volonté du pouvoir constituant : il ne dispose nullement d'un pouvoir constituant[1256]. D'ailleurs, « le jury constitutionnaire » proposé par Sieyès ne pouvait se substituer au pouvoir de révision[1257], car « le juge constitutionnel est un pouvoir constitué »[1258]. En conséquence, il conviendra de montrer, en premier lieu que le caractère souverain du pouvoir constituant dérivé est un obstacle à la légitimité du contrôle par le juge[1259] (Chapitre 1). Malgré cet obstacle, nous analyserons, dans un second lieu, de nouvelles idées tendant à légitimer le contrôle du juge constitutionnel[1260] (Chapitre 2).

1254 Voir en ce sens KLEIN (Claude), *Théorie et pratique du pouvoir constituant*, *op.cit.*, p.188.

1255 Voir sur ce point AGUILA (Yann), *Le Conseil constitutionnel et la philosophie du droit*, *op.cit.* pp.80- 87.

1256 Voir les analyses avancées par HAMON (Léo), *Les juges de la loi. Naissance et rôle d'un contre-pouvoir : le Conseil constitutionnel*, *op.cit.*, pp. 247-273.

1257 Voir en ce sens STECKEL (Marie-Christine), *Le Conseil constitutionnel et l'alternance*, *op.cit.* p. 168.

1258 SOMA (Abdoulaye), « La souveraineté du pouvoir constituant et le contrôle de constitutionnalité des lois constitutionnelles », *op.cit.* pp.462-473.

1259 Au nom du respect de l'État de droit « doit-on continuer de soutenir que le principe de la souveraineté fait obstacle au contrôle de la constitutionnalité des lois adoptés par le pouvoir constituant dérivé ? N'y aurait-il pas lieu de déconstruire l'immunité d'inconstitutionnalité, consacrée dans certains systèmes juridiques, des lois constitutionnelles : [comme nous avons précédemment note que toute loi révisant la Constitution se trouve ainsi absolument immunisées en France devant le juge constitutionnel] » ; SOMA (Abdoulaye), « La souveraineté du pouvoir constituant et le contrôle de constitutionnalité des lois constitutionnelles », *op.cit.* p. 431. (C'est nous qui soulignons.).

1260 Il faut remarquer avec Olivier Beaud qu'« on ne peut plus aujourd'hui invoquer la volonté de la majoritaire électorale et la souveraineté du peuple pour invalider le travail effectué par les juges lorsqu'ils sont sollicités pour examiner la conformité des lois à la Constitution. Il suffit d'observer de nos jours ce qui se passe dans certains États de l'Europe centrale-en Pologne notamment -où la lutte politique contre les Cours constitutionnelles est organisée par le pouvoir exécutif au nom de la souveraineté du peuple pour comprendre le sens politique de ce combat contre les juges constitutionnels. On sait au contraire qu'il y a de nombreux et solides arguments en faveur de la légitimité du juge constitutionnel et de la théorie dite " contre-majoritaire" » ; BEAUD (Olivier), « Où va le droit (constitutionnel) ? », *op.cit.*, p. 1767.

CHAPITRE 1
LE CARACTÈRE SOUVERAIN DU POUVOIR CONSTITUANT DÉRIVÉ : UN OBSTACLE À LA LÉGITIMITÉ DU CONTRÔLE

> « Il n'est pas impossible qu'une cour constitutionnelle décide de contrôler la validité des lois de révision, soit d'un point de vue formel, soit même d'un point de vue matériel. On peut facilement imaginer qu'une cour décide que serait inconstitutionnelle une loi qui n'aurait pas été adoptée selon la procédure requise. »[1261]

Le rejet de toute forme de contrôle de constitutionnalité des actes du pouvoir de révision par le juge constitutionnel répond à des considérations de principe et d'opportunité[1262]. Sur ce sujet, l'un des arguments les plus fréquents est que le pouvoir de révision est souverain et qu'il ne peut donc être censuré par le juge constitutionnel[1263]. Pourtant, les idées avancées par les adversaires au contrôle de lois de révision sont contestables sur le terrain « de la logique de l'État constitutionnel »[1264]. Mais celle-ci ne fait pas l'unanimité dans la doctrine française[1265]. Ainsi, le problème de la conciliation de la démocratie et l'idée de l'ouverture d'un contrôle des lois de révision ne se posent que si l'on retient que le juge constitutionnel dispose d'un pouvoir constituant[1266]. Alors, en contrôlant les lois de révision, il « apparaîtrait comme un rival de la souveraineté »[1267] du Parlement

---

[1261] TROPER (Michel), *Le gouvernement des juges, mode d'emploi*, *op.cit.*, p. 31. C'est nous qui soulignons.
[1262] Voir les analyses avancées par MATHIEU (Bertrand), et *alii*, *Contentieux constitutionnel des droits fondamentaux,* Coll. « Manuel », LGDJ, 2002, pp. 164-168.
[1263] Voir sur ce point ROZNAI (Yaniv), *Unconstiutional Constitutional amendments. The Limits of Amendments* Powers, Oxford Constitutional Theory, *op.cit.* pp. 171- 234.
[1264] GREWE (Constance), « Le contrôle de constitutionnalité des lois constitutionnelles en Bosnie- Herzégovine », *op. cit.,* p. 32.
[1265] Voir VIALA (Alexandre), « Limitation du pouvoir constituant, la vision du constitutionnaliste », *op.cit.* pp.81-91.
[1266] Voir les analyses avancées par TROPER (Michel), « Démocratie continue et justice constitutionnelle », *op.cit.* pp.129-132.Voir notamment AVRIL (Pierre), « La jurisprudence institutionnelle du Conseil constitutionnel est -elle créatrice de droit ? », *op.cit.* pp. 33-40.
[1267] Voir JAUME (Lucien), « Le contrôle de constitutionnalité de la loi a-t-il un sens pour la doctrine française de la Révolution et des premières années du XIXe siècle ? » in

constituant. Michel Troper considère à cet égard que « dans l'interminable débat sur la légitimité du contrôle de constitutionnalité des lois, on est parfois (...) conduit à discuter d'une question voisine tout aussi complexe, celle du contrôle des amendements à la Constitution »[1268]. Subséquemment, le débat sur l'existence du contrôle de constitutionnalité en France continue[1269] sur un autre volet, c'est-à-dire sur les pouvoirs du juge contrôleur des lois de révision[1270]. Aussi, l'argument de « l'évidence comme brevet de légitimité du juge »[1271] peut conduire dans le cadre du contrôle des lois de révision à créer « une petite oligarchie de neuf juges inamovibles »[1272]. Bien souvent, les juges constitutionnels ne se contentent pas de faire vivre la Constitution, ils prolongent plutôt l'œuvre du constituant et s'en approprient véritablement le pouvoir [1273].

Cependant, le contrôle des lois de révision « ne constitue pas une atteinte à la démocratie », car il permet d'imposer au constituant dérivé le respect de la Constitution[1274]. Ceux qui s'opposent à lui semblent implicitement admettre l'existence d'un pouvoir d'interprétation discrétionnaire illimité du juge constitutionnel[1275]. Or, l'étendue de ce pouvoir n'est pas aussi grande, comme le démontrent les partisans de « la théorie des contraintes juridiques »[1276]. En conséquence, l'idée que nous cherchons à démontrer est

---

CHAGNOLLAUD (Dominique), *Aux origines du contrôle de constitutionnalité XVIIIe – XXe siècle*, Paris, Editions Panthéon-Assas, 2003, p. 28. Voir notamment VIALA (Alexandre), « Limitation du pouvoir constituant, la vision du constitutionnaliste », *op.cit.* pp.81-91.

1268 TROPER (Michel), « Existe-t-il des principes supérieurs à la Constitution », *op.cit.*, p. 135.

1269 CHAGNOLLAUD (Dominique), « Avant-propos », *in* CHAGNOLLAUD (Dominique), *Aux origines du contrôle de constitutionnalité XVIIIe – XXe siècle*, Paris, Editions Panthéon-Assas, 2003, p. 10.

1270 Voir les analyses avancées par KREAÏEM-DRIDI (Mouna), « Les limites du pouvoir du juge constitutionnel », *op. cit.* p. 42.

1271 DESMONS (Éric), « Sur l'argument de l'évidence en droit public », *op.cit.* p. 182.

1272 LAQUIEZE (Alain), « Le contrôle de constitutionnalité de la loi aux Etats-Unis vu par les penseurs libéraux français du XIXe siècle » *in* CHAGNOLLAUD (Dominique), *Aux origines du contrôle de constitutionnalité XVIIIe – XXe siècle*, Paris, Editions Panthéon-Assas, 2003, p.101.

1273 Comme l'indique Dominique Rousseau, « si le juge constitutionnel énonce les principes qui font la volonté générale et qui s'imposent en conséquence au législateur [constituant de réviser la Constitution], ne prend-il pas la place du souverain » ; ROUSSEAU (Dominique), *in* « Préface », de BLACHER (Philippe), *Contrôle de constitutionnalité et volonté générale*, *op.cit.* p.9.

1274 ROUSSEAU (Dominique) et *alii, Droit du contentieux constitutionnel*, *op.cit.*, p. 822. C'est nous qui soulignons.

1275 WAFEU TOKO (Patrick), *Le hasard et la nécessité en droit constitutionnel*, Paris 2018, L'Harmattan, coll. « Etudes africaines », p. 228.

1276Voir les analyses avancées par LE PILLOUER (Arnaud), « Les contraintes d'un paradoxe : les lois constitutionnelles inconstitutionnelles. Réflexions à partir du cas indien », in *Droits*, 2012, n° 55, pp. 113-128.

que les pouvoirs du juge contrôleur des lois de révision sont limités au nom du principe de l'État de droit[1277]. C'est la raison pour laquelle nous verrons que « la théorie du lit de justice » reconnaît le pouvoir limité du juge contrôleur des lois de révision [1278] (Section 1). Nous traiterons ensuite des répercussions de l'instauration d'un contrôle des lois de révision sur les concepts de pouvoir constituant et de démocratie représentative (Section 2).

Section 1 : La théorie « du lit de justice », un instrument limitatif de la volonté du juge constitutionnel

> Si le juge-aiguilleur ne faisait « que montrer la voie constitutionnelle au législateur — rendre visible son champ de compétence dans lequel il peut prétendre exercer légitimement son office — il se ne substituerait jamais à la représentation nationale démocratiquement élue ; il n'y aurait en conséquence pas lieu de dénoncer un quelconque gouvernement des juges, puisque le Conseil constitutionnel ne se bornerait qu'à mettre en place la procédure d'un dialogue argumenté. »[1279]

La révision constitutionnelle de 1993 relative au droit d'asile a été marquée par le conflit d'interprétation opposant le Conseil constitutionnel au Parlement constituant[1280]. En principe, la théorie de l'aiguilleur « pourrait rendre compte de la fonction assignée au juge constitutionnel, faisant ainsi office de mouche du coche »[1281] sur la question du contrôle de

---

[1277] Voir sur ce point les analyses avancées par ATIENAZA (Manuel), « Les limites de l'interprétation constitutionnelle. Retour sur les cas tragiques », *in Mélanges en l'honneur de Michel TROPER, L'architecture du droit*, Economica, 2006, pp. 79-93.

[1278] Comme le remarque Michel Troper, « lorsque le Conseil constitutionnel empêche la promulgation d'une loi contraire à la Constitution, le pouvoir constituant peut adopter la même mesure en forme de loi constitutionnelle. Tout se passe comme si le souverain avait tenu un lit de justice » ; TROPER (Michel), « Kelsen et l'idéologie des constitutionnalistes français », *in* HERRERA (Carlos-Miguel), *Actualité de Kelsen en France*, Paris, LGDJ, 2001, p. 40.

[1279] DESMONS (Éric), « Le normativisme est une scolastique (brèves considérations sur l'avènement de la démocratie spéculaire présentée comme un progrès) », *op.cit.* p. 23. C'est nous qui soulignons.

[1280] Voir ce point les travaux de : FAVOREU (Louis), « Le Parlement constituant et le juge constitutionnel », *La République : Mélanges Avril Pierre,* Paris, Montchrestien, 2001, pp. 235-242 ; SCHNAPPER (Dominique), *Une sociologue au Conseil constitutionnel*, *op.cit.* pp. 100-107 ; LOUIS (Carole), « La jurisprudence constitutionnelle et les modifications de la Constitution », *op.cit.* pp. 251-259.

[1281] DESMONS (Éric), « La planète des sages. Le Conseil constitutionnel, la doctrine et la démocratie », *op.cit.* p.234.

constitutionnalité des lois de révision au sein de la doctrine[1282]. Ce constat permet de mieux comprendre le débat sur la nature du Conseil constitutionnel[1283] relancé à la suite du coup de force du Parlement le 19 novembre 1993 au moyen de l'article 89 de la Constitution[1284]. Ainsi, la révision constitutionnelle du 25 novembre 1993 nous enseigne que le pouvoir d'interprétation qui est reconnu au Conseil constitutionnel n'équivaut pas à un pouvoir constituant[1285]. Pour cela, il convient d'abord de montrer que c'est le pouvoir constituant qui impose sa volonté au juge constitutionnel[1286], et non le contraire, au nom du respect du principe de la séparation des pouvoirs[1287] (§ 1). Nous analyserons ensuite les conséquences éventuelles de la sanction d'invalidation de l'acte de révision sur la légitimité du juge constitutionnel[1288] (§ 2).

§ 1— La crainte d'une usurpation du pouvoir de révision par le juge constitutionnel

Théoriquement, c'est dans la Constitution qu'il faut rechercher les limites du pouvoir du juge contrôleur des lois de révision[1289]. Toutefois, certaines réalités peuvent restreindre l'office du juge constitutionnel en matière de

---

1282 Pour comprendre le recours au pouvoir constituant à la suite d'une décision d'inconstitutionnalité du juge constitutionnel, voir les analyses avancées par TROPER (Michel), « Kelsen et l'idéologie des constitutionnalistes français », *op.cit.* pp. 38- 45.

1283 Lire à sujet les analyses faites par FAVOREU (Louis), « Révision de la Constitution et justice constitutionnelle- France », in A.J.C .X, 1994, pp.105-118

1284 DESMONS (Éric), « Révision constitutionnelle, justice constitutionnelle et État de droit », *op.cit.* p.22.

1285 Comme le relève Éric Desmons, le juge constitutionnel « est une pièce du système représentatif, un aiguilleur qui montre la voie constitutionnelle au législateur sans pour autant se substituer à lui » ; DESMONS (Éric), « L'Etat de droit, stade suprême du gouvernement représentatif (principes de la mise sous tutelle juridique de la citoyenneté politique) », *op.cit.* p.135.

1286 Voir sur ce point, WERNER (Alain), « Le Conseil constitutionnel et l'appropriation du pouvoir constituant », i*n Pouvoirs*, n°67, 1993, pp.117-136

1287 L'aiguillage établi par le Conseil constitutionnel dans la décision du 13 août 1993 est-il vraiment à condamner ?

1288 Dans cette présente étude, l'on ne peut s'empêcher de s'interroger sur le sens qu'il convient de donner au pouvoir du juge constitutionnel lorsqu'il décide de contrôler la conformité des actes du pouvoir constituant dérivé à la Constitution. En invalidant les actes inconstitutionnels du pouvoir constituant dérivé, le juge constitutionnel exerce une fonction constituante qui ne fait pas de lui le véritable pouvoir constituant.

1289 Voir sur ce point les limites de la compétence du Conseil constitutionnel par SCHNAPPER (Dominique), *Une sociologue au Conseil constitutionnel, op.cit.* pp.108-141. Voir notamment MAGNON (Xavier), « Quelques maux encore à propos des lois de révision constitutionnelle : limites, contrôle, efficacité, caractère opératoire et existence. En hommage à Louis Favoreu. », *op.cit.*, pp. 595-617.

contrôle de constitutionnalité[1290]. La jurisprudence dite « droit d'asile » permet de mesurer la capacité du juge constitutionnel à jouer un rôle de premier plan aux côtés du pouvoir législatif[1291]. Pour prendre en compte les effets de la sanction d'invalidation des lois de révision, il convient de revenir sur les réactions doctrinales relatives à la décision qu'a prise le Conseil constitutionnel le 13 août 1993[1292]. Celui-ci fut saisi par soixante députés et soixante sénateurs, conformément à l'article 61 alinéa 2 de la Constitution, sur la loi portant la maîtrise de l'immigration.[1293] Après examen, il a estimé que certaines dispositions de cette loi n'étaient pas conformes à la Constitution[1294]. Cette déclaration d'inconstitutionnalité partielle a fortement relancé le fameux débat doctrinal sur « la co-législation »[1295] du Conseil constitutionnel dans le processus de fabrication des lois[1296]. Certains auteurs voient dans la déclaration de non-conformité un pouvoir de blocage entre les mains du Conseil constitutionnel[1297] : ce dernier dispose en quelque sorte d'« un pouvoir politique » de dire non au Parlement durant le déroulement de la procédure législative[1298]. Le soupçon d'une ingérence du Conseil constitutionnel dans le processus de fabrication de la loi a été très critiqué

1290 Voir l'analyse de LOUIS (Carole), « La jurisprudence constitutionnelle et les modifications de la Constitution », *op. cit.* p. 251.

1291 Voir DELCAMP (Alain), « Le Conseil constitutionnel et le Parlement », *op.cit.* pp. 37-83.

1292 Pour un bon panorama des politiques et des juristes qui remettant en cause la légitimité du Conseil constitutionnel dès la publication de sa décision du 13 aout 1993, voir sur ce point la thèse doctorale de SALLES (Sylvie), *Le conséquentialisme dans la jurisprudence du Conseil constitutionnel, op.cit.* pp.566-569 ; DELCAMP (Alain), « Le Conseil constitutionnel et le Parlement », *op.cit.* pp. 37-83. Voir notamment BADINTER (Robert), « Une si longue défiance », *in Pouvoirs*, n°74, 1995 p.7.

1293 Voir sur ce point la lettre de la saisine de 60 députés devant le Conseil constitutionnel.

1294 C.C. n°93-DC du 13 août 1993, Loi relative à la maîtrise de l'immigration et aux conditions d'entrée, d'accueil et de séjour des étrangers en France, R. 224. Voir les commentaires de la décision du 13 août 1993 dans l'article de LOUIS (Carole), « La jurisprudence constitutionnelle et les modifications de la Constitution », *op. cit.* pp. 251-259.

1295 Voir en ce sens SALLES (Sylvie), *Le conséquentialisme dans la jurisprudence du Conseil constitutionnel, op.cit.* p.265.

1296 Soit on admet que « le contrôle de constitutionnalité est incompatible avec la démocratie – qu'il n'est qu'une forme d'oligarchie – ou au contraire qu'il est parfaitement compatible avec elle. On peut même aller jusqu'à soutenir qu'il est une *condition sine qua non* de la démocratie » ; TROPER (Michel), « Le juge constitutionnel et la volonté générale », *in Rapport au Congrès de l'Association internationale de droit constitutionnel*, Rotterdam, 1999, p. 131. C'est nous qui soulignons.

1297 Voir SALLES (Sylvie), *Le conséquentialisme dans la jurisprudence du Conseil constitutionnel, op.cit.* p.261 ; WERNER (Alain), « Le Conseil constitutionnel et l'appropriation du pouvoir constituant », *op.cit.* pp.117-136.

1298 Voir les analyses faites par HUTIER (Sophie), *Le contrôle de la procédure parlementaire par le Conseil constitutionnel : Étude sur la juridictionnalisation du fonctionnement des assemblées parlementaires française,* Institut Universitaire Varenne, collection des thèses n°125, 2016, pp. 461-525. Voir notamment FAVOREU (Louis), « Révision de la Constitution et justice constitutionnelle- France », *in A.J.C .X,* 1994, *op.cit.* p.106.

par la doctrine[1299] et le pouvoir politique[1300] « à l'aube du 13 août 1993 »[1301]. On constate que toute décision est susceptible d'emporter des conséquences néfastes que le Conseil constitutionnel n'avait pas prévues au moment d'arrêter son choix[1302]. Il convient d'ajouter que la décision du 13 août 1993 constitue un « véritable cas d'école en ce sens que l'intensité et la diversité des conséquences négatives restent à ce jour inégalées »[1303]. D'ailleurs, ladite décision était très attendue par la doctrine, tout comme par le pouvoir politique, car chacun savait l'importance que le gouvernement attachait à sa réforme sur l'immigration[1304]. Ainsi, la reconnaissance de la valeur constitutionnelle du droit d'asile a été vivement contestée par la doctrine, voire par l'opinion politique[1305]. Mais en réalité, le Conseil constitutionnel en 1993, sous la présidence de Robert Badinter, s'affirmait pleinement comme une véritable Cour constitutionnelle[1306].

Toutefois, certains politiciens font ressortir le débat sur l'illégitimité du Conseil constitutionnel en avançant l'argument de l'« appartenance politique »[1307] : en ce sens, la réaction d'Édouard Balladur, pour ne citer que lui, contre le pouvoir d'interprétation constructive du Conseil constitutionnel. Selon lui, « le Conseil constitutionnel n'est pas une instance infaillible »[1308] au regard des conséquences de sa décision du 13 août 1993 sur l'intérêt national. De plus, certains affirment qu'il serait « responsable du

---

1299 DENQUIN (Jean-Marie), « Que veut-on dire par démocratie ? L'essence, la démocratie et la justice constitutionnelle », in *Jus Politicum*, mars 2009, n° 2, (consulté le 20 juin 2017). p. 2.

1300 Pour un éclairage sur ce point, voir en particulier la contribution de DESMONS (Éric), « Révision constitutionnelle, justice constitutionnelle et État de droit », *op.cit.* pp.21-24.

1301 SALLES (Sylvie), *Le conséquentialisme dans la jurisprudence du Conseil constitutionnel, op.cit.* p.565.

1302 Voir en ce sens DELCAMP (Alain), « Le Conseil constitutionnel et le Parlement », *op.cit.* pp. 37-83. Voir aussi DENQUIN (Jean-Marie), « Sur le "respect de la Constitution" », in CHAGNOLLAUD (Dominique). *Les 50 ans de la Constitution. 1958-2008*, Litec, 2008, pp. 113-123

1303 SALLES (Sylvie), *Le conséquentialisme dans la jurisprudence du Conseil constitutionnel, op.cit.* p. 566.

1304 GAÏA (Patrick), et *alii*, *Les grandes décisions du Conseil constitutionnel*, 18e éd., Dalloz, 2016, pp.483-508

1305 Lire à ce sujet les propos retenus à l'encontre du Conseil constitutionnel par : PASQUA (Charles), « Droit d'asile : réviser la Constitution », *in Le Figaro, 23.08.1993*, BALLADUR (Édouard) « Discours, Congrès du Parlement, Versailles », 19 novembre 1993, *JO* du 20 novembre 1993, p. 3

1306 Voir en ce sens les propos retenus par BADINTER (Robert), « Une si longue défiance », *in Pouvoirs*, n° 74, 1995, p. 7. Voir notamment AVRIL (Pierre), « La jurisprudence institutionnelle du Conseil constitutionnel est -elle créatrice de droit ? », *op.cit.* pp. 33-40.

1307 BALLADUR (Édouard), « Discours, Congrès du Parlement, Versailles », *op.cit.* p. 3.

1308 PASQUA (Charles), « Droit d'asile : réviser la Constitution », *in Le Figaro,* 23.08.1993. C'est nous qui soulignons.

déclin du pouvoir du Parlement »[1309]. Une telle critique avait poussé Robert Badinter à sortir de sa réserve pour prendre la défense de l'institution qu'il présidait : « [...] toute décision de justice [y compris les décisions du Conseil constitutionnel] sont œuvres humaines et, comme telles, soumises à la critique de la raison, qui ne saurait être confondue avec la passion ou l'intérêt politique »[1310]. Cette déclaration rejoint la formule selon laquelle « le Conseil constitutionnel n'a aucune envie, aucun désir d'être une troisième [chambre parlementaire, car] si s'était constituée toute une culture de constitutionnalité [des lois, c'est précisément qu'on le voyait comme] un organisme prudent, avisé, qui rendait des décisions qui n'étaient pas excessives et qui constituent un élément fondamental de l'État de droit »[1311]. À cet égard, certains auteurs se demandent si le Conseil constitutionnel « n'est pas un mythe herculéen »[1312] : ils refusent d'admettre sous la Ve République l'existence d'« un pouvoir juridictionnel chargé d'imposer le droit aux pouvoirs élus »[1313]. D'autres n'hésitent plus à demander la suppression du Conseil constitutionnel, car « il a tendance à se faire mentor en traçant[1314] par sa motivation la ligne d'où le législateur ne devrait point dévier »[1315]. Il lui a été reproché, à la suite de sa décision du 13 août 1993, d'avoir excédé les limites du contrôle de constitutionnalité des lois, car il avait envisagé de façon trop étendue « la mission que la Constitution lui confie »[1316].

Si le Conseil constitutionnel n'avait « absolument pas anticipé »[1317] une révision constitutionnelle, ni prévu de critiques à son égard, sa décision du 13 août 1993 a été instrumentalisée par un « recours à la révision de la

---

1309 SALLES (Sylvie), *Le conséquentialisme dans la jurisprudence du Conseil constitutionnel, op.cit.* p.568.

1310 BADINTER (Robert), « Le pouvoir et le contre-pouvoir », *Le Monde du 23 novembre 1993*, p.1

1311 Voir *Le Conseil constitutionnel à 40 ans,* colloque des 27-28 octobre 1998, Conseil constitutionnel, LGDJ, 1999, pp.215-216.

1312 DYENS (Samuel), SALES (Éric), « Le Conseil constitutionnel est-il herculéen ? », *in R.A*, 1996, n°291, p. 275.

1313 SALAS (Denis), *Le tiers pouvoir : vers une autre justice*, Layard, 2012, p. 22.

1314 C'est nous qui soulignons avec David Dokhan respectivement dans : DOKHAN (David), *Les limites du contrôle de constitutionnalité des actes législatifs, op.cit.* p.7.

1315 FOYER (Jean), « Pour la suppression du Conseil constitutionnel », in R.A,1998, n° 301, pp.97-101.

1316 LAVROFF (Dmitri-Georges), « Le Conseil constitutionnel et la norme constitutionnelle », *in Mélanges à l'honneur de Gustave Persier, Droit public*, PU, Grenoble, 1995, p.347. Voir notamment les analyses avancées par : GAÏA (Patrick), et *alii, Les grandes décisions du Conseil constitutionnel, op.cit.* pp.483-508 ; LOUIS (Carole), « La jurisprudence constitutionnelle et les modifications de la Constitution », *op. cit.* pp. 251-259.

1317 LENOIR (Noëlle), « Souvenirs d'une femme au Conseil constitutionnel », in *C.C.C*, n°25, 2009, p. 3.

Constitution »[1318]. Comme l'indique Paul Cassia, « le droit d'asile (...) devient un prétexte : au-delà, c'est quasiment une question "d'honneur parlementaire" que la majorité cherche à régler »[1319] dans son conflit avec le Conseil constitutionnel[1320]. Dans son discours devant le Congrès, Édouard Balladur avançait que « depuis que le Conseil constitutionnel a décidé d'étendre son contrôle au respect du Préambule de la Constitution, cette institution est conduite à contrôler la conformité de la loi au regard de principes généraux parfois plus philosophiques et politiques que juridiques, quelquefois contradictoires, et surtout, conçus à des époques bien différentes de la nôtre »[1321]. Il en résulte que, dans ladite décision, le Conseil constitutionnel a utilisé de façon abusive son pouvoir d'interprétation pour arrêter la marche du pouvoir législatif[1322]. Ainsi, l'idée générale du gouvernement de l'époque était de pointer le Conseil constitutionnel comme une instance politique incapable de fournir un raisonnement juridique objectif[1323]. C'est la raison pour laquelle Édouard Balladur a estimé qu'« il est légitime, pour le pouvoir constituant (...) de dire lui-même quel est le contenu exact d'une disposition constitutionnelle, [car] nul n'est aussi qualifié que lui (...) pour le faire »[1324]. Ce point de vue implique que le recours à la révision constitutionnelle revienne implicitement à accepter une remise en cause politique du pouvoir du Conseil constitutionnel parmi les institutions de la Ve République[1325]. De ce fait, la révision de la Constitution, le 25 novembre 1993, à propos du droit d'asile, a été qualifiée par Louis Favoreu de « révision dérogatoire »[1326], car le Conseil constitutionnel est légitime, justement parce qu'il n'a pas le dernier mot en matière constitutionnelle[1327]. Cette mesure constitue pour la première fois le « lit de

---

1318 SALLES (Sylvie), *Le conséquentialisme dans la jurisprudence du Conseil constitutionnel*, *op.cit.* p.570.

1319 CASSIA (Paul), *Robert Badinter, un juriste en politique*, Fayard, 2009, p.416

1320 Voir les propos retenus par BALLADUR (Édouard), « Discours, Congrès du Parlement, Versailles », *op.cit.* p.5.

1321 *Ibid.* p.5.

1322 Voir le débat sur le concept de gouvernement des juges dans les analyses avancées par PFERSMANN (Otto) & TROPER (Michel), « Existe-il un concept de gouvernement des juges ? », BRONDEL (Séverine), et alii, *Gouvernement des juges et démocratie*, Paris, Publications de la Sorbonne, 2001, p. 58.

1323 Voir les arguments avancés par LOUIS (Carole), « La jurisprudence constitutionnelle et les modifications de la Constitution », *op.cit.* pp. 251-259.

1324 BALLADUR (Édouard), « Discours, Congrès du Parlement, Versailles », *op.cit.* p.5. C'est nous qui soulignons.

1325 Voir les analyses avancées par SALLES (Sylvie), *Le conséquentialisme dans la jurisprudence du Conseil constitutionnel*, *op.cit.* p.570.

1326 FAVOREU (Louis), « Révision de la Constitution et justice constitutionnelle- France », *op.cit.* p.111.

1327 Voir la contestation du pouvoir normatif du juge constitutionnel dans les analyses avancées par AVRIL (Pierre), « La jurisprudence institutionnelle du Conseil constitutionnel est -elle créatrice de droit ? », *op.cit.* pp. 33-40.

justice » de l'histoire du Conseil constitutionnel[1328] : le pouvoir politique prend une revanche inédite sur « le pouvoir croissant du juge constitutionnel »[1329]. La révision dérogatoire française la plus emblématique est celle du 25 novembre 1993, relative aux accords internationaux en matière de droit d'asile, qui a consisté en l'ajout de l'article 53-1 à la Constitution[1330]. Elle paraît comme une censure du pouvoir constituant de la fameuse décision du Conseil constitutionnel du 13 août 1993 portant sur la maîtrise de l'immigration[1331]. De même, cette révision, pour la première fois, a permis à la doctrine de s'interroger sur les liens existant entre « la justice constitutionnelle et la révision constitutionnelle »[1332].

Force est de constater que la révision dérogatoire peut être confondue avec la révision préalable : les mécanismes de ces deux procédures sont assez proches et reposent sur la théorie de l'aiguilleur ; le juge constitutionnel orientant l'action du pouvoir constituant dérivé[1333]. En effet, la révision dérogatoire est un acte « involontaire du juge constitutionnel »[1334]. Par conséquent, elle peut apparaître comme une situation de conflit opposant le pouvoir constituant dérivé au Conseil constitutionnel[1335]. D'ailleurs, sa mise en œuvre signifie que le pouvoir politique détient le dernier mot face au juge constitutionnel[1336]. De ce point de vue, la conception vedelienne selon laquelle les Cours constitutionnelles ont « droit à la gomme, pas au crayon »[1337], constitue évidemment un

[1328] SALLES (Sylvie), *Le conséquentialisme dans la jurisprudence du Conseil constitutionnel*, *op.cit.* p.571.
[1329] *Ibid.*, p.572.
[1330] Voir les arguments avancés par MATHIEU (Bertrand), « Les étrangers en France : de la décision du Conseil constitutionnel au droit d'asile », in *L.P.A*, 9 septembre, 1994, p.4.
[1331] Pour un éclairage précis sur les contraintes constitutionnelles pesant sur le juge constitutionnel en matière de contrôle de constitutionnalité des lois, voir GICQUEL (Jean-Éric), « La liberté du Conseil constitutionnel », *in Mélanges en l'honneur du Professeur Dominique Turpin, État du droit, état des droits,* coll. « des mélanges du centre Michel de l'Hospital », LGDJ, 2017, pp. 521- 533.
[1332] Voir les analyses avancées par DESMONS (Éric), « Révision constitutionnelle, justice constitutionnelle et État de droit », *op.cit.* pp .21-24.
[1333] Voir les propos retenus par MARCOVICI (Emilie), *Le juge constitutionnel et les révisions constitutionnelles*, *op.cit.* p.137.
[1334] *Ibid.*, p.137.
[1335] Lire à ce sujet les propos de WACHSMANN (Patrick) « Volonté du juge contre volonté du constituant ? Sur un débat américain », *in Le rôle de la volonté des actes juridiques : Etudes à la mémoire du Professeur Alfred Rieg,* Bruylant, Bruxelles, 2000, pp.855- 867.
[1336] Voir MARCOVICI (Emilie), *Le juge constitutionnel et les révisions constitutionnelles*, *op.cit.* p.140.
[1337] GENEVOIS (Bruno), « Un universitaire au Conseil constitutionnel : le doyen Vedel », *in R.F.D.A*, 2004, p. 215.

argument important de limitation du pouvoir normatif des juges constitutionnels[1338].

§ 2— Les conséquences du contrôle sur la légitimité du juge constitutionnel

Lorsqu'un Parlement démocratiquement élu s'est prononcé sans ambiguïté, il est difficile d'accepter qu'un organe dont les membres sont nommés puisse exercer une quelconque censure sur sa loi révisant la Constitution[1339]. Si le contrôle des actes du pouvoir de révision était envisageable, la légitimité fonctionnelle du Conseil constitutionnel en est considérablement affectée[1340]. Toutefois, le contrôle de constitutionnalité des actes du Parlement constituant est nécessaire pour une garantie de l'État de droit[1341]. Cette perspective, engageante au regard de la position défendue par la doctrine formaliste du pouvoir constituant[1342], serait tout à fait logique en faveur d'une nouvelle dimension de l'État de droit en France[1343]. Ainsi, les limites au contrôle juridictionnel des actes du constituant dérivé ont été dénoncées sur le fondement du principe démocratique[1344]. En outre, dans le cas d'un éventuel contrôle des lois de révision, il serait nécessaire, pour le juge constitutionnel, de chercher un rattachement de la norme référentielle à la volonté du pouvoir constituant[1345]. Cette analyse renvoie à la formule selon laquelle le Conseil constitutionnel ne tient « ni de l'article 61, ni de l'article 89, ni d'aucune autre disposition de la Constitution le pouvoir de statuer sur une révision constitutionnelle »[1346]. Des arguments doctrinaux ont soutenu l'interprétation restrictive de la compétence du Conseil

---

1338 Voir sur ce point, les contributions suivantes : BLANQUER (Jean-Michel), *Les* méthodes du juge constitutionnel, thèse, Paris 2, 1993, p. 466 ; HAMON (Léo), *Les juges de la loi. Naissance et rôle d'un contre-pouvoir : le Conseil constitutionnel, op.cit.*, pp. 276-284.

1339 PACTET (Pierre), « Le Conseil constitutionnel et l'œuvre constituante », *op.cit.* p. 137.

1340 Voir les analyses avancées par VEDEL (Georges), « Souveraineté et supra-constitutionnalité », *op.cit.* p.89 ; CHALTIEL (Florence), « La souveraineté du pouvoir constituant dérivé », *op.cit.* pp3, *op.cit.* pp.7-9.

1341 Voir FATIN-ROUGE STÉFANINI (Marthe), *Le contrôle du référendum par la justice constitutionnelle, op.cit.* p.279.

1342 SCHOETTL (Jean-Éric), « Le Conseil constitutionnel peut-il contrôler une loi constitutionnelle ? », *op.cit.* p.17.

1343 Voir les analyses avancées par DESMONS (Éric), « Révision constitutionnelle, justice constitutionnelle et État de droit », *op.cit.* pp .21-24.

1344 Voir MATHIEU (Bertrand), « La supra-constitutionnalité existe-t-elle ? », pp.12-17.

1345 KLEIN (Claude), « Le contrôle des lois constitutionnelles-Introduction à une problématique moderne », *op.cit.* pp. 9-12. C'est nous qui soulignons.

1346 C.C., n°2003-469 DC, 26 mars 2003, *Loi constitutionnelle relative à l'organisation décentralisée de la République*, *J.O.R.F.*, 26 mars 2003, p.5570. (Cons, n°2).

constitutionnel pour contrôler les lois révisant la Constitution[1347]. En d'autres termes, la jurisprudence créatrice du juge constitutionnel donnerait lieu à de nombreuses critiques, car elle poserait des limites implicites au pouvoir de révision[1348].

Malgré les différends sur la possibilité de ce contrôle[1349], les deux thèses s'accordent sur une limitation des pouvoirs du juge constitutionnel[1350]. L'image de l'aiguilleur s'écorne, car le contrôle juridictionnel devrait être purement procédural[1351]. En définitive, la question d'un contrôle des lois de révision votées en Congrès paraît, loin d'être résolue : « la seule source de légitimité démocratique est l'élection (la légitimité par l'origine), et en conséquence, la justice constitutionnelle est une anomalie puisqu'un juge nommé contrôle les actes de représentants oints du suffrage universel ; soit on objecte que l'élection n'est pas une garantie démocratique et que la justice constitutionnelle produit, à la manière d'un précipité, une forme inédite de démocratie dominée par le droit (la légitimité d'exercice) »[1352]. À l'appui de cette analyse, nous pensons avec Dominique Rousseau que « si une démocratie sans justice constitutionnelle s'appelle "démocratie électorale" (…), une démocratie avec justice constitutionnelle pourrait s'appeler " démocratie continue " »[1353]. Il apparaît que la justice constitutionnelle est une composante de l'État de droit[1354]. Par conséquent, le concept de l'État de droit constitutionnel devient en quelque sorte le « synonyme de démocratie »[1355] lorsqu'un juge nommé contrôle les actes du constituant dérivé.

1347 Lire à sujet les propos tenus par FATIN-ROUGE STÉFANINI (Marthe), *Le contrôle du référendum par la justice constitutionnelle*, *op.cit.* pp.311-322 ; WERNER (Alain), « Le Conseil constitutionnel et l'appropriation du pouvoir constituant », *op.cit.* pp.117-135.

1348 Pour un éclairage précis sur ce point, voir l'article de BLACHER (Philippe), « Vers un contrôle de conventionnalité des lois constitutionnelles », *op.cit.* p. 541.

1349 Voir les analyses avancées par FATIN-ROUGE STÉFANINI (Marthe), *Le contrôle du référendum par la justice constitutionnelle*, *op.cit.* p. 279.

1350 Voir sur ce point BEAUD (Olivier), « Où va le droit (constitutionnel) ? », *op.cit.* pp.1765-1773 ; KOHLHAUER (Elsa), « L'actualité de la théorie de "l'aiguilleur" et les révisions en France », *op.cit.* p.146.

1351 Voir FATIN-ROUGE STÉFANINI (Marthe), *Le contrôle du référendum par la justice constitutionnelle*, *op.cit.* p.281.

1352 DESMONS (Éric), « Justice constitutionnelle, gouvernement représentatif et " bon régime" ? », *op.cit.*, p.53.

1353 ROUSSEAU (Dominique), « De quoi le Conseil constitutionnel est-il nom ? », *in Jus politicum*, n°7, http:// www.juspoliticum.com/ De- quoi-le Conseil-constitutionnel.html. (Consulté le 4 janvier 2018), p. 3.

1354 Voir en ce sens les analyses avancées par TROPER (Michel), « La souveraineté nationale appartient aux peuples français », *op.cit.* pp. 947-958.

1355 Voir DESMONS (Éric), « Justice constitutionnelle, gouvernement représentatif et " bon régime ? », *op.cit.*, p.57.

Toutefois, on reprochera certainement au Conseil constitutionnel de « s'arroger le pouvoir constituant »[1356] lorsqu'il admet sa compétence de contrôler les lois de révision votées en Congrès[1357]. Cela étant, la contestation de la figure du juge constitutionnel, contrôleur de la loi de révision, repose sur la conception mécanique de son rôle « bouche du pouvoir constituant »[1358]. S'il reste problématique qu'un organe « revêtu d'une moindre légitimité démocratique »[1359], en l'occurrence le juge constitutionnel, puisse censurer la volonté du pouvoir de révision, et que le contrôle prétorien pourrait ne pas être une solution juridique stable dans le système français[1360], nous pensons qu'un tel contrôle est possible au nom du respect de l'Etat de droit[1361].

Section 2 : Les effets du contrôle sur le pouvoir constituant et la démocratie représentative

> « Le Conseil [constitutionnel] n'est pas Dieu, il ne peut ni prévoir toutes les conséquences possibles d'une décision de censure ou de conformité ni maîtriser la réception et la compréhension de ses décisions par ses destinataires. » [1362]

Si la crainte du gouvernement des juges a, pendant longtemps, retardé l'avènement du contrôle de constitutionnalité, c'est pour une bonne part en raison de la tournure que pouvaient avoir les décisions de justice constitutionnelle[1363]. L'orientation et le débordement éventuels de la

---

1356 SCHOETTL (Jean-Éric), « Le Conseil constitutionnel peut-il contrôler une loi constitutionnelle ? », *op.cit.* p.17.

1357 VEDEL (Georges), « Schengen et Maastricht », *op.cit.* p.179.

1358 Voir CAMBY (Jean-Pierre), « Supra-constitutionnalité : la fin d'un mythe », *op.cit.* pp. 671-688.

1359 SOMA (Abdoulaye), « La souveraineté du pouvoir constituant et le contrôle de constitutionnalité des lois constitutionnelles », *op.cit.* p. 440.

1360 Voir en ce sens WERNER (Alain), « Le Conseil constitutionnel et l'appropriation du pouvoir constituant », *op.cit.* pp.117-136 ; CAMBY (Jean-Pierre), « Supra-constitutionnalité : la fin d'un mythe », *op.cit.* pp. 671-688.

1361 La certification des lois de révision de la Constitution par le juge ne constitue pas « une véritable œuvre constituante », car il n'est qu'un pouvoir constitué. Voir aussi les analyses avancées par BEAUD (Olivier), « Un plaidoyer modéré en faveur d'un tel contrôle », *op.cit.* pp. 43- 45 ; CARCASSONNE (Guy), « Un plaidoyer résolu en faveur d'un tel contrôle sagement circonscrit », *op.cit.* pp.46- 47.

1362 ROUSSEAU (Dominique), *in préface* de SALLES (Sylvie), *Le conséquentialisme dans la jurisprudence du Conseil constitutionnel*, Thèse, 2016, LGDJ, p. XIV (C'est nous qui soulignons).

1363 Voir sur ce point, JAUME (Lucien), « Le contrôle de constitutionnalité de la loi a-t-il un sens pour la doctrine française de la Révolution et des premières années du XIXe siècle ? », *op.cit.* p. 28 ; HAMON (Léo), *Les juges de la loi. Naissance et rôle d'un contre-pouvoir : le Conseil constitutionnel, op.cit.*, pp. 43- 75. Voir notamment MAILLARD DESGRÉES DU

jurisprudence constitutionnelle pouvaient freiner les ardeurs du législateur et, par voie de conséquence, les aspirations du peuple[1364]. Ainsi, avec l'éventualité d'un contrôle des lois de révision revenait « l'éternel retour »[1365] de l'accusation du gouvernement des juges[1366]. Pourtant, cette juridicisation des actes du constituant dérivé ferait considérablement évoluer les concepts de pouvoir constituant et de démocratie représentative[1367]. Voilà pourquoi, cette section tentera de se prononcer, d'une part, sur la transformation de la notion de pouvoir constituant[1368] (§ 1), et d'autre part, sur la nécessaire reformulation de la conception classique de « démocratie représentative »[1369] (§ 2).

§ 1— Invitation à une redéfinition du pouvoir constituant

Quels sont les effets de la consécration du contrôle des lois révisant la Constitution ? Cette question pose le problème de la nature du « pouvoir constituant »[1370]. En effet, en ayant une fonction constituante, le juge constitutionnel disposerait d'un nouveau pouvoir : il serait l'interprète de la

---

LOÛ (Dominique), « Le pouvoir constituant dérivé reste souverain », *op.cit.* pp.725-739 ; ROZNAI (Yaniv), *Unconstiutional Constitutional amendments. The Limits of Amendments* Powers, Oxford Constitutional Theory, *op.cit.* pp. 171- 234.

1364 Voir sur ce point TROPER (Michel), « La souveraineté nationale appartient aux peuples français », *op.cit.* pp. 947-958.

1365 Voir DESMONS (Éric), « Révision constitutionnelle, justice constitutionnelle et État de droit », *op.cit.* p.23.

1366 MASTOR (Wanda), « Plaidoyer pour le gouvernement des juges », *op.cit.* p.63. Voir notamment PFERSMANN (Otto), TROPER (Michel), « Existe-il un concept de gouvernement des juges ? », *op.cit.* p. 58.

1367 Pour un éclairage précis sur ce point, voir MAILLARD DESGRÉES DU LOÛ (Dominique), « Le pouvoir constituant dérivé reste souverain », *op.cit.* pp.725 -739.

1368 Il convient de relever que l'exercice du contrôle des lois révisant la Constitution par le juge pouvait conduire à bouleverser « considérablement la doctrine relative à la notion du pouvoir constituant sous la double appellation du pouvoir constituant originaire et de pouvoir constituant institué » ; comme le souligne ANDZOKA-ATSIMOU (Séverin), *L'ingénierie constitutionnelle, solution de sortie de crise en Afrique ? : les exemples de l'Afrique du Sud, de la République démocratique du Congo, du Burundi et du Congo-Brazzaville, op.cit* p. 425.

1369 Comme le souligne Bertrand Mathieu, « sous le terme de démocratie se dessinent de nouvelles formes de légitimité et d'exercice du pouvoir. Le terme de démocratie est souvent accompagné d'un adjectif qui en limité, plus qu'il en précise, la portée. Ainsi la démocratie s'incarne dans la souveraineté du peuple. La démocratie directe n'a connu d'existence que dans les temps anciens (Grèce antique) ou dans des sociétés réduites (cantons suisses) ou dans des cas particuliers (référendum ou plébiscite). La démocratie représentative est la forme la plus commune de démocratie indirecte » ; MATHIEU (Bertrand), « Repenser le droit constitutionnel ? » in BONNET (Baptiste), *Traité des rapports entre ordres juridiques*, Paris, LGDJ., 2016, pp. 838-839. Partant de là, il semblerait que seule une mutation de la notion de « démocratie » conduit à s'interroger sur le point de savoir si l'on peut encore défendre à la nécessité d'un contrôle juridictionnel des lois de révision.

1370 Voir KLEIN (Claude), « Le pouvoir constituant », *op.cit.* pp.7-8.

charte fondamentale[1371]. Il pourrait alors décider d'étendre son contrôle sur les actes du pouvoir de révision de la Constitution[1372]. Cette affirmation est discutable, car l'existence du pouvoir constituant du juge constitutionnel[1373] constitue un obstacle majeur en faveur l'admission du contrôle des lois de révision[1374] : s'il était accepté, ce dernier ouvrirait la voie à « une alternative entre l'oligarchie et le gouvernement des juges »[1375]. C'est pourquoi l'affirmation du principe d'un tel contrôle peut apparaître comme un danger pour la démocratie[1376]. En ce sens, Louis Favoreu fait remarquer que « le repli du Conseil constitutionnel » quant à la question du contrôle des lois de révision marque le rejet de son rôle politique [1377]. Ce refus est fondé[1378] sur la thèse selon laquelle les révisions constitutionnelles doivent relever de la prérogative du pouvoir constituant dérivé[1379]. Ainsi, l'ingérence du Conseil constitutionnel dans la fonction constituante remettrait en cause la conception classique « du pouvoir constituant »[1380]. Les apparences peuvent donc être trompeuses[1381]. D'ailleurs, selon une idée reçue, le juge constitutionnel, dans le système politique français ne peut pas réécrire la Constitution[1382]. À cet égard, un contrôle des lois de révision transformerait inévitablement les fondements du constitutionnalisme à son âge d'or[1383]. Ainsi, l'admission d'un tel contrôle permet d'identifier « les caractères du pouvoir constituant dérivé »[1384]. Ce dernier risquerait de transformer le juge

---

1371 Voir en ce sens ACKACHA (Nadia), « Les techniques de participation du juge constitutionnel à la fonction constituante », *op.cit.* p. 124.

1372 ACKACHA (Nadia), « Les techniques de participation du juge constitutionnel à la fonction constituante », *op.cit.* p.122.

1373 Voir sur ce point WERNER (Alain), « Le Conseil constitutionnel et l'appropriation du pouvoir constituant », *op.cit.* pp.117-136.

1374 LEVADE (Anne) et *alii*, « Le contrôle de constitutionnalité des lois constitutionnelles-Avant-propos », *op.cit.* p.4.

1375 *Ibid.*, p. 5.

1376 MARCOVICI (Emilie), *Le juge constitutionnel et les révisions constitutionnelles, op.cit.* p.475.

1377 VEDEL (Georges), « Souveraineté et supra-constitutionnalité », *op.cit.* p.92.

1378 Voir sur ce point MARCOVICI (Emilie), *Le juge constitutionnel et les révisions constitutionnelles, op.cit.* p. 105.

1379 Voir en ce sens les analyses avancées par KOHLHAUER (Elsa), « L'actualité de la théorie de " l'aiguilleur" et les révisions en France », *op.cit.* p.152.

1380 KLEIN (Claude), « Le pouvoir constituant », *op.cit.* pp. 6-31.

1381 Voir les analyses faites par ACKACHA (Nadia), « Les techniques de participation du juge constitutionnel à la fonction constituante », *op.cit.* p.122.

1382 MARCOVICI (Emilie), *Le juge constitutionnel et les révisions constitutionnelles, op.cit.* p. 105.

1383 Voir en particulier sur ce point, la contribution de ELSTER (Jon), « Le pouvoir constituant et la Constitution non écrite », in CAYLA (Olivier), et alii, *Le pouvoir constituant et l'Europe,* Dalloz, 2011, coll. « Thèmes et commentaires » Actes, pp.3-7.

1384 MARCOVICI (Emilie), *Le juge constitutionnel et les révisions constitutionnelles, op.cit.* p. 378.

constitutionnel en pouvoir constituant[1385]. Henry Roussillon considère, en effet, que le juge constitutionnel « se reconnaîtrait un véritable pouvoir constituant »[1386] lorsqu'il décide de contrôler les actes du pouvoir de révision[1387]. Il serait difficile d'admettre une telle hypothèse, car le juge constitutionnel n'a théoriquement pas pour fonction de réviser la Constitution, ni de s'impliquer dans la rédaction de la Charte fondamentale[1388].

La Constitution, quel que soit le sens que la doctrine lui donne, n'est pas immuable, car elle est à l'image de son temps[1389]. Cela implique que le juge constitutionnel pourrait estimer que l'acte de révision n'est pas conforme à sa conception de la Constitution[1390]. Partant de ce constat, il y a lieu d'indiquer que le droit constitutionnel classique montre une double conception de la notion de Constitution. Ces deux ont été systématisés par Hans Kelsen et repris par d'autres auteurs[1391]. Au sens formel, la Constitution désigne un texte de rang supérieur qui contient l'ensemble des dispositions juridiques relatives à l'organisation et au fonctionnement des pouvoirs publics d'un État donné. En revanche, au sens matériel, ce qui est visé, c'est l'objet même de la Constitution, c'est-à-dire son contenu[1392]. C'est pourquoi, dans le prolongement de la pensée de Montesquieu, la doctrine dite « néo-constitutionnaliste » prône l'idée que la Constitution n'est pas une simple organisation de l'État : elle doit aussi offrir des garanties solides de séparation des pouvoirs et de respect des droits fondamentaux[1393]. Comme le reconnaît Olivier Beaud, « la suprématie de la Constitution par rapport à la loi de révision n'a de sens que si elle est

---

1385 ACKACHA (Nadia), « Les techniques de participation du juge constitutionnel à la fonction constituante », *op.cit.* p.122.

1386 ROUSSILLON (Henry), « Le Conseil constitutionnel, une légitimité contestée », *in Jacques Krynen et alii, La légitimité des juges*, Presses de l'Université des Sciences sociales, 2004, p. 124.

1387 *Ibid.*, p.124.

1388 Pour un éclairage précis sur ce point, voir la thèse doctorale de MARCOVICI (Emilie), *Le juge constitutionnel et les révisions constitutionnelles*, *op.cit.* p.507

1389 Lire à ce sujet les analyses faites par HEUSCHLING (Luc), « La Constitution formelle », in TROPER (Michel), et alii, *Traité international de droit constitutionnel, Tome 1 : La suprématie de la Constitution*, Paris, Dalloz, 2012, pp.266-295.

1390 Pour une analyse comparable, voir en particulier la contribution de KOHLHAUER (Elsa), « L'actualité de la théorie de "l'aiguilleur" et les révisions en France », *op.cit.* p.152.

1391 Voir sur ce point, HAMON (Léo), *Les juges de la loi. Naissance et rôle d'un contre-pouvoir : le Conseil constitutionnel, op.cit.*, pp. 247-273.

1392 Voir en ce sens BEAUD (Olivier), « Où va le droit (constitutionnel) ? », *op.cit.*, pp. 1765-1773.

1393 Sur cet aspect, voir l'étude de BARBERIS (Mauro), « Idéologies de la Constitution-Histoire du constitutionnalisme », in TROPER (Michel), et *alii, Traité international de droit constitutionnel. Théorie de la Constitution, Tome 1,* Paris, Dalloz, 2012, pp.113-141.

garantie par un moyen juridique – le contrôle de constitutionnalité »[1394]. Cette affirmation rejoint l'argument selon lequel la Constitution est la norme de référence par rapport à laquelle s'évaluent les autres normes dites « inférieures » [1395]. Dès lors, est-il possible d'établir une différenciation entre Constitution et loi constitutionnelle en droit positif français ?

Pour Bertrand Mathieu, cette distinction est théoriquement envisageable, même si « elle n'existe pas en droit positif français »[1396]. Cependant, en faveur d'un contrôle des actes du constituant dérivé, il s'agirait de distinguer, sous l'empire de la Constitution de la Ve République, « la loi parlementaire de révision constitutionnelle et la révision constitutionnelle opérée par le peuple »[1397]. Mais cela ne permet pas pour autant de savoir définitivement « qui doit faire respecter la Constitution, qui doit la garantir »[1398], face à l'abus du Parlement constituant, et quel sens lui donner[1399]. De surcroît, le thème du « renouveau de la notion de Constitution »[1400] n'a pu épuiser le problème de la légitimité d'un contrôle des lois de révision[1401] ; ce concept, en effet, ne connaît pas de définition uniforme au sein de la doctrine[1402] . Ainsi, la Constitution fait « partie des notions faussement claires de la science juridique »[1403], car elle a « plusieurs sens »[1404]. Cette pluralité de significations pose donc de véritables problèmes quant à la légitimité du juge constitutionnel[1405]. Aussi, si les uns restent fidèles « à l'approche normativiste de la Constitution », d'autres élaborent

---

1394 BEAUD (Olivier), *La Puissance de l'État*, *op.cit.* p. 386.

1395 *Ibid.*, p.387.

1396 MATHIEU (Bertrand), « La supra-constitutionnalité existe-t-elle ? », *op.cit.* p.16.

1397 BEAUD (Olivier), « Un plaidoyer modéré en faveur d'un tel contrôle », *op.cit.* p. 45.

1398 BEAUD (Olivier), *La Puissance de l'État*, *op.cit.* p. 387.

1399 Pour un éclairage précis sur ce point voir, l'article de BARBERIS (Mauro), « Idéologies de la Constitution—Histoire du constitutionnalisme », *op.cit.* pp.113-141.

1400 BEN ACHOUR (Rafââ), « Rapport introductif », *op.cit.* pp. 1-17. Voir aussi MATHIEU (Bertrand), « Repenser le droit constitutionnel ? » in BONNET (Baptiste)., *Traité des rapports entre ordres juridiques*, Paris, LGDJ., 2016, pp. 827-849.

1401 Voir par exemple, sur le renouveau de la notion de Constitution les travaux de : FAVOREU (Louis), « Le droit constitutionnel : droit de la Constitution et constitution du droit », in *R.F.D.C.*,1990, pp.71-89 ; ROUSSEAU (Dominique), « Une résurrection : la notion de constitution », in *R.D.P*, 1990, pp.5-22. Voir notamment BEN ACHOUR (Rafââ), « Rapport introductif », *op.cit.* pp. 1-17.

1402 BEAUD (Olivier), « Constitutions et droit constitutionnel », *in* RIALS Stéphane et ALLAND Denis (dir.), *Dictionnaire de la culture juridique*, Paris, PUF, 2003, p. 258.

1403 GREWE (Constance), RUIZ FABRI (Hélène), *Droits constitutionnels européens*, Paris, PUF, 1995, p. 33.

1404 LAVROFF (Dmitri Georges), « À propos de la constitution », *in L'esprit des institutions, l'équilibre des pouvoirs. Mélanges en l'honneur de Pierre Pactet*, Paris, Dalloz, 2003, p. 284.

1405 LAURANS (Yann), *Recherches sur la catégorie juridique de Constitution et son adaptation aux mutations du droit contemporain*, *op.cit.* p. 21.

une nouvelle définition[1406] qui permet, hypothétiquement, de contourner le refus du contrôle des lois de révision par le juge constitutionnel[1407]. Néanmoins, il semble bien que l'effectivité de la suprématie de la Constitution soit toujours mise à mal, car « le législateur ne peut mal faire »[1408]. Autrement dit, en l'absence de tout contrôle des lois de révision, le principe de la garantie juridictionnelle de la Constitution n'est qu'un souhait politique[1409].

Malgré quelques divergences sur la notion de constitution, Dominique Rousseau esquisse les caractéristiques fondamentales de « la nouvelle conception française de la Constitution »[1410] : elle est incontestablement juridique et protégée par le juge constitutionnel, car il contribue au respect des droits fondamentaux[1411]. En effet, la réflexion sur ce sujet a connu un véritable regain en raison du défi représenté par l'internationalisation du droit constitutionnel contemporain[1412]. Ainsi, en 2004, les hésitations sur une Constitution européenne ont suscité des questions sur le concept de Constitution[1413]. Autrement dit, les « certitudes apparentes dans les années 1990 sur la notion de Constitution n'ont finalement permis qu'une stabilité précaire »[1414], car une bonne partie de la doctrine n'hésite plus à se réinterroger sur l'usage qu'il convient de faire de ce terme[1415]. Si l'existence

---

1406 Voir en ce sens les débats doctrinaux sur le concept formel et matériel de Constitution par LAURANS (Yann), *Recherches sur la catégorie juridique de Constitution et son adaptation aux mutations du droit contemporain*, *op.cit.* p. 21.

1407 Voir sur ce point les justifications avancées à l'encontre de la thèse du contrôle juridictionnel des lois constitutionnelles par GENEVOIS (Bruno), « Les limites d'ordre juridique à l'intervention du pouvoir constituant », *op.cit.* pp. 909-921.

1408 Voir RIALS (Stéphane), « Les incertitudes sur la notion de Constitution sous la Ve République », in *R.D.P*, 1984, p.587. C'est nous qui soulignons.

1409 Voir en ce sens TROPER (Michel), « La souveraineté nationale appartient aux peuples français », *op.cit.* pp. 947-958.

1410 LAURANS (Yann), *Recherches sur la catégorie juridique de Constitution et son adaptation aux mutations du droit contemporain, op.cit.*, p.17.

1411 Pour des éléments à ce sujet, les analyses avancées par FAVOREU (Louis), « Le droit constitutionnel : droit de la Constitution et constitution du droit », *op.cit.* pp. 71-89. Voir aussi ROUSSEAU (Dominique), « Une résurrection : la notion de constitution », *op.cit.* pp. 5-22.

1412 Pour une idée comparable voir les propos retenus par BEN ACHOUR (Rafâà), « Rapport introductif », *op.cit.* pp. 1-17. Voir notamment, LAURANS (Yann), *Recherches sur la catégorie juridique de Constitution et son adaptation aux mutations du droit contemporain, op.cit.* p.17.

1413 Voir sur ce sujet sur les analyses avancées par MICHEL (Valérie), & BOUVERESSE (Aude), « La notion de constitution », in CONSTANTINESCO (Vlad) et *alii, Le traité établissant une Constitution pour l'Europe. Analyses et commentaires, Strasbourg,* PUS, 2005, p. 52.

1414 LAURANS (Yann), *Recherches sur la catégorie juridique de Constitution et son adaptation aux mutations du droit contemporain, op.cit.* p.17.

1415 Voir en ce sens MICHEL (Valérie), & BOUVERESSE (Aude), « La notion de constitution », *op, cit.* p. 52.

d'une « Constitution » pour l'Europe était discutable[1416], certains ont pu penser que l'on assistait à une redéfinition du mot par une sorte de « changement de nature du droit constitutionnel »[1417]. De même, si le juge constitutionnel se voit reconnaître une fonction traditionnelle d'interprétation de la norme fondamentale, ce qui peut lui permettre d'en faire évoluer le sens, sa compétence en faveur d'un contrôle des actes du constituant dérivé reste controversée[1418]. Concevoir une démocratie avec l'idée d'un contrôle juridictionnel des lois de révision supposerait d'aller encore plus loin dans la définition de la Constitution[1419]. Dès lors, deux hypothèses se présentent. Tout d'abord, la possibilité d'un contrôle des lois de révision impliquerait en quelque sorte que la Constitution soit repensée par le juge constitutionnel comme un « ordre »[1420]. Ensuite, il existerait donc « une conception jurisprudentielle de la Constitution »[1421]. Manifestement, la notion de Constitution continue de faire toujours débat, car elle constitue substantiellement « un acte politique »[1422].

En toute hypothèse, l'institution d'un contrôle des lois de révision modifierait *de facto* la notion de Constitution[1423] et renouvellerait la conception que s'en fait le juge constitutionnel[1424]. Eu égard à cet examen, il serait difficile, voire impossible, de trouver sur le terrain juridique des arguments incontestables susceptibles de battre en brèche la conception classique du pouvoir constituant,

---

1416 Voir sur ce point LAURANS (Yann), *Recherches sur la catégorie juridique de Constitution et son adaptation aux mutations du droit contemporain, op.cit.* p.17 ; DAUPS (Thierry), *L'idée de constitution européenne*, Thèse, Paris X, 1992, p.519 ; GERKRATH (Jörg), *L'émergence d'un droit constitutionnel pour l'Europe : modes de formation et sources d'inspiration de la constitution des Communautés et de l'Union européenne*, Bruxelles, Éditions de l'Université de Bruxelles, 1997, p.425.

1417 La paternité de cette expression revient à FAVOREU (Louis), « Le droit constitutionnel : droit de la Constitution et constitution du droit », *op.cit.* p. 77.

1418 Pour un bon panorama doctrinal sur la question du contrôle de constitutionnalité des lois constitutionnelles voir sur ce point les analyses avancées par SCHOETTL (Jean-Éric), « Le Conseil constitutionnel peut-il contrôler une loi constitutionnelle ? », *op.cit.* pp.17-20.

1419 Voir en ce sens les analyses sur la « constitution politique, la pratique constitutionnelle, et la conception matérielle » par BEAUD (Olivier), « L'histoire du concept de Constitution en France : de la constitution politique à la constitution comme statut juridique de l'Etat », in *Jus politicum,* format PDF (consulté le 20 juin 2017), p. 2.

1420 Voir en ce sens les propos retenus par BEAUD (Olivier), « L'histoire du concept de Constitution en France : de la constitution politique à la constitution comme statut juridique de l'Etat », *op.cit.* p. 3.

1421 La réflexion sur la notion de Constitution était toujours liée à un principe ; le contrôle de constitutionnelle devrait permettre le respect de la suprématie de la Constitution et la garantie des droits fondamentaux.

1422 FAVOREU (Louis) *et alii, Droit constitutionnel, op.cit.* p.53.

1423 Voir en ce sens l'étude de BLACHER (Philippe), *Contrôle de constitutionnalité et volonté générale, op.cit.* p.114

1424 *Ibid.,* p.114.

car le juge constitutionnel n'a théoriquement pas pour fonction de réviser la Constitution ni de s'impliquer dans la rédaction de la Charte fondamentale[1425].

§ 2— La remise en cause de la conception « classique de démocratie représentative »

Les enjeux du contrôle des lois de révision de la Constitution portent sur le bouleversement profond des paradigmes démocratiques[1426] qui fondent sous la Ve République « l'idée de démocratie et de justice constitutionnelle »[1427]. Puisque, du point de vue de la doctrine formaliste du pouvoir constituant, l'idée d'un contrôle des actes du pouvoir de révision est fondamentalement incompatible avec la démocratie[1428]. En revanche, les partisans de « la doctrine néo-constitutionnaliste »[1429] plaident en faveur d'une démocratie qui serait compatible avec le contrôle de constitutionnalité des lois de révision de la Constitution[1430]. Cette redéfinition de la « démocratie représentative »[1431] a été fortement évoquée par certains auteurs comme Dominique Rousseau[1432].

[1425] Pour un éclairage précis sur ce point, voir la thèse doctorale de MARCOVICI (Emilie), *Le juge constitutionnel et les révisions constitutionnelles*, *op.cit.* p.507.

[1426] Il convient de préciser dans cette étude qu'un paradigme démocratique est ici entendu au sens d'un modelé systémique de démocratie admis dans une société.

[1427] Voir sur ce sujet TROPER (Michel), « Justice constitutionnelle et démocratie » *in Pour une théorie juridique de l'Etat, op.cit.* p.329.

[1428] Voir sur ce sujet CAMBY (Jean-Pierre), « Supra-constitutionnalité : la fin d'un mythe », *op.cit.* pp. 671-688.

[1429] Pour une idée comparable, voir Mauro Barberis pour qui le néo-constitutionnalisme conduit le passage « de la Constitution comme norme » à la « Constitution comme valeur », BARBERIS (Mauro), « Idéologies de la Constitution-histoire du constitutionnalisme », *op.cit.* p. 135.

[1430] Voir sur ce point les arguments avancés sur le rejet possible du caractère antidémocratique du contrôle juridictionnel des lois constitutionnelles par MEINDL (Thomas), « Le Conseil constitutionnel aurait pu se reconnaître compétent », *op.cit.* pp.741-765. Voir aussi ROZNAI (Yaniv), *Unconstiutional Constitutional amendments. The Limits of Amendments* Powers, Oxford Constitutional Theory, *op.cit.* pp. 171- 234.

[1431] Voir en ce sens KELSEN (Hans), *La démocratie, sa nature sa valeur*, trad. Charles EISENMANN, Paris, Economica, coll. « Classique », 1988, p. 24. Voir notamment MANIN (Bernard), *Principes du gouvernement représentatif*, Paris, Flammarion, 2012, Collection « Champs. Essais », 347 p.

[1432] Voir en ce sens les analyses avancées par JACQUES (Robert), « la crise de la démocratie, un discours récurrent », *in Dominique Rousseau, La démocratie continue,* BRUYANT- LGDJ ,1995, p.130. Voir notamment la contribution de GOHIN (Olivier), « La démocratie française peut – être indéfiniment représentative ? » *in État du droit, état des droits : Mélanges en l'honneur du Professeur Dominique Turpin, coll. « des mélanges du centre Michel de l'Hospital »,* LGDJ, 2017. pp. 111-131 ; ROUSSEAU (Dominique), « La démocratie continue, un contre-sens qui fait sens », *in* Alexandre VIALA, *La Démocratie : mais qu'en disent les juristes ? Forces et faiblesses de la rationalité juridique*, LGDJ-Lextenso éditions, coll. « Les Grands colloques », 2014, pp. 7-30. Voir notamment ROUSSEAU (Dominique), «

En partant des postulats invoqués par les partisans de la démocratie constitutionnelle, il est possible de soutenir que l'admission d'un contrôle des lois de révision conduirait également au bouleversement des paradigmes de la souveraineté nationale[1433]. Nous considérons qu'en admettant son contrôle sur les lois de révision de la Constitution, le juge constitutionnel ne serait plus uniquement un censeur désigné : il serait aussi « un véritable pouvoir constituant »[1434]. Philippe Blachèr considère à cet égard que, dans sa décision du 23 août 1985, le juge constitutionnel énonce que « la loi votée (...) n'exprime la volonté générale que dans le respect de la Constitution » le Conseil constitutionnel officialise sa participation à l'exercice du pouvoir constituant[1435]. Selon cet auteur, il existe donc désormais d'un côté le « régime légicentriste traditionnel » et, de l'autre, le « régime constitutionnaliste d'expression de la volonté générale » dans lequel « "le tiers pouvoir" se retrouve dans la figure du juge constitutionnel »[1436]. De même, Dominique Rousseau décrit le passage « d'un régime de monopole à un régime concurrentiel » dans lequel le législateur [constituant] » n'est « plus le maître de la loi [constitutionnelle] »[1437], car l'acte de révision serait désormais le fruit de deux pouvoirs, c'est-à-dire le Parlement constituant et le juge constitutionnel[1438]. Mais la doctrine formaliste du pouvoir constituant réfute ce point de vue, car l'éventualité d'un contrôle des lois de révision reviendrait « à combattre l'unique forme de démocratie acceptable »[1439] en France. Une bonne partie de la doctrine sous l'autorité de Michel Troper se féliciterait d'avoir pu mettre un terme à la fiction de la représentation classique[1440]. En effet, le Conseil constitutionnel aurait pour fonction de rappeler au Parlement constituant qu'il n'est qu'un représentant et

---

Constitutionnalisme et démocratie », *La Vie des idées*, paru en ligne le 19 septembre 2008, p.18. (Consulté le 20 janvier 2018) ; MILACIC (Slobodan), « Faut-il réinventer la démocratie ? Du "néodémocratisme" pour équilibrer le "néolibéralisme" », in *Politeia*, n°6, 2004, p. 445-453.

1433 Sans prétendre à l'exhaustivité, on citera, à titre d'illustration, quelques-unes des études consacrées à ce thème : TROPER (Michel), « Justice constitutionnelle et démocratie », *in Pour une théorie juridique de l'Etat, op.cit.* p. 329 ; CAMBY (Jean-Pierre), « Supra-constitutionnalité : la fin d'un mythe », *op.cit.* pp. 671-688 ; ROUSSEAU (Dominique), « Constitutionnalisme et démocratie », in *La Vie des idées*, paru en ligne le 19 septembre 2008, 18 p. (consulté le 20 mars 2018).

1434 BLACHER (Philippe), *Contrôle de constitutionnalité et volonté générale*, *op.cit.* p.127.

1435 *Ibid.* p.127.

1436 *Ibid.*, p.129.

1437 ROUSSEAU (Dominique), *La justice constitutionnelle En Europe*, Montchrestien, coll. « Clefs-Politique », 3e éd., p.140.

1438 ROUSSEAU (Dominique), *et alii*, *Droit du contentieux constitutionnel*, *op.cit.* p.829.

1439 DESMONS (Éric), « Le normativisme est une scolastique (brèves considérations sur l'avènement de la démocratie spéculaire présentée comme un progrès) », *op.cit.* p. 27.

1440 Voir en ce sens la contribution de TROPER (Michel), « Justice constitutionnelle et démocratie », *in Pour une théorie juridique de l'Etat, op.cit.* p.329. Voir notamment TROPER (Michel), « La souveraineté nationale appartient aux peuples français », *op.cit.* pp. 947-958.

qu'il doit respecter la Constitution qui émane du peuple[1441]. Dominique Rousseau considère que le juge constitutionnel assurait en quelque sorte « la mise en représentation de la représentation »[1442]. Ce qui permet de dire que la finalité axiologique d'un contrôle des lois de révision peut conduire à déposséder le pouvoir constituant de sa souveraineté, au nom de sa protection[1443].

À rebours des doctrines qui se fondent sur des interprétations strictes des principes de la séparation des pouvoirs et de la représentation, nous avançons l'idée que le contrôle de la constitutionnalité des lois de révision est légitime parce qu'il redéfinit le rôle du juge constitutionnel. Cette transformation est conformée au « nouveau partage du pouvoir » comme le précise Dominique Rousseau[1444]. Autrement dit, en admettant la conception du « partage des pouvoirs », plus rien ne s'oppose à l'instauration d'un contrôle des lois de révision au nom de la consolidation de l'État de droit[1445]. Contrairement à la thèse de Michel Troper, d'après laquelle la démocratie représentative ne fait pas obstacle à ce que le Conseil constitutionnel soit un représentant, la conception originelle de la démocratie exclut l'idée de tout contrôle des lois de révision dans la mesure où les gouvernants, par leur origine électorale, sont les seuls à disposer de la qualité représentative ; ils sont par conséquent les seuls à exercer le pouvoir constituant dérivé[1446]. La volonté du pouvoir de révision ne peut être limitée et contrôlée par un organe dépourvu de toute légitimité élective[1447]. Pasquale Pasquino considère à cet égard que « l'État de droit constitutionnel est la forme contemporaine du gouvernement limité et mixte »[1448], ce qui nous

1441 TROPER (Michel), « Justice constitutionnelle et démocratie », *in Pour une théorie juridique de l'Etat,* 1994, *op.cit.* p.329.

1442 ROUSSEAU (Dominique), « La jurisprudence constitutionnelle : quelle "nécessité démocratique" ? », *in* GRAGO (Guillaume) et *alii, La légitimité de la jurisprudence du Conseil constitutionnel,* Paris, Economica, 1999, p. 363.

1443 Pour une analyse comparable, voir FATIN-ROUGE STÉFANINI (Marthe), *Le contrôle du référendum par la justice constitutionnelle*, *op.cit.* pp.333-337.

1444 ROUSSEAU (Dominique), *et alii, Droit du contentieux constitutionnel, op.cit.* p. 829.

1445 ROUSSEAU (Dominique), « La démocratie continue. Espace public et juge constitutionnel », in *Le Débat*, n° 96, 1997, pp. 73-88.

1446 « Le problème qu'il s'agit de résoudre est en effet aussi vieux que le contrôle de constitutionnalité lui-même : est-il compatible avec la démocratie ? Si le contrôle de constitutionnalité s'exerce sur les lois et si l'on définit la démocratie comme la forme de gouvernement dans lequel les lois sont faites par le peuple ou ses élus, la réponse ne saurait être négative. C'est pourquoi toute tentative de conciliation dépend d'une redéfinition des concepts » ; TROPER (Michel), « Démocratie continue et justice constitutionnelle », *op.cit.* p. 125.

1447 Voir sur ce point WERNER (Alain), « Le Conseil constitutionnel et l'appropriation du pouvoir constituant », *op.cit.* pp.117-136.

1448 PASQUINO (Pasquale), « Méprises et illusions d'une métaphore : Que faut-il entendre par suprématie de la Constitution ? », *in le régime représentatif à l'épreuve de la justice constitutionnelle,* Actes du colloque organisé les 9 et 10 octobre 2014 par l'Institut Maurice

permet de dire que l'admission d'un contrôle des lois de révision parachèverait la construction juridique de l'État de droit[1449]. C'est pourquoi il faut reconnaître que « l'élection n'est pas, en soi ou nécessairement, le principe unique et exclusif, suffisant et distinctif de la démocratie, elle n'a pas été et elle n'est pas le seul mode de participation (...) à l'exercice du pouvoir »[1450]. En écartant l'aspect électoral de la démocratie, d'aucuns, pour justifier le principe d'un contrôle des lois de révision, avancent que le juge constitutionnel ne serait plus aux antipodes de la démocratie[1451]. Mais considérer que ce contrôle est conforme à la démocratie, c'est remettre en question la conception classique de cette notion[1452]. Aussi, deux arguments peuvent être utilisés[1453].

Tout d'abord, la redéfinition du concept de démocratie pourrait permettre de relativiser les postulats par la doctrine du refus du contrôle des lois de révision[1454]. D'ailleurs, ce rejet n'est pas fondamentalement différent de la problématique générale du contrôle de constitutionnalité des lois ordinaires sous la IIIe République française[1455]. Le motif général d'hostilité à ce contrôle a été renforcé par l'idée selon laquelle il ne saurait être question d'en confier la mission à un organe non élu qui n'est pas le peuple[1456]. Il apparaît donc qu'un

---

Hauriou-Université Toulouse I-Capitole sous la direction de MOUTON Stéphane, Collection « Grands Colloques », LGDJ, 2016, p.132.

1449 Voir DENQUIN (Jean-Marie), « Sur le "respect de la Constitution" », in CHAGNOLLAUD (Dominique). *Les 50 ans de la Constitution. 1958-2008*, Litec, 2008, pp. 113-123.

1450 ROUSSEAU (Dominique), « De la démocratie continue », *op.cit.* p. 24.

1451 Voir dans le même sens les analyses avancées par PINON (Stéphane), « La notion de démocratie dans la doctrine constitutionnelle française », *op.cit.* pp.459-468.

1452 Pour une analyse comparable, voir la contribution de : DESMONS (Éric), « La planète des sages. Le Conseil constitutionnel, la doctrine et la démocratie », *op.cit.* pp.231-25 ; GUASTINI (Riccardo), « Michel Troper sur la fonction juridictionnelle », in *Droits,* 2003/1 n°37, pp. 111-122 ; PINON (Stéphane), « La notion de démocratie dans la doctrine constitutionnelle française », *op.cit.* pp. 407- 468.

1453 Voir en ce sens les analyses avancées par SOMA (Abdoulaye), « Le contrôle de constitutionnalité des lois constitutionnelles en Afrique noire francophone », *op.cit. pp.*638-640.

1454 Voir par exemple la contribution de MATHIEU (Bertrand), « La supra-constitutionnalité existe-t-elle ? », *op.cit.,* pp.12-17.

1455 Voir en ce sens les raisons d'hostilité au contrôle de constitutionnalité des lois en France exposées par CAPORAL-CRÉCO (Stéphane), et *alii, Droit constitutionnel,* Paris, 2017, éd. Ellipses, coll. « Spécial droit » p. 269.

1456 En vérité, si l'on s'en tient aux justifications avancées par la doctrine favorable à la conception classique de la démocratie, le principal problème que soulève le juge constitutionnel en matière de contrôle de constitutionnalité des lois révisant la Constitution, tout comme les autres catégories de lois, est celui de sa légitimité. Il convient de remarquer que cette problématique de la légitimité du juge constitutionnel dépend largement de la compétence de l'institution elle-même, comme le souligne Renaud Baumert, dans sa thèse doctorale ; BAUMERT (Renaud), *La Découverte du juge constitutionnel entre science et politique : Les controverses sur le contrôle de la constitutionnalité des lois dans les*

juge non issu du suffrage universel serait illégitime, car il n'aurait pas sa place dans un système politique se revendiquant de la démocratie [1457]. Ce refus est fondé sur une sorte d'« adhésion à une conception électorale de la démocratie »[1458]. Or, qu'un juge contrôle des lois de révision est une anomalie, car le principe démocratique pourrait souffrir de la « soumission progressive de la volonté des représentants élus du peuple à une institution sans légitimité élective »[1459]. En partant de cette observation, il serait légitime de refuser le contrôle des actes du constituant dérivé au Conseil constitutionnel pour mieux protéger la souveraineté constituante[1460]. De plus, si le principe démocratique se définit par la souveraineté constituante, il faudrait admettre qu'il serait toujours difficile d'échapper au caractère antidémocratique d'un contrôle juridictionnel des lois de révision de la Constitution[1461].

Ensuite, la légitimité d'un contrôle des lois révisant la Constitution suppose l'acceptation d'une « conception pluraliste de la démocratie »[1462]. C'est ainsi qu'il convient d'exposer les postulats en faveur d'une certaine conception de la démocratie en adéquation avec l'idée d'un contrôle juridictionnel des actes du pouvoir de révision constitutionnelle[1463]. À cet égard, le principe de la souveraineté constituante serait loin de constituer un obstacle au contrôle juridictionnel des lois de révision de la Constitution[1464]. S'il exerçait ce contrôle, le Conseil constitutionnel ne ferait, en fin de compte, que garantir la souveraineté constituante du peuple qui est inhérente à la « démocratie »[1465].

Si, par ailleurs, on admet une conception volontariste du droit comme garant de la souveraineté constituante, la même opposition se retrouve entre justice

---

Républiques française et allemande de l'entre-deux-guerres, Paris, LGDJ, coll. « Fondation Varenne », 2009, p.8.

1457 Voir, ROUSSEAU (Dominique), « Faut-il supprimer le Conseil constitutionnel ? », *op.cit.* p. 12.

1458 *Ibid.*, p. 9.

1459 *Ibid.*, p.8.

1460 *Ibid.* p.10.

1461 Voir ce point en particulier TROPER (Michel), « Démocratie continue et justice constitutionnelle », *op.cit.* p.127. Voir aussi BEAUD (Olivier), « Où va le droit (constitutionnel) ? », *op.cit.*, pp. 1765- 1773.

1462 ROUSSEAU (Dominique), « Faut-il supprimer le Conseil constitutionnel ? », *op.cit.* p.13.

1463 De toute évidence, le cadre conceptuel du caractère antidémocratique du contrôle de constitutionnalité n'est pas réellement trachée, car il n'y aurait pas certainement un débat aussi virulent autour de la justiciabilité des lois de révision de la Constitution. Voir sur ce point les propos retenus par ROUSSEAU (Dominique », « Faut-il supprimer le Conseil constitutionnel ? », *op.cit.* p.9.

1464 Pour une analyse comparable, voir SOMA (Abdoulaye), « Le contrôle de constitutionnalité des lois constitutionnelles en Afrique noire francophone », *op.cit.* pp.638-640.

1465 CHEVALLIER (Jacques), *L'Etat de droit*, Montchrestien, 6e éd., 2017, *op.cit.* p. 13.

constitutionnelle et démocratie[1466]. Or, si cette apparente antinomie perdurait, elle conduirait à une sorte de régression de l'État de droit[1467]. Autrement dit, « la démocratie représentative n'est pas en mesure d'atteindre l'idéal »[1468] de la garantie des droits fondamentaux en l'absence de tout contrôle de constitutionnalité des lois révisant la Constitution [1469]. Précisément, il semble logique qu'en l'absence d'une mention expresse dans la Constitution, « il arrive que le juge constitutionnel considère que l'existence des droits fondamentaux lui confère une habilitation implicite pour un contrôle des actes du pouvoir de révision »[1470]. Par conséquent, la logique d'un tel contrôle ne serait pas de donner le pouvoir décisionnel absolu au juge face aux représentants du peuple souverain, mais de mettre le juge dans une position de « porte-parole de l'opinion »[1471]. D'une manière générale, la possibilité d'un contrôle des lois de révision est présentée, par « la doctrine du scepticisme constitutionnel »[1472], comme une remise en cause du principe démocratique[1473]. Cette position est cependant discutable, car on ne peut plus accepter l'idée selon laquelle la justiciabilité des lois de révision de la Constitution est « démocratiquement inacceptable »[1474] au XXIe siècle[1475].

1466 Pour une analyse comparable, voir ROSENFELD (Michel), « La possibilité de la démocratie et déconstruction du droit », *in* ROUSSEAU (Dominique), *La démocratie continue,* BRUYANT LGDJ ,1995, pp.93-108.

1467 Voir sur ce point les propos retenus par GOHIN (Olivier), « La réforme constitutionnelle de la décentralisation : épilogue et retour à la décision du Conseil constitutionnel du 26 mars 2003 », *op.cit.* pp.7-11.

1468 ROSENFELD (Michel), « La possibilité de la démocratie et déconstruction du droit », *op.cit.* p.105.

1469 Voir dans le même sens SOMA (Abdoulaye), « Le contrôle de constitutionnalité des lois constitutionnelles en Afrique noire francophone », *op.cit.* pp.638- 640.

1470 Voir en ce sens TROPER (Michel), « Démocratie continue et justice constitutionnelle », *op.cit.* p.105. C'est nous qui soulignons.

1471 ROUSSEAU (Dominique), « De la démocratie continue », *op.cit.,* p.10.

1472 On emprunte ici cette expression de Denis Baranger de : BARANGER (Denis), « Un chantier qui ne prend jamais fin : Le juge, les révisions et les autres formes de changement constitutionnel dans la France contemporaine », *op.cit.* p. 56.

1473 Voir l'analyse de JAN (Pascal), « L'immunité juridictionnelle des lois de révision constitutionnelle », *op. cit.,* pp.4-11. Voir aussi ROZNAI (Yaniv), *Unconstiutional Constitutional amendments. The Limits of Amendments* Powers, Oxford Constitutional Theory, *op.cit.* pp. 171-234.

1474 Voir en ce sens le questionnement sur le contrôle de constitutionnalité des lois dans un système démocratique ROUSSEAU (Dominique », « Faut-il supprimer le Conseil constitutionnel ? », *op.cit.* pp. 8-9. Voir notamment DROMARD (Frédéric-Guillaume), *Recherches sur le concept de démocratie dans le droit constitutionnel français*, *op.cit.* p.419.

1475 ROUSSEAU (Dominique), *et alii, Droit du contentieux constitutionnel, op.cit.* p.882.

CHAPITRE 2
L'ÉLABORATION D'UNE NOUVELLE THÉORIE DE LA LÉGITIMITÉ DU JUGE CONSTITUTIONNEL

> « La justice constitutionnelle ne doit pas être conçue comme une sorte de limite extérieure au système de la démocratie représentative, mais comme une institution qui, bien construite, pouvait et devait tenir sa place au sein même du régime représentatif et démocratique. »[1476]

Ces propos d'Olivier Jouanjan permettent de saisir la réalité de « toutes les fictions légitimantes » du juge constitutionnel, et s'appuient sur « le fait que « la Constitution doit être respectée et sanctionnée »[1477]. Comme nous l'avons démontré, « la légitimation de la justice constitutionnelle passe nécessairement par une confrontation avec les exigences de la démocratie »[1478]. Ainsi, la question du fondement d'un contrôle des lois de révision peut glisser vers celle de la légitimité du juge constitutionnel[1479]. Comme le relève Guillaume Drago, « l'interprétation créatrice développée par le juge constitutionnel ne peut laisser indifférente »[1480]. Aussi, l'examen du pouvoir d'interprétation du juge constitutionnel montre que « l'argument démocratique n'est pas seulement utilisé par les adversaires du juge, mais

1476 JOUANJAN (Olivier), « Constitutionnalisme, justice constitutionnelle et représentation », *op.cit.* p.49.

1477 MAGNON (Xavier), « La puissance et la représentation, l'Etat et le citoyen : quel est le fondement de l'autorité de la norme constitutionnelle et de la jurisprudence du juge constitutionnel ? », *in* MOUTON (Stéphane), *Le régime représentatif à l'épreuve de la justice constitutionnelle*, Collection « Grands Colloques », LGDJ, 2016., p.256.

1478 DRAGO (Guillaume), *Contentieux constitutionnel français*, *op. cit.*,p.122.

1479 Comme le relève Éric Desmons, « il est toujours question de trouver une légitimité du juge constitutionnel qui ne peut pas être, en l'état, celle de l'élection » ; DESMONS (Éric), « Démocratie constitutionnelle ou autocratie judiciaire ? », *op.cit.* p.80. Voir notamment ROZNAI (Yaniv), *Unconstiutional Constitutional amendments. The Limits of Amendments* Powers, Oxford Constitutional Theory, *op.cit.* pp. 171- 234. Voir aussi, RICCI (Roland), « La légitimation du juge constitutionnel : un législateur dérivé gardien des valeurs de la démocratie », *op.cit.* pp. 490- 527 ; MASTOR (Wanda), « Plaidoyer pour le gouvernement des juges », *op. cit.*, p. 63.

1480 DRAGO (Guillaume), *Contentieux constitutionnel français, op. cit.*,p.99.

aussi par ses partisans »[1481]. Au demeurant, la défense de la légitimité du juge constitutionnel peut être appréhendée à partir d'un certain nombre de théories au regard des données de droit positif[1482]. Pour cela, il convient d'identifier des théories utiles à la recherche d'une nouvelle légitimité du juge constitutionnel (Section 1). Si « les considérations historiques ont parfois une influence déterminante pour légitimer le contrôle de constitutionnalité »[1483], il est opportun d'instaurer un véritable pouvoir juridictionnel en France, au regard de la banalisation du pouvoir de révision[1484] (Section 2).

Section 1 : La résurgence de la théorie de l'aiguilleur : une nouvelle légitimité du juge constitutionnel

> « Si la loi constitutionnelle intervient pour surmonter la décision du Conseil constitutionnel, cela signifierait que le souverain lui-même est intervenu, comme le roi de France pour surmonter l'opposition du Parlement. »[1485]

La légitimité du juge constitutionnel pour connaître de la validité des lois de révision de la Constitution est au cœur du débat sur les écarts de sa « fonction d'aiguilleur »[1486]. Éric Desmons déclare à cet égard que « la thèse la plus favorable à la justice constitutionnelle — si l'on excepte celle qui la présente comme la seule garantie valable des droits et libertés — fait du juge constitutionnel un simple "aiguilleur" qui n'a pas, par définition, pour vocation de stopper les terrains législatifs, [car] il ne possède pas, dit-on, "le dernier mot" »[1487]. Force est de constater que l'inadaptation de la théorie de l'aiguilleur au problème du contrôle du contrôle des lois de révision a été fortement

1481 PIMENTEL (Carlos-Miguel), « De l'État de droit à l'État de jurisprudence ? Le juge de l'habilitation et la séparation des pouvoirs », in PARIENTE (Alain), *La séparation des pouvoirs, théorie contestée et pratique renouvelée,* Dalloz, Paris, 2007, p.9.

1482 Voir sur ce point les analyses avancées par TROPER (Michel), « La souveraineté nationale appartient aux peuples français », *op.cit.* pp. 947-958. Voir aussi BEAUD (Olivier), « Où va le droit (constitutionnel) ? », *op.cit.,* pp. 1765-1773 ; ROSANVALLON (Pierre), *La légitimité démocratique : impartialité, réflexivité, proximité,* Paris, Éditions du Seuil, 2008, Collection « Les livres du nouveau monde », 367 p.

1483 DRAGO (Guillaume), *Contentieux constitutionnel français, op. cit.,* p.122.

1484 Voir HAMON (Léo), *Les juges de la loi. Naissance et rôle d'un contre-pouvoir : le Conseil constitutionnel,* Paris, Fayard, 1986, *op.cit.,* p. 300.

1485 TROPER (Michel), « Le juge constitutionnel et la volonté générale », *op. cit.* p. 142.

1486 ROUSSEAU (Dominique) & VIALA (Alexandre), *Droit constitutionnel,* Montchrestien, Pages d'Amphi, 2004, p. 130.

1487 DESMONS (Éric), « Le normativisme est une scolastique (brèves considérations sur l'avènement de la démocratie spéculaire présentée comme un progrès) », *op.cit.* p. 23. C'est nous qui soulignons).

soulignée par certains auteurs comme Marthe Fatin-Rouge Stéfanini[1488]. Ainsi, est-il démocratique que le juge constitutionnel contrôle les actes du pouvoir de révision de la Constitution dans le cadre de la théorie de l'aiguilleur[1489]. L'intérêt de cette question semble aujourd'hui plus d'actualité, car elle permet d'apporter des éléments tendant à revaloriser la théorie de l'aiguilleur (§ 1). Toutefois, cette revalorisation conduirait à des conséquences néfastes sur le pouvoir de révision détenu par le Parlement (§ 2).

§ 1— L'indispensable revalorisation de la théorie de l'aiguilleur

La réalité de la théorie de l'aiguilleur serait devenue un argument impossible dans « le procès en illégitimité fait à la composition du Conseil constitutionnel »[1490]. Il est clair en tout cas que le mode de désignation des membres[1491] par les autorités politiques constitue une remise en cause de la légitimité du Conseil constitutionnel dans sa fonction d'aiguilleur[1492]. Ce mode de désignation[1493] « a été régulièrement dénoncé au nom de la politisation qu'il entraînerait »[1494], comme le rappelle Dominique Schnapper. Il en découle fort logiquement que la perfection mécanique de la fonction d'aiguilleur se dérègle dans les afflux de l'interprétation, « activité naturelle à laquelle le juge constitutionnel ne peut pas résister »[1495]. C'est alors le juge

---

1488 Voir sur ce point FATIN-ROUGE STÉFANINI (Marthe), *Le contrôle du référendum par la justice constitutionnelle, op.cit.* p. 305 ; TROPER (Michel), « Le juge constitutionnel et la volonté générale », *op., cit.* p. 142 ; ROUSSEAU (Dominique) & VIALA (Alexandre), *Droit constitutionnel, op. cit.*, p. 130 ; HAMON (Léo), *Les juges de la loi. Naissance et rôle d'un contre-pouvoir : le Conseil constitutionnel, op.cit.*, pp. 247-273 ; MATHIEU (Bertrand), « La supra-constitutionnalité existe-t-elle ? », *op.cit.*, pp.12-17 ; CAMBY (Jean-Pierre) « Supra-constitutionnalité : la fin d'un mythe », *op.cit.* pp. 671-688.

1489 Sur cette question, l'analyse de FATIN-ROUGE STÉFANINI (Marthe), *Le contrôle du référendum par la justice constitutionnelle, op.cit.* pp. 305-309.

1490 Voir HOURQUEBIE (Fabrice), « La composition du Conseil constitutionnel, un exotisme bien français », in MELEDJE (Djedjro Francisco), et *alii, Mélanges dédiés au Doyen Francis V. Wodié*, Presses de l'Université Toulouse 1- Capitole, 2016, p. 240 ; MAULIN (Éric), « Aperçu d'une histoire française de modélisation des formes de justice constitutionnelle », *in* GREWE (Constance), et alii, *La notion de « justice constitutionnelle »,* Paris, Dalloz, Coll. « Thèmes § Commentaires », 2005, p.138.

1491 Voir sur ce point, les analyses avancées par HAMON (Léo), *Les juges de la loi. Naissance et rôle d'un contre-pouvoir : le Conseil constitutionnel, op.cit.*, pp. 141-201.

1492 ROUSSILLON (Henry), « Le Conseil constitutionnel, une légitimité contestée », *op.cit.* p. 119.

1493 Au terme de l'article 56 de la Constitution, le Conseil constitutionnel est composé actuellement de neuf membres nommés pour neuf ans, renouvelables par tiers tous les trois ans. S'ajoutent également des membres de droit, c'est-à-dire les anciens présidents de la République.

1494 SCHNAPPER (Dominique), *Une sociologue au Conseil constitutionnel, op.cit.*, p. 194.

1495 ROUSSEAU (Dominique) & VIALA (Alexandre), *Droit constitutionnel, op.cit.* p. 130.

constitutionnel qui, sous couvert d'une simple fonction d'aiguillage, se substitue au pouvoir de révision[1496].

Malgré certaines objections, il est généralement admis que la théorie de l'aiguilleur trouve son relais efficace dans la thèse souvent soutenue par Georges Vedel du « lit de justice constitutionnelle »[1497]. C'est ainsi que, selon Michel Troper, la métaphore de l'aiguilleur ne permet pas de justifier la compatibilité du contrôle de constitutionnalité des lois et la conception électoraliste de démocratie[1498]. Si l'on accepte la justification du juge-aiguilleur[1499], il faut admettre qu'en contrôlant le respect de la Constitution il « ne fait qu'exercer une fonction de la connaissance »[1500]. Cette légitimation est ainsi rejetée en matière de contrôle des lois de révision, car « le constituant doit pouvoir briser ce qu'a décidé le juge constitutionnel et ceci en modifiant le texte (...) sur lequel le juge s'est appuyé »[1501]. La légitimité du Conseil constitutionnel est controversée ; c'est en raison de la désignation de ses membres que « le risque de politisation »[1502] est réel. Comme l'indique Dominique Schnapper, « aucun mode de nomination n'est à l'abri de ce reproche »[1503]. En s'évertuant à chercher à tout prix la source d'une légitimité démocratique, les avis divergent quant à la composition actuelle du Conseil constitutionnel[1504]. En effet, le système de la nomination des membres « du Conseil constitutionnel n'est incontestablement pas, *a priori*, meilleur qu'un autre »[1505]. De même, une analyse du droit comparé tend à prouver que tout mécanisme de désignation est partiellement politique[1506].

1496 Voir sur ce point ROZNAI (Yaniv), *Unconstiutional Constitutional amendments. The Limits of Amendments* Powers, Oxford Constitutional Theory, *op.cit.* pp. 171- 234

1497 On emprunte cette expression de CARCASSONNE (Guy), « Un plaidoyer résolu en faveur d'un contrôle sagement circonscrit », *op.cit.* p. 46.

1498 TROPER (Michel), « Le juge constitutionnel et la volonté générale », *op. cit.* p. 140. Voir aussi TROPER (Michel), « La souveraineté nationale appartient aux peuples français », *op.cit.* pp. 947-958.

1499 Voir HAMON (Léo), *Les juges de la loi. Naissance et rôle d'un contre-pouvoir : le Conseil constitutionnel, op.cit.*, pp. 247-273.

1500 TROPER (Michel), « Le juge constitutionnel et la volonté générale », *op. cit.* p. 143.

1501 VEDEL (Georges), (Préface), *in* GRAGO (Guillaume), et *alii, La légitimité de la jurisprudence du Conseil constitutionnel*, Paris, Economica, 1999, p. XIV.

1502 Voir HOURQUEBIE (Fabrice), « La composition du Conseil constitutionnel, un exotisme bien français », *op.cit.* p.240.

1503 SCHNAPPER (Dominique), *Une sociologue au Conseil constitutionnel, op.cit.*, p.194.

1504 Comme le souligne Jacques Krynen, « en démocratie, quiconque exerce du pouvoir doit le détenir du peuple ; de quelle légitimité peuvent se prévaloir nos juges ?» ; KRYNEN (Jacques), *L'Etat de justice France, XIIIe XXe siècle II : L'empire contemporaine des juges,* éd., Gallimard, 2012, p.334.

1505 Voir en ce sens HOURQUEBIE (Fabrice), *Sur l'émergence du contre-pouvoir juridictionnel sous la Ve République, op.cit.* p. 372.

1506 En fait, le principe de la nomination *intuitu personae* par les autorités politiques en France constitue l'un des facteurs de politisation, contrairement à d'autres pays dans lesquels les

Un tel constat rend plus difficile encore la question de savoir comment reconstruire la légitimité concrète des juges constitutionnels dans un système politique donné[1507]. Ainsi, nous nous proposons de mener la réflexion sur cette problématique fréquente en recourant au droit constitutionnel comparé[1508].

Avant la révision constitutionnelle de 2008, « le Conseil constitutionnel occupait une place très particulière dans le concert des Cours constitutionnelles européennes [eu égard au] mode de désignation de ses membres par des autorités politiques »[1509]. Cette « exception française de justice constitutionnelle » suscitait de nombreuses critiques qui pouvaient se résumer en une seule : « la politisation »[1510]. Et si un certain nombre de recommandations du « Comité Édouard Balladur » contribuait à réduire le risque de cette politisation récurrente, force est de constater que « l'exception française en matière de justice constitutionnelle »[1511] constitue toujours un sujet agité[1512]. Si la composition actuelle du Conseil constitutionnel paraît normale, il est opportun d'instaurer une clause constitutionnelle de compétence juridique des membres de l'institution[1513]. En principe, l'une des particularités du système français de nomination, par rapport aux autres Cours constitutionnelles, réside dans l'absence de toute condition en ce qui concerne le choix des nouveaux conseillers : il suffit que ceux-ci jouissent de leurs droits civiques et politiques[1514]. En effet, la critique essentielle se ramène à celle de l'exigence d'une compétence juridique des membres nommés au Conseil constitutionnel[1515]. Si la quasi-totalité des cours constitutionnelles européennes sont obligatoirement composées de juristes, le système français n'empêche évidemment pas que des professionnels du droit soient nommés[1516]. Il convient de souligner que

---

membres des Cours doivent posséder une qualification universitaire ou professionnelle à caractère juridique.

1507 Voir en ce sens les analyses avancées par RIALS (Stéphane), « l'office du juge », in *Droits,* 1989, n°9, pp. 3-20.

1508 Voir sur ce point ROZNAI (Yaniv), *Unconstiutional Constitutional amendments. The Limits of Amendments* Powers, Oxford Constitutional Theory, *op.cit.* pp. 171- 234.

1509 Voir ROUX (André), « Le nouveau Conseil constitutionnel, vers la fin de l'exception française ? », *in La Semaine juridique, édition générale,* n° 31-35,30 juillet 2008, I, 175, p.48. C'est nous qui soulignons.

1510 ROUSSEAU (Dominique), et *alii, Droit du contentieux constitutionnel, op.cit.* p. 73.

1511 Voir ROUX (André), « Le nouveau Conseil constitutionnel, vers la fin de l'exception française ? », *op.cit.* p.48.

1512 HOURQUEBIE (Fabrice), « La composition du Conseil constitutionnel, un exotisme bien français *», op.cit.* pp.238- 248.

1513 *Ibid.,* p.243.

1514 ROUSSILLON (Henry), et alii, *Le Conseil constitutionnel,* 8e éd., Dalloz, 2015, p 16

1515 Voir sur ce point RICCI (Roland), « La légitimation du juge constitutionnel : un législateur dérivé gardien des valeurs de la démocratie », *op.cit.* pp. 490- 527.

1516 THOMAS (Julien), *L'indépendance du Conseil constitutionnel, op.cit.* p. 296.

l'exigence d'une compétence juridique ne permet nullement d'éviter les nominations de caractère politique, car les juristes ont eux aussi des idées politiques[1517]. Comme l'écrit Henry Roussillon, « une institution ne vaut que par les hommes qui la composent »[1518]. Cela est vrai en ce qui concerne le Conseil constitutionnel.

Malgré toutes les critiques à son encontre depuis 1958, une bonne partie de la doctrine lui accorde la nature juridictionnelle en se fondant sur sa fonction, « dire le droit »[1519]. On estime le plus souvent que le système nominatif actuel des membres du Conseil constitutionnel confère à ce dernier l'attribut d'un organe politique[1520]. Cette analyse trouve un écho chez André Hauriou pour qui les modalités de désignation des membres du Conseil constitutionnel en font, « pour l'essentiel, un corps politique »[1521]. Autrement dit, il ne serait pas démocratique, ses membres n'étant ni élus, ni responsables devant le peuple, ne pouvant procéder à un contrôle de constitutionnalité sur les actes du pouvoir de révision[1522]. En conséquence, la composition d'un organe doit être la conséquence de sa nature[1523] et ne saurait donc être utilisée comme un critère de sa qualification[1524].

Au demeurant, si le juge constitutionnel tirait sa légitimité d'une élection, les rapports entre les pouvoirs constituants seraient transformés[1525] . Aussi, la responsabilisation du juge constitutionnel « est une exigence profondément démocratique »[1526]. Donc, le seul moyen de sortir de l'éternelle remise en cause de la légitimité du juge constitutionnel serait d'envisager l'élection comme un fondement déterminant en faveur du contrôle des lois révisant la Constitution[1527]. Élire les juges constitutionnels serait le « prolongement

---

1517 Voir sur ce point HAMON (Léo), *Les juges de la loi. Naissance et rôle d'un contre-pouvoir : le Conseil constitutionnel, op.cit.,* pp. 247-273.

1518 ROUSSILLON (Henry), et *alii, Le Conseil constitutionnel, op.cit.* p.16.

1519 ROUSSEAU (Dominique), et alii, *Droit du contentieux constitutionnel, op.cit.* p. 68.

1520 THOMAS (Julien), *L'indépendance du Conseil constitutionnel, op.cit.* p. 296.

1521 HAURIOU (André) et alii *Droit constitutionnel et Institutions politiques* Montchrestien, 6e éd.,1975, p. 341.

1522 THOMAS (Julien), *L'indépendance du Conseil constitutionnel, op.cit.* p. 157.

1523 Comme le disait d'ailleurs Robert Badinter, « il n'y a pas de bonne procédure [de désignation des juges constitutionnels], il ne peut y avoir que de bons choix », cité par ROUSSEAU (Dominique), sur le Conseil constitutionnel. La doctrine Badinter et la démocratie, Paris : Descartes et Cie, 1997, p. 21.

1524 Voir dans le même sens RENOUX (Thierry), *Le Conseil constitutionnel et l'autorité judiciaire –L'élaboration d'un droit constitutionnel juridictionnel, op.cit.* p.20.

1525 HOURQUEBIE (Fabrice), *Sur l'émergence du contre-pouvoir juridictionnel sous la Ve République, op.cit.* p. 391.

1526 Ibid., p. 28.

1527 Voir sur ce point, les analyses avancées par ROUSSEAU (Dominique), « La lancinante question de la légitimité du juge », *op.cit.* pp.516-517 ; HOURQUEBIE (Fabrice), *Sur l'émergence du contre-pouvoir juridictionnel sous la Ve République, op.cit.* p.528.

logique de leur participation au pouvoir normatif au motif d'une mise en cohérence entre puissance et légitime »[1528]. D'ailleurs, cette proposition permettrait de s'interroger à nouveau sur le concept de représentation[1529], car l'idée que le Conseil constitutionnel puisse être un représentant n'est pas inédite, comme le souligne François Saint-Bonnet[1530]. De la sorte, « la nature politique du Conseil constitutionnel »[1531] contribue à sa délégitimation autour de la question de la justiciabilité des lois révisant la Constitution[1532]. Ce manque de légitimité du juge constitutionnel français constitue la grande faille de « l'idéologie de l'État de droit »[1533]. Ces remarques sur le mode de désignation des membres du Conseil constitutionnel ne montrent pas que l'élection constitue un rempart plus efficace contre le risque de politisation[1534].

§ 2— L'impossible révision de la Constitution par voie parlementaire

En revalorisant la théorie de l'aiguilleur dans le cadre de la légitimité du juge constitutionnel, le Congrès Constituant ne serait plus le Souverain[1535]. Nous assistons en fin de compte, comme l'a écrit Louis Favoreu, à un problème de compatibilité de la légitimité du contrôle des actes du

---

1528 SAINT-BONNET (François), « Rapport de synthèse : la quête de la confiance », *in* MOUTON (Stéphane), *Le régime représentatif à l'épreuve de la justice constitutionnelle,* Collection « Grands Colloques », LGDJ, 2016, p.306.

1529 Lire à ce sujet les analyses avancées par DESMONS (Éric), « Justice constitutionnelle, gouvernement représentatif et " bon régime ? », *op.cit.* pp.53-61.

1530 Voir SAINT-BONNET (François), « Rapport de synthèse : la quête de la confiance », *op.cit.* p.304.

1531 La qualification du Conseil constitutionnel a déjà fait l'objet de nombreux débats doctrinaux auxquels, il ne serait opportun de se mêler que pour apporter un argument d'autorité en faveur de la thèse de nature juridictionnelle ou celle de la thèse d'organe « Polito-juridictionnel ». Voir en ce sens les analyses avancées par RICHER (Isabelle), *Le Président de la République et le Conseil constitutionnel,* thèse, Paris X Nanterre, publié *in* PUF, Les grandes thèses du droit français,1998, pp. 9-34.

1532 Voir dans le même sens les analyses avancées sur la justification et le fondement de la justice constitutionnelle en elle-même par FAVOREU (Louis), « La modernité des vues de Charles Eisenmann sur la justice constitutionnelle », *in La pensée de Charles Eisenmann* sous la direction de Paul AMSELECK, Economica ,1986, pp.85-101.

1533 Voir en ce sens KRYNEN (Jacques), *L'Etat de justice France, XIIIe-XXe siècle II : L'empire contemporaine des juges, op.cit.* p.333.

1534 MASTOR (Wanda), « Plaidoyer pour le gouvernement des juges », *op.cit.* p.63

1535 Le risque de voir le juge constitutionnel se substituer au Parlement constituant a été étudié sous le prisme de la théorie de l'aiguilleur dans les analyses avancées par PACTET (Pierre), « Le Conseil constitutionnel et l'œuvre constituante », *op. cit.*, pp. 1373-1386 .

1535 VEDEL (Georges), « Schengen et Maastricht », *op.cit.,* p.179.

Parlement constituant et de la justice constitutionnelle[1536]. Le risque dénoncé ici est celui de la transformation de l'aiguilleur qui se présenterait non plus comme un simple juge pour dire le droit, mais comme « un pouvoir constituant », pour se hisser au-dessus du Congrès constituant[1537] ; de plus, il serait discrédité dans le processus de révision de la Constitution[1538]. C'est d'ailleurs la crainte que formulent les opposants au contrôle[1539]. Selon eux, l'impossible révision parlementaire de la Constitution entraînerait une remise en cause du principe démocratique[1540]. En cela, le juge constitutionnel disposerait alors d'une sorte de pouvoir d'interprétation discrétionnaire et illimité[1541]. Or, il est certain que dans « une culture juridique fondée sur une conception volontariste du droit »[1542] l'usurpation du pouvoir constituant par le juge constitutionnel est inadmissible. L'un des principaux arguments avancés contre la légitimité du Conseil constitutionnel repose sur l'idée que la loi est l'expression de la volonté, tout contrôle portant sur l'acte du pouvoir constituant dérivé pourrait apparaître comme un contrôle de la volonté générale[1543].

Il apparaît donc que la volonté des constituants de 1958 n'était pas d'établir une véritable justice constitutionnelle à l'image de la Cour suprême américaine[1544]. Or, si l'on admet que le pouvoir constituant puisse, à tout moment, contrecarrer une décision d'inconstitutionnalité prononcée par le juge,[1545] il n'y aurait pas de pouvoir du dernier mot juridictionnel[1546]. Quant à nous, nous émettons des réserves quant à l'attribution, au juge

---

1536 FAVOREU (Louis), « Le Parlement constituant et le juge constitutionnel », *op.cit.* pp.235-242.

1537 Pour une analyse critique sur la transformation « du juge aiguilleur » dans le cadre du contrôle de constitutionnalité des lois, voir TROPER (Michel), « Le juge constitutionnel et la volonté générale », *op. cit.* pp. 141-144. Voir notamment TROPER (Michel), « La souveraineté nationale appartient aux peuples français », *op.cit.* pp. 947-958.

1538 VEDEL (Georges), « Souveraineté et supra-constitutionnalité », *op.cit.* p.94.

1539 Voir en ce sens ROZNAI (Yaniv), *Unconstiutional Constitutional amendments. The Limits of Amendments* Powers, Oxford Constitutional Theory, *op.cit.* pp. 171- 234.

1540 Voir en ce sens ROUSSEAU (Dominique), « La lancinante question de la légitimité du juge », *op.cit.* pp.516-517.

1541 Voir TROPER (Michel), « Kelsen et l'idéologie des constitutionnalistes français », *op.cit.* p. 39.

1542 TROPER (Michel), « Le juge constitutionnel et la volonté générale », *op. cit.* p. 133.

1543 *Ibid.*, p. 141.

1544 Voir ROUX (André), « Le nouveau Conseil constitutionnel, vers la fin de l'exception française ? », *op.cit.* p.49.

1545 VEDEL (Georges), « Schengen et Maastricht », *op.cit.*, p.179.

1546 Voir FAVOREU (Louis), « La légitimité du juge constitutionnel », *op.cit.* pp.419-420.Voir notamment BEAUD (Olivier), « Où va le droit (constitutionnel) ? », *op.cit.*, pp. 1765- 1773.

constitutionnel, du pouvoir de révision, à la place du Congrès constituant[1547]. Concernant Louis Favoreu, même s'il est l'un des plus ardents défenseurs du contrôle de constitutionnalité des lois, il n'est jamais allé jusqu'à défendre l'idée de la substitution du juge constitutionnel au Parlement constituant[1548]. Sur cette remarque, admettre la soumission de ce dernier à une limitation jurisprudentielle conduit inévitablement à donner le dernier mot au juge constitutionnel[1549]. Voilà qui ferait naître des tensions entre la représentation nationale et lui[1550]. Il convient d'ajouter que la revalorisation de la théorie de l'aiguilleur pourrait conduire à l'impossible révision par la voie du Congrès, car le Conseil constitutionnel disposerait d'une légitimité égale aux autres organes élus[1551]. Cette hypothèse permet de voir les effets du recours massif de la révision constitutionnelle par la voie parlementaire. Sur les 24 révisions constitutionnelles effectuées depuis l'adoption par référendum de la Constitution de la Ve République, 22 ont été réalisées par le recours à une procédure de modification strictement parlementaire, au détriment du recours au référendum constituant[1552].

Section 2 : La consolidation de la justice constitutionnelle : une nouvelle dimension de l'État de droit

> « Si le juge constitutionnel détient bien un pouvoir discrétionnaire et si l'on admet qu'il participe ainsi à l'exercice du pouvoir législatif, la justification la plus simple consiste à soutenir qu'il ne le fait pas contre les représentants du peuple souverain, parce qu'il en est lui-même un représentant. »[1553]

1547 SCOFFONI (Guy), « La légitimité du juge constitutionnel en droit comparé : les enseignements de l'expérience américaine », *op.cit.* p. 260.

1548 FAVOREU (Louis), « Le Parlement constituant et le juge constitutionnel », *op.cit.* pp.235-242.

1549 Voir en ce sens KOHLHAUER (Elsa), « L'actualité de la théorie de "l'aiguilleur" et les révisions en France », *op.cit.* p. 149.

1550 ROUSSEAU (Dominique), et *alii, Droit du contentieux constitutionnel*, *op.cit.* p. 68.

1551 KOHLHAUER (Elsa), « L'actualité de la théorie de "l'aiguilleur" et les révisions en France », *op.cit.* p. 151.

1552 Voir la critique doctrinale sur l'usage courante de la révision constitutionnelle par voie parlementaire TAILLON (Patrick), *Le référendum expression directe de la souveraineté du peuple ? : Essai critique sur la rationalisation de l'expression référendaire en droit comparé*, *op.cit.* pp. 320 -336.

1553 Voir TROPER (Michel), « La souveraineté nationale appartient aux peuples français », *op. cit.* p. 954

S'il s'agit de consolider la justice constitutionnelle, c'est pour faire du pouvoir judiciaire « un véritable pouvoir au sein de l'État »[1554]. Or, la justice constitutionnelle « en tant que puissance dans l'État souffre du syndrome de l'oubli »[1555] en France[1556]. En d'autres termes, la théorie de la séparation de Montesquieu constitue toujours « une barrière infranchissable qui empêcherait d'ériger la justice en véritable pouvoir »[1557]. Comme l'indique Philippe Blachèr, le « dépassement du modèle révolutionnaire du tiers pouvoir »[1558] est de rigueur. Selon lui, « la position tierce du juge constitutionnel ne signifie sans doute pas que celui-ci n'exerce aucun pouvoir dans son office de *jurisdictio* »[1559]. Cette observation insiste sur l'idée que le « tiers pouvoir "juridictionnel" »[1560] n'est pas une instance chargée « d'appliquer mécaniquement la Constitution »[1561]. C'est pourquoi le statut du juge constitutionnel comme « contre-pouvoir juridictionnel »[1562] prend un relief particulier quant à la question du contrôle des lois de révision[1563]. L'examen des éléments de la controverse révèle que la France oscille toujours entre « l'instauration d'un véritable "pouvoir" et l'institution d'une « autorité » dont l'importance a progressivement reçu les suffrages de

---

1554 DJOGBENOU (Joseph), « L'ambiguïté statutaire du pouvoir judiciaire dans les Constitutions des Etats africains de tradition juridique française », in AÏVO (Frédéric Joël) », *La Constitution Béninoise du 11 décembre 1990 : un modèle pour l'Afrique ?* Mélanges en l'honneur de Maurice Ahanhanzo-Glélé, Etudes *africaines,* L'Harmattan, 2014, p. 482. Voir notamment ROZNAI (Yaniv), *Unconstiutional Constitutional amendments. The Limits of Amendments* Powers, Oxford Constitutional Theory, *op.cit.* pp. 178- 234.

1555 HOURQUEBIE (Fabrice), « La construction du pouvoir juridictionnel en France : quelques principes directeurs », in AHADZI-NONOU (Koffi), et alii, *Démocratie en questions* : Mélanges en l'honneur du professeur Théodore HOLO, Presses de l'Université Toulouse 1 Capitole, 2017, p.181

1556 Comme l'indique Tatiana Maslovskaya, à cet égard, « La primauté de la constitution suppose l'existence d'un mécanisme de sa protection. L'élément essentiel du mécanisme de la protection est la justice constitutionnelle. La doctrine française préfère parler de "contrôle de constitutionnalité"» ; MASLOVSKAYA (Tatiana), « Le contrôle de constitutionnalité en Biélorussie : analyse des évolutions récentes », *in* DANELCIUC-COLODROVSCHI (Natasa), *Évolutions et limites du contrôle de constitutionnalité : regards croisés entre les expériences françaises et est-européennes,* Presses Universitaires d'Aix-Marseille-PUAM, 2018, p. 13.

1557 HOURQUEBIE (Fabrice), « La construction du pouvoir juridictionnel en France : quelques principes directeurs », *op.cit.,* p. 184.

1558 BLACHER (Philippe), *Contrôle de constitutionnalité et volonté générale, op.cit.* p. 215.

1559 *Ibid.,* p. 215.

1560 Cette expression a été utilisée par BLACHER (Philippe), *Contrôle de constitutionnalité et volonté générale, op.cit.* p.216.

1561 BLACHER (Philippe), *Contrôle de constitutionnalité et volonté générale, op.cit.* p. 215.

1562 « L'impact du pouvoir exercé par les juges constitutionnels n'a rien d'automatique. Il découle d'efforts, parfois de haute lutte, de leur part » ; TUSSEAU (Guillaume), « Le pouvoir des juges constitutionnels », *in* TROPER (Michel), et *alii, Traité international de droit constitutionnel, tome 3, Suprématie de la Constitution,* Paris, Dalloz, 2012, p. 184.

1563 Pour une analyse comparable, voir ROUSSILLON (Henry), et *alii, Le Conseil constitutionnel, op.cit.* pp.142-145.

l'évolution »[1564]. Si les uns s'interdisent de proposer l'institutionnalisation « d'un véritable pouvoir juridictionnel » en France, d'autres expriment un tel souhait[1565]. Malgré les hésitations de la doctrine et l'absence de volonté politique, nous pensons qu'il y a une nécessité « d'instaurer un véritable pouvoir juridictionnel »[1566]. Pour le montrer, nous tenterons de rechercher certaines solutions en faveur du système français de justice constitutionnelle[1567] (§ 1). Ensuite, nous proposerons des arguments en faveur de l'institutionnalisation d'un véritable pouvoir juridictionnel[1568] (§ 2).

§ 1— Vers une nouvelle justice constitutionnelle ?

Nous pensons que la recherche de solutions en faveur du système français de justice constitutionnelle ne peut se limiter à l'examen du droit positif[1569]. Si « l'Histoire est l'une des clefs d'explication du développement contemporain du mode français de justice constitutionnelle »[1570], elle a été la source principale du refus du contrôle du Conseil constitutionnel[1571]. Sous la IIIe République, l'idée qu'un juge puisse vérifier la conformité des actes législatifs à la Constitution paraissait inadmissible[1572]. Cette méfiance reposait sur le refus de l'existence d'un contrepoids à l'action souveraine du Parlement[1573]. Si, par ailleurs, « la création du Conseil constitutionnel »[1574] s'est justifiée par une exigence de limitation de l'action du Parlement, la justice constitutionnelle est toujours en quête de légitimité[1575] Ainsi,

---

1564 DJOGBENOU (Joseph), « L'ambiguïté statutaire du pouvoir judiciaire dans les Constitutions des Etats africains de tradition juridique française », *op.cit.* p. 486.

1565 Voir l'analyse de HOURQUEBIE (Fabrice), « La construction du pouvoir juridictionnel en France : quelques principes directeurs », *op.cit.* pp.181-190.

1566 Voir HAMON (Léo), *Les juges de la loi. Naissance et rôle d'un contre-pouvoir : le Conseil constitutionnel, op.cit.*, pp. 247-273.

1567 Voir les analyses avancées sur la « transformation du Conseil constitutionnel en Cour constitutionnelle », par ROUSSEAU (Dominique), *Radicaliser la démocratie. Propositions pour une refondation*, Paris, 2015, éditions du Seuil, pp.190-195.

1568 Peut-on penser à une nouvelle justice constitutionnelle en France capable de contrôler les actes du pouvoir constituant dérivé ?

1569 Voir sur ce point DRAGO (Guillaume), *Contentieux constitutionnel français, op.cit.* pp. 141-177 ; FAVOREU (Louis) *et alii, Droit constitutionnel*, Précis, Dalloz, 2016, *op.cit.* pp.304- 329.

1570 DRAGO (Guillaume), *Contentieux constitutionnel français*, *op.cit.* p. 139.

1571 Voir en ce sens les analyses avancées par TROPER (Michel), « La souveraineté nationale appartient aux peuples français », *op.cit.* pp. 947-958.

1572 FAVOREU (Louis) *et alii, Droit constitutionnel*, *op.cit.* p. 309.

1573 Voir DRAGO (Guillaume), *Contentieux constitutionnel français*, *op.cit.* p. 139.

1574 FAVOREU (Louis) *et alii, Droit constitutionnel*, *op.cit.* p. 329.

1575 *Ibid.*, p. 329.

l'introduction de la question prioritaire de constitutionnalité a marqué une étape nouvelle dans son développement en France[1576].

Toutefois, il n'y a pas matière à nier la présence d'un nouveau légicentrisme[1577], ce qui suppose que l'image réductrice du Conseil constitutionnel, « juge bouche de la loi », plane sur tous les débats relatifs à son caractère juridictionnel[1578]. Avec une telle agitation autour du Conseil constitutionnel, il convient de revisiter les arguments avancés en faveur du système français de justice constitutionnelle[1579]. Comme l'écrit Dominique Rousseau, « l'implantation réussie du Conseil constitutionnel »[1580] dans l'ordre juridique n'a cessé de faire l'objet de cas d'école[1581]. Ainsi que l'a parfaitement démontré Norberto Bobbio, il existe un écart entre la représentation théorique de la notion de « légitimité » [1582] et l'existence d'un pouvoir juridictionnel. La légitimation du système français de justice constitutionnelle pose toujours des difficultés sur le plan doctrinal[1583]. À cet égard, nous assistons à une sorte de « mutation de l'ordre politique et de l'ordre juridique »[1584] qui peut conduire à l'instauration de la publication des « opinions différentes »[1585] des juges constitutionnels[1586]. Nous employons cette expression pour désigner la faculté qu'ont les juges constitutionnels d'autres systèmes juridiques de rédiger une opinion contraire à celle de la décision majoritaire[1587]. Il s'agit de la pratique des « opinions dissidentes » bien connue dans le système juridique américain. Mais qui, en France, suscite des réticences[1588]. Pour sa part, Georges Vedel compare la publicité des opinions différentes au Conseil constitutionnel à « un spectacle qui aurait sa place à la télévision entre le " Face - à face" et la " Roue de la

---

1576 Voir les analyses avancées par CASTÉRA (Pierre), *Les professeurs de droits membres du Conseil Constitutionnel*. Droit. Université de Bordeaux, 2015, p. 21.

1577 Voir les analyses avancées par ROZNAI (Yaniv), *Unconstiutional Constitutional amendments. The Limits of Amendments* Powers, Oxford Constitutional Theory, *op.cit.* pp. 171- 234.

1578 Voir en ce sens HOURQUEBIE (Fabrice), « La construction du pouvoir juridictionnel en France : quelques principes directeurs », *op. cit.* p.184.

1579 FAVOREU (Louis) *et alii, Droit constitutionnel*, *op.cit.* p. 329.

1580 ROUSSEAU (Dominique), et *alii*, *Droit du contentieux constitutionnel*, *op.cit.*, p.33.

1581 Voir CASTÉRA (Pierre), *Les professeurs de droits membres du Conseil Constitutionnel*, *op.cit.* p. 21.

1582 BOBBIO Norberto, « Sur le principe de légitimité », *op.cit.*, p. 147.

1583 Voir CASTÉRA (Pierre), *Les professeurs de droits membres du Conseil Constitutionnel. op. cit*, p. 58.

1584 FAVOREU (Louis) *et alii, Droit constitutionnel*, *op.cit.* p. 294.

1585 On emprunte cette expression de JOXE (Pierre), *Cas de conscience*, Labor, et Fides, 2010, p. 219.

1586 MASTOR (Wanda), *Les opinions séparées des juges constitutionnels*, *op.cit.* p.28.

1587 *Ibid.*, p.16.

1588 *Ibid.*, pp. 16- 24.

fortune " »[1589]. En effet, cette pratique empêcherait l'élaboration d'un consensus entre les membres de la juridiction constitutionnelle. Quant à François Luchaire, il souligne les effets néfastes de l'instauration des opinions dites « différentes » au Conseil constitutionnel[1590], qui d'ailleurs irait à l'encontre du principe du secret des délibérations. Comme l'écrit Georges Vedel, « à qui voudrait porter malheur au Conseil, j'offre deux recettes infaillibles : la première serait de confier au Conseil l'élection de son président (…), l'autre recette, celle de l'admission des opinions dissidentes serait encore plus foudroyante »[1591]. Certains juristes, cependant, approuvent cette pratique juridictionnelle[1592] : pour Dominique Rousseau et Pierre Joxe,[1593] elles permettraient aux « juges constitutionnels minoritaires » de faire connaître leur argumentation, comme c'est le cas à la Cour suprême américaine[1594]. Dominique Rousseau relativise les arguments des opposants à la nécessité d'instaurer des opinions différentes au Conseil constitutionnel[1595] : l'admission des opinions dissidentes conduirait nécessairement à « la confrontation des interprétations supportées par un énoncé juridique (…) pour parvenir à une décision »[1596].

En définitive, la publication d'une voix discordante nuance la thèse du caractère politique des décisions du Conseil constitutionnel[1597]. Ainsi, instaurer des opinions différentes ne constitue pas un instrument contre la juridiction constitutionnelle, comme l'atteste le cas allemand[1598]. Autrement

---

[1589] VEDEL (Georges), Préface in ROUSSEAU (Dominique), et *alii*, *Droit du contentieux constitutionnel, op.cit.*, p.15.
[1590] LUCHAIRE (François), VEDEL (Georges), « La transposition des opinions dissidentes en France est-elle souhaitable ? " Contre" : le point de vue de deux anciens membres du Conseil constitutionnel » *in Contributions au débat sur les opinions dissidentes dans les juridictions constitutionnelles, Les Cahiers du Conseil constitutionnel,* n°8, 2000, p. 111.
[1591] VEDEL (Georges), Préface in ROUSSEAU (Dominique), et *alii*, *Droit du contentieux constitutionnel, op.cit.*, p.15.
[1592] MASTOR (Wanda), *Les opinions séparées des juges constitutionnels*, *op.cit.* p.170.
[1593] ROUSSEAU (Dominique), « Pour : une opinion dissidente en faveur des opinions dissidentes », *in Contributions au débat sur les opinions dissidentes dans les juridictions constitutionnelles, Les Cahiers du Conseil constitutionnel,* n°8, 2000, p. 113.
[1594] Voir les analyses avancées par MASTOR (Wanda), *Les opinions séparées des juges constitutionnels*, *op.cit.* pp.170- 183.
[1595] ROUSSEAU (Dominique), « Pour les opinions dissidentes », *in* Mélanges Patrice GELARD, Montchrestien, 2000, Paris, p. 325.
[1596] *Ibid.*, p. 327.
[1597] Voir en ce sens les propos retenus par TROPER (Michel », en faveur des opinions dissidentes dans sa participation à la Table ronde sur le thème « Faut-il réformer le Conseil constitutionnel ? », *in Le Conseil constitutionnel a 40 ans,* LGDJ, 1999, pp.179-192.
[1598] Lire à ce sujet les analyses avancées par FREIXES (Teresa), « Contributions au débat sur les opinions dissidentes dans les juridictions constitutionnelles, en Espagne », *in Les Cahiers du Conseil constitutionnel*, n°8, 2000, p. 94 ; TROCSANYI (Laszlo), HORVATH (Alexandra), « Contributions au débat sur les opinions séparées dans les juridictions constitutionnelles, En Hongrie », *in Les Cahiers du Conseil constitutionnel*, n°8, 2000, p.

dit, cette pratique peut conduire à la mise en place d'une responsabilisation des juges constitutionnels devant le peuple[1599]. De plus, elle garantirait l'indépendance de membres du Conseil constitutionnel[1600]. Cependant, si cette pratique éclaire les motivations de « certaines décisions de constitutionnalité »[1601], il faut reconnaître qu'elle a des conséquences sur la réflexion doctrinale et sur l'exercice du pouvoir de révision.

§ 2— Institutionnalisation d'un véritable pouvoir juridictionnel ?

La construction d'un pouvoir juridictionnel sous la Ve République a été longuement discutée par Fabrice Hourquebie[1602]. À ce stade de la réflexion, nous sommes tout naturellement conduits à constater que l'autorité judiciaire use aujourd'hui d'une sémantique dépassée[1603]. Si l'effacement du pouvoir judiciaire semble être durablement inscrit dans la pensée constitutionnelle, se développe le pouvoir normatif du juge constitutionnel[1604]. Wanda Mastor considère à cet égard qu'il ne faut plus penser à la théorie de la séparation des pouvoirs comme au temps de Montesquieu afin d'admettre une consécration d'un pouvoir juridictionnel[1605].

Cependant, il convient de souligner que « la définition de la fonction juridictionnelle » donnée « par la doctrine de la séparation des pouvoirs »[1606] empêche toujours l'instauration d'un contre-pouvoir juridictionnel[1607]. C'est pourquoi le lien entre le problème du contrôle des lois de révision et la

---

104 ; ZAGREBELSKY (Gustavo), « Contributions au débat sur les opinions dissidentes dans les juridictions constitutionnelles, en Italie », *in Les Cahiers du Conseil constitutionnel, n° 8*, 2000, p. 107.

1599 ROUSSEAU (Dominique), « Pour : une opinion dissidente en faveur des opinions dissidentes, Contributions au débat sur les opinions dissidentes dans les juridictions constitutionnelles », *in Les Cahiers du Conseil constitutionnel*, n° 8, 2000, p. 113.

1600 THOMAS (Julien), *L'indépendance du Conseil constitutionnel, op.cit.* p. 446.

1601 MASTOR (Wanda), *Les opinions séparées des juges constitutionnels, op.cit.* p. 289.

1602 HOURQUEBIE (Fabrice), *Sur l'émergence du contre-pouvoir juridictionnel sous la Ve République, op.cit.* pp. 20- 85.

1603 Voir ce sens TROPER (Michel), « La Ve République et la séparation des pouvoirs », *in Droits*, n°43, 2006, p. 34.

1604 Plus précisément, l'argumentaire classique sur la conception minimaliste du juge constitutionnel « bouche de la loi » révisant la Constitution qui découlerait de l'œuvre de Montesquieu aurait été scrupuleusement reproduit à la Révolution, matérialisant ainsi « la conception française de la séparation des pouvoirs ».

1605 MASTOR (Wanda), « Plaidoyer pour le gouvernement des juges », *op.cit.* p.64.

1606 TROPER (Michel), *La séparation des pouvoirs et l'Histoire constitutionnelle française* [1973], Paris, L.G.D.J, 1980, p. 43

1607 ROBLOT-TROIZIER (Agnès), « Un concept moderne : la séparation des pouvoirs et contrôle de la loi », *op.cit.* pp.89 -93. C'est nous qui soulignons

séparation des pouvoirs a été fortement discuté par la doctrine[1608]. Si le principe de la séparation des pouvoirs a été perçu par les révolutionnaires de 1789 comme un moyen d'éradiquer les pouvoirs, il serait interdit au Conseil constitutionnel de contrôler les lois révisant la Constitution[1609]. Pour certains auteurs, le rôle du juge, tel que le perçoit Montesquieu, empêche au Conseil constitutionnel de contrôler les actes du pouvoir de révision[1610]. En revanche, d'autres considèrent que les discours sur la justification du refus du contrôle des lois de révision par le principe même de la séparation des pouvoirs révèlent une grande diversité teintée d'incertitude[1611]. Il faut ajouter que l'instauration d'un pouvoir juridictionnel « s'insère en réalité parfaitement dans une théorie de la séparation des pouvoirs revisitée »[1612].

Rappelons aussi que l'existence du pouvoir normatif du juge constitutionnel est confirmée. C'est ainsi que, selon Philippe Raynaud, « la Constitution n'est pas seulement la loi posée par le peuple, mais aussi un droit dont le sens est progressivement découvert par le juge constitutionnel »[1613]. Par conséquent, il incomberait à ce dernier d'adapter la Constitution aux exigences de son temps. Louis Favoreu estime à ce sujet qu'« une Constitution (...) trop rigide constitue potentiellement un danger pour la démocratie, car elle appelle des changements brutaux »[1614]. Ainsi, le processus d'adaptation de la Constitution aux nouvelles exigences contemporaines de la société pourrait être assuré par le juge constitutionnel[1615]. Ce point de vue est partagé par Dominique Rousseau, pour qui le Parlement est une représentation du peuple[1616]. Cela dit, le Conseil constitutionnel peut assurer « la mise en représentation de la

1608 Voir dans le même sens BAUME (Sandrine), FONTANA (Biancamaria), « La séparation des pouvoirs : sens d'exigence juridico-politique" », *in* BAUME (Sandrine), et alii, *Les usages de la séparation des pouvoirs,* MICHEL HOUDIARD éditeur, Paris, 2008.

1609 Voir dans le même sens les analyses avancées par BONNET (Julien), *Le juge ordinaire français et le contrôle de la constitutionnalité des lois : analyse critique d'un refus, op.cit.* p. 253.

1610 ROBLOT-TROIZIER (Agnès), « Un concept moderne : la séparation des pouvoirs et contrôle de la loi », *op.cit.* p. 89.

1611 Voir les analyses avancées par HAMON (Léo), *Les juges de la loi. Naissance et rôle d'un contre-pouvoir : le Conseil constitutionnel, op.cit.,* pp. 247-273.

1612 ROBLOT-TROIZIER (Agnès), « Un concept moderne : la séparation des pouvoirs et contrôle de la loi », *op.cit.* p.92.

1613 RAYNAUD (Philippe), *Le juge et le philosophe. Essais sur le nouvel âge du droit.* Paris, Armand Colin, Coll. « Le temps des idées », 2009, p.78.

1614 FAVOREU (Louis), « La légitimité du juge constitutionnel », *op.cit.* p.570.

1615 Voir RIBES (Didier), « Le réalisme du Conseil constitutionnel », *in Les cahiers du Conseil constitutionnel,* n° 22, 2007, p.13.

1616 ROUSSEAU (Dominique), « La jurisprudence constitutionnelle : quelle "nécessité démocratique" ? », *in* GRAGO (Guillaume), *et alii, La légitimité de la jurisprudence du Conseil constitutionnel, op.cit.* p. 368.

représentation »[1617]. En effet, l'incertitude de la représentation, sous la Ve République, concerne également le juge constitutionnel[1618]. L'analyse précédente démontre que la soumission des lois de révision au contrôle ne changerait aucunement « le mode représentatif de la production de la loi, car le juge constitutionnel serait lui-même un représentant qui n'aurait qu'un rôle d'aiguilleur entre les formes constitutionnelles, législatives et réglementaires de la norme »[1619]. Toutefois, certains soutiennent que l'admission d'un tel contrôle par le juge constitutionnel constitue « une régression démocratique »[1620]. Au-delà de cette controverse, chaque fois que l'établissement d'un troisième pouvoir a été pensé dans la doctrine, « chez l'Abbé Sieyès et Benjamin Constant, la même question revient sans cesse sous la forme d'une crainte : le gouvernement des juges »[1621].

1617 *Ibid.*, p.368.

1618 BRUNET (Pierre), *Vouloir pour la nation. Le concept de représentation dans la théorie de l'Etat*, Paris, PU Rouen-LGFJ-Bruylant, 2004, p.338.

1619 ROUSSEAU (Dominique), « La démocratie continue, un contre-sens qui fait sens », *op.cit.* p.7.

1620 *Ibid.*, p. 7.

1621 Voir les analyses avancées par TROPER (Michel), « Quelques remarques à propos de l'analyse de Dominique Rousseau », *in* GRAGO (Guillaume) et alii, *La légitimité de la jurisprudence du Conseil constitutionnel*, Paris, Economica, 1999, pp. 377-380 ; ROUSSEAU (Dominique), « Réponse à Michel Troper » *in* GRAGO (Guillaume) *et alii, La légitimité de la jurisprudence du Conseil constitutionnel*, Paris, Economica, 1999, pp. 380-382.

CONCLUSION DU TITRE 2

Ce titre nous a permis de comprendre et de relativiser la thèse de la transformation du contrôle des lois de révision en une oligarchie de juges constitutionnels. L'hypothèse de l'admission de ce contrôle paraît plus vraisemblable en raison du caractère limité du pouvoir de révision « au texte constitutionnel initial »[1622]. Toutefois, les justifications avancées à l'appui de l'ouverture d'un contrôle des lois de révision ne sont pas exhaustives[1623]. Si certains auteurs considèrent le Conseil constitutionnel comme une véritable juridiction[1624], d'autres lui refusent une telle qualification[1625] Or, la discussion persiste parce qu'il existe un problème général sur la nature du Conseil constitutionnel[1626]. L'argument le plus cinglant qui a été avancé à l'encontre du principe d'un contrôle des lois révisant la Constitution est que les décisions du Conseil constitutionnel ne sont pas celles d'un « organe bénéficiant de l'onction élective »[1627]. Donc, pour soumettre les lois de révision, il faut revaloriser la légitimité du juge constitutionnel : elle passe par la théorie de l'aiguilleur. Par ailleurs, nous avons invoqué dans ce titre des arguments à l'appui de la contestation du mode de désignation des membres du Conseil constitutionnel. On constate que le refus du contrôle ne repose pas uniquement sur l'absence de fondement textuel, mais aussi sur le manque de légitimité démocratique du Conseil constitutionnel[1628]. En conséquence, les arguments avancés pour légitimer la justice constitutionnelle sont insuffisants pour soumettre les lois de révision au contrôle de constitutionnalité.

1622 GREWE (Constance), « Le contrôle de constitutionnalité des lois constitutionnelles en Bosnie- Herzégovine », *op.cit.* p. 32.

1623 CHIROUX (René) « Faut-il réformer le Conseil ? », in *Pouvoirs,* n° 13, 1980, pp.101-116.

1624 RICHER (Isabelle), *Le Président de la République et le Conseil constitutionnel, op.cit.* p.5.

1625 LUCHAIRE (François », « Le Conseil constitutionnel est-il une juridiction ? », *op.cit.* p. 30.

1626 Voir AVRIL (Pierre) et alii, *Le Conseil constitutionnel,* 5e éd., Clefs Politique, Paris, Montchrestien, 2005, p.65.

1627 THOMAS (Julien), *L'indépendance du Conseil constitutionnel, op.cit.* p.137.

1628 Voir TROPER (Michel), « La souveraineté nationale appartient aux peuples français », *op.cit.* pp. 947-958.

CONCLUSION DE LA SECONDE PARTIE

Au terme de cette partie, l'analyse montre que la consécration d'un contrôle minimal des lois de révision ne fait aucunement du juge constitutionnel « un souverain »[1629]. Le juge constitutionnel n'exprime qu'une opinion ; il ne se substitue pas au pouvoir de révision en interprétant la Constitution. Cela nous conduit à relativiser les enjeux de l'ouverture d'un contrôle de constitutionnalité aux lois de révision votées en Congrès par le juge constitutionnel. Dans cette perspective, le choix du critère matériel de la Constitution apparaît comme l'instrument déterminant de la limitation du pouvoir de révision. Nous pensons que l'admission du contrôle des actes du pouvoir de révision ne signifie pas nécessairement que ledit pouvoir « n'est pas souverain du tout », comme l'estiment certains auteurs sous l'influence de Georges Vedel[1630]. Contrairement aux opposants au contrôle, pour nous la souveraineté du pouvoir de révision est relative, car elle peut être tempérée par le respect des exigences de l'État de droit. Il apparaît donc que le pouvoir de révision « est un pouvoir constitué » d'une relative souveraineté ; son appréciation dépend de la conception que l'on admet de la Constitution. D'ailleurs, si l'on retient que le droit constitutionnel est « rationnel », il ne serait guère surprenant que le Conseil constitutionnel puisse admettre sa compétence en faveur d'un contrôle des lois révisant une règle ou un principe inhérent au noyau constitutionnel identitaire de la France. Il convient donc de considérer la consécration d'un contrôle minimal des actes du pouvoir de révision comme un mécanisme supplémentaire de la garantie de l'État de droit[1631] qui ne serait ni « sacrilège »[1632] ni « un crime de lèse-constituant »[1633] : il serait plutôt utile pour le renforcement du

---

1629 Voir en ce sens BEAUD (Olivier), « Le Souverain », *op.cit.* p. 38.

1630 Voir CAMBY(Jean-Pierre), « Supra-constitutionnalité : la fin d'un mythe », *op.cit.* p. 672.

1631 Voir en ce sens MIRANDA (Jorge), « Le contrôle et les limites de la révision de la Constitution », *op.cit.* p.445.

1632 On emprunte cette terminologie à Claude Klein respectivement dans KLEIN (Claude), « Le contrôle des lois constitutionnelles-Introduction à une problématique moderne », *op.cit.* p. 12.

1633 Comme le note d'ailleurs Carl Schmitt, « les lois constitutionnelles n'ont de validité que sur le fondement de la Constitution et présupposent une Constitution », SCHMITT (Carl), *Théorie de la Constitution*, *op.cit.* p.152.

« constitutionnalisme français »[1634] et de la démocratie[1635]. Toutefois, au regard de la tradition juridique française et du degré de conscience politique, la possibilité de contrôle les lois de révision semble faible, car elle peut être perçue comme une remise sous tutelle de la volonté exprimée par le pouvoir constituant.

[1634] On emprunte cette expression de Mauro Barberis respectivement dans : BARBERIS (Mauro), « Idéologies de la Constitution-Histoire du constitutionnalisme », *op.cit.* pp.126.

[1635] Voir dans le même sens SOMA (Abdoulaye), « Le contrôle de constitutionnalité des lois constitutionnelles en Afrique noire francophone », *op.cit.* p. 627.

CONCLUSION GÉNÉRALE

Au terme de cette présente thèse, il ressort que la nécessité de soumettre les actes du pouvoir de révision au contrôle du juge constitutionnel demeure un thème récurrent chez les constitutionnalistes français du XXIe siècle. Notre travail a eu comme ambition de rendre compte des enjeux du contrôle des lois de révision de la Constitution en France. Il manquait, en effet, une étude plus détaillée mettant en lumière les techniques juridiques permettant d'en mesurer les risques. C'est ce vide que nous avons essayé de combler. Pour cela, nous avons analysé la jurisprudence du Conseil constitutionnel et la doctrine sur la question du contrôle des lois de révision. L'analyse de la littérature juridique relative à la question du statut du pouvoir de révision a montré l'existence d'une opposition radicale entre deux thèses – chacune accuse l'autre de receler les enjeux à la fois pratiques et théoriques d'un éventuel contrôle des actes dudit pouvoir.

Au cours de l'analyse, nous avons mis en lumière les raisons pour lesquelles les partisans d'un pouvoir de révision sans limites accusent les tenants du contrôle « de prendre trop au sérieux l'idée que le juge ne ferait qu'appliquer la Constitution »[1636]. En d'autres termes, ils pensent que les risques d'un contrôle par le juge conduisent à l'acceptation d'un gouvernement des juges[1637]. Toutefois, leurs contradicteurs estiment qu'ils prêtent trop d'importance à l'idée que le pouvoir de révision exprime véritablement la volonté du souverain. Les défenseurs du contrôle soulignent que « le juge est là pour s'assurer que les représentants des citoyens ne sortent pas de leurs compétences dans l'exercice du pouvoir »[1638]. Cette controverse se poursuit sur le terrain de la démocratie entre les auteurs qui soutiennent la dualité et ceux qui défendent l'identité de nature entre les deux pouvoirs constituants. Notre recherche révèle que la vision unitaire du pouvoir constituant a une conséquence évidente : « le maintien du caractère souverain du pouvoir constituant originaire pour le pouvoir de révision »[1639].

1636 LE PILLOUER (Arnaud), « Le pouvoir de révision », *op.cit.* p. 61.
1637 Voir en ce sens la question « comment les juges gouvernent-ils » ; MASTOR (Wanda), « Plaidoyer pour le gouvernement des juges », *op. cit.*, pp.69- 70.
1638 LE PILLOUER (Arnaud), « Le pouvoir de révision », *op.cit.* p. 63.
1639 MEINDL (Thomas), *La notion de droit fondamental dans les jurisprudences et doctrines constitutionnelles françaises et allemandes*, *op.cit.*, p. 451.

C'est pourquoi les réflexions sur l'impossible dépassement du caractère souverain du pouvoir constituant font l'objet de la première partie.

Le caractère illimité du pouvoir de révision a été soutenu par une bonne partie de la doctrine sous l'influence de Georges Vedel. Celle-ci considère que le pouvoir de révision « est l'expression de la souveraineté dans toute sa plénitude »[1640]. Cette assimilation entre pouvoir de révision et pouvoir constituant originaire a été confortée par le Conseil constitutionnel dans sa décision du 2 septembre 1992. Il avait doublement consacré les deux pouvoirs constituants « comme l'envers et le revers d'une même médaille »[1641]. Dans la deuxième partie, les avantages et les risques de l'admission d'un contrôle des lois de révision ont été analysés avec l'appui notamment de juges constitutionnels indiens, allemands, italiens. Ces derniers ne s'opposent pas véritablement à la volonté du pouvoir constituant, car ils se contentent de lui indiquer le cadre de la loi pour opérer les réformes.

Il n'est plus aujourd'hui permis de penser comme autrefois que le pouvoir de révision ne peut pas être contrôlé. La nécessité d'un droit régressif des violations des limites formelles et matérielles s'inscrit parfaitement dans la logique du constitutionnalisme. Les objections entendues à l'admission d'un contrôle des lois de révision ne sont pas définitives. Pour comprendre la portée des décisions de constitutionnalité des actes du pouvoir de révision, il fallait s'intéresser au fondement matériel et axiologique du principe de l'État de droit. Il suppose un rôle éminent de protection de l'ordre constitutionnel contre les agissements illicites du pouvoir de révision. Nous estimons que les thèses en faveur du pouvoir de révision illimité sont discutables. L'instrumentalisation du caractère souverain du pouvoir constituant ne doit pas faire illusion, car la démocratie n'est pas une explication juridique infranchissable pour le juge constitutionnel. Ainsi, celui-ci est forcément conscient que les justifications à son refus du contrôle des lois de révision de la Constitution sont discutables. Dès lors, la conception électorale de la démocratie permet de comprendre pourquoi certains refusent d'admettre le contrôle des lois de révision par le juge. Donc si le Conseil constitutionnel refuse de recevoir cette charge, c'est parce qu'il ne veut pas se prendre pour le pouvoir constituant. En d'autres termes, le Conseil constitutionnel subit le poids d'un environnement doctrinal préservant le légicentrisme.

1640 VEDEL (Georges), « Schengen et Maastricht », *op.cit. p.* 179.

1641 Voir KAMARA (Mactar), « Supra-constitutionnalité et exercice du pouvoir constituant dérivé », *op.cit.* p.1443.

Sur le plan théorique, l'identification des différentes justifications du refus du contrôle a permis de relativiser le caractère souverain du pouvoir de révision au nom du respect de l'État de droit.

Sur le plan du droit positif, aucune obligation juridique définitive n'interdit la possibilité d'un contrôle des lois de révision. Si on laisse de côté le cas très particulier de l'auto-habilitation de certains juges constitutionnels dans les États africains francophones, les exemples les plus classiques sont à trouver parmi les grandes Cours européennes. Il en est ainsi en Allemagne, en Italie et en Autriche. Dans ces États, la juridiction constitutionnelle s'est reconnue compétente pour contrôler les actes du constituant dérivé sur le fondement du contrôle général de constitutionnalité des lois.

Toutefois, la position du Conseil constitutionnel montre que le pouvoir de révision est véritablement souverain, pour ne pas dire illimité. Si ce dernier considère n'avoir pas d'intérêt à contrôler les actes provenant du pouvoir constituant, qu'il soit originaire ou bien dérivé, sa position est critiquable, car il néglige le respect des exigences de l'État de droit. Au nom de la garantie des exigences de l'ordre constitutionnel, il est impératif que le Conseil constitutionnel revienne sur son incompétence. La démarche entreprise dans cette recherche a permis de mieux comprendre pourquoi le Conseil constitutionnel ne contrôle pas la constitutionnalité des lois de révision de la Constitution. Peu importe que l'admission du contrôle soit pour partie le fruit de notre puissance imaginative, force est de constater que thèse la plus répandue est qu'il n'existe pas en l'état actuel de fondements constitutionnels en sa faveur. Tous les arguments effectivement utilisés pour remettre en cause la légitimité du contrôle des lois de révision par le juge constitutionnel sont discutables. Or, la plupart acceptent de voir le Conseil constitutionnel comme « gardien » de la Constitution.

Il est possible de conclure que la justiciabilité des lois de révision exige d'être attentif aux dérives qui peuvent se produire par l'excès du pouvoir du juge contrôleur. Ouvrir un débat sur ce sujet est indispensable. Nous considérons que l'admission du contrôle des lois de révision au nom de l'État de droit n'est qu'une composante de la démocratie. De toute évidence, la justiciabilité des lois de révision soulève d'importantes difficultés, matérialisées dans l'objection entre les principes de l'État de droit et de la démocratie. L'admission d'un contrôle des lois de révision conduirait automatiquement à la consécration d'un point de vue nouveau sur l'État de droit qui serait très différent de la conception actuelle des rapports entre justice constitutionnelle et pouvoir de révision.

Nous soutenons dans cette thèse que « réviser la Constitution est le travail d'un pouvoir institué qui a reçu cette compétence du pouvoir constituant originaire. Le premier est donc subordonné au second »[1642]. De cette idée, il ressort clairement que même si le pouvoir de révision est souverain, il n'est pas soustrait dans son exercice au respect de certaines prescriptions constitutionnelles[1643]. Rien n'interdit à l'État de sortir du registre de l'État de droit au nom de la souveraineté ; car « un peuple a toujours le droit de revoir, réformer et de changer sa Constitution ». Nous rappellerons que même si le juge constitutionnel ne bénéficie pas comme le Parlement d'une légitimité démocratique lui permettant de contrôler les lois révisant la Constitution, il joue un rôle politique indéniable et prudent pour écarter l'accusation du gouvernement des juges[1644].

En définitive, la doctrine dans sa majorité considère que l'exercice du contrôle des lois de révision par le juge constitutionnel est formellement impossible au regard du droit positif. On peut alors se demander si la limitation du pouvoir par le pouvoir peut s'appliquer au pouvoir constituant dérivé. La doctrine est divisée sur certains points : comme la définition du rôle du juge, la conception de la séparation des pouvoirs, des concepts de souveraineté, de supra-constitutionnalité, d'identité constitutionnelle, de Constitution, du constitutionnalisme, de démocratie, de l'État de droit et du pouvoir constituant. Cela rend le débat complexe, car nous avons mesuré combien il était difficile de soutenir le contrôle des actes du pouvoir constituant dérivé dans un État de droit sous l'influence de la conception rousseauiste de la souveraineté et du légicentrisme. En tout état de cause, la recherche que nous avons menée a révélé deux choses :

D'une part, le refus du contrôle des lois de révision ne manque pas d'arguments sérieux aussi bien doctrinaux que jurisprudentiels ; et d'autre part, ces arguments et les obstacles qu'ils dressent au contrôle des lois de révision ne peuvent en définitive l'emporter sur la justiciabilité de ces lois.

Voilà pourquoi la justiciabilité des actes du pouvoir constituant dérivé apparaît comme une dimension, peut-être nouvelle, de l'État de droit. Nous soutenons que l'instauration du contrôle des lois de révision de la Constitution, revendiquée par une partie de la doctrine, ne constitue pas une remise en cause des principes démocratiques. À l'inverse, le refus du contrôle semble aléatoire quant au respect de l'État de droit.

1642 ROUSSEAU (Dominique) et *alii*, *Droit du contentieux constitutionnel*, *op.cit.*, p. 161.

1643 *Ibid.*, p.161.

1644 Voir les analyses avancées par BEAUD (Olivier), « Où va le droit (constitutionnel) ? », *op.cit.* pp. 1770- 1773.

BIBLIOGRAPHIE

(*La bibliographie ne prétend pas être exhaustive.*)

1. Ouvrages généraux

ALLAND (Denis), RIALS (Stéphane), (Dir). *Dictionnaire de la culture juridique*, Lamy, PUF, 2003.

ARDANT (Philipe) et MATHIEU (Bertrand), *Droit constitutionnel et institutions politiques*, Paris, LGDJ, 27 ᵉ édition, 2015, 572 p.

AVRIL (Pierre), Le *Conseil constitutionnel,* Montchrestien, Clefs politique, 5ᵉ édition, 2005,

AVRIL (Pierre), et alii, *Lexique de droit constitutionnel*, PUF, Que-sais-je ?, 2003

BARANGER (Denis), *Le droit constitutionnel,* PUF, Que-sais-je ?, 4ᵉ édition, 2009,

BARTHÉLÉMY (Joseph) et DUEZ (Paul), *Traité de droit constitutionnel,* Paris, LGDJ, 955 p. (réed.2004, Panthéon–Assas), préf. d'origine de 1926.

BLACHER (Philippe), *Droit constitutionnel*, Hachette, Supérieur, 2007

BURDEAU (Georges), *Droit constitutionnel et institutions politiques*, LGDJ, 1972,

BURDEAU (Georges), *Traité de science politique*, tome IV, Le statut du pouvoir dans l'Etat, LGDJ, 1984, pp.179- 201.

CARBONNIER (Jean), Sociologie juridique, PUF, Quadrige, 2ᵉ édition, 2003

CARCASSONNE (Guy), *La Constitution, Paris, Seuil,* 11ᵉ édition, 2013, 465p.

CARRE DE MALBERG (Raymond), *Contribution à la théorie générale de l'Etat,* Paris, édition du CNRS, rééd. 2003, 1525p.

CHAGNOLLAUD (Dominique), *Droit constitutionnel contemporain*, Tome 1 « Théorie générale – Les régimes étrangers », 9ᵉ édition, 2017,

CHANTEBOUT (Bernard), *Droit constitutionnel,* 32ᵉ édition, 2015,

COHENDET (Marie-Anne), *Droit constitutionnel,* Paris, 2017, LGDJ, collection « Cours », p.861

CONSTANTINESCO (Vlad) et alii, *Droit constitutionnel*, Paris, PUF, coll. Thémis, 6e éd., 2013, 535 p.

CORNU (Gérad), *Vocabulaire juridique,* PUF, Quadrige, 7e édition, 2005

DE VILLIERS (Michel) et *alii, Dictionnaire de droit constitutionnel*, 11e éd., Paris, Sirey, 2017,

DEBARD (Thierry), *Dictionnaire de droit constitutionnel*, ellipses, 2e éd., 2007,

DRAGO (Guillaume), *Contentieux constitutionnel français*, Paris, P.U.F, 3e éd., Coll. Thémis, 2011.

DUGUIT (Léon), *Traite de droit constitutionnel, Sirey,* Volume 3, 3e édition, 1930, 856 p.

DUVERGER (Maurice), *Manuel de droit constitutionnel et de science politique*, Paris, PUF., 5e éd., 1948,

FAVOREU (Louis) et alii, *Droit constitutionnel*, Paris, Dalloz, coll. Précis, 17e éd., 2015, 1100 p.

GICQUEL (Jean) et alii, *Droit constitutionnel et institutions politiques, Paris, Montchrestien, coll. « Précis Domat droit public »*, 28e édition, 2013, 829 p.

HAMON (Francis) et TROPER (Michel), *Droit constitutionnel*, Paris, LGDJ, 35e édition, 2014,798 p.

HAURIOU (Maurice), *Précis de droit constitutionnel*, Paris, Sirey, 1923, et 2e édition, 1929

MATHIEU (Bertrand), et VERPEAUX (Michel), *Droit constitutionnel*, Paris, PUF, coll. droit fondamental, 2004, 791 p.

MATHIEU (Bertrand), et VERPEAUX (Michel), *Contentieux constitutionnel des droits fondamentaux*, LGDJ, 2002,

MORABITO (Marcel), *Histoire constitutionnelle de la France de 1789 à nos jours,* Montchrestien, 15e édition, 2018

PACTET (Pierre) et alii, *Droit constitutionnel*, Paris, Dalloz, 33e éd., 2014, 654 p. 635

ROUSSEAU (Dominique), *Droit du contentieux constitutionnel*, Paris, LGDJ, coll. Domat droit public, 2013, 10e éd., 584 p.

ROUVILLOIS (Frédéric), *Droit constitutionnel,* Paris, Flammarion, coll. Champs université, Tome 1. Fondements et pratiques, 3e éd., 2011, 366 p.,

VERPEAUX (Michel), *Droit constitutionnel français*, Paris, PUF, coll. droit fondamental, 2013, 602 p.

LUCHAIRE (François), *Le Conseil constitutionnel,* Economica, Paris, 1980, 435 p.

FRAISSEIX (Patrick), *Droit constitutionnel,* Paris, Vuibert, 2013, 411 p.

TROPER (Michel), et alii, *Traité international de droit constitutionnel, Tome 3, Suprématie de la Constitution*, Dalloz, 2012

TURPIN (Dominique), *Contentieux constitutionnel*, PUF, Droit fondamental, 2e édition, 1994,

TURPIN (Dominique), *Droit constitutionnel*, PUF, Quadrige, 2003,

VEDEL (Georges), *Manuel élémentaire de droit constitutionnel*, Sirey, 1949, rééd., Dalloz, 2002

ZOLLER (Elisabeth), *Droit constitutionnel*, PUF, Droit politique et théorique, 1998

2. Thèses et ouvrages spécialisés

AGUILA (Yann), *Le Conseil constitutionnel et la philosophie du droit*, Paris, LGDJ, 1994,123 p.

AYMAN FATHY MOHAMED (Mohamed), *Le contrôle de constitutionnalité des lois en France et en Egypte*, thèse, Bordeaux, 2015

ALTWEGG-BOUSSAC (Manon,) *Les changements constitutionnels informels*, Thèse, Paris Ouest Nanterre –La Défense, 2012, 660 p.

ARNOULT (Gabriel), *De la révision des constitutions. Etablissement et révision des constitutions françaises. Système de révision des constitutions étrangères*, Thèse, Nancy, 1895, 774 p.

AUFFREY (Jean), *Étude sur la facilité de la révision de notre constitution de 1875*, Thèse, Rennes, 1908, 123 p.

AZOUAOU (Philippe), *L'indisponibilité des compétences en droit public interne*, Thèse, Paris X, 2012, 719 p.

AVRIL (Pierre), *Les conventions de la Constitution,* PUF, Léviathan, 1997

BACOT (Guillaume), *Carré de Malberg et l'origine de la distinction entre souveraineté du peuple et souveraineté nationale,* Editions du CNRS, 1985, p.200

BASTID (Paul), *L'idée de Constitution*, Economica, 1985, p. 197.

BAUMERT (Renaud), *La découverte du juge constitutionnel, entre science et politique*, collection des « thèses », Fondation Varenne, LGDJ, Paris, 2009, 612 p.

BEDARRIDES (Édouard), *Réviser la Constitution : une histoire constitutionnelle française,* Thèse, Bourgogne, 2014, 647 p

BEAUD (Olivier), *État et souveraineté -Eléments pour de l'Etat*, Thèse, Paris, 2, 1989

BEAUD (Olivier), La puissance de l'Etat, PUF, Léviathan, 1994,

BEAUD (Olivier), et alii, *La controverse sur « le gardien de la Constitution », et la justice constitutionnelle : Kelsen contre Schmitt*, Éditions Panthéon-Assas, 2007,

BEHREND (Christian), *Le juge constitutionnel, un législateur-cadre positif : Une analyse comparative en droit français, belge et allemand*, Bruylant-LGDJ, Bruxelles, 2006, 537 p.

BELAID (Sadok), *Essai sur le pouvoir créateur et normatif du juge*, LGDJ, 1974, 360 p.

BLACHER (Philippe), *Contrôle de constitutionnalité et volonté générale,* Thèse, Montpellier, éd. P.U.F, 2001, 246 p.

BLIN (François), *Le gouvernement des juges en France sous la Ve République : mythe ou réalité*, Thèse sous la direction de ROUSSILLON (H), Toulouse, 1991, 310 p.

BONNET (Julien), *Le juge ordinaire français et le contrôle de la constitutionnalité des lois : analyse critique d'un refus.* Coll. « Nouvelle Bibliothèque de thèses », Dalloz, Paris, 2009, 716 p.

BONNEFOY (Olivier), *Les relations entre Parlement et Conseil constitutionnel : les incidences de la question prioritaire de constitutionnalité sur l'activité normative du Parlement*, thèse Université de Bordeaux, 2015, 592 p.

BOUDON (Julien), *Les Jacobins, Une traduction des principes de Jean-Jacques Rousseau*, Paris, LGDJ, coll. Bibliothèque constitutionnelle et de science politique, 2006, 760 p.

BOUTET (Didier), *Vers l'Etat de droit, La théorie de l'Etat et du droit,* L'Harmattan, 1991.

BOSHAHB (Evariste), *Entre la révision de la Constitution et l'inanition de la nation*, Bruxelles, éditions Larcier, 2013.

BRAMI (Cyril), *Des juges qui ne gouvernent pas : Retour sur les idées constitutionnelles de Roger Pinto*, éd. L'Harmattan coll. « Logique juridique », 2005.

BRAMI (Cyril), *La hiérarchie des normes en droit constitutionnel français : Essai d'analyse systémique,* thèse, Université Cergy Pontoise, 2008,

BRANCHET (Bertrand), *La révision de la Constitution sous la Ve République*, Paris, LG D J, 1994.

BRONDEL (Séverine), et *alii, Gouvernement des juges et démocratie*, Paris, Publications de la Sorbonne, 2001, 373 p.

BURDEAU (Georges), *Essai d'une théorie de la révision des lois constitutionnelles en droit français,* Mâcon, Buguet-Comptour, 1930, 349 p.

CARRE DE MALBERG (Raymond), *La loi, expression de la volonté générale*, Economica, Coll. « classiques », Série Politique et constitutionnelle, 1984, 1984, 228 p.

CHAGNOLLAUD (Dominique) et alii, *Aux origines du contrôle de constitutionnalité XVIIIe –XX Siècle*, Paris, Éditions Panthéon – Assas, 2003, 216p.

CHEVALLIER (Jacques), *L'Etat de droit,* Montchrestien, 5e éd, 2010, 158 p.

COLIN (Frédéric), *L'essentiel de la jurisprudence constitutionnelle : 38 grandes décisions commentées*, 2e éd., Gualino, 2010.

DEBRE (Jean-Louis), *Les idées constitutionnelles du Général de Gaulle*, Paris, LGDJ, coll. Bibliothèque constitutionnelle et de science politique, 1974, 377 p.

DELVOLVE (Jean), *Les délégations de matières en droit public*, Thèse, Toulouse, 1930, 354 p.

DENQUIN (Jean-Marie), *Référendum et plébiscites, essai d'une théorie générale*, Paris, LGDJ, 1976, 350 p.

DEROSIER (Jean-Philippe), *Les limites constitutionnelles à l'intégration européenne. Étude comparée : Allemagne, France, Italie*, LGDJ, Paris 2015.

DESMONS (Éric), *Droit et devoir de résistance en droit interne. Contribution à une théorie du droit positif*, Paris, LGDJ, 1999.

DIARRA (Abdoulaye), *Démocratie et droit constitutionnel dans les pays francophones d'Afrique noire : le cas du Mali depuis 1960,* Éditions Karthala, Paris, 2010

DIAWARA (Boubacar), *La rigidité constitutionnelle dans les États d'Afrique noire francophone : les exemples du Bénin, du Mali, et du Sénégal,* Thèse de doctorat en droit public, Université Cheikh Anta Diop de Dakar, 2015, 341 p.

DI MANNO (Thierry), *Le juge constitutionnel et la technique des décisions interprétatives en France et en Italie*, Economica-PUAM, coll. « Droit public positif », 1997.

DOMINGO (Laurent), *Leçons de contentieux constitutionnel*, Paris, 2014, éditions Ellipses.

DUHAMEL (Olivier), *La gauche et la Cinquième République*, Paris, PUF, 1980, 589 p.

DRAGO (Guillaume) et alii, *La légitimité de la jurisprudence du Conseil constitutionnel*, Paris, Economica, 1999, 415p.

DRAGO (Guillaume), *L'exécution des décisions du Conseil constitutionnel : L'effectivité du contrôle de constitutionnalité des lois*, Economica, PUAM., 1991, 403 p.

DRAGO (Guillaume), *L'application de la Constitution par les cours suprêmes : Conseil constitutionnel, Conseil d'Etat, Cour de cassation*, Dalloz, 2007

DROMARD (Frédéric-Guillaume), *Recherches sur le concept de démocratie dans le droit constitutionnel français*, thèse, Paris 1, 2005

DOKHAN (David), *Les limites du contrôle de constitutionnalité des actes législatifs*, Thèse, 2000, édit. LGDJ, 2001.

DYEVRE (Arthur), *L'activisme juridictionnel en droit constitutionnel comparé : France, Etats-Unis, Allemagne,* Thèse de doctorat, Université Paris I Panthéon-Sorbonne, 2007, 543 p.

EL SHAWI (Mundhir), *Contribution à l'étude du pouvoir constituant*, 1961, Thèse, Toulouse, 291p

EISENMANN(Charles), *La justice constitutionnelle et la haute cour constitutionnelle d'Autriche*, Paris - Economica & Aix-en-Provence - PUAM, coll. Droit public positif, 1986, (rééd. de 1928), 383 p.

FATIN-ROUGE STÉFANINI (Marthe), L*e contrôle du référendum par la justice constitutionnelle*, Coll. Droit public Economica-PUAM, 2004

FASSASSI (Idris), *La légitimité du contrôle juridictionnel de la constitutionnalité des lois aux Etats-Unis. Étude critique de l'argument contre-majoritaire*, Dalloz, coll. « Nouvelle Bibliothèque des Thèses », 2017, 767 p.

FAVOREU (Louis), *La politique saisie par le droit. Alternance, cohabitation et Conseil constitutionnel,* Economica, 1988, 153 p.

FAVOREU (Louis), *Recueil de jurisprudence constitutionnelle*, 1959- 1993, Litec, Paris, 1994, p.561

FAVOREU (Louis), La Constitution et son juge, Préface par MAUS Didier et autres, Economica, 2014, p.1247

FAVOREU (Louis), *Du déni de justice en droit public français,* LGDJ, « Bibliothèque de droit public », tome n° LXI, Paris, 1964, 582 p.

FROMONT (Michel), *La justice constitutionnelle dans le monde*, Dalloz, Connaissance du droit, 1996

FONTENEAU (Maurice), *Du pouvoir constituant en France et de la révision constitutionnelle dans les Constitutions françaises depuis 1789*, Paris, LGDJ, 1900, 238 p.

FUCHS-CESSOT (Alice), *Le Parlement à l'épreuve de l'Europe et de la V*[e] *République,* « Thèse Bibliothèque constitutionnelle et de Science Politique », Tome 118, LGDJ 2004, p. 446.

GAÏA (Patrick) et *alii, Les grandes décisions du Conseil constitutionnel,* 17e éd., Paris, *Dalloz*, 2013,

GAJAC (Jean), *De la distinction des lois ordinaires et des lois constitutionnelles,* Bordeaux, G. Gounouilhou, 1905, 248 p.

GENEVOIS (Bruno), La jurisprudence du Conseil constitutionnel, Principes directeurs, éd. STH, Paris, 1988, 406 p.

GIUDICELLI (Julien), *La Cour constitutionnelle italienne et le référendum abrogatif,* Toulon, 2002, 470 p.

GOESEL-LE BIHAN (Valérie), *Contentieux constitutionnel,* Paris, Ellipses, coll. « Cours magistral », 2010

GOUIA (Sana), *La supra-constitutionnalité ? : une problématique entre le droit naturel et le droit positif,* Éditions universitaires européennes, 2011, 95 p.

GUERRINI (Marc), *L'identité constitutionnelle de la France*, thèse (dac.), Aix-Marseille-Université, 2014, 557 p.

GREWE (Constance), et alii, *La notion de « justice constitutionnelle »*, Paris, Dalloz, Coll. « Thèmes § Commentaires », 2005, 415 p.

GÖZLER (Kémal), *Le pouvoir de révision constitutionnelle*, Villeneuve d'Ascq, Presses universitaires du Septentrion, 1997, 2 volumes, 774 p.

HAMON (Léo), *Les juges de la loi- Naissance et rôle d'un contrôle-pouvoir : le Conseil constitutionnel,* Fayard, Paris, 1987, 300 p.

HEUSCHLING (Luc), *État de droit -Rechststaat -Rule of Law*, Coll. « Nouvelle Bibliothèque de Thèses », Dalloz, Paris 2002, p. 739

HERAUD (Guy), *L'ordre juridique et le pouvoir originaire*, Paris, Sirey, 1946, 512 p.

HERRERA (Carlos Miguel), *Théorie juridique et politique chez Kelsen*, Paris, Kimé, 1997,

HERRERA (Carlos Miguel), *Le droit, le politique autour de Max Weber, Hans Kelsen, Carl Schmitt,* L'Harmattan, 1995, 311 p.

HOURQUEBIE (Fabrice), *Sur l'émergence du contre-pouvoir juridictionnel sous la V*[e] *République,* Bruylant, Bruxelles, 2004, 678 p.

KELSEN (Hans), *Théorie générale des normes,* PUF, 1996

KELSEN (Hans), *Théorie pure du droit,* 1953, Traduction de Ch. Eisenmann, Bruylant, LGDJ, 1999.

KELSEN (Hans), *Théorie générale du droit et de l'Etat*, 1965, Traduit de l''anglais par B. Laroche, suivi de *La doctrine du droit naturel et le positivisme juridique*, Traduit de l'allemand par V. Faure, Introduction de S-L. Paulson, Bruylant, LGDJ., 1997.

KELSEN (Hans), *Qui doit être le gardien de la Constitution* ? Michel Houdiard, 2006, Trad. et intro. Sandrine Beaume, 138 p.

KELSEN Hans, *La démocratie : sa nature, sa valeur,* traduction de Charles EISENMANN, présentation de Michel TROPER, Paris, Economica, 1988, Collection « Classiques. Série politique et constitutionnelle », 98 p

KLEIN (Claude), *Théorie et pratique du pouvoir constituant*, coll. « Les voies du droit » PUF, Paris, 1996, 217 p.

KRYNEN (Jacques), *L'Etat de justice France, XIII*e*-XX*e *siècle II : L'empire contemporaine des juges,* éd., Gallimard, 2012, p.333

LAMPERT (Joseph), *La distinction des lois constitutionnelles et ordinaires dans les différents États de l'Europe moderne*, Thèse, Strasbourg, 1931, 185 p.

LAURANS (Yann), *Recherches sur la catégorie juridique de Constitution et son adaptation aux mutations du droit contemporain*, thèse, Nancy 2, 2009,

LAVROFF (Dmitri Georges), *Le droit constitutionnel de la V*e *République*, Paris, Dalloz, 1995,

LEPETIT (Gabriel), *Propositions de révision des lois constitutionnelles émanant de l'initiative parlementaire depuis 1884*, Paris, Rousseau, 1901, 127 p.

LIET-VEAUX (Georges), *La continuité du droit interne, Essai d'une théorie juridique des révolutions*, Paris, Sirey, 1942, 468 p.

LE PILLOUER (Arnaud), *Les pouvoirs non-constituants des Assemblées constituantes : essai sur le pouvoir instituant*, Paris, Dalloz, coll. Nouvelle bibliothèque des thèses, 2005, 390 p.

LOSELLE (Marc), *Le concept d'Etat de droit dans la doctrine juridique française*, Thèse soutenue à Paris II, le 26 octobre 2000,

LUCHAIRE (François), *Le Conseil constitutionnel tome I- organisation et attributions,* 2e éd., Economica, 1997

MAGNON (Xavier), *Théorie(s) du droit,* Ellipses, 2008.

MANIN (Bernard), *Principes du gouvernement représentatif,* Paris, Flammarion, 2012, Collection « Champs. Essais », 347 p.

MASTOR (Wanda), *Les opinions séparées des juges constitutionnels*, PU d'Aix-Marseille, Economica, Paris, 2005, 362 p.

MASTOR (Wanda), et alii, *Les Cours constitutionnels*, Dalloz « collection Connaissance du droit », 2e éd., 2016, 169 p.

MASTOR (Wanda), et alii, *Les grands discours de la culture juridique*, Dalloz, « collection les grands arrêts », 2017, 1500 p.

MARCOVICI (Émilie), *Le juge constitutionnel et les révisions constitutionnelles*, Thèse, Toulouse 1, 2009,

MATHIEU (Bertrand), 1958-2008 *-Cinquantième anniversaire de la constitution française, A.F.D.C, Dalloz, 2008.*

MEINDL (Thomas), *La notion de droit fondamental dans les jurisprudences et doctrines constitutionnelles françaises et allemandes,* thèse LGDJ, 2003,

MEUNIER (Jacques)*, Le pouvoir du Conseil constitutionnel, essai d'analyse stratégique*, Bruylant, LGDJ, 1994, 376 p.

MILLET (François-Xavier), *L'union européenne et l'identité constitutionnelle des États membres*, thèse, Paris, LGDJ, 2013,

MODERNE (Franck), *Réviser la Constitution. Analyse comparative d'un concept indéterminé*, Paris, Dalloz, 2006

MONJAL (Pierre-Yves), *Recherches sur la hiérarchie des normes communautaires*, thèse, 2000, LGDJ, 629 p.

NGANGO YOUMBI (Éric), *La justice constitutionnelle au Bénin : logiques politique et sociale*, Paris 2016, L'Harmattan, coll. « Études africaines »,

NEGRI (Antonio), *Le pouvoir constituant, essai sur les alternatives de la modernité,* PUF 1997, 447 p.

QUESNEL (Martin), *La protection de l'identité constitutionnelle de la France*, thèse coll. « Bibliothèque parlementaire et constitutionnelle ». Dalloz, 2015,

PINON (Stéphane), *Les réformistes constitutionnels des années trente : aux origines de la Vème République*, Paris, LGDJ, coll. Bibliothèque constitutionnelle et de science politique, 2003, 632 p.

RAYNAUD (Philippe), *Le juge et le philosophe. Essais sur le nouvel âge du droit.* Paris, Armand Colin, Coll. « Le temps des idées », 2009,

REDOR (Marie-Joëlle), *De l'État légal à l'État de droit. L'évolution des conceptions de la doctrine publiciste française 1879-1914*, Paris, Economica, PUAM, 1992. 389 p.

RIGAUX (Marie-Françoise), *La théorie des limites matérielles à l'exercice de la fonction constituante*, Bruxelles, Larcier, 1985, 335 p.

ROSANVALLON (Pierre), *La contre-démocratie : la politique à l'âge de la défiance,* Paris, Éditions, du Seuil, 2006, Collection « Les livres du Nouveau Monde *»,* 341 p.

RIALS (Stéphane), *La Déclaration des droits de l'homme et du citoyen*, Paris, Hachette, coll. Pluriel, 1988, 771 p

ROSANVALLON (Pierre), *La légitimité démocratique : impartialité, réflexivité, proximité,* Paris : Éd. du Seuil, 2008, Collection « Les livres du nouveau monde », 367 p.

ROUSSILLON (Henry), *Le Conseil constitutionnel*, Paris, Dalloz, 7e éd., 2011, 2018p.

ROUSSEAU (Dominique), *Sur le Conseil constitutionnel. La doctrine Badinter et la démocratie,* Descartes et Cie, 1997, 194 p.

ROUSSEAU (Dominique), *La justice constitutionnelle en Europe*, Montchrestien, Coll. « Clefs-Politique), 3e éd., 1998, 160 p.

ROUSSEAU (Dominique), *Le Conseil constitutionnel en questions*, L'Harmattan, broché, 2004, 175p.

ROUSSEAU (Dominique), et *alii, L'essentiel des grandes décisions du Conseil constitutionnel*, Gualino, 2017-2018

ROUSSEAU (Dominique), *Radicaliser la démocratie. Propositions pour une refondation*, Paris, 2015, éditions du Seuil, 235 p.

ROZNAI (Yaniv), *Unconstiutional Constitutional amendments. The Limits of Amendments* Powers, Oxford Constitutional Theory, 2017, 363 p.

SABETE (Wagdi) *Pouvoir de révision constitutionnelle et droits fondamentaux - Étude des fondements épistémologiques, constitutionnels et européens de la limite matérielle du pouvoir constituant dérivé*, Rennes, PUR, coll. L'univers des normes, 2005, 317 p.

SAINT-HUBERT (Mesmin), *La cour suprême de l'Inde, gardienne de l'ordre constitutionnel démocratique*, Thèse, Dijon, 2006, 2 vol., 414 & 326 p.

SANTONI (Auguste), *De la distinction des lois constitutionnelles et des lois ordinaires*, Toulouse, V. Rivières, 1913, 150 p.

SAUSSE (Julien), *écrire la Constitution républicaine du XIXe siècle – La Constitution de 1848 et les Lois Constitutionnelles de 1875*, Thèse, Aix-Marseille, 2013, 595 p.

SALAMI (Ibrahim David) et alii, *Droit constitutionnel et institutions du Bénin*, Éditions CeDAT 2014, p.

SALLES (Sylvie), *Le conséquentialisme dans la jurisprudence du Conseil constitutionnel,* Thèse, 2016, éd. LGDJ,

SCHNAPPER (Dominique), *Une sociologue au Conseil constitutionnel*, éditions Gallimard, 2010, 452 p.

SCHMITT (Carl), *Théorie de la Constitution*, 1928, réédition PUF, Léviathan, présente par Olivier BEAUD, 1993

SÉNAC (Charles-Edouard), *L'office du juge constitutionnel : étude du contrôle de constitutionnalité par les juridictions françaises,* thèse LGDJ, 2015, 613. p.

SINDJOUN (Luc), *Les grandes décisions de la justice constitutionnelle africaine. Droit constitutionnel jurisprudentiel et Politiques constitutionnelles au prisme des systèmes politiques africains*, Bruxelles, Bruylant, 2009

STECKEL (Marie-Christine), *Le Conseil constitutionnel et l'alternance*, Paris, LGDJ, Bibliothèque constitutionnelle et de science politique, 2002, 398 p.

STENFORT (François), *Du pouvoir constituant et de la révision*, Thèse, Rennes, 1896, 147 p.

TAILLON (Patrick), *Le référendum expression directe de la souveraineté du peuple ? : Essai critique sur la rationalisation de l'expression référendaire en droit comparé*, thèse, 2012, Dalloz, coll. « Bibliothèque parlementaire & constitutionnelle »,

TEXIDOR (René) *La procédure de révision de la constitution sous la cinquième République*, Thèse, Lille, 1987, 2 micro-fiches.

THOMAS (Julien), *L'indépendance du Conseil constitutionnel*, collection des thèses, n° 38 LGDJ, 2010, 446 p.

THUMEREL (Isabelle), *Les périodes de transitions constitutionnelles : contribution à l'étude du pouvoir constituant et des actes pré-constituants*, Thèse, Lille, 2008, 796 p.

TROPER (Michel), *La séparation des pouvoirs et l'histoire constitutionnelle française*, Paris, LGDJ, coll. Bibliothèque constitutionnelle et de science politique, 1973, 251 p.

TROPER (Michel), *Pour une théorie juridique de l'Etat,* PUF, coll. Léviathan, 1994, 358 p.

TROPER (Michel), *Le gouvernement des juges, mode d'emploi*, Québec, Presses de l'Université de Laval, 2006, p. 29.

VIALA (Alexandre), *La constitution et le temps. Vème séminaire franco-japonais de droit public,* L'Hermès, 2003

VIOLA (André), *La notion de République dans la jurisprudence du Conseil Constitutionnel*, thèse, Paris, 2002, LGDJ,

VLACHOGIANNIS (Apostolos), *La Living Constitution. Les juges de la Cour suprême des Etats-Unis et la Constitution, Paris, Classiques Garnier, coll. Bibliothèque de la pensée juridique*, 2014, 643 p.

WANG (Wei), *Le contrôle de constitutionnalité en Chine au regard de l'expérience française*, Presses Universitaires d'Aix-Marseille, 2014,

JOXE (Pierre), *Cas de conscience*, Labor, et Fides, 2010, p. 219.

3. Mélanges

Mélanges en l'honneur de Philippe ardant, droit et politique à la croisée des cultures, LGDJ, 1999, 507 p.

Mélanges en l'honneur de Patrice Gélard, droit constitutionnel, Montchrestien, 1999, 489p.

Mélanges en l'honneur de jean Gicquel, constitutions et pouvoirs, Montchrestien, 2008, 630 p.

Mélanges en l'honneur de Louis Favoreu, renouveau du droit constitutionnel, Dalloz, 2007,

Mélanges en l'honneur de Pierre Pactet, L'esprit des institutions, l'équilibre des pouvoirs, Dalloz, 2003, 966 p.

Mélanges en l'honneur de Pierre Avril, La république, Montchrestien, 2001, 631p.

Mélanges en l'honneur de Michel Lesage, l'Etat et le droit d'est en ouest, société de législation

Mélanges en l'honneur de Michel Troper, L'Architecture du droit, Paris Economica, 2006, 1028 p.

Mélanges en honneur du Professeur Dominique Turpin, coll. « des mélanges du centre Michel de l'Hospital », 820 p.

4. Articles doctrinaux

ACKACHA (Nadia), « Les techniques de participation du juge constitutionnel à la fonction constituante », *in Droit constitutionnel normatif : Développements récents*, sous la direction de Rafaâ Ben Achour, Bruxelles, Bruylant, 2009, p.123.

AÏDARA (Mouhamadou Moustapha), « Le juge constitutionnel africain et le contrôle des lois portant révision de la Constitution : contribution à un débat », *Revue d'étude et recherche sur le droit et l'administration dans les pays de l'Afrique*, publié le 26 décembre 2011 sur http:// affrilex. u-bordeaux4.fr/le –juge – constitutionnel –africain. html.

AIVO (Frédéric Joël), « La Cour constitutionnelle du Bénin », in *Annuaire béninois de justice constitutionnelle–Dossier Spécial 21 ans de jurisprudence de la Cour constitutionnelle du Bénin (1991-2012)* Bénin, PUB, 2014, p.57.

ALBERTON (Ghislaine), « Et le Conseil constitutionnel ouvrit la boîte de Pandore (ou les répercussions de la décision rendue le 19 novembre 2004 sur le juge ordinaire) », in *A. J. D. A*, 2006, n° 7, *op.cit*., p. 593.

AMSELEK (Paul) « Réflexions critiques autour de la conception kélsénienne de l'ordre juridique », *in R.D.P*, 1978, p.5

ANDZOKA-ATSIMOU (Séverin), « La participation des juridictions constitutionnelles au pouvoir constituant en Afrique », in *R. F. D.C*., 2017/2, n° 110, p. 290.

ARDANT (Philippe), « L'article 5 et la fonction présidentielle », *in Pouvoirs*, n° 41, 1987, pp. 37-62.

ARDANT (Philippe), « Problématique générale : La Révision de la Constitution », *in journées d'études des 20 mars et 16 décembre 1992,* Paris, Economica, Aix-en-Provence, PUAM, coll. Droit public positif, 1993, pp. 79-91.

ARNE (Serge), « Existe-t-il des normes supra-constitutionnelles ? Contribution à l'étude des droits fondamentaux et de la constitutionnalité », *in R.D. P*, 1993, n° 2, pp. 459-512.

ATIENAZA (Manuel), « Les limites de l'interprétation constitutionnelle Retour sur les cas tragiques », *in Mélanges en l'honneur de Michel TROPER, L'architecture du droit*, Economica, 2006, pp. 79-93

AUBERT (Jean-François), « La révision totale des Constitutions », *in Mélanges en l'honneur de Pierre Pactet, L'esprit des institutions, l'équilibre des pouvoirs,* Dalloz, Paris, 2003, pp.455-472

AVRIL (Pierre), « La jurisprudence institutionnelle du Conseil constitutionnel est-elle créatrice de droit ? », *in A.P. A, La création du droit par le juge,* Paris, Dalloz, 2007, pp. 33-40.

BADINTER (Robert) « Le conseil constitutionnel et le pouvoir constituant », *in Libertés : Mélanges Jacques Robert*, Paris, Montchrestien, 1998, pp. 217-225.

BADINTER (Robert), « Le pouvoir et le contre-pouvoir », Le Monde, 23 novembre 1993.

BADINTER (Robert), « Une si longue défiance », *in Pouvoirs*, n° 74, 1995 p.7

COULIBALEY (Babakane-Djobo), « La neutralisation du parlement constituant (à propos de la décision n° D CC 06 -074 du 08 juillet 2006 de la Cour constitutionnelle du Bénin) », *in R. D. P*, 2009, 01 septembre 2009 n° 05, pp. 1493-1508.

BARANGER (Denis), « Un chantier qui ne prend jamais fin : Le juge, les révisions et les autres formes de changement constitutionnel dans la

France contemporaine », *in Jus Politicum* n° 18 –juillet 2017 (consulté le 15 août 2017) format PDF, pp. 48-52.

BARANGER (Denis), « Temps et constitution », in *Droits*, n° 30, 2000, pp. 45-70.

BARANGER (Denis), « Sur la manière française de rendre la justice constitutionnelle », in *Jus Politique*, n° 7 mars 2002, (consulté le 2 juin 2017).

BECHILLON (de) DENYS, « Le gouvernement des juges : une question à dissoudre », in Dalloz, 2002, Chron, p.973.

BALDASSARE (Antonio), « Aspects théoriques et historiques de la supra constitutionnalité », in *R.I.D.C*, vol. 15, 1993, pp. 327-336.

BARTHELEMY (Joseph), « La distinction des lois ordinaires et des lois constitutionnelles sous la Monarchie de Juillet », in *R.D.P*, Tome 26, 1909, pp. 5-47.

BEAUD (Olivier), « L'histoire du concept de Constitution en France : de la constitution politique à la constitution comme statut juridique de l'Etat », in *Jus politicum : revue de droit politique* consultable sur format PDF (consulté le 20 juin 2017).

BEAUD (Olivier), « Le cas français : l'obstination de la jurisprudence et de la doctrine à refuser toute idée de limitation au pouvoir de révision constitutionnelle », *in Jus Politicum* n° 18 juillet 2017 (consulté le 3 août 2017) *format PDF,* pp. 93-115

BEAUD (Olivier), « Kelsen contre Schmitt : un dialogue de sourds », in BEAUD (Olivier) et alii, *La controverse sur le « gardien de la Constitution » et la justice constitutionnelle. Kelsen contre Schmitt,* Paris, Panthéon-Assas éditions, 2007, pp. 197-206

BEAUD (Olivier), « Maastricht et théorie constitutionnelle. La nécessaire et l'inévitable distinction entre le pouvoir constituant et le pouvoir de révision constitutionnelle », *in L. P. A*, 31 mars 1994, pp. 14-17.

BEAUD (Olivier), « Un plaidoyer modéré en faveur d'un tel contrôle », *», in Les Cahiers du Conseil constitutionnel,* n° 27, 2009, pp. 43- 45

BEAUD (Olivier), « La souveraineté de l'Etat, le pouvoir constituant et le Traité de Maastricht », in R.F.D.A, 1993, pp. 1045-1068.

BEAUD (Olivier) « Le Souverain », Pouvoirs, n° 67, 1993, pp. 33-45.

BEAUD (Olivier), « Malaise dans la Constitution », Libération, 2 décembre 1993.

BEAUD (Olivier) « Les mutations de la Vème République ou comment se modifie une Constitution écrite », Pouvoirs, 2001, n° 99, pp. 19-31.

BEAUD, (Olivier), « A la recherche de la légitimité de la Ve République », in L'architecture du droit. Mélanges en l'honneur de Michel Troper, Economica, 2006, p.154

BEAUD (Olivier), « Constitutions et droit constitutionnel », *in* RIALS Stéphane et ALLAND Denis (dir.), *Dictionnaire de la culture juridique*, Paris, PUF, 2003, p. 258.

BEAUD (Olivier), « Où va le droit (constitutionnel) ? », *in La Semaine juridique, Édition générale*, n° 40, octobre 2018, pp. 1765- 1772.

BECHET (Karine), « Super-constitutionnalité et Constitution : Proposition d'un cadre épistémologique », in VIALA (Alexandre), *La Constitution et le temps,* Lyon, L'Hermès, 2003, pp.51-59

BERGOUGNOUS (Georges) « À propos de la loi constitutionnelle du 25 mars 2003 relative au mandat d'arrêt européen ; une révision constitutionnelle en cacherait-elle une autre ? », in *R.D.P*, 2003, pp. 809-829.

BERLIA (Georges), « La loi constitutionnelle du 10 juillet 1940 », *in R.D.P*, 1944, n° 1, pp. 45-57.

BERLIA (Georges), « De la compétence des assemblées constituantes », *in R. D.P*, 1945, n° 3, pp. 353-365.

BERLIA (Georges), « Les propositions parlementaires de révision constitutionnelle », *in R.D.P*, 1950, pp. 676-690

BERLIA (Georges), « Le problème de la constitutionnalité du referendum du 28 octobre 1962 », *in R.D.P*, 1962, pp. 936-949.

BERLIA (Georges), « La révision de la Constitution », *in R. D.P*, 1950, pp. 962-963.

BENETTI (Julie), « Existe-t-il deux gardiens de la Constitution ? : Les fonctions d'arbitre du président de la République et du juge constitutionnel » ; *in* MOUTON (Stéphane), *Le régime représentatif à l'épreuve de la justice constitutionnelle,* Collection « Grands Colloques », LGDJ, 2016, pp. 137-149.

BIGAUT (Christian), « La Constitution demeure la norme suprême : Le pouvoir constituant est souverain *», in R.A.*, n° 336, novembre 2003, p.605.

BLACHER (Philippe), « Le Conseil constitutionnel en fait-il trop ? », in Pouvoirs, n° 105, 2003 pp. 17-27.

BLACHER (Philippe), et alli, « Le Conseil constitutionnel, gardien de la Constitution face aux directives communautaires », *in R.F.D.C*, 2007, p.123

BLACHER (Philippe), « Vers un contrôle de conventionnalité des lois constitutionnelles », *in Mélanges en l'honneur du Professeur Dominique*

Turpin, État du droit, état des droits, coll. « des mélanges du centre Michel de l'Hospital », LGDJ, 2017, p. 541

BLACHER (Philippe), « Vers un gouvernement du juge constitutionnel ? », *in A.J.D.A*, 2010, p.465.

BLAMONT (Émile), « La révision de la Constitution », *in R.D.P*, 1953, pp. 415- 422.

BLANC (Didier), « La justiciabilité des limites au pouvoir constituant sous la cinquième République : Propositions pour un contrôle du pouvoir de révision détenu par le Congrès », *in VIIe Congrès AFDC, Cinquantième anniversaire de la Constitution de 1958,* (consulté en ligne le 14 avril 2017).

BLANC (Didier), « Des limites au pouvoir constitutionnel de révision ou "l'aiguilleur " aiguillonné –A propos de la décision du Conseil constitutionnel n° 2003-469 DC du 26 mars 2003 », in *R.R.J.* 2003-4, p. 2801.

BLANC (Didier), « Les incidences " du Traité constitutionnel " européen sur la Constitution européenne : une affectation minimale. Retour sur la décision du Conseil constitutionnel n° 2004-505 DC du 19 novembre 2004, traité établissant une Constitution pour l'Europe *», in R. R. J, 2005, n° s.n.,* pp. 2257-2258.

BLÉOU (Martin), « Le juge constitutionnel et les révisions constitutionnelles », in AHADZI-NONOU (Koffi*) et alii, Démocratie en questions : Mélanges en l'honneur du professeur Théodore HOLO,* Presses de l'Université Toulouse 1 Capitole, 2017, pp. 229-237

BLÉOU (Martin), « La question de l'effectivité de la suprématie de la Constitution. À propos des poches de résistances au contrôle juridictionnel de constitutionnalité des lois en France et dans les États africains de succession française », *in Mélanges dédiés au Doyen Francis V. WODIE*, sous la dir. de MELEDJE DJEDJRO (Francisco), et *alii,* Presses de l'Université Toulouse 1 Capitole, 2016, p. 47.

BLUCHE (Frédéric), « Le sacre du constituant. A propos d'une lettre de Georges Sand », in *Droits*, n° 32, 2000, pp. 135-146.

BOBBIO (Norberto), « Sur le principe de légitimité », in Droits, n° 32, 2000, pp. 147-155.

BOLLE (Stéphane), « Le contrôle prétorien de la révision au Mali et au Tchad : un mirage ? », in R.B.S.J.A. n° 17, p.3.

BONNARD (Roger), « Les actes constitutionnels de 1940 », *in R.D.P*, 1942, pp. 46-375.

BONNET (Julien), « Le cadre du contrôle de constitutionnalité », *in R. A,* 2006, n° 354, p. 599

BONNET (Julien), « La révision constitutionnelle et le juge, une consécration ? » *in Politeia*, 2009, n° 15, p. 465

BOUDET (François), « La force juridique des résolutions parlementaires », *in R.D.P*, 1958, pp. 271-289.

BOURETZ (Pierre), « Du danger des révisions constitutionnelles », *in Libération*, 29.09.1993, p. 2.

BOTTINI (Eleonora), « L'intervention du juge constitutionnel dans l'exercice du pouvoir constituant », *in Jus Politicum n° 18 juillet 2017* (consulté le 7 août 2017*)*, pp. 117-154.

BRUNET (Pierre), « Protéger la Constitution par des cours constitutionnelles ou la société par des jurys constitutionnels », in LE PILLOUER (Arnaud), *La protection de la Constitution : Finalités, mécanismes, juridictions*, Presses Universitaires juridiques-Poitiers, avril 2018, p. 184.

BURDEAU (Georges), « La conception du pouvoir selon la Constitution du 4 octobre 1958 », *in R.F.S.P*, 1959, pp. 87-100.

CAHIN (Gérard), « Limitation du pouvoir constituant : point de vue de l'internationaliste », in *Civitas Europa* 2014/1 (N° 32), pp. 55-79.

CALAMO-SPECCHIA (Marina) « Les limites à la révision de la Constitution en France et perspectives comparées », *in VIIe Congrès Français de Droit Constitutionnel, 50* anniversaire de la Constitution du 4 octobre 1958, Paris - 25, 26 et 27 septembre 2008, Atelier n° 3 – Constitution et pouvoir constituant, consultable sur le site (consulté le 20 juin 2017) p. 21.

CAMBY (Jean-Pierre), « Supra-constitutionnalité : la fin d'un mythe », *in R.D.P*, 2003, pp. 671-688.

CAMY (Olivier), « Le retour au décisionnisme : l'exemple de l'interprétation des pratiques constitutionnelles par la doctrine française », *in R. D. P,* juillet-août 1996, n° 4, pp. 1019-1067.

CANEDO (Marguerite), « Une double occasion manquée », *in R.D.P,* 2003, n° 3, pp. 767-792.

CAPORAL (Stéphane), « Le peuple : Un souverain sous contrôle », *in VIIe Congrès française de droit constitutionnel –Atelier n° 3 : Constitution et pouvoir constituant*, Paris, 25 au 27 septembre 2008 (Consulté le 20 juin 2017).

CAPPELLETTI (Mauro), « Nécessité et légitimité de la justice constitutionnelle », *in R.I.D.C,* 1981, n° 2, p.625

CARCASSONNE (Guy), « Un plaidoyer résolu en faveur d'un contrôle sagement circonscrit », *in Cahiers du Conseil constitutionnel*, n° 27, 2009, pp. 46-47.

CARRE DE MALBERG (Raymond), « Considérations théoriques sur la question de la combinaison du référendum avec le parlementarisme », *in R.D.P*, 1931, pp. 225-244.

CARRE DE MALBERG (Raymond), « Réflexions très simples sur l'objet de la science juridique », *in Recueil d'études sur les sources du droit en l'honneur de François Gény, Tome 1,* Paris, Sirey, 1934, pp. 192-203.

CATY (Gilbert), « La révision de 1884 », *in Politique,* 1966, n° 33-36, pp. 91-155.

CAYLA (Olivier), « L'obscure théorie du pouvoir constituant originaire », *in L'architecture du droit : Mélanges Michel Troper*, Paris, Economica, 2006, pp. 249-265.

CHAGNOLLAUD (Dominique), « Sherlock Holmes à la poursuite du pouvoir constituant (après la décision n° 2003-469 DC du Conseil constitutionnel du 26 mars 2003) », *in L.P.A,* 20 octobre 2003, n° 209, pp. 4-6.

CHALTIEL (Florence), « La souveraineté du pouvoir constituant dérivé », *in L.P.A,* 20 juin 2003, n° 123, pp. 7-9.

CHAMUSSY (Damien), « Actualité des réformes constitutionnelles et jurisprudence constitutionnelle », www.conseil-constitutionnel.fr/conseil-constitutionnel/root/bank mm/pdf/Conseil/reformestdc.pdf (consulté le 20 juin 2017, p. 20

CHARLOT (Patrick), « L'article 111 : l'impossible révision ou le refus du suicide de la République ? », *in La Constitution du 4 novembre 1848 : l'ambition d'une république démocratique*, textes réunis par J. Bart, J.-J. Clère, C. Courvoisier & M. Verpeaux, Dijon, EUD, 2000, p. 315-332.

CHARLOT (Patrick), « La révision constitutionnelle de 1884 : le contrat selon Jules Ferry », *in L'idée contractuelle dans l'histoire de la pensée politique*, Aix-en-Provence, PUAM, 2008, pp. 487-502.

CHARLOT (Patrick), « Lucien Herr et la nécessaire réforme intellectuelle et morale », *in La dynamique du changement politique et juridique : la réforme*, Aix-en-Provence, PUAM, 2013, p. 369-378.

CLAVREUL (Colette), « Sieyès et la genèse de la représentation moderne », Droits, n° 6, 1987, pp. 45-56.

CHINCHAMPS (Nicolas), « L'autonomie de la Nouvelle-Calédonie face au Conseil constitutionnel », in *NCCC,* Paris, Dalloz, n° 35, 2012, pp. 61-72.

COHEN-TANUGI (Laurent), « Qui a peur du Conseil Constitutionnel ? », in *Le Débat,* 1987, n° 43, pp.53-68.

COINTET (Jean-Pierre) « L'écriture de la Constitution de 1958 : le poids de l'histoire », *in L'écriture de la Constitution de 1958, MAUS (Didier) et alii, Aix-en-Provence, PUAM et Paris, Economica,* 1992, pp. 37-48.

COLLET (Martin), « Les sages en font-ils trop ? », *in Le Monde*, 3 janvier 2013

COLLET (Martin), « Le Conseil constitutionnel teste sa légitimité », *in Libération*, 21 mars 2013

COURTOT (Pascale), « La portée de l'interdiction de réviser la forme républicaine du gouvernement », in *R. R. J.*, n° 4, 2002, pp. 1741-1760.

DEBERE (Jean-Louis), « Le Conseil constitutionnel, une réussite inattendue de la Ve République », *in A.F.F.C*, 1958-2008, 50e anniversaire de la Constitution Dalloz, 2008, p. 309.

DELBEZ (Louis), « La révision constitutionnelle de 1942 », *in R.D.P*, 1943, pp. 93-115.

DE GUILLENCHMIDT (Jacqueline), « Le contrôle des révisions constitutionnelles par les juridictions constitutionnelles », *in Les changements anticonstitutionnels de gouvernement : approches de droit constitutionnel et de droit international* ; Colloque international organisé les 4 et 5 avril 2013 à Tunis, sous la direction de Rafâa Ben Achour, Presses universitaires d'Aix-Marseille, 2014, p. 67.

DECHÂTRE (Laurent), « L'identité constitutionnelle comme limite à l'ouverture au droit international et européen en Allemagne et en France », in LAGARANGE (Évelyne) et a*lii, Si proche, si loin : La pratique du droit international en France et en Allemagne*, Société de législation comparée, 2012, pp. 57- 85

DEROSIER (Jean-Philippe), « Débats », in BENETTI (Julie), et *alii*, *Révision de la Constitution : mode d'emploi, Onzième Printemps du droit constitutionnel*, Paris 2017, Dalloz, coll. « Thèmes & commentaires », Cahiers constitutionnels de Paris I, pp. 78-79.

DEROSIER (Jean-Philippe), « Enquête sur la limite constitutionnelle : du concept à la notion », in *R. F.D. C,* 2008, n° 76, p. 794.

DESMONS (Éric), « Révision constitutionnelle, justice constitutionnelle et Etat de droit », in *L.P.A*, 30 novembre 1994 n° 143, pp. 21-24.

DESMONS (Éric), « La planète des sages. Le Conseil constitutionnel, la doctrine et la démocratie », *in Liber amicorum Darcy-Détours juridiques : le praticien, le théoricien et le rêveur,* Bruxelles, Bruylant, 2012, pp.231-251

DESMONS (Éric), « Le normativisme est une scolastique (brèves considérations sur l'avènement de la démocratie spéculaire présentée comme un progrès) », *in Droits*, n° 32, 2001, p. 23.

DESMONS (Éric), « Juger les lois (commentaires sur le chapitre VI du livre I de De la démocratie en Amérique), *in L'office du juge,* dir. Darcy, Labrot, Doat, Les colloques du Sénat, 2009, p.483.

DESMONS (Éric), « Justice constitutionnelle, gouvernement représentatif et " bon régime ? », in *MOUTON (Stéphane), Le régime représentatif à l'épreuve de la justice constitutionnelle,* Collection « Grands Colloques », LGDJ, 2016, pp. 53-61.

DESMONS (Éric), « L'Etat de droit, stade suprême du gouvernement représentatif (principes de la mise sous tutelle juridique de la citoyenneté politique) », *in CRIGNON (Philippe), et alii, Représentation politique et transformations de la citoyenneté XVIIe – XXIe siècle,* Paris, Classiques GARNIER, 2017, p. 129.

DESMONS (Éric), « Sur l'argument de l'évidence en droit public », *in PUIGELIER (Catherine), La preuve*, Economica, 2004, p.180.

DESMONS (Éric), « Démocratie constitutionnelle ou autocratie judiciaire ? », *in Revue des deux mondes,* février-mars, 2018, pp. 72-83.

DESMONS (Éric), « Révision constitutionnelle, justice constitutionnelle et État de droit », *in L.P.A,* 30 novembre 1994 n° 143, p. 21.

DENIZEAU (Charlotte), « Le parlement incarne-t-il la souveraineté nationale ? », *L. P. A*, 10 juillet 2008 n° 138, pp.33-47.

DENQUIN (Jean-Marie), « Que veut-on dire par démocratie ? L'essence, la démocratie et la justice constitutionnelle », in *Jus Politicum*, mars 2009, n° 2, (consulté le 20 juin 2017). p. 2.

DENQUIN (Jean-Marie), « Sur le "respect de la Constitution" », in CHAGNOLLAUD (Dominique). *Les 50 ans de la Constitution. 1958-2008*, Litec, 2008, pp. 113-123.

DIOP (El Hadji-Oumar), « Recherches sur un coupe inséparable : Justice constitutionnelle et démocratie en Afrique », *in Itinéraires du droit et terres des hommes : Mélanges en l'honneur de Jean-Marie Breton.* Etudes réunies par Alioune Badara FALL, Editions Mare & Martin,2017, pp. 141- 163.

DOLLAT (Patrick) « Le principe d'indivisibilité et la loi constitutionnelle relative à l'organisation décentralisée de la République française : de l'État unitaire à l'État uni », *in R.F.D.A*, 2003, pp. 670-677.

DUBOUT (Édouard), « Les règles ou principes inhérents à l'identité constitutionnelle de la France : une supra-constitutionnalité ? », *in R.F.D.C*, 2010, n° 83, pp. 451-482

DUFFOURC (David), « Droits fondamentaux et supra-constitutionnalité en France », *in VIIe Congrès AFDC, Cinquantième anniversaire de la Constitution de 1958,* (consulté le 14 avril 2016).

DUPEYROUX (Henri), « Du système français de révision constitutionnelle », *in R.D.P*, 1931, p. 467-499.

DUPIN (Éric), « Le Conseil constitutionnel est-il au-delà du suffrage universel ? », in Libération, 25.05.1993, p. 15

DUVERGER (Maurice) « Les Institutions de la Ve République », *in R.S.F.P,* 1959, n° 1, pp. 101-134.

DROIN (Nathalie) « Retour sur la loi constitutionnelle de 1884 : contribution à une histoire de la limitation du pouvoir constituant dérivé », *in R.F.D.C*, n° 80, 2009, pp. 725-747

ECK (Laurent), « Réflexions sur "les règles ou principes inhérents à l'identité constitutionnelle de la France" à la lumière de la pensée de Ronald Dworkin », in *R.R.J.*, 2008 n° 2, pp.1061-1077.

EISENMANN (Charles), « L'Esprit des lois et la séparation des pouvoirs », *in Ecrits de théorie du droit, de droit constitutionnel et d'idées politiques,* textes réunis par C. Leben, Paris, Panthéon-Assas, coll. Les Introuvables, 2002, pp. 565-582.

EISENMANN (Charles), « La pensée constitutionnelle de Montesquieu », *in Ecrits de théorie du droit, de droit constitutionnel et d'idées politiques*, textes réunis par C. Leben, Paris, Panthéon-Assas, coll. Les Introuvables, 2002, pp. 583-602.

EMERI (Claude), « Gouvernement des juges ou véto des sages », *in R.D.P*, 1990, p.335.

ESPLUGAS (Pierre), « Le Conseil constitutionnel et le pouvoir constituant en France », *in Colloque de Tunis, novembre 2006 : Le pouvoir constituant d'aujourd'hui,* Anales de l'Université des sciences sociales de Toulouse, T.XLIX, 2007, p. 22.

FATIN-ROUGE STEPHANINI (Marthe), « Jurisprudence constitutionnelle-janvier mars 2003 », *in R.F.D.C*, n° 54, 2003, pp. 374-383.

FATIN- ROUGE STEFANINI (Marthe), « Autour de la notion d'identité : propos introductifs », *in FATIN-ROUGE STEFANINI (Marthe) et alii, L'identité à la croisée des États et de l'Europe : Quels sens ? Quelles fonctions ?* Bruylant, Bruxelles, collection « A la croisée des droits », 2015, pp. 23-28.

FAVOREU (Louis), « L'apport du Conseil constitutionnel au droit public », *in Pouvoirs,* n° 13, 1980, p.17

FAVOREU (Louis), « Actualité et légitimité du contrôle juridictionnel des lois en Europe occidentale », *in R.D.P,* 1984, p.1147.

FAVOREU (Louis), « Légalité et constitutionnalité », C.C.C, n° 3, 1997, p.73

FAVOREU (Louis), « Les décisions du Conseil constitutionnel dans l'affaire des nationalisations », *in R. D. P*, 1982, pp. 377-433.

FAVOREU (Louis), « La modernité des vues de Charles Eisenmann sur la justice constitutionnelle », *in La pensée de Charles Eisenmann, Sous la dir. de P. Amselek, Paris – Economica & Aix-en-Provence* - PUAM, 1986, pp. 85-102

FAVOREU (Louis), « La légitimité du juge constitutionnel », *in R. D. P*, 1994, 1 pp.557 -581.

FAVOREU (Louis), « Le Parlement constituant et le juge constitutionnel », *in La République : Mélanges AVRIL (Pierre),* Paris, Montchrestien, 2001, pp.235-242.

FAVOREU (Louis), « Révision de la Constitution et justice constitutionnelle », *A.J.C.*1994, p.116.

FAVOREU (Louis), « De la démocratie à l'Etat de droit », *Le débat,* n° 64, p.162

FAVOREU (Louis), « Le droit constitutionnel jurisprudentiel », *in R.D.P*, 1986, p.395

FAVOREU (Louis), « Commentaire sous C. C., décision n° 92-313 DC du 23 septembre 1992 », *in R. F.D. C*, 1992, p. 746.

FAVOREU (Louis), « L'injusticiabilité des lois constitutionnelles », *in R. F. D. A*, 2003, pp. 792-798.

FAVOREU (Louis), « Les décisions du Conseil constitutionnel dans l'affaire des nationalisations », *in R.D.P*, 1982, pp. 419-420.

FAVOREU (Louis), « La légitimité du juge constitutionnel », *in R.I.D.C.*, Vol. n° 2, Avril-juin 1994. p.578

FAVOREU (Louis), « Souveraineté et supra-constitutionnalité », *in Pouvoirs* n° 67,1993, pp.73-78

FAVOREU (Louis), « Le droit constitutionnel, droit de la constitution et constitution du droit », in *R. F.D.C*, N° 1, 1990, pp.71- 89.

FAVOREU (Louis), « Crise du juge et contentieux constitutionnel en droit français *», in La crise du juge, collection « la pensée juridique moderne* », L.G.D.J, Bruxelles, Bruylant, 1996

FERRERES COMERA (Victor), « Est-il légitime de contrôler la constitutionnalité des lois ? », *in* TROPER (Michel), et *alii, Traité international de droit constitutionnel, Tome 3, Suprématie de la Constitution*, Dalloz, 2012, pp. 70-105.

FRANÇOIS (Bastien), « La Constitution du droit ? La doctrine constitutionnelle à la recherche d'une légitimité juridique et d'un horizon pratique *», in Yes Poirmeur, Alain Bernard, La doctrine juridique,* Paris, P.U.F, 1993, p.210.

FRAISSEIX (Patrick), « La Constitution du 4 octobre 1958 et ses révisions », *in R. D. P,* numéro spécial 2002, la VIe République, pp.458-484.

FROMONT (Michel), « La justice constitutionnelle en France ou l'exception française *», in Le nouveau constitutionnalisme. Mélanges en l'honneur de Gérard Conac*, Paris, Economica, 2001, p.167

FEKL (Matthias), « Les révisions de la Constitution : Stabilité et réformes de la norme fondamentale », in *L. P. A,* 10 juillet 2008, n° 138. pp.43-52.

FLAUSS (Jean-François), « Le contrôle de constitutionnalité des lois référendaires *», in L.P.A*, 23 juin 1997, n° 75, pp.7-23.

GAÏA (Patrick), « Limitation du pouvoir de révision constitutionnelle et construction européenne », in GRAF VITZTHUM (Wolfgang) et *alii, L'identité de l'Europe,* Aix-en-Provence, PUAM, 2002, pp. 129-133.

GENEVOIS (Bruno), « Les limites d'ordre juridique à l'intervention du pouvoir constituant », *in R.F.D.A,* 1998, n° 5, pp. 909-921.

GENEVOIS (Bruno), « Le Traite sur l'Union européenne et la Constitution », *in Revue française du droit constitutionnel* 1992, p.945.

GENEVOIS (Bruno), « Le Conseil constitutionnel et le contrôle du référendum », *in R. F. D. A*, 1988, pp.887-897

GESLOT (Christophe) « La loi constitutionnelle relative à l'organisation décentralisée de la République devant le Conseil constitutionnel », *in R.D.P*, 2003, pp. 793-807.

GESLOT (Christophe), « Stabilité et révisions constitutionnelles sous la Ve République », in *R.D.P*, 01 mai 2013 n° 3, pp. 641-661.

GICQUEL (Jean), « Le congrès du Parlement », *in La République : Mélanges Pierre, Avril, Montchrestien,* 2001, pp.449-463.

GICQUEL (Jean-Éric), « La liberté du Conseil constitutionnel », *in Mélanges en honneur du Professeur Dominique Turpin, État du droit, état des droits,* coll. « des mélanges du centre Michel de l'Hospital », LGDJ. 2017, pp. 521- 533.

GIMENO (Véronique), « La Constitution et le Temps : La révision et les droits fondamentaux en France », *in* VIALA (Alexandre), *La Constitution et le temps*, L'Hermès, 2003, pp.141-154

GNAMOU (Dandi), « La cour constitutionnelle du Bénin en fait-elle trop ? », *in La Constitution Béninoise du 11 décembre 1990 : un modèle pour l'Afrique ? Mélanges en l'honneur de Maurice Ahanhanzo-Glélé, Études africaines,* L'Harmattan, 2014, pp. 687 -715

GOGUEL (François), « La révision constitutionnelle de 1954 », in *R.F.S.P*, 1995, n° 3, pp. 485-502.

GOHIN (Olivier), « La réforme constitutionnelle de la décentralisation : épilogue et retour à la décision du Conseil constitutionnel du 26 mars 2003 », *L.P.A,* 6 juin 2003, n° 113, pp. 7-11.

GOHIN (Olivier), « La Constitution française contre les droits de l'Homme. Le précédant de la restriction du suffrage en Nouvelle-Calédonie », *in L'esprit des institutions. L'équilibre des pouvoirs,* Mélanges en l'honneur de PACTET PIERRE, Dalloz, 2003, p. 190.

GOHIN (Olivier), « La démocratie française peut-être indéfiniment représentative ? », *in État du droit, état des droits : Mélanges en l'honneur du Professeur Dominique Turpin, coll. « des mélanges du centre Michel de l'Hospital »,* LGDJ, 2017. pp. 111-131

GONDOUIN (Geneviève), « Des mystères de supraconstitutionnalité à la logique fédéraliste. Réflexions sur la jurisprudence du Conseil constitutionnel », *in Mélanges en l'honneur de Gustave Pieser*, Grenoble, Presses universitaires de Grenoble, 1995, pp. 295-311

GOUIA (Sana), « La problématique de la supra-constitutionnalité », *in Le droit constitutionnel normatif : Développements récents sous la direction de Rafaâ Ben Achour, Bruylant, Bruxelles*, 2009, pp. 83-119.

GOYARD (Claude) « Que reste-t-il de la souveraineté ? », *in La Constitution et les valeurs : Mélanges Dmitri Georges Lavroff,* Paris, Dalloz, 2005, pp. 381-389.

GRANERO (Aurore), « Les révisions constitutionnelles non abouties sous la Troisième République », *in R.F.D.C*, n° 96, 2013, pp. 835-856.

GULDNER (Erwin) « Le rôle du Gouvernement dans la procédure de révision de la Constitution du 27 octobre 1946 », in E.D.C.E, 1957, pp. 41-50.

GUSY (Christoph), « Le principe du "Rechtsstaat" dans la République de Weimar : Crise de l'Etat de droit et crise de la science du droit public », in *Figures de l'Etat de droit, Le Rechtsstaat dans l'histoire intellectuelle et constitutionnelle de l'Allemagne, sous la dir. d'Olivier Jouanjan, Strasbourg, PUS, Nouvelle série*, n° 5, 2001, pp. 331-341.

GUASTINI (Riccardo), « Identité de la Constitution et limites à la révision constitutionnelle (le cas colombien) », *in* LE PILLOUER (Arnaud), *La protection de la Constitution : Finalités, mécanismes, juridictions,* Presses universitaires juridiques-Poitiers, Avril 2018, p. 127.

GUASTINI (Riccardo), « Michel Troper sur la fonction juridictionnelle », *in Droits*, 2003 /1 n° 37, pp. 111-122

GUILLOUD (Laetitia), « Révision constitutionnelle et intégration européenne l'insoutenable légèreté de la Constitution », in *R. D. P*, 01 mars 2009 n° 2, pp.397-415.

GONDOUIN (Geneviève), « Le Conseil constitutionnel et la révision de la Constitution », in *R.D.P*, n° 2, 2001, p.501

GRAGO (Guillaume), « Réformer le Conseil constitutionnel », *in Pouvoirs*, n° 105, 2003, p.73.

GRAGO (Guillaume), « Le Conseil constitutionnel à la croisée des chemins », *in A.F.F.C*, 1958-2008, 50e anniversaire de la Constitution Dalloz, 2008, p.315.

DRAGO (Guillaume), « La supra-constitutionnalité. Présentation et la Problématique générales », *in R.I.D.C*, vol.15, 1993, pp.313-321.

GREWE (Constance), « Le contrôle de constitutionnalité des lois constitutionnelles en Bosnie- Herzégovine », *in Cahiers du Conseil constitutionnel*, n° 27, 2009, pp. 32-37.

GUIGNARD (Didier), « La décision du Conseil constitutionnel du 26 mars 2003, entre solution marquée et retour vers le passé », *in R.R.J.*, 2004 -2, Vol.1, p. 845.

HALPERIN, (Jean-Louis), « Changer de constitution et par la constitution : L'exemple historique des États fédérés d'Amérique jusqu'à la Première Guerre mondiale », *in Jus Politicum, n°* 9, avril 2013, www.juspoliticum.com

HAMON (Léo), et alii, « Le Conseil constitutionnel et la démocratie : Un échange », *in Le Débat*, n° 3, 1987, p.69.

HERAUD (Guy), « La conception du pouvoir constituant chez RCM », *in Relation des journées d'études en l'honneur de Carré de Malberg* (1861-1935), Paris, Dalloz, 1966, pp. 78-97.

HOLO (Théodore), « Émergence de la justice constitutionnelle », *in Pouvoirs*, n° 129, 2009, p. 101.

HOURQUEBIE (Fabrice), « Pouvoir constituant dérivé et contrôle du respect des limites *», in Réimaginer les frontières du droit constitutionnel, VIIe Congrès mondial de l'Association internationale du Droit constitutionnel, Athènes, 11-15 juin, 2007*, Fabrice % 20 Hourquebie.pdf, p. 2.

HOURQUEBIE (Fabrice), « La composition du Conseil constitutionnel, un exotisme bien français », in MELEDJE (Djedjro Francisco), et *alii,*

Mélanges dédiés au Doyen Francis V. Wodié, Presses de l'Université Toulouse 1- Capitole, 2016, p. 240

HOURQUEBIE (Fabrice), « La construction du pouvoir juridictionnel en France : quelques principes directeurs », in AHADZI-NONOU (Koffi), et alii, *Démocratie en questions* : Mélanges en l'honneur du professeur Théodore HOLO, Presses de l'Université Toulouse 1 Capitole, 2017, p.181

ISIDORO (Cécile), « Le pouvoir constituant peut-il tout faire ? », *in L'esprit des institutions, l'équilibre des pouvoirs : Mélanges Pierre Pactet*, Paris, Dalloz, 2003, pp. 237-252.

JAN (Pascal) « L'immunité juridictionnelle des lois de révision constitutionnelle », *in L.P.A*, 31 octobre 2003, n° 218, pp. 4-11.

JAN (Pascal), « Le Conseil constitutionnel », *in Pouvoirs,* n° 99, 2001, p.71

JAN (Pascal), « Le Conseil constitutionnel et le dernier mot sur la loi », *in 1958-2008, Les 50 ans de la Constitution,* Paris, LexisNexis, 2008, p.323.

JAUME (Lucien), « Sieyès et le sens du jury constitutionnaire : une réinterprétation », *in Droits,* n° 36, 2002, pp. 115-134.

JOUANJAN (Olivier), « La forme républicaine du gouvernement, norme supra-constitutionnelle ? », *in MATHIEU (Bertrand) et alii, La République en droit français*, Paris, Economica, 1996, pp. 267-287

JOUANJAN (Olivier), « Révision de la Constitution et justice constitutionnelle-République Fédérale d'Allemagne », *in A I. J. C.,* X, 1994, pp.229-244.

JOUANJAN (Olivier), « Une interprétation de la théorie réaliste de Michel Troper », in *Droits*, n° 37, pp. 31-48

JOUANJAN (Olivier), « Constitutionnalisme, justice constitutionnelle et représentation », *in* MOUTON Stéphane, *Le régime représentatif à l'épreuve de la justice constitutionnelle,* Collection « Grands Colloques », LGDJ, 2016, p.34.

KAMARA (Mactar), « Supra-constitutionnalité et exercice du pouvoir constituant dérivé », *in R. R.J.,* 2008, n° 3, pp. 1465-1470.

KAZADI MPIANA (Joseph), « L'odyssée de la clause intangible du nombre de mandats présidentiels au regard de la révision par voie référendaire dans le constitutionnalisme africain : une valse à trois temps », *in* MAMPUYA (Auguste), *La responsabilité du juriste face aux manifestations de la crise dans la société contemporaine : un regard croisé autour de la pratique du droit*, Bruxelles, Bruylant, 2018, p. 620.

KELSEN (Hans), « La garantie juridictionnelle de la constitution », *in R.D.P*, Tome 45, 1929, pp. 197-257.

KLEIN (Claude) « La découverte de la doctrine française du pouvoir constituant en Allemagne : de l'Empire à la République fédérale », *in Annales de la Faculté de Droit de Strasbourg,* Nouvelle série, n° 1, 1997, pp. 135-140.

KLEIN (Claude), « Le contrôle des lois constitutionnelles-Introduction à une problématique moderne », *in Les Cahiers du Conseil constitutionnel,* n° 27, 2009, p. 9.

KLEIN (Claude), « Le pouvoir constituant », *in* TROPER (Michel), *et alii, Traité international de droit constitutionnel- Tome 3 : La suprématie de la Constitution,* Paris, Dalloz, 2012, pp. 6-31.

KEIN (Claude), « Recension de Yaniv ROZNAI, Unconstiutional Constitutional amendments. The Limits of Amendments Powers, Oxford Constitutional Theory, 2017 », in *Jus Politicum* n° 18 juillet 2017 (consulté le 20 août 2017), format PDF, p. 40.

KOKOROKO (Dodzi) « Réflexions sur la limitation jurisprudentielle du pouvoir de révision constitutionnelle au Bénin », *in Constitutions*, 2013, p. 329.

KPEDU (Yawovi-Amedzofe), « Le Parlement constituant en Afrique francophone : contribution à la limitation du pouvoir de révision constitutionnelle en Afrique », in *R. D. P*, n° 1 (2016), p. 275.

KREAÏEM-DRIDI (Mouna), « Les limites du pouvoir du juge constitutionnel », in Rafaâ Ben Achour, *Le droit constitutionnel normatif développement récents*, Bruxelles, Bruylant, 2009, p. 42.

L'HÔTE (Vincent), « La "forme républicaine du gouvernement" à l'épreuve de la révision constitutionnelle de mars 2003 », in *R.D.P*, 2004, n° 1, pp. 111-138.

LAFFAILLE (Franck), « La disgrâce du droit. La révision avortée de la Constitution italienne (2005-2006) et les apories de l'ingénierie constitutionnelle », *in R. F. D. C,* 2007, n° 70, p. 390

LAFFAILLE (Franck), « La notion de Constitution au sens matériel chez Costantino Mortati », *in Jus Politicum*, IV-2012, Dalloz, pp. 293- 321.

LAMBERT (Jacques), « Les Origines du contrôle de constitutionnalité des lois fédérales aux États-Unis. Marbury v. Madison », *in R.D.P*, Tome 48, 1931, pp. 1-69.

LAMPUE (Pierre), « Le mode d'élection du président de la République et la procédure de l'article 11 », *in R.D.P,* 1962, pp. 931-935.

LAVROFF (Dmitri-Georges), « De l'abus des réformes : réflexions sur le révisionnisme constitutionnel », *in R. F. D. C*, hors- série, 2008, p.63.

LAQUIEZE (Alain), « La réception de Sieyès par la doctrine publiciste française du XIXe et du XXe siècle », in Historia Constitucional, n° 6, 2005, pp. 229-261.

LEBEN (Charles), « Le Conseil constitutionnel et le principe d'égalité devant la loi », *in R.D.P*, 1982, pp. 295-353.

LECLERCQ (Claude), « Les mécanismes juridiques de la disparition des Républiques », *in R.D.P,* 1986, pp. 1015-1042.

LIET-VEAUX (Georges), « La fraude à la Constitution », *in R.D.P,* 1943, pp. 116-150.

LIBCHABER (Rémy), & MOLFESSIS, Nicolas, « Le contrôle d'une éventuelle hiérarchie des normes », *in R.T.D.C*, 2003, pp. 563-566.

LEVADE (Anne) et *alii,* « Le contrôle de constitutionnalité des lois constitutionnelles-Avant-propos », *in Les Cahiers du Conseil constitutionnel,* n° 27, 2009, pp. 4-8.

LE PILLOUER (Arnaud), « Pouvoir constituant originaire et pouvoir constituant dérivé : à propos de l'émergence d'une distinction conceptuelle », in *Revue d'histoire des facultés de droit et de la science juridique,* n° 25-26, 2005-2006, pp. 123-141.

LE PILLOUER (Arnaud), « Le pouvoir de révision », in TROPER (Michel), et alii, *Traité international de droit constitutionnel-Tome 3 : La suprématie de la Constitution*, Paris, Dalloz, 2012, pp. 34-65

LE PILLOUER (Arnaud), « De la révision à l'abrogation : les termes du débats », Jus politicum, n° 3, www.juspoliticum.com

LE PILLOUER (Arnaud), « Les contraintes d'un paradoxe : les lois inconstitutionnelles. Réflexions à partir du cas indien », *in Droits*, 2012, n° 55, pp. 113-128.

LOUIS (Carole), « La jurisprudence constitutionnelle et les modifications de la Constitution », *in* VILA (Alexandre), *La Constitution et le temps,* Lyon, L'Hermès, 2003, pp. 251-259.

LUCHAIRE (François), « L'union européenne et la Constitution », *in Revue du droit public*, 1992, p.1595.

LUCHAIRE (François), « Le droit d'asile et la révision de la Constitution », *in R.D.P*, 1994, pp. 5-44.

LUCHAIRE (François), « Le Conseil constitutionnel est-il une juridiction ? », *in R.D.P*, 1979, p.27.

LUCHAIRE (François), « La loi constitutionnelle en question commentaire de la décision du Conseil constitutionnel 469 DC du 26 mars 2003 », *in L'Etat et le droit d'Est en Ouest : Mélangés en honneur du Professeur Michel Lesage,* Société de législation comparée, pp.75-82.44.

LUCIANI (Massimo), « Le contrôle de constitutionnalité des lois constitutionnelles en Italie », *in Les Cahiers du Conseil Constitutionnel, n° 27*-2009, pp. 27-31.

MACHELON (Jean-Pierre), « État de droit et démocratie. Sur une contradiction paradoxale », *in État du droit, état des droits : Mélanges en honneur du Professeur Dominique Turpin, coll.* « des mélanges du centre Michel de l'Hospital », LGDJ, 2017, pp. 49- 50.

MAGNON (Xavier), « Quelques maux encore à propos des lois de révision constitutionnelle : limites, contrôle, efficacité, caractère opératoire et existence. En hommage à Louis Favoreu », *in R. F.D.C*, n° 59, 2004, pp. 595-617.

MAGNON (Xavier), « La composition de la commission Balladur : brèves réflexions sur l'expertise en matière constitutionnelle », *in R.F.D.C*, 2008, HS n° 2, pp. 39-47.

MAGNON (Xavier), « La puissance et la représentation, l'Etat et le citoyen : quel est le fondement de l'autorité de la norme constitutionnelle de la jurisprudence du juge constitutionnel ? », *in* MOUTON Stéphane, *Le régime représentatif à l'épreuve de la justice constitutionnelle*, Collection « Grands Colloques », LGDJ, 2016, p. 258.

MAGNON (Xavier), « Souveraineté, identité, et Europe : autour des articles 1, 2, et 3 de la Constitution "De l'échec" d'une formalisation d'une souveraineté interne à la reconnaissance inévitable d'une souveraineté internationale de l'Etat », *in* GAUDIN (Hélène), *La Constitution européenne de la Franc*e, Dalloz Thèmes & commentaires « Actes », 2017, pp. 53-71.

MAILLARD DESGRÉES DU LOÛ (Dominique), « Le pouvoir constituant dérivé reste souverain », *in R. D. P*, 2003, pp. 725-739.

MASTOR (Wanda), « Plaidoyer pour le gouvernement des juges », *in* MOUTON (Stéphane), *Le régime représentatif à l'épreuve de la justice constitutionnelle,* Collection « Grands Colloques », LGDJ, 2016, pp. 63-74.

MASTOR (Wanda), « Alexis de Tocqueville, Du pouvoir judiciaire aux États Unis et de son action sur la société politique », in MASTOR (Wanda), et alii, *Les grands discours de la culture juridique*, Dalloz, « collection les grands arrêts », 2017, pp. 279-287.

MASTOR (Wanda), « Édouard Lambert, le gouvernement des juges et la lutte contre la législation sociale aux États unis », in MASTOR (Wanda), et alii, *Les grands discours de la culture juridique*, Dalloz, « collection les grands arrêts », 2017, pp. 318-330.

MASTOR (Wanda), « Protection de et par la Constitution. Variations sur l'idée d'une " adaptabilité " de la Constitution des États-Unis », in LE PILLOUER (Arnaud), *La protection de la Constitution : Finalités, mécanismes, juridictions*, Presses universitaires juridiques-Poitiers, avril 2018, pp. 71- 81

MATHIEU (Bertrand), « La supra-constitutionnalité existe-t-elle ? », in *L. P. A.*, 8 mars 1995, pp.12-17.

MATHIEU (Bertrand), « Le gouvernement des juges, ce n'est pas la démocratie ! », *in Gazette du Palais,* n° 269, 2015, p. 5.

MATHIEU (Bertrand), « Repenser le droit constitutionnel ? » in BONNET (Baptiste), *Traité des rapports entre ordres juridiques*, Paris, LGDJ., 2016, pp. 838-839

MATHIEU (Bertrand) « Débats », in BENETTI (Julie), et *alii, Révision de la Constitution : mode d'emploi, Onzième Printemps du droit constitutionnel,* Paris 2017, Dalloz, coll. « Thèmes & commentaires », in Cahiers constitutionnels de Paris 1, p. 80.

MAZEAUD (Pierre), « L'évolution de la jurisprudence du Conseil constitutionnel sur le contrôle des lois de transposition des directives communautaires », *in 2006, www.conseil-constitutionel.fr/divers/ documents/PDF*. (Consulté le 10 janvier 2018)

MEINDL (Thomas), « Le Conseil constitutionnel aurait pu se reconnaître compétent », *in R. D.P,* 2003, pp. 741-765.

MILACIC (Slobodan), « Faut-il réinventer la démocratie ? Du "néodémocratisme" pour équilibrer le "néolibéralisme" », in *Politeia*, n° 6, 2004, p. 445-453

MODERNE (Franck), « La notion de révision de la Constitution », *in Annuaire international de justice constitutionnelle,* XX-2004, pp.424-440.

MOUTOUH (Hugues), « Le contrôle de constitutionnalité des lois constitutionnelles : suite et fin », *in A.J.D.A*, 2003, pp. 1099-1101.

MOUTOUH (Hugues), « Décision prévisible » *in AJAD*, 2003, p.753

MIRANDA (Jorge) « Le contrôle et les limites de la révision de la Constitution », *in Annuaire international de justice constitutionnelle,* XX-2004, pp.441-457.

NEFRAMI (Eleftheria), « Quelques réflexions sur les limites à l'exercice du pouvoir de révision constitutionnelle en France », *in R. B.D.C,* 2003, pp. 349-366.

NGANGO YOUMBI (Éric), « La supraconstitutionnalité. Vue d'Afrique », in DOUMBE-BILLE (Stéphane*) et alii, Regards sur le droit public en*

Afrique, Mélanges en l'honneur du Doyen Joseph-Marie Bipoun Woum, L'Harmattan, collection « Études africaines-série droit », 2016, p. 148.

PACTET (Pierre), « Le Conseil constitutionnel et l'œuvre constituante », *in Renouveau du droit constitutionnel : in Mélanges Louis Favoreu*, Paris, Dalloz, 2007, pp. 1373-1386.

PACTET (Pierre) « La désacralisation progressive de la Constitution de 1958 », *in Mélanges Pierre Avril, La République,* Paris, Montchrestien, 2001, p. 389

PASQUINO (Pasquale), « Méprises et illusions d'une métaphore : Que faut-il entendre par suprématie de la Constitution ? », in MOUTON (Stéphane), *Le régime représentatif à l'épreuve de la justice constitutionnelle,* Collection « Grands Colloques », LGDJ, 2016, p.132.

PASQUINO (Pasquale), « Le contrôle de constitutionnalité : généalogie et morphologie », in *Cahiers du Conseil constitutionnel*, 2010, n° 28, p.35.

PASQUINO (Pasquale), « Gardien de la Constitution ou justice constitutionnelle ? Carl Schmitt et Hans Kelsen », in TROPER (Michel) et alii, *1789 et l'invention de la Constitution, Bruylant LGDJ, coll. « La pensée juridique moderne », 1994,* p.143

PETROFF (Marlène), « L'éclipse du droit constitutionnel », *in Le prince, le peuple et le droit : autour des plébiscites de 1851 et 1852*, Paris, PUF, coll. Léviathan, 2000, pp. 161-170.

PFERSMANN (Otto), « Contre le néo-réalisme juridique - Pour un débat sur l'interprétation », *in R.F.D.C,* 2002, n° 50, pp. 279-334.

PFERSMANN (Otto) « Carré de Malberg et la hiérarchie des normes », in *R. F. D.C*, n° 31,1997, p.481.

PIERRE-CAPS (Stéphane), « La constitution comme ordre de valeurs *», in La Constitution et les valeurs : Mélanges Dmitri Georges Lavroff*, Paris, Dalloz, 2005, pp. 283-296.

PIERRE-CAPS (Stéphane), « Retour sur une controverse constitutionnelle : la naissance de la Troisième République, l'assemblée de Bordeaux (12 février 1871) et la question du pouvoir constituant », in *Droit, Histoire et Société : Mélanges Christian Dugas de la Boissonny*, Nancy, PUN, 208, pp. 323-333.

PIERRE-CAPS (Stéphane), « L'esprit des constitutions », *in Mélanges en l'honneur de Pierre Pactet, L'esprit des institutions, l'équilibre des pouvoirs.* Dalloz, 2003, p.375.

POULLAIN (Bernard), « Remarques sur le modèle français de contrôle de constitutionnalité des lois *», in Pouvoirs*, n° 30, 1984, p.121.

PIMENTEL (Carlos-Miguel), « De l'État de droit à l'État de jurisprudence ? Le juge de l'habilitation et la séparation des pouvoirs », in PARIENTE (Alain), *La séparation des pouvoirs, théorie contestée et pratique renouvelée,* Dalloz, Paris, 2007, p.9.

PINON (Stéphane), « Révision constitutionnelle contre "tradition républicaine" sous la IIIe République », *in R.F.D.C,* n° 38, 1999, pp. 257-284.

RABAULT (Hugues), « La clause d'éternité : la recevabilité des recours contre les lois de révision constitutionnelle », in *L. P. A*, 30 août 2004 n° 173, pp. 3-4

RAPHAEL (Romi), « Le Président de la République, interprète de la Constitution », *in R.D.P*, 1987, p.1265.

RAYNAUD (Philippe), « Droit, histoire, politique », in *Le Débat,* 1992, n° 72, pp. 201-21

REDOR (Marie-Joëlle), « La démocratie dans la jurisprudence du Conseil constitutionnel et dans ses représentations » *in* GRAGO (Guillaume) *et alii, La légitimité de la jurisprudence du Conseil constitutionnel*, Paris, Economica, 1999, p. 345.

RENAUT (Alain), « Les positivismes et le droit : Du positivisme philosophique au positivisme juridique », in *Cahiers de philosophie politique et juridique,* 1988, n° 13, Caen : Centre de publications de l'Université de Caen, pp. 9-22.

RIALS (Stéphane), « Les incertitudes de la notion de Constitution sous la Ve République », in *R.D.P,* 1984, 587.

RIALS Stéphane, « l'office du juge », in *Droits,* 1989, n° 9, pp. 3-20.

RIALS (Stéphane), « La question constitutionnelle en 1814-1815 : dispersion des légitimités et convergences des techniques », *in Revue d'Histoire des Facultés de droit et de la science juridique*, vol. 3, 1986, pp. 167-197.

RIALS (Stéphane), « Supra-constitutionnalité du droit », *in Archives de philosophie du droit,* Tome 31, le système juridique 1986, p.76

RIALS (Stéphane), « Entre artificialisme et idolâtrie », *in Le Débat*, 1991, n° 64, p. 163.

ROBERT (Jacques), « La forme républicaine du Gouvernement », *in R. D.P,* 2003, pp. 359-366.

ROBERT (Jacques), « Le Conseil constitutionnel a-t-il démérité ? », *in L'esprit des institutions, l'équilibre des pouvoirs, Mélangés en l'honneur de Pierre Pactet*, Dalloz, 2003, p.861.

ROBERT (Jacques), « L'indépendance des juges », *in R.D.P.*, 1988, pp. 5-22

ROLLAND (Patrice), « Comment préserver les institutions politiques ? La théorie du pouvoir neutre chez B. Constant », *in Revue Française d'Histoire des Idées Politiques*, 2008, n° 27, pp. 43-73.

ROSENFELD (Michel), « La possibilité de la démocratie et déconstruction du droit », *in* ROUSSEAU (Dominique), *La démocratie continue,* BRUYANT LGDJ, 1995, pp.93-108.

ROUSSEAU (Dominique), « Chronique de jurisprudence constitutionnelle, 1991-1992 », in *R.D.P,* 1993, n° 1, p.5

ROUSSEAU (Dominique), « La condamnation de la théorie de supra-constitutionnalité », *in R.D.P*, 1993, p.17

ROUSSEAU (Dominique), « Faut-il une Cour constitutionnelle pour contrôler la constitutionnalité des lois ? », *in Constitution et pouvoirs, Mélanges en l'honneur de Jean Gicquel*, Montchrestien, 2008, p.465.

ROUSSEAU (Dominique), « La démocratie continue, un contre-sens qui fait sens *», in Alexandre VIALA, La Démocratie : mais qu'en disent les juristes ? Forces et faiblesses de la rationalité juridique,* LGDJ-Lextenso éditions, coll. « Les Grands colloques », 2014, pp. 7-30.

ROUSSEAU (Dominique), « Constitutionnalisme et démocratie », *in La Vie des idées, paru en ligne le 19 septembre 2008, p.18.* (Consulté le 20 janvier 2018) .

ROUSSEAU (Dominique), « La jurisprudence constitutionnelle : quelle "nécessité démocratique" ? », *in GRAGO (Guillaume) et alii, La légitimité de la jurisprudence du Conseil constitutionnel,* Paris, Economica, 1999, p. 363.

ROUSSEAU (Dominique), « Faut-il supprimer le Conseil constitutionnel ? », *in ROUSSEAU (Dominique), Le Conseil constitutionnel en questions,* Paris, L'Harmattan, 2004, p. 12.

ROUSSEAU (Dominique), « La lancinante question de la légitimité du juge », *in État du droit, état des droits : Mélanges en l'honneur du Professeur Dominique Turpin, coll. « des mélanges du centre Michel de l'Hospital* », LGDJ, 2017, pp.516-517.

ROUSSEAU (Dominique), « Pour : une opinion dissidente en faveur des opinions dissidentes », *in Contributions au débat sur les opinions dissidentes dans les juridictions constitutionnelles, Les Cahiers du Conseil constitutionnel*, n° 8, 2000, p. 113.

ROUSSEAU (Dominique), « Réponse à Michel Troper » *in GRAGO (Guillaume) et alii, La légitimité de la jurisprudence du Conseil constitutionnel*, Paris, Economica, 1999, pp. 380-382.

ROUSSEAU (Dominique), « De quoi le Conseil constitutionnel est-il nom ? », *in Jus politicum, n° 7, http:// www.juspoliticum.com/ De- quoi-le Conseil-constitutionnel.html.* (Consulté le 4 janvier 2018), p. 3.

ROUSSEAU (Dominique), « Pour ou contre la limitation du pouvoir du juge constitutionnel ? », *in R. A,* n° 301, 1998, p.197.

ROUSSEAU (Dominique), « Prolégomènes à l'étude de l'identité constitutionnelle », *in Le droit constitutionnel normatif : Développements récents sous la direction de Rafaâ Ben Achour*, Bruylant, Bruxelles, 2009, pp.19-29.

ROUSSEAU (Dominique), « L'identité constitutionnelle, bouclier de l'identité nationale ou branche de l'étoile européenne », *in BURGORGUE-LARSEN (LAURENCE), L'identité constitutionnelle saisie par les juges en Europ*e, Paris, Pedone, 2011, p.9.

ROUSSEAU (Dominique), « Faut-il supprimer le Conseil constitutionnel ? *», in ROUSSEAU (Dominique), Le Conseil constitutionnel en questions,* Paris, L'Harmattan, 2004, p. 9.

ROUSSEAU (Dominique), « L'Etat de droit est-il un Etat de valeurs particulières ? », *in Mélanges en l'honneur de Pierre Pactet, L'esprit des institutions, l'équilibre des pouvoirs,* Dalloz, 2003, p. 885.

ROUX (André), « Le nouveau Conseil constitutionnel, vers la fin de l'exception française ? », *in La Semaine juridique, édition générale,* n° 31-35, 30 juillet 2008, I, 175, p.48.

SANDJÉ (Rodrigue-Ngando), « Le droit de la révision constitutionnelle dans le nouveau constitutionnalisme africain », in *R. D. P,* n° 4, 2016, p. 1219.

SAINT-HUBERT (Mesmin), « La Cour suprême de l'Inde, garantie de la structure fondamentale de la Constitution : La construction d'une nouvelle doctrine visant à limiter le pouvoir constituant dérivé », *in R.I.D.C R*, n° 3-2000, pp. 631-648.

SALAMI (Ibrahim David), *«* Le pouvoir constituant dérivé à l'épreuve de la justice constitutionnelle au Bénin », in *Revue Togolaise des Sciences Juridiques*, janv-juin 2011, pp.44-64 ; pp.631-648

SCHOETTL (Jean-Éric), « Le Conseil constitutionnel peut-il contrôler une loi constitutionnelle ? », in L.P.A, 8 avril 2003, n° 70, pp. 17-22.

SOMA (Abdoulaye), « Le contrôle de constitutionnalité des lois constitutionnelles en Afrique noire francophone *», in Revue Suisse Pratique Juridique Actuelle*, n° 5, 2011, pp. 622-626.

SOMA (Abdoulaye), « La souveraineté du pouvoir constituant et le contrôle de constitutionnalité des lois constitutionnelles », in *Annales de l'université de Ouagadougou*, Série B, vol. 004, décembre 2012, pp. 425- 473

SUR (Emmanuel), « Le pouvoir constituant n'existe pas ! Réflexions sur les voies de la souveraineté du peuple », *in La Constitution et les valeurs : Mélanges Dmitri Georges Lavroff*, Paris, Dalloz, 2005, pp. 569-591.

TROPER (Michel), « Kelsen et la jurisprudence », *in A.P.D.* 1985, p.83.

TROPER (Michel), « La notion de principe supra-constitutionnel », *in R. I.D.C,* vol. 15, 1993, pp. 337-355.

TROPER (Michel), « Sieyès et le jury constitutionnaire », *in La République : Mélanges Pierre Avril,* Paris, Montchrestien, 2001, pp. 265-282

TROPER (Michel), « La notion de principes supra-constitutionnels », *in R.I.D.C*, Vol.15, pp.339-345.

TROPER (Michel), « Le problème de l'interprétation et la théorie de la supra-légalité constitutionnelle », in Mélanges Eisenmann, Cujas, 1975, p. 143.

TROPER (Michel), « Le bon usage des spectres. Du gouvernement des juges au gouvernement par les juges », *in Mélanges en l'honneur de Gérard CONAC, Le Nouveau Constitutionnalisme,* Paris, Economica, 2001, pp.49- 65.

TROPER (Michel), « La liberté de l'interprète », *in L'office du juge, Actes du colloque des 29-30 septembre 2006, organisé au Palais du Luxembourg, Sénat,* Paris, Les colloques du Sénat, 2006, pp. 28-41.

TROPER (Michel), « Existe-t-il des principes supérieurs à la Constitution », *in LE PILLOUER (Arnaud), La protection de la Constitution : Finalités, mécanismes, juridictions, Presses universitaires juridiques-Poitiers,* avril 2018, pp135- 144

TROPER (Michel), « Identité constitutionnelle », *in Bertrand Mathieu, 1958-2008. Cinquantième anniversaire de la Constitution française,* Dalloz, 2008, pp.123-131.

TROPER (Michel), « L'identité constitutionnelle : les fonctions d'un argument », *in FATIN-ROUGE STEFANINI (Marthe) et alii, L'identité à la croisée des États et de l'Europe : Quels sens ? Quelles fonctions ? Bruylant, Bruxelles, collection « À la croisée des droits »*, 2015, p. 276.

TROPER (Michel), « Le juge constitutionnel et la volonté générale », *in Rapport au Congrès de l'Association internationale de droit constitutionnel, Rotterdam*, 1999, p. 131

TROPER (Michel), « Démocratie continue et justice constitutionnelle », *in ROUSSEAU (Dominique), La démocratie continue,* BRUYANT LGDJ, 1995, p. 125.

TROPER (Michel), « Quelques remarques à propos de l'analyse de Dominique Rousseau », in *GRAGO (Guillaume) et alii, La légitimité de la jurisprudence du Conseil constitutionnel*, Paris, Economica, 1999, pp. 377-380.

TROPER (Michel), « Kelsen et l'idéologie des constitutionnalistes français », *in HERRERA (Carlos-Miguel), Actualité de Kelsen en France, Paris, LGDJ,* 2001, p. 40.

TROPER (Michel), « La Ve République et la séparation des pouvoirs », in Droits, n° 43, 2006, p. 34.

TROPER (Michel), « Le concept de l'État de droit », *in Droits,* n° 15, 1992, p. 51.

TROPER (Michel), « La souveraineté comme principe d'imputation », *in MAILLARD DESGRÉE DU LOÛ (Dominique), Les évolutions de la souveraineté,* Montchrestien, coll. « Grands colloques », 2006, p. 69.

TROPER (Michel), « La souveraineté nationale appartient aux peuples français », *in À droit ouvert : Mélanges en l'honneur d'Antoine Lyon-Caen*, Paris, Dalloz, 2018, pp. 937-958.

VEDEL, Georges, « Le hasard et la nécessité », *in Pouvoirs*, n° 50, 1989, pp. 15 30.

VEDEL (Georges), « Neuf ans au Conseil constitutionnel », *in Le Débat*, n° 55, p. 49.

VEDEL (Georges), « La place de la déclaration de 1789 dans "le bloc de constitutionnalité" », *in la déclaration des droits de l'homme et du citoyen et la jurisprudence, colloque au Conseil constitutionnel des 25 et 26 mai 1989*, PUF, Paris, 1989, p.63.

VEDEL (Georges), « Schengen et Maastricht », *in R.F.D.A*, mars-avril 1992, pp. 173-181.

VEDEL (Georges), « Souveraineté et supra-constitutionnalité », in Pouvoirs, n° 67, 1993, pp. 79-97.

VEDEL (Georges), « Excès de pouvoir législatif et excès de pouvoir administratif », in Les Cahiers du Conseil constitutionnel n° 2, 1997, p. 2.

VEDEL (Georges), « La parité mérite mieux qu'un marivaudage législatif ! », in Le Monde, le 8 décembre 1998, p.16.

VERPEAUX (Michel), « La loi constitutionnelle du 28 mars 2003 relative à l'organisation décentralisée de la République : libres propos », *in R. F.D.A*, 2003, pp. 661-669.

VERPEAUX (Michel), « chronique de jurisprudence constitutionnelle », in *L. P.A,* 19 septembre 2003, n° 188, pp. 7-9.

VERPEAUX (Michel), « La notion révolutionnaire de juridiction », *in* Droits, n° 9, (la fonction de juger), 1989, p. 39.

VERPEAUX (Michel), « Débats », in BENETTI (Julie), *et alii, Révision de la Constitution : mode d'emploi, Onzième Printemps du droit constitutionnel,* Paris 2017, Dalloz, coll. « Thèmes & commentaires », Cahiers constitutionnels de Paris 1, p. 78.

VERPEAUX (Michel), « Constitution et lois constitutionnelles. Brèves réflexions à l'occasion de quelques révisions récentes », *in Constitutions et pouvoirs : Mélanges en l'honneur de Jean Gicquel*, Paris, Montchrestien, 2008, pp.593-601.

VIALA (Alexandre,) « Le concept d'identité constitutionnelle : approche théorique », *in L'identité constitutionnelle saisie par les juges en Europe, Paris, Pedone, 2011,* pp. 7-25.

VIALA (Alexandre), « Limitation du pouvoir constituant, la vision du constitutionnaliste », *in Civitas Europa 2014* /1 (N° 32), pp.81-91.

VONSY (Moea), « Le "Parlement constituant" n'est pas souverain », in *R.D.P*, 2007, n° 3, pp. 793-815.

WALINE (Jean), « Les révisions de la Constitution de 1958 », *in Droit et politique à la croisée des cultures : Mélanges Philippe Ardant*, Paris, 1999, pp. 235-251.

WERNER (Alain), « Le Conseil constitutionnel et l'appropriation du pouvoir constituant », i*n Pouvoirs*, n° 67, 1993, pp.117-136.

YAMAMOTO (Hajimé), « Les trois temps pour la liberté du pouvoir constituant », *in* Alexandre Viala, *La Constitution et le temps*, L'Hermès, 2003, pp. 13-25.

ZAGREBELSKY (Gustavo), « La supra-constitutionnalité en tant que présupposition historico-culturelle de la Constitution », *in R.I.D.C*, vol. 15, 1993, pp. 451-459.

ZARKA (Jean-Claude), « Le Conseil constitutionnel ne tient ni de l'article 61, ni de l'article 89, ni d'aucune disposition de la Constitution le pouvoir de statuer sur une révision constitutionnelle », *in Semaine juridique* (JCP), 2003, pp. 732-733.

ZIMMER (Willy), « La loi du 3 juin 1958 : contribution à l'étude des actes pré-constituants », in *R.D. P*, Tome 105, 1995, pp. 383-411.

5. Les jurisprudences du Conseil constitutionnel

Décision n° 62 –20 DC, 6 novembre 1962, Recueil, p.27.

Décision n° 63-24 DC, du 20 novembre 1963, Recueil, p.16.

Décision n° 85-197 DC, du 23 août 1983 Recueil, p.70.

Décision n° 92-312 DC, du 2 septembre 1992 dite « Maastricht II », Recueil, p.76.

Décision n° 92-312 DC du 23 septembre 1992 dite « Maastricht III »

Décision n° 93-323 DC du 5 août 1993, Recueil p.213.

Décision n° 2003-469 du 26 mars 2003, Loi constitutionnelle relative à l'organisation décentralisée de la République.

Décision n° 2004-496 DC du 10 juin 2004, *Rec.*, p. 101.

Décision n° 2004-498 DC du 29 juillet 2004, *Rec.*, p. 122.

Décision n° 2004-500 du 29 juillet 2004, *Rec.*, p. 116.

Décision n° 2004-505 DC du 19 novembre 2004, *Rec.*, p. 173.

Décision n° 2006-535 DC du 30 mars 2006, *Rec.*, p. 50.

Décision n° 2006-540 DC du 27 juillet 2006, *Rec.*, p. 88.

Décision n° 2006-542 DC du 9 novembre 2006, *Rec.*, p. 112.

Décision n° 2006-543 DC du 30 novembre 2006, *Rec.*, p. 120.

Table des matières

Seconde partie
La souveraineté du pouvoir constituant dérivé á l'épreuve de l'état de droit

DROIT
AUX ÉDITIONS L'HARMATTAN

Dernières parutions

REPÈRES DE FISCALITÉ DES PROFESSIONNELS ET DES PARTICULIERS
Rock Dieudonné Landze Mbere
La fiscalité est un système de collecte et de redistribution de richesses fondée sur la contribution des ménages, des professionnels et des entreprises. Pour mieux jouer leur partition et s'orienter dans les affaires, le citoyen et le manager ont besoin des repères de fiscalité. Car, en raison de la contrainte financière, le contentieux fiscal au Congo va progressivement s'intensifier.
(320 p., 33 euros)
ISBN : 978-2-343-18620-7, EAN EBOOK : 9782140131783

LA DÉCENTRALISATION DANS LES PAYS FRANCOPHONES D'AFRIQUE DE L'OUEST
Jean-Luc Pissaloux
Cet ouvrage, constitué de contributions écrites par des universitaires, des experts et/ou des hauts fonctionnaires, démontre parfaitement combien la décentralisation est encore une sorte d'idéal-type à atteindre, et qu'elle est loin d'être une pratique effective, efficiente et efficace dans les pays francophones d'Afrique de l'ouest.
(Coll. Droits Publics, 390 p., 38,5 euros)
ISBN : 978-2-343-18272-8, EAN EBOOK : 9782140131653

L'APPLICATION DU DROIT D'AUTEUR AUX HYPERLIENS
Analyse de droit français et de droit américain
Mickaël Le Borloch
Cet ouvrage propose un travail de fond sur les droits français et américain concernant une problématique peu traitée malgré son importance pour le développement de l'internet et la protection des auteurs : l'application du droit d'auteur aux hyperliens.
(Coll. Le Droit aujourd'hui, 632 p., 49 euros)
ISBN : 978-2-343-16341-3, EAN EBOOK : 9782140131660

LES DYNAMIQUES D'INTÉGRATION EN ZONE FRANC EN LIEN AVEC LA ZONE EURO TOME II
Les nouvelles régulations économiques et/ou l'économie de l'intégration
Thimoté Dongotou
Ce deuxième tome fait des propositions sur les nouvelles dynamiques d'intégration en Afrique. Ainsi la prise en compte des partenariats public-privé (PPP) et des dimensions institutionnelles, sociales et anthropologiques est considérée comme de nouvelles régulations économiques et monétaires en Zone Franc Africaine et en zone euro. L'auteur aborde entre autres les grandes familles institutionnelles en économie ou la macroéconomie historique du courant européen contemporain
(Coll. Études africaines, 348 p., 36 euros)
ISBN : 978-2-343-13844-2, EAN EBOOK : 9782140130915

LE CONSTITUTIONNALISME EN EUROPE DE L'EST ET DANS LE MONDE ARABE
Mohamed Ibrahim Hassan
Préface du Dr Lauréline Fontaine
Bien qu'éloignés dans le temps et l'espace, les mouvements révolutionnaires est-européens de la fin des années 80 et du monde arabe des années 2010 ont en commun le constitutionnalisme qui a été le

moyen immédiat de sortir du chaos révolutionnaire. S'il a été le dénominateur commun que les peuples ont utilisé pour instaurer les nouveaux régimes politiques qu'ils souhaitaient démocratiques, la singularité de chaque région et de chaque pays s'est imposée lors de la transition et de l'adoption des nouvelles Constitutions. Mais la démocratie ne se décrète pas. A l'instar de la Pologne ou de la Roumanie, les Etats arabes sont confrontés aux mêmes défis sur le chemin de la démocratisation.

(Coll. Droit comparé, 422 p., 40 euros)

ISBN : 978-2-343-17996-4, EAN EBOOK : 9782140131554

EXPÉRIENCES JURIDIQUES SUR LES DROITS HUMAINS

Marco Alberto Quiroz Vitale, Bassin Sandrine Marie-Thérèse Diringbin

Cet ouvrage collectif offre une contribution au débat sur les droits humains à la lumière des théories et de la méthodologie propres à la sociologie juridique. Parmi les questions analysées : les pratiques traditionnelles violant les droits des filles ; les violations de l'interdiction de torture dans la guerre contre la terreur ; les effets sociojuridiques de la globalisation sur le trafic humain...

(Coll. Harmattan Italia, 184 p., 28 euros)

ISBN : 978-2-336-31872-1, EAN EBOOK : 9782140131776

LA CRIMINALITÉ PHARMACEUTIQUE EN RÉPUBLIQUE DÉMOCRATIQUE DU CONGO

Une véritable menace au droit à la santé

Starmans Bofoe Lokangu

Préface de Mwayila Tshiyembe

Pendant que l'humanité assiste passivement à la criminalité pharmaceutique qui englobe la contrefaçon pharmaceutique, la fabrication et le commerce des médicaments falsifiés, gâtés, périmés, illicites ou de qualité douteuse, les patients mettent leur santé en danger. Comme instrument d'interpellation des autorités politiques et sanitaires, des professionnels de droit et de santé, l'ouvrage démontre qu'il est utopique de croire en l'exercice du droit à la santé en présence d'une criminalité pharmaceutique consacrée et institutionnalisée qui constitue une véritable menace pour lui. L'assainissement du secteur pharmaceutique et la répression dissuasive de pharmacriminels restent des mécanismes correctifs pour juguler ce fléau en RDC.

(Coll. Géopolitique mondiale, 238 p., 25,5 euros)

ISBN : 978-2-343-17537-9, EAN EBOOK : 9782140131448

LES DYNAMIQUES D'INTÉGRATION EN ZONE FRANC EN LIEN AVEC LA ZONE EURO TOME I

Les problèmes et scénarios

Thimoté Dongotou

Dans ce premier tome, Thimoté Dongotou étudie, en relation avec les crises économiques, les dynamiques d'intégration en zone franc à l'heure de l'euro. L'ensemble de l'ouvrage est construit autour de trois parties : la zone franc comme projet d'intégration et de développement économique (approches historiques et évolutives) ; les approches d'intégration par la fiscalité et les règles qui s'y appliquent ; la création monétaire en Zone Franc Africaine (ZFA).

(Coll. Études africaines, 498 p., 45 euros)

ISBN : 978-2-343-13843-5, EAN EBOOK : 9782140130908

COLLECTIVITÉS TERRITORIALES ET CINÉMA

Le droit public local du cinéma

David Chappat

Préface d'Olivier Henrard

À partir des années 1940, l'État a pris en charge la réglementation du cinéma en France pour aboutir à la création du Centre National du Cinéma. Depuis quelques dizaines d'années, c'est au niveau local que se poursuit cet effort. L'aide au cinéma permet de développer une politique culturelle, mais également de soutenir une politique sociale, éducative et surtout économique. Pour cela, une répartition des rôles s'est élaborée entre les différents niveaux de collectivités territoriales et de nombreux dispositifs ont été créés afin de couvrir toutes les activités cinématographiques. Mais la validité de certains mécanismes d'aide a été remise en cause, notamment vis-à-vis du droit européen et national de la concurrence.

(Coll. Droit des collectivités territoriales, 128 p., 14,5 euros)

ISBN : 978-2-343-18334-3, EAN EBOOK : 9782140130885

LA PROTECTION DES DROITS DES MIGRANTS

Interactions entre la protection des droits de l'hommes et la protection diplomatique et consulaire

Arafat Abi

Préface de Khadija Elmadmad

En 2018, respectivement le 10 décembre à Marrakech et le 17 décembre à New York, le Pacte mondial pour des migrations sûres, ordonnées et régulières et le Pacte mondial sur les réfugiés ont été adoptés. Premiers accords du genre, ils remplacent la question des migrations au coeur des défis. En effet, à l'heure de la mondialisation, une évidence est d'actualité : l'augmentation des flux migratoires. Et si les Etats tentent souverainement de gérer ces flux, on ne peut oublier que les droits de l'homme sont au-dessus de toutes considérations. La gestion harmonieuse et efficace des migrations doit donc être globale et prendre en compte à la fois les synergies de développement et la protection des droits des personnes migrantes.

(Coll. Le Droit aujourd'hui, 244 p., 25,5 euros)

ISBN : 978-2-343-18037-3, EAN EBOOK : 9782140130427

LES MUTATIONS CONSTITUTIONNELLES EN AFRIQUE NOIRE FRANCOPHONE

à partir des exemples du Congo, du Bénin et du Sénégal

Aimé Ange Wilfrid Bininga

Préface de Frédéric Joël Aïvo - Avant-propos de Babacar Gueye

Ce livre traite des mutations constitutionnelles dans les États d'Afrique noire francophone depuis le renouveau démocratique des années 1990. Ces mutations se manifestent au moyen de la révision constitutionnelle, des lois et règlements infra-constitutionnels, de l'interprétation des normes, de la pratique des acteurs de la vie politique et institutionnelle, de la suspension et de l'abrogation des constitutions. D'une part, elles favorisent le reflux des promesses démocratiques du début des années 1990 et d'autre part, à contresens de cette tendance, les mutations constitutionnelles participent à l'affirmation de l'irréversibilité de la dynamique démocratique.

(Coll. Harmattan Congo-Brazzaville, 360 p., 37 euros)

ISBN : 978-2-343-18410-4, EAN EBOOK : 9782140129926

SÉCURITÉ INTÉRIEURE : PROXIMITÉ ET GLOBALITÉ

Sous la direction de Franck Durand

Il est devenu nécessaire d'envisager la sécurité intérieure en termes de proximité et de globalité. Ainsi en est-il de la réforme emblématique de la nouvelle majorité : la police de sécurité du quotidien, entre présence au plus proche des citoyens et restauration de l'autorité de l'État sur le terrain. Dans le cadre de cette réforme, l'avenir du garde-champêtre, acteur traditionnel de la sécurité rurale, fait l'objet d'incertitudes. Les risques sociaux et sociétaux, les nouvelles menaces, s'inscrivent eux aussi dans plusieurs dimensions. Les rapports entre les acteurs de la sécurité reposent sur une nécessaire complémentarité. Enfin, la révolution numérique a créé un nouvel espace offrant aux prédateurs un nouveau terrain de chasse : cybercriminalité, cyberconflictualité et cyberguerre.

(Coll. Droit de la sécurité et de la défense, 186 p., 19,5 euros)

ISBN : 978-2-343-18095-3, EAN EBOOK : 9782140129100

DÉFIANCE, DOUTE, INCERTITUDE

Quelle place pour la notion de confiance dans les sociétés modernes ?

Sous la direction de Julie Tribolo

Héritières des Lumières, les sociétés modernes se caractérisent par un niveau de développement scientifique et technique toujours plus poussé. L'on pourrait s'attendre à ce que cette domination sans partage du scientifique rende les sociétés plus résilientes, mieux armées face à l'incertain, mais elle a plutôt abouti au contraire à les rendre intolérantes au doute et allergiques au risque. Dans un contexte de judiciarisation croissante des rapports sociaux, et en l'absence le plus souvent de toute certitude, comment le juge peut-il alors susciter l'adhésion des parties à ses décisions ? La confiance apparaît comme un antidote à l'incertitude.

(Coll. Droit privé et sciences criminelles, 90 p., 13 euros)

ISBN : 978-2-343-18231-5, EAN EBOOK : 9782140128677

AMNISTIE ET DROITS DES VICTIMES EN RÉPUBLIQUE CENTRAFRICAINE

Fleury Fulgence Banale

En début d'année 2019, la République Centrafricaine a amorcé une nouvelle page de son histoire par la signature d'un huitième accord entre « le Gouvernement et les Groupes armés ». Cet accord n'a pas fait mention explicite de l'amnistie car le peuple centrafricain ne veut pas en entendre parler et avait réclamé au forum de Bangui « zéro impunité ». Toutefois, parce que l'amnistie, dans le passé n'a pas fonctionné, faut-il l'exclure des solutions politiques possibles à la crise centrafricaine ? Comment garantir les droits des victimes au regard des expériences antérieures d'amnistie ?

(126 p., 14 euros)

ISBN : 978-2-343-18163-9, EAN EBOOK : 9782140128264

LE DROIT DOUANIER À L'ÉPREUVE DE LA CRIMINALITÉ TRANSNATIONALE ORGANISÉE DANS L'ESPACE CEDEAO

Ndiaga Soumaré

Le droit douanier comporte des mécanismes de lutte contre la fraude qui lui ont permis, jusque-là, de faire face au phénomène de la Criminalité transnationale organisée (CTO) tout en gardant sa spécificité et son autonomie. Mais très vite, les douanes vont se rendre compte que la lutte contre la CTO va devoir impliquer l'intégration d'autres mécanismes juridiques extra-douaniers. Il est devenu primordial de neutraliser l'action des organisations criminelles à travers le renforcement de la surveillance des frontières et la sécurisation du contrôle des opérations commerciales. La finalité, pour les douanes, étant de concilier la protection de la chaîne logistique internationale et la facilitation des échanges commerciaux.

(Coll. Harmattan Sénégal, 406 p., 40 euros)

ISBN : 978-2-343-17842-4, EAN EBOOK : 9782140128714

SELON (QUE) LA JURISPRUDENCE

Kambamutu Matadiwamba

Ce livre procède d'un souci d'équilibre, en livrant au public de quoi juger le travail des magistrats congolais. L'auteur affirme qu'il existe de bonnes et de mauvaises décisions judiciaires, sans oublier des décisions critiquables. Le tout est de savoir s'y retrouver. Hélas, depuis deux décennies, rien ni personne n'arrête la montée de la fièvre, la saturation des jugements acquis moyennant des influences de tout genre.

Academia (Coll. Bibliothèque de droit africain, 292 p., 30 euros)

ISBN : 978-2-8061-0461-8, EAN EBOOK : 9782806110282

NOUVEAU DROIT DE LA RESPONSABILITÉ DE PROTÉGER

Droit international public et régional

Jean-Nazaire Tama

Préface de Christophe Euzet

« Si l'intervention humanitaire constitue effectivement une atteinte inadmissible à la souveraineté, comment devons-nous réagir face à des situations comme celles dont nous avons été témoins au Rwanda ou à Srebrenica, durant des violations flagrantes, massives et systématiques des droits de l'Homme, qui vont à l'encontre de tous les principes sur lesquels est fondée notre condition d'êtres humains ? », s'est interrogé Kofi Annan dans son rapport du Millénaire. L'utilisation intéressée du principe de la responsabilité de protéger par les États l'a dévoyé de son esprit humanitaire. Cet ouvrage révèle et analyse le système international de mise en oeuvre dudit principe sous l'empire de la Charte des Nations Unies, et celui régional établi par l'Union Africaine et la Communauté économique des États de l'Afrique de l'Ouest (CEDEAO).

(Coll. Logiques Juridiques, 362 p., 37 euros)

ISBN : 978-2-343-17098-5, EAN EBOOK : 9782140127830

Structures éditoriales du groupe L'Harmattan

L'Harmattan Italie
Via degli Artisti, 15
10124 Torino
harmattan.italia@gmail.com

L'Harmattan Hongrie
Kossuth l. u. 14-16.
1053 Budapest
harmattan@harmattan.hu

L'Harmattan Sénégal
10 VDN en face Mermoz
BP 45034 Dakar-Fann
senharmattan@gmail.com

L'Harmattan Cameroun
TSINGA/FECAFOOT
BP 11486 Yaoundé
inkoukam@gmail.com

L'Harmattan Burkina Faso
Achille Somé – tengnule@hotmail.fr

L'Harmattan Guinée
Almamya, rue KA 028 OKB Agency
BP 3470 Conakry
harmattanguinee@yahoo.fr

L'Harmattan RDC
185, avenue Nyangwe
Commune de Lingwala – Kinshasa
matangilamusadila@yahoo.fr

L'Harmattan Congo
67, boulevard Denis-Sassou-N'Guesso
BP 2874 Brazzaville
harmattan.congo@yahoo.fr

L'Harmattan Mali
Sirakoro-Meguetana V31
Bamako
syllaka@yahoo.fr

L'Harmattan Togo
Djidjole – Lomé
Maison Amela
face EPP BATOME
ddamela@aol.com

L'Harmattan Côte d'Ivoire
Résidence Karl – Cité des Arts
Abidjan-Cocody
03 BP 1588 Abidjan
espace_harmattan.ci@hotmail.fr

L'Harmattan Algérie
22, rue Moulay-Mohamed
31000 Oran
info2@harmattan-algerie.com

L'Harmattan Maroc
5, rue Ferrane-Kouicha, Talaâ-Elkbira
Chrableyine, Fès-Médine
30000 Fès
harmattan.maroc@gmail.com

Nos librairies en France

Librairie internationale
16, rue des Écoles – 75005 Paris
librairie.internationale@harmattan.fr
01 40 46 79 11
www.librairieharmattan.com

Librairie l'Espace Harmattan
21 bis, rue des Écoles – 75005 Paris
librairie.espace@harmattan.fr
01 43 29 49 42

Lib. sciences humaines & histoire
21, rue des Écoles – 75005 Paris
librairie.sh@harmattan.fr
01 46 34 13 71
www.librairieharmattansh.com

Lib. Méditerranée & Moyen-Orient
7, rue des Carmes – 75005 Paris
librairie.mediterranee@harmattan.fr
01 43 29 71 15

Librairie Le Lucernaire
53, rue Notre-Dame-des-Champs – 75006 Paris
librairie@lucernaire.fr
01 42 22 67 13

www.ingramcontent.com/pod-product-compliance
Lightning Source LLC
LaVergne TN
LVHW011247061026
849535LV00005B/1173